"十三五"国家重点图书出版规划项目

新版《列国志》与《国际组织志》联合编辑委员会

列国志 新版

GUIDE TO
THE WORLD
NATIONS

秦爱华　王　鹤 | *DENMARK*

编著

丹麦

社会科学文献出版社

SOCIAL SCIENCES ACADEMIC PRESS (CHINA)

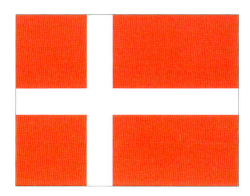

丹麦国旗

丹麦国徽

丹麦议会大厦

哥本哈根市政厅

阿美琳堡宫

夏宫

国家博物馆

奥胡斯剧院

奥胡斯艺术馆

哥本哈根大学

奥胡斯大学

圆塔

腓特烈教堂

奥胡斯大教堂内景

奥胡斯大教堂

古斯塔夫三世雕像

奥胡斯冰山建筑

奥胡斯市景

奥胡斯市中心

哥本哈根新港

出版说明

　　《列国志》编撰出版工作自 1999 年正式启动，截至目前，已出版 144 卷，涵盖世界五大洲 163 个国家和国际组织，成为中国出版史上第一套百科全书式的大型国际知识参考书。该套丛书自出版以来，受到社会各界的广泛好评，被誉为"21 世纪的《海国图志》"，中国人了解外部世界的全景式"窗口"。

　　这项凝聚着近千学人、出版人心血与期盼的工程，前后历时十多年，作为此项工作的组织实施者，我们为这皇皇 144 卷《列国志》的出版深感欣慰。与此同时，我们也深刻认识到当今国际形势风云变幻，国家发展日新月异，人们了解世界各国最新动态的需要也更为迫切。鉴于此，为使《列国志》丛书能够不断补充最新资料，更好地服务于社会各界，我们决定启动新版《列国志》编撰出版工作。

　　与已出版的 144 卷《列国志》相比，新版《列国志》无论是形式还是内容都有新的调整。国际组织卷次将单独作为一个系列编撰出版，原来合并出版的国家将独立成书，而之前尚未出版的国家都将增补齐全。新版《列国志》的封面设计、版面设计更加新颖，力求带给读者更好的阅读享受。内容上的调整主要体现在数据的更新、最新情况的增补以及章节设置的变化等方面，目的在于进一步加强该套丛书将基础研究和应用对策研究相结合，将基础研究成果应用于实践的特色。例如，增加了各国有关资源开发、环境治理的内容；特设"社会"一章，介绍各国的国民生活情况、社会管理经验以及存在的社会问题，等等；增设"大事纪年"，方便读者在短时间内熟悉各国的发展线索；增设"索引"，便于读者根据人名、地名、关键词查找所需相关信息。

顺应时代发展的要求，新版《列国志》将以纸质书为基础，全面整合国别国际问题研究资源，构建列国志数据库。这是《列国志》在新时期发展的一个重大突破，由此形成的国别国际问题研究与知识服务平台，必将更好地服务于中央和地方政府部门应对日益繁杂的国际事务的决策需要，促进国别国际问题研究领域的学术交流，拓宽中国民众的国际视野。

新版《列国志》的编撰出版工作得到了各方的支持：国家主管部门高度重视，将其列入"'十二五'国家重点图书出版规划项目"；中国社会科学院将其列为创新工程学术出版资助项目，王伟光院长亲自担任编辑委员会主任，指导相关工作的开展；国内各高校和研究机构鼎力相助，国别国际问题研究领域的知名学者相继加入编辑委员会，提供优质的学术指导。相信在各方的通力合作之下，新版《列国志》必将更上一层楼，以崭新的面貌呈现给读者，在中国改革开放的新征程中更好地发挥其作为"知识向导"、"资政参考"和"文化桥梁"的作用！

新版《列国志》编辑委员会

2013 年 9 月

前　言

　　自 1840 年前后中国被迫开关、步入世界以来，对外国舆地政情的了解即应时而起。还在第一次鸦片战争期间，受林则徐之托，1842 年魏源编辑刊刻了近代中国首部介绍当时世界主要国家舆地政情的大型志书《海国图志》。林、魏之目的是为长期生活在闭关锁国之中、对外部世界知之甚少的国人"睁眼看世界"提供一部基本的参考资料，尤其是让当时中国的各级统治者知道"天朝上国"之外的天地，学习西方的科学技术，"师夷之长技以制夷"。这部著作，在当时乃至其后相当长一段时间内，产生过巨大影响，对国人了解外部世界起到了积极的作用。

　　自那时起中国认识世界、融入世界的步伐就再也没有停止过。中华人民共和国成立以后，尤其是 1978 年改革开放以来，中国更以主动的自信自强的积极姿态，加速融入世界的步伐。与之相适应，不同时期先后出版过相当数量的不同层次的有关国际问题、列国政情、异域风俗等方面的著作，数量之多，可谓汗牛充栋。它们对时人了解外部世界起到了积极的作用。

　　当今世界，资本与现代科技正以前所未有的速度与广度在国际流动和传播，"全球化"浪潮席卷世界各地，极大地影响着世界历史进程，对中国的发展也产生极其深刻的影响。面临不同以往的"大变局"，中国已经并将继续以更开放的姿态、更快的步伐全面步入世界，迎接时代的挑战。不同的是，我们所面临的已不是林则徐、魏源时代要不要"睁眼看世界"、要不要"开放"的问题,而是在新的历史条件下,在新的世界发展大势下,如何更好地步入世界,如何在融入世界的进程中更好地维护民族国家的主权与独立,积极参与国际事务,为维护世界和平,促进世界与人类共同发展做出贡献。这就要求我们对外部世界有比以往更深切、全面的了解,我们只有更全面、更深入地了解世界,才能在更高的层次上融入世界,也才能在融入世界的进程中不迷失方向,保持自我。

与此时代要求相比,已有的种种有关介绍、论述各国史地政情的著述,无论就规模还是内容来看,已远远不能适应我们了解外部世界的要求。人们期盼有更新、更系统、更权威的著作问世。

中国社会科学院作为国家哲学社会科学的最高研究机构和国际问题综合研究中心,有 11 个专门研究国际问题和外国问题的研究所,学科门类齐全,研究力量雄厚,有能力也有责任担当这一重任。早在 20 世纪 90 年代初,中国社会科学院的领导和中国社会科学出版社就提出编撰"简明国际百科全书"的设想。1993 年 3 月 11 日,时任中国社会科学院院长的胡绳先生在科研局的一份报告上批示:"我想,国际片各所可考虑出一套列国志,体例类似几年前出的《简明中国百科全书》,以一国(美、日、英、法等)或几个国家(北欧各国、印支各国)为一册,请考虑可行否。"

中国社会科学院科研局根据胡绳院长的批示,在调查研究的基础上,于 1994 年 2 月 28 日发出《关于编纂〈简明国际百科全书〉和〈列国志〉立项的通报》。《列国志》和《简明国际百科全书》一起被列为中国社会科学院重点项目。按照当时的计划，首先编写《简明国际百科全书》，待这一项目完成后，再着手编写《列国志》。

1998 年，率先完成《简明国际百科全书》有关卷编写任务的研究所开始了《列国志》的编写工作。随后，其他研究所也陆续启动这一项目。为了保证《列国志》这套大型丛书的高质量，科研局和社会科学文献出版社于 1999 年 1 月 27 日召开国际学科片各研究所及世界历史研究所负责人会议，讨论了这套大型丛书的编写大纲及基本要求。根据会议精神，科研局随后印发了《关于〈列国志〉编写工作有关事项的通知》，陆续为启动项目拨付研究经费。

为了加强对《列国志》项目编撰出版工作的组织协调，根据时任中国社会科学院院长的李铁映同志的提议，2002 年 8 月，成立了由分管国际学科片的陈佳贵副院长为主任的《列国志》编辑委员会。编委会成员包括国际片各研究所、科研局、研究生院及社会科学文献出版社等部门的主要领导及有关同志。科研局和社会科学文献出版社组成《列国志》项目工作组，社会科学文献出版社成立了《列国志》工作室。同年，《列国志》项目被批准为中国社会科学院重大课题，新闻出版总署将《列国志》项目列入国家重点图书出版计划。

在《列国志》编辑委员会的领导下，《列国志》各承担单位尤其是各位学者加快了编撰进度。作为一项大型研究项目和大型丛书，编委会对《列国志》提出的基本要求是：资料翔实、准确、最新，文笔流畅，学术性和可读性兼备。《列国志》之所以强调学术性，是因为这套丛书不是一般的"手册""概览"，而是在尽可能吸收前人成果的基础上，体现专家学者们的研究所得和个人见解。正因为如此，《列国志》在强调基本要求的同时，本着文责自负的原则，没有对各卷的具体内容及学术观点强行统一。应当指出，参加这一浩繁工程的，除了中国社会科学院的专业科研人员以外，还有院外的一些在该领域颇有研究的专家学者。

现在凝聚着数百位专家学者心血，共计 141 卷，涵盖了当今世界 151 个国家和地区以及数十个主要国际组织的《列国志》丛书，将陆续出版与广大读者见面。我们希望这样一套大型丛书，能为各级干部了解、认识当代世界各国及主要国际组织的情况，了解世界发展趋势，把握时代发展脉络，提供有益的帮助；希望它能成为我国外交外事工作者、国际经贸企业及日渐增多的广大出国公民和旅游者走向世界的忠实"向导"，引领其步入更广阔的世界；希望它在帮助中国人民认识世界的同时，也能够架起世界各国人民认识中国的一座"桥梁"，一座中国走向世界、世界走向中国的"桥梁"。

《列国志》编辑委员会
2003 年 6 月

CONTENTS

目　录

第一章　概　览 / 1

第一节　国土与人口 / 1

　一　国土面积 / 1

　二　地理位置 / 1

　三　地形与气候 / 2

　四　行政区划 / 6

　五　人口、民族、语言 / 8

　六　国旗、国徽、国歌、御宝、国花、国鸟、绰号 / 17

第二节　宗教与民俗 / 21

　一　宗教 / 21

　二　节日 / 25

　三　民俗 / 27

第三节　特色资源 / 30

　一　名胜古迹 / 30

　二　著名城市 / 40

　三　动植物资源 / 49

　四　矿产资源 / 50

第二章　历　史 / 53

第一节　上古简史 / 53

第二节　中古简史 / 55

　一　海盗时代 / 55

CONTENTS
目 录

二 封建君主制的确立 / 58

三 卡尔马联盟 / 60

第三节 近代简史 / 62

一 争夺波罗的海霸权的角逐 / 62

二 从君主专制到君主立宪制 / 65

三 和平发展时期 / 68

第四节 现代简史 / 70

一 第一次世界大战及战后时期 / 70

二 第二次世界大战时期 / 71

第五节 当代简史 / 74

一 第二次世界大战以后 / 74

二 发展中的福利国家 / 75

三 国际化中的丹麦 / 78

第六节 著名历史人物 / 80

一 国家领袖和政治家 / 80

二 思想家、哲学家和科学家 / 81

三 文学家 / 82

第三章 政 治 / 87

第一节 国体与政体 / 87

一 从选举君主制到世袭君主制 / 87

二 君主立宪制 / 87

三 丹麦王室 / 89

CONTENTS

目 录

第二节　宪法与选举制度 / 91

　　一　宪法 / 91

　　二　选举制度 / 94

第三节　政府 / 95

　　一　政府机构 / 95

　　二　公共行政部门 / 97

　　三　公职人员制度 / 100

第四节　立法与司法 / 101

　　一　法律体系 / 101

　　二　立法 / 103

　　三　司法 / 109

第五节　政党与重要社团组织 / 110

　　一　政党 / 110

　　二　重要社团组织 / 114

第四章　经　　济 / 115

第一节　经济概况 / 115

　　一　经济部门结构的演变 / 115

　　二　二战后经济发展状况 / 119

　　三　经济水平和经济成就 / 122

第二节　经济政策 / 125

　　一　就业政策 / 125

　　二　福利政策 / 125

CONTENTS
目 录

三 对外援助和其他资本流动 / 126

四 财政政策 / 127

五 货币政策 / 127

六 产业结构政策 / 127

第三节 农业 / 129

一 概述 / 129

二 种植业 / 133

三 畜牧业 / 135

四 渔业 / 138

五 林业 / 140

六 农产品加工业 / 140

七 农产品对外贸易 / 142

八 农业合作社 / 144

九 农业咨询服务体系 / 146

十 农业科研 / 147

十一 教育兴农 / 149

十二 独特的农场继承制度 / 150

十三 食品安全 / 151

第四节 工业 / 152

一 制造业 / 154

二 建筑业 / 162

三 能源动力工业 / 163

四 著名公司 / 165

CONTENTS
目　录

第五节　服务业／173

一　私人服务业／173

二　公共服务业／177

三　旅游业／178

第六节　交通与通信／179

一　交通运输／179

二　通信／184

第七节　财政与金融／185

一　政府财政／185

二　金融业／186

第八节　对外经济关系／192

一　对外贸易／192

二　对外援助／194

三　对外投资和外国资本／195

四　中丹经济关系／196

第五章　军　　事／199

第一节　概述／199

一　军事简史／199

二　军事政策与战略／200

三　对外军事关系／201

第二节　军事制度／202

一　军事编制／202

CONTENTS
目　录

二　兵役制度 / 203

三　军衔制度 / 203

第三节　国防体制 / 203

一　国防机构 / 203

二　治安 / 205

第四节　武装力量 / 209

一　军事力量 / 209

二　王家卫队 / 211

三　丹麦国际旅 / 211

四　军事工业 / 212

第六章　社　　会 / 215

第一节　社会结构与社会关系 / 215

一　社会阶层及其特征 / 215

二　社会关系 / 217

第二节　社会保障与福利 / 217

一　社会福利政策的发展 / 218

二　社会保障的内容 / 219

三　当代社会保障制度的建立 / 227

四　福利特征 / 229

五　福利改革 / 229

第三节　国民生活 / 231

一　就业 / 231

CONTENTS
目 录

二 收入 / 232

三 物价与消费 / 233

四 家庭 / 234

五 住房 / 235

六 工时与休闲 / 236

七 贫富差距 / 237

八 移民和种族 / 237

第四节 社会管理 / 238

一 社会管理的模式 / 238

二 农村社区管理 / 240

第五节 医疗卫生 / 240

一 医疗卫生发展历史 / 240

二 公共医疗服务体系 / 242

三 医疗卫生状况 / 244

第六节 环境保护 / 245

一 环境保护的问题 / 245

二 环境保护的主要内容 / 246

第七章 文 化 / 249

第一节 教育 / 249

一 教育简史 / 249

CONTENTS

目 录

二　基础教育／251

三　后义务阶段教育／253

四　高等教育／253

五　师范教育／256

六　成人教育／256

第二节　科学研究／258

一　概述／258

二　大学研究机构／260

三　公共研究机构／261

四　企业研究机构／262

五　重要的研究领域／262

六　诺贝尔奖获得者／265

七　国际交流与合作／271

八　图书馆／272

第三节　文学艺术／273

一　文学／273

二　戏剧与电影／278

三　音乐与舞蹈／284

四　美术／289

第四节　体育／293

一　大众体育／293

二　专业体育／294

CONTENTS

目 录

三 体育设施 / 295

四 体育组织 / 296

第五节 新闻出版 / 297

一 报刊与通讯社 / 297

二 广播与电视 / 299

三 图书出版 / 300

四 互联网 / 301

第八章 外 交 / 303

第一节 外交简史 / 303

一 外交政策 / 304

二 对重大国际问题的态度 / 306

第二节 与欧盟的关系 / 308

一 丹麦与欧洲一体化 / 308

二 与北欧国家的关系 / 310

第三节 与美国和北约的关系 / 310

一 与美国的关系 / 310

二 与北约的关系 / 312

第四节 与俄罗斯的关系 / 313

一 与俄罗斯关系的历史 / 313

CONTENTS
目 录

二　与俄罗斯关系的近况／314

第五节　与发展中国家的关系／315

第六节　与中国的关系／316

一　与中国关系的历史回顾／316

二　与中华人民共和国的关系／317

三　中国与丹麦合作的机遇／322

附　　录　　自治区：格陵兰和法罗群岛／323

第一节　格陵兰／323

一　概况／323

二　历史／324

三　气候和地形／327

四　人口／328

五　产业结构／329

六　教育／332

七　文化艺术／332

第二节　法罗群岛／333

一　概况／333

二　历史／334

三　地形和气候／335

CONTENTS
目 录

四　自然资源 / 335

五　人 口 / 336

六　基础设施 / 337

七　产业结构 / 337

八　对外贸易 / 339

九　文化艺术 / 339

大事纪年 / 341

参考文献 / 345

索　引 / 349

第一章

概　览

第一节　国土与人口

一　国土面积

丹麦全称丹麦王国（The Kingdom of Denmark）。丹麦本土南北长约335公里，东西宽约290公里，领土总面积为43096平方公里（不包括格陵兰和法罗群岛），约为中国海南岛面积的两倍，是北欧国家（丹麦、芬兰、瑞典、挪威、冰岛）中面积最小的一个国家。

二　地理位置

丹麦位于欧洲大陆西北部。丹麦的纬度较高，位于北纬54°34′～57°45′与东经8°5′～15°12′，它的最南端在中国黑龙江漠河以北约120公里的位置。西北隔斯卡格拉克海峡（Skagerrak）与挪威相望，海峡宽约200公里；东隔厄勒海峡（Oresund，又称松德海峡）与瑞典相对，海峡仅宽20公里；南部于日德兰半岛（Peninsula of Jutland）与德国接壤；西隔北海与英国遥遥相望，距离有500公里。

尽管丹麦领土面积不大，但是地理条件十分复杂。丹麦本土包括与欧洲大陆相连的日德兰半岛，以及大大小小的406个岛屿，其中90个岛屿有人居住（有一些岛屿上的注册居民只有一两个人）。在这些岛屿当中，面积最大、人口最密集的是西兰岛（Zealand，首都哥本哈根位于西兰岛）。此外，丹麦有两个自治区：一个是位于北大西洋的法罗群岛（Faroe Islands），另一个是在北美洲的格陵兰（Greenland）。

丹麦西临北海，将波罗的海与卡特加特海峡（Kattegat）分开，位于波罗的海出入北海和大西洋的咽喉之处，同时由于丹麦在斯堪的纳维亚半岛和中欧之间形成一座陆地桥梁，成为北欧国家与中欧国家的贸易交通要道，被称为"日德兰桥"。通过丹麦的桥梁和轮渡，尤其是大贝尔特海峡（Store Bælt）和厄勒海峡的跨海大桥和海底隧道的修建，中欧和北欧的铁路和公路网畅通无阻。纵观丹麦的历史进程，其地理位置在经济贸易发展和政治军事战略中发挥着至关重要的作用。

三　地形与气候

（一）地形特点

第四纪冰期的冰川活动对于丹麦地表的形成具有重大意义，巨厚冰碛沉积物所形成的丹麦多丘陵和波状地形，以及广阔的冰水沉积平原。

丹麦是欧洲的低地国家之一，境内低平，在地质上属于德国大平原的延伸部分。丹麦全境是一个平缓起伏的冰碛平原，平均海拔 30 米左右，全国最低点海拔仅 4 米，海拔最高点仅有 173 米。在丹麦，只有在博恩霍尔姆岛能够看到岩床，其他地区则由肥沃的黏土和砂质海洋地质组成，全国最肥沃的黏壤土集中在西兰岛的东南部和南部，东部和中部是棕色森林土，西部是灰化土，此外还有滨海盐土和流沙。在农田里可以看到田埂上堆放着大量的砾石，这是丹麦人民世世代代辛勤耕耘、改良农田的证明；不适宜耕作的地方，被用来造林固沙。丹麦大部分的土地是耕地，约占全国领土面积的 61%，13% 的土地被落叶林或针叶林覆盖，草地、荒地、沼泽、沙丘和湖泊约占全国土地面积的 11%，建筑区域和交通用地占据其余的 13%。[①]

日德兰半岛狭窄的地峡地带，在孔格奥河和艾德尔河之间被丹麦和德

---

① *Denmark in Figures 2019*, Statistics Denmark, May 2019, p. 2.

国的边界线划分成南石勒苏益格、北石勒苏益格两部分。北石勒苏益格属丹麦，统称南日德兰。这里大部分地区地势低平，南部有沼泽地和冰水沉积平原，自然资源贫乏。日德兰西部是起伏低缓的老冰碛带和冰水砂石的冰水沉积平原。北海沿岸地带就是低平的一片水和沙，沙丘上面生长着很多茂盛的石楠科灌木，宽阔的沙质海滩背后是沙丘、潟湖和沼泽地。由于沿岸水浅，又是不稳定的沙岸，航行很不安全，海港很少。日德兰北部面向斯卡格拉克海峡，同样受北海海风吹袭的是开阔的亚梅尔湾和坦尼斯湾，在它们的背后，不仅有较新冰碛景观，而且有上升海底的后冰期沉积物，是著名的旅游度假区。

日德兰半岛东部和中部是冰期沉积地形最典型的地区，广阔的低碛丘陵几乎纵贯整个半岛，东部沿岸峡湾和沟谷则横切这些冰碛。有些沟谷又宽又长，两壁特别险峻，谷底有些弯弯曲曲的小河。东海岸没有直接受到风浪的冲击，有很多深湾和优良港口，如奥尔堡、腓特烈港、兰讷斯港等。在半岛中部有日德兰最突出的丘陵地带，丹麦人形容其中一座是"天山"。而这些树木丛生或石楠遍地的山丘和它们周围肥沃的农田恰好形成鲜明的对比。这块冰川形成的土地，由于人类的开垦已发生了相当大的变化，尤其是对石楠荒原的开垦，其大部分被改造成农林区。

西兰岛（7548平方公里）是群岛中面积最大、人口最稠密的岛，隔厄勒海峡与瑞典相望，海岸线曲折。西兰岛的冰砾泥表面几乎都是最后一次冰期中由波罗的海的冰层形成的。

菲英岛是丹麦第二大岛，面积为3486平方公里。周围是连接卡特加特海峡与波罗的海的大贝尔特海峡和小贝尔特海峡，又介于日德兰半岛与西兰岛之间，可以说菲英岛是丹麦的"核心"。

洛兰-法尔斯特双岛面积共计1795平方公里，只是被古尔堡海峡分开，几乎封锁了格兰岛与默恩岛之间经过大贝尔特海峡的波罗的海出口。这里地势平坦，非常适宜机械化耕作，加上得天独厚的气候条件，农业产量是丹麦最高的。双岛常被人们称为"微笑的内地岛屿"。

最远的岛屿是位于东面波罗的海中的博恩霍尔姆岛，距离哥本哈根240公里，而距离瑞典仅有40公里，面积588平方公里。其地形更像瑞典的山脉。岛上岩石（主要是花岗岩）重叠，悬崖奇景，青松覆盖的山丘，沙质海滩，在夏季吸引了很多旅游者。

（二）海岸线与河流湖泊

丹麦陆地与德国接壤，边界线仅为 67 公里，但海岸线蜿蜒曲折，全长达 7474 公里。

冰川活动的冰碛沉积物和海水的侵蚀作用造成了丹麦曲折的海岸线。西兰岛的西北部和久斯兰半岛的南海岸，冰碛物达到相当厚度时就形成了海岸线的突出部分；而西兰岛的克厄湾，由于冰川掘蚀作用产生凹地，积水形成了圆形海湾。大多数海岸是平坦的，主要分为砾石与沙形成的滩脊海岸和处于峡湾与海湾内部的沼泽海岸。

漫长曲折的海岸线形成了许多天然良港，如日德兰半岛东部的深水峡湾提供了避风港，船只得以驶入内陆深处。凡是那些水道深、距海岸近、可以通航并有毗连岛屿可供掩蔽，又能避免淤塞的地方，作为港口的潜力就特别大，西兰岛的海峡就是这种情况，而这正是哥本哈根港口建成的天然条件。地理位置、漫长的海岸线和许多天然良港都说明，历史上丹麦发展的产业都与海有联系，而其中首要的是航海贸易。

丹麦全境地势低平，山地很少，土地倾斜度不大，这是形成湖泊的有利条件，但难以形成天然河流。与其他北欧国家相比，丹麦的河道较窄，可以利用的水力资源较少。在丹麦，叫得上名字的湖泊有 1000 多个，但是其中面积超过 10 平方公里的只有 6 个。最大的湖泊是位于西兰岛的阿勒湖（Arreso），面积为 40.6 平方公里。最长的河是古曾河（Gudena），全长 158 公里，发源于日德兰半岛中东部，注入东海岸的兰讷斯湾（Randers Fjord）。

（三）气候

丹麦处于欧洲大陆紧靠大海的边缘地带，主要受西风带影响，属温带海洋性气候。由于丹麦位于温带，受大西洋吹来的西南风的影响，冬暖夏凉，冬夏气温差别不大。最热的是 8 月，平均气温为 9℃～14℃；最冷的是 1 月和 2 月，平均气温为 -4℃～1℃，无霜期仅有 160 多天，一般不封

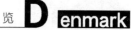

冻。丹麦境内气温差异不大，冬季最低气温出现在围海造田地区，夏季最高气温出现在西兰岛的南部和洛兰岛，靠近海岸的地区由于受到海洋影响冬夏温差较小。冬季空气湿度非常高，浓雾长期遮住太阳。一到春天，来自大西洋的偏北风和波罗的海的东北风就会吹散这些浓雾，天气晴朗。

丹麦降水量丰富，可以满足全年的需求。丹麦常年降雨，年降水量比较均匀，9～11月降水量最多，2月和5月降水量最少（见表1-1）。丹麦年平均降水量约600毫米。降水量在各地显示出适度差异，大贝尔特海峡周边地区年降水量最少，约为500毫米，日德兰南部地区的年降水量最多，为900毫米，西兰岛的降水量则接近全国的平均值。由于丹麦处于西风带，主要吹西风和西南风。一系列常在纽芬兰形成的向东北方向移动的低气压（龙卷风）造成了丹麦气候多变的特征：刚刚还是阳光灿烂，转瞬却下起雨来，而忽然又会恢复到原来的景象。

丹麦经常有风，秋冬两季特别强烈，夏天较弱。所以，丹麦的风力发电业非常发达。

表1-1 丹麦的全年气温和降水

	1月	2月	3月	4月	5月	6月	7月	8月	9月	10月	11月	12月
平均最高气温（℃）	1	1	2	5	9	12	14	14	11	7	4	2
平均最低气温（℃）	-4	-4	-3	0	3	6	8	9	6	3	0	-3
平均降水量（毫米）	70	55	72	57	55	56	71	74	90	89	84	81
平均降水天数（天）	19	16	18	16	15	13	15	15	17	18	19	19

资料来源：http://www.tianqi.com/qiwen/danmai。

四 行政区划

丹麦进行的最近一次行政区划改革是在 2007 年。2007 年之前，丹麦全国包括 13 个郡、2 个直辖市（哥本哈根和腓特烈斯贝）、1 个广域市（博恩霍尔姆）。2007 年 1 月 1 日开始，丹麦实行新的行政区划，全国各市郡合并组建五个大区（Region），并将全国 271 个市合并为 98 个市（见表 1 – 2）。

另外，丹麦还包括格陵兰、法罗群岛两个自治领，格陵兰和法罗群岛是丹麦王国的领土，但拥有自治权并且享有高度自治，在议会各拥有 2 席。其中，法罗群岛自行划分为 7 个郡 50 个县；格陵兰人口少，没有再划分行政区域。

表 1 – 2 2007 年 1 月 1 日后丹麦的新行政区划

大区	总人口（人）（2006 年）	面积（平方公里）	城市数量（个）	主要城市
京畿大区（Hovedstaden）	1633565	2568	29 *	希勒勒（Hillerød） 哥本哈根（København） 腓特烈斯贝（Frederiksberg） 博恩霍尔姆（Bornholm）
西兰大区（Sjælland）	811511	7273	17	索勒（Sorø） 罗斯基勒（Roskilde）
南丹麦大区（Syddanmark）	1185840	12132	22	瓦埃勒（Vejle） 科灵（Kolding） 欧登塞（Odense） 埃斯比约（Esbjerg）
中日德兰大区（Midtjylland）	1219741	13142	19	维堡（Viborg） 奥胡斯（Århus） 兰泽斯（Randers）
北日德兰大区（Nordjylland）	576802	7927	11	奥尔堡（Aalborg）

＊京畿大区主要城市包括博恩霍尔姆市，但不单独计算克里斯蒂安群岛（Christiansø），该岛附属于博恩霍尔姆市。

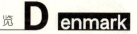

（一）历史沿革

丹麦是 1397 年成立的卡尔马联盟的盟主。1523 年瑞典脱离联盟独立。1848 年丹麦战败于瑞典后，将挪威割让给瑞典。1864 年丹麦分别将石勒苏益格和荷尔斯泰因割让给普鲁士和奥地利。1944 年冰岛获得独立。至今，丹麦仍拥有对格陵兰和法罗群岛的主权。

1900 年，丹麦分为 19 个郡，包括奥尔堡郡、奥胡斯郡、博恩霍尔姆郡、腓特烈堡郡、纽灵郡、霍尔贝克、哥本哈根郡、马里博、欧登塞郡、普拉斯托、兰泽斯、里伯郡、灵克宾郡、斯堪泽堡、索勒郡、斯文堡、齐斯泰兹、瓦埃勒郡、维堡郡。同时对法罗群岛、格陵兰和冰岛拥有主权。

1918 年 12 月，冰岛独立，但外交仍归丹麦管辖。1944 年 6 月 17 日冰岛完全独立。

1920 年 2 月，北石勒苏益格（奥本罗、哈泽斯莱乌、滕泽 3 个州）由德国转让给丹麦。

1941~1950 年，奥胡斯、哥本哈根、欧登塞、奥本罗 4 个郡相继分别分为 2 个郡。

1953 年 6 月，格陵兰在宪法上成为丹麦的海外郡。

1970 年 4 月，丹麦重组为 14 个郡和 2 个自治市。

2003 年 1 月，成立博恩霍尔姆广域市。

2007 年 1 月，丹麦各市郡合并组建为五个大区，271 个市合并为 98 个市。这是丹麦政府最近一次在全国范围内进行的行政区划改革。

（二）法罗群岛和格陵兰

1. 法罗群岛

法罗群岛位于挪威、苏格兰和冰岛之间的北大西洋海域。由 18 个小岛组成，其中 17 个岛有人定居。面积 1398.9 平方公里，人口 49884 人（2017 年）。[1] 居民绝大部分为斯堪的纳维亚人后裔。官方语言为法罗语和丹麦语。多数人信奉基督教。首府是托尔斯港（Thorshavn）。划分为 7 个郡 50 个县。1035 年成为挪威属地。1397 年作为卡尔马联盟组成部分，

---

[1] *Denmark Statistical Yearbook 2017*，Statistics Denmark，June 2017，table 400.

受丹麦管辖。二战期间受英国控制。1948 年起成为丹麦的自治州。在丹麦议会中有 2 个席位。近年来，法罗群岛独立呼声日高。2018 年 6 月法罗群岛的各党派和地方政府达成一致，准备修改宪法寻求独立。

2. 格陵兰

格陵兰是世界第一大岛，位于北美洲东北部。全岛面积 217.56 万平方公里，约 4/5 位于北极圈以内。人口 55860 人（2017 年）,[①] 大多数为格陵兰人，14% 来自北欧其他国家（主要是丹麦），大多数居民信奉基督教路德宗。首府努克（Nuuk），又名戈特霍布。1953 年，丹麦宪法规定格陵兰为丹麦的一个州。1979 年 5 月 1 日正式实行内部自治。在丹麦议会中有 2 个议席。全岛分为东格陵兰、西格陵兰和北格陵兰三部分。

五 人口、民族、语言

（一）人口

丹麦人口学的发展可以追溯到从 1735 年开始的对人口出生和死亡的调查统计，当时丹麦人口约为 71.8 万人。1769 年丹麦第一次人口普查，人口约为 79.7 万人。1840 年之后，人口普查每 5 年或 10 年进行一次。1970 年以后政府开始实行人口登记制度。2019 年，丹麦人口总数约 581 万人。[②] 2017 年丹麦人口密度约为 133.9 人/平方公里（见表1-3），是北欧人口最稠密的国家；外国移民及其后代约为 45 万人，其中约有 7500 人来自中国。

1. 人口发展

人口的数量变化是人口出生、死亡和移民的综合作用的结果，通过对18 世纪以来丹麦人口发展趋势的研究，丹麦人口发展可以分为四个阶段。

（1）第一阶段（1735~1780）

人口的出生率和死亡率都很高，人均寿命为 35~40 岁，婴幼儿死亡

---

① *Denmark Statistical Yearbook 2017*, Statistics Denmark, June 2017, table 400.

② *Denmark in Figures 2019*, Statistics Denmark, May 2019, p. 2. 2019 年 1 月 1 日丹麦人口总数为 5806081 人。

率高达 20%。这一时期出生人数和死亡人数基本相同，因此人口自然增长率非常低。可以说这是典型的前工业化社会的特征，因为更先进的社会制度和医疗卫生设施还没有发展起来。流行病的蔓延和战争的影响，导致死亡率居高不下，例如三十年战争以及丹麦和瑞典战争使丹麦人口减少了25%～30%。

（2）第二阶段（1781～1890）

死亡率显著下降，出生率基本维持在上一阶段的水平。死亡率的下降得益于更好的饮食、卫生和生活条件，助产设施也得到了改善。在 19 世纪 50 年代中期，根据英国发现霍乱来源的经验，政府改进了排水系统。不过，由于 1830 年西兰岛和洛兰岛地区大面积流行疟疾，死亡率的下降趋势受到影响，丹麦疟疾的流行一直持续到 20 世纪初。高出生率的持续和死亡率的下降促使丹麦人口迅速增长。19 世纪 60 年代是丹麦人口增长率最高的时期，每年平均增长 1.37%。这一时期丹麦迁出的移民增加，主要是受人口压力增大和经济危机的影响，1869～1914 年共有 28.5 万名丹麦人移民，其中 25.5 万人移居美国。

（3）第三阶段（1891～1966）

20 世纪前半期，出生率和死亡率都有所下降，人口增长缓慢。从 1890 年开始的出生率下降主要是因为工业化社会带来家庭环境的变化，尤其是对妇女的影响。在农业社会里，传统的家庭有很多孩子，原因之一是孩子可以成为家里的劳动力。在工业化社会，这一情况发生了转变，家庭和工作场所区分开来，孩子多会给家庭带来资金紧张等实际困难，结果是家庭的平均人口大幅下降。1900 年前后，一名妇女平均有 4 个孩子，到了 20 世纪 60 年代中期降到 1.7 个。健康状况的全面改善延长了丹麦人的平均寿命，1901～1905 年男性的平均寿命是 52.9 岁，女性是 56.2 岁，而 1961～1965 年男性的平均寿命增长到 70.3 岁，女性是 74.5 岁。

（4）第四阶段（1967 年至今）

20 世纪的最后 30 年，丹麦人口结构发生了很大变化。1967 年以后生育率开始迅速下降，到 1983 年下降到最低点（1.4%），也就是一名妇女平均仅生育 1.4 个孩子。最近几年丹麦平均每年出生人口为 60820 人，平均每天出生 167 人。2018 年生育率回升至 1.7%，而根据人口学理论，一个社会需要达到 2.1% 的生育率，才能保持下一代人口与上一代人口数量上持平，达到稳定更替的水平。受生育率较低的影响，丹麦的人口数量出现下降。这一时期，女性参加学习和工作的人数增加，要想养育更多的孩子就会有更大的经济负担和实际困难。1973 年，丹麦通过了怀孕 12 周以内可以自由堕胎和 25 岁以上的成年人可以做绝育手术的法规，以及避孕措施（如避孕药和避孕套）的改进给计划生育带来便利。生育率降低意味着人口增长减缓，某些年甚至出现人口负增长的现象。

1983 年以后，丹麦人口生育率有所回升。这一时期丹麦人的平均寿命有所增加，1983 年男性为 71.5 岁，女性为 77.5 岁；1998 年男性为 73.7 岁，女性为 78.6 岁；2015 年男性为 78.6 岁，女性为 82.5 岁。2015 年丹麦死亡人数为 52555 人，其中 89% 的人超过 60 岁，50% 的人超过 80 岁。

表 1-3　1787~2017 年丹麦人口数量和增长率

时间	人口总数（人）	年增长率（%）	人口密度（人/平方公里）
1787 年	841806	0.30	21.6
1801 年	929001	0.74	23.8
1840 年	1289075	0.86	33.1
1850 年	1414648	0.97	36.3
1860 年	1608362	1.37	41.3
1870 年	1784741	1.10	45.8
1880 年	1969039	1.03	50.5
1890 年	2172380	1.03	55.8
1901 年	2449540	1.16	62.9
1911 年	2757076	1.26	70.8
1921 年	3104209	1.26	79.7
1930 年	3550656	0.96	82.7
1940 年	3844312	0.83	89.6

续表

时间	人口总数(人)	年增长率(%)	人口密度(人/平方公里)
1950 年	4281275	1.14	99.7
1960 年	4585256	0.71	106.6
1970 年	4937579	0.77	114.6
1980 年	5122065	0.21	118.9
1990 年	5135409	0.11	119.2
2000 年	5330020	0.31	123.7
2005 年	5411405	0.26	125.6
2006 年	5427459	0.30	125.9
2007 年	5447084	0.36	126.4
2008 年	5475791	0.53	127.1
2009 年	5511451	0.65	127.9
2010 年	5534738	0.42	128.4
2011 年	5560628	0.47	129.4
2012 年	5580516	0.36	130.1
2013 年	5602628	0.40	130.5
2014 年	5627235	0.44	131.1
2015 年	5659715	0.58	131.9
2016 年	5707251	0.84	133.0
2017 年	5748769	0.73	133.9

资料来源：*Denmark Statistical Yearbook 2017*，Statistics Denmark，June 2017，table 1。

2. 人口分布

丹麦各地人口分布极不均衡。占全国面积 30% 的岛屿，人口却占 63%。西兰岛的人口最为稠密，人口密度为每平方公里 289 人，其面积仅占全国的 17%，人口却占总人口的 42%。人口密度居第二位的是菲英岛，每平方公里 125 人。日德兰半岛的面积占全国的 60%，但人口只占总人口的 37%，半岛东部土壤最肥沃的地区人口密度为每平方公里 99.5 人，环境恶劣的西部人口密度只有每平方公里 48 人。

截至 2017 年 1 月，丹麦的人口密度是每平方公里 133.9 人，最近几年人口密度逐渐增加。丹麦五个大区中京畿大区的人口密度最高，

丹 麦

每平方公里 703.8 人，北日德兰大区人口密度最低，仅为每平方公里
74.1 人（见表 1 - 4）。

表 1 - 4　截至 2017 年 1 月丹麦五个大区人口分布

地区	人口数（万人）	人口密度（人/公里^2）
京畿大区	180.7	703.8
西兰大区	83.3	114.5
南丹麦大区	121.7	100.3
中日德兰大区	130.4	99.2
北日德兰大区	58.7	74.1

资料来源：*Denmark Statistical Yearbook 2017*，Statistics Denmark，June 2017，table 6。

　　尽管丹麦传统上被认为是一个农业国，但是农村人口比例较小，这是
工业化发展带来的结果。随着战后农业生产效率的提高，农业雇工人数在
20 世纪 50 年代显著下降，农场数量从 60 年代开始减少；与此同时，工
业和服务业的发展促使人口地理分布的变化。城镇人口（尤其是大城市）
迅速膨胀，而农村人口数量却出现下降。60 年代部分农业剩余劳动力的
再就业得益于中小城镇的工业发展。70 年代人口结构和数量变化的新趋
势与地方公共部门的扩张有关，地方政府改革扩大了省县和城市的管理区
域，推动了城镇工业和服务业的发展，促使人口从农村地区向城市大量转
移，尤其是集中于较大的城市。80 年代以后，首都以外的城市的人口数
量出现一定增长，内陆地区的税收政策和新住房政策的变化使中小城镇更
加适于居住。

　　丹麦的城镇人口占总人口的 4/5 以上，但是城镇大都规模较小，其中
哥本哈根大都会区人口为 180.7 万人，占总人口的 1/4 以上；居住在其他
的 1 万人以上城市的总人口为 170 万人，但只有 3 个 10 万人口以上的中
等城市，第二大城市奥胡斯约有居民 27 万人（2017 年）。

　　3. 人口老龄化

　　丹麦人口结构正在往老龄化发展。从表 1 - 5 可以看出，1980 ~ 2019

年虽然丹麦总人口呈现增长趋势，但是低于 19 岁的年轻人占总人口的比重逐渐下降，60 岁以上的老龄人口占比增加。

表 1 - 5 　1980 ~ 2019 年丹麦各年龄段人数占总人口比重

单位：%

	1980 年	1990 年	2000 年	2019 年
0 ~ 19 岁	28. 7	24. 3	23. 7	22. 4
20 ~ 59 岁	51. 9	55. 3	56. 6	52. 1
60 岁及以上	19. 3	20. 4	19. 7	25. 5

资料来源：*Denmark in Figures 2019*，Statistics Denmark，May 2019，p. 4。

根据丹麦统计局数据，2016 年丹麦人的平均年龄为 41.2 岁，男人和女人的平均年龄分别为 40.3 岁和 42.1 岁。与 2006 年相比，2016 年丹麦人的平均年龄增长了 1.5 岁，2006 年丹麦人的平均年龄为 39.7 岁，男人和女人的平均年龄分别为 38.6 岁和 40.8 岁。与 20 世纪 80 年代相比，丹麦人的平均年龄增长了 4.5 岁，20 世纪 80 年代丹麦人的平均年龄为 36.7 岁，男人和女人的平均年龄分别为 35.5 岁和 38 岁。由此可见，丹麦的老龄化问题比较突出。

随着丹麦人口数量逐年下降和平均寿命的延长，丹麦人口结构日趋老龄化。2015 年，低于 15 岁的人口占总人口的 17.0%，15 ~ 24 岁的人口占 12.9%，25 ~ 49 岁的人口占 32.3%，50 ~ 64 岁的人口占 19.2%，65 ~ 79 岁的人口占 14.3%，80 岁及以上的人口占 4.2%。与 2000 年相比，丹麦人口老龄化严重。其中，49 岁以下各年龄段的人口比重均出现下降，50 岁及以上各年龄段的人口比重均呈现上升趋势。

丹麦人婚育年龄增长，是人口老龄化的原因之一。1980 ~ 2015 年，丹麦女性第一次结婚年龄从 24.8 岁增长至 32.0 岁，男性的第一次结婚年龄从 27.5 岁增长至 34.5 岁。2009 年丹麦人的结婚年龄略有下降，这是 20 世纪 60 年代以来的第一次下降。丹麦女性生育年龄增长，2015 年，丹麦女性的平均生育年龄首次达到 30.9 岁，第一次生育的年龄平均为 29.1 岁。1970 年之后丹麦的生育年龄就呈现上升趋势，当时的生育年龄为

26.7 岁。婚育时间的推迟和生育率的偏低在一定程度上导致了丹麦人口老龄化。

另外，随着生活条件的改善和医疗水平的提高，丹麦人的寿命逐渐延长，老年人口的数量呈上升趋势。其中，百岁以上的老人数量显著增长。2016 年 1 月 1 日，丹麦超过百岁的老人共有 1058 人，其中有 906 名女性，152 名男性。1980 年，仅有 158 人超过 100 岁，其中 118 名女性，40 名男性。在近 30 年中，丹麦超过 100 岁的老人数量增长了 6 倍，而且女性长寿的人明显多于男性长寿的人。

丹麦人口平均年龄增长较快，主要是因为年龄超过 80 岁的人口增加了。另外，20 世纪 40 年代中期之后，也就是第二次世界大战结束之后，丹麦的人口出生率显著提高，由此提高了丹麦的老年人口数量。[1]

（二）民族

丹麦人以碧眼金发的北欧型为主，其特征是身材高大，长头，窄脸，直鼻梁，皮肤白皙。

在丹麦境内，早在一万年前便有原始人类居住。公元前后为古代日耳曼部落的居住地，其中主要有金布里人、朱特人、盎格鲁人、撒克逊人、格鲁尔人等。5～6 世纪，这些部落中的许多人迁到境外，留下的人与来自斯堪的纳维亚半岛南部的另一支日耳曼部落丹人产生融合，并以"丹人"的族名称其地为"丹麦"（Denmark），意为"丹人的国土"。尔后逐渐吸收部分弗里斯人和斯拉夫人，于 10～11 世纪形成统一的丹麦民族。

目前丹麦民族成分比较单一，主体民族是丹麦族，属于日耳曼语族。日耳曼语族的人数占全国总人数的 99.4%，其中丹麦人占 96.8%，另外还有德意志人（占全国人口的 1%）、法罗人（0.8%）、瑞典人（0.3%）、挪威人（0.2%）、犹太人（0.2%）、英格兰人（0.1%）、波兰人（0.1%）。其余 0.5% 的非日耳曼语族的其他民族有芬兰人、澳大利

---

① *Denmark Statistical Yearbook 2016*, Statistics Denmark, June 30, 2016.

亚人、美利坚人、荷兰人、冰岛人、英裔加拿大人、英裔澳大利亚人、德裔瑞士人、法兰西人、意大利人、西班牙人、阿根廷人、匈牙利人和华人等。

(三) 语言

丹麦语是丹麦唯一的官方语言。丹麦全境共使用 5 种语言,除丹麦语外,其他 4 种语言是法罗语、德语、因纽特语和斯堪的纳维亚吉卜赛语。根据丹麦的法律,丹麦语在法罗群岛和格陵兰与法罗语和格陵兰语平等使用,丹麦语在学校教育中是必修课。冰岛的学校也将丹麦语作为第一外语。丹麦语还是冰岛与其他斯堪的纳维亚国家交流的语言。从 1973 年开始,丹麦语成为欧盟的一种官方语言。使用丹麦语的人口除丹麦本国人外,还有德国北部毗邻诸州以及其他国家 40 余万人。

在印欧语系中,丹麦语属于北日耳曼语支 (或斯堪的纳维亚语支) 东斯堪的纳维亚语分支,北日耳曼语还包括冰岛语、法罗语、挪威语和瑞典语。丹麦语与挪威语和瑞典语可以说是有近亲关系,这三种语言可以达到相当程度的互通。

9 世纪以前,丹麦、瑞典和挪威的居民同为斯堪的纳维亚人的一部分,都使用古挪威语。10 世纪,丹麦形成了统一的国家,开始在语言方面与瑞典和挪威有所区别。自 1100 年起,独立的丹麦语已经形成。丹麦语的发展历程可以分为四个时期。(1) 中古早期丹麦语 (1100 ~ 1350 年),丹麦语与瑞典语分离,成为独立的语言。拉丁语与希腊语的宗教语词被大量引入,语音有较大变化。(2) 中古后期丹麦语 (1350 ~ 1500 年),因为与汉萨同盟的商人不断接触,从德语中吸收了大量名词和动词,也吸收了前缀和后缀,同时丹麦语逐渐失去旧有 "格" 的体系。(3) 近代早期丹麦语 (1500 ~ 1700 年),1500 年丹麦文《圣经》译本问世,标准国语初步形成。(4) 近代晚期丹麦语 (1700 年以后),丹麦语从意大利、荷兰、德国、英国、美国吸收了大量有关文化和科技的词语。第一部丹麦语拼写法于 1889 年制定。

直到 1700 年,丹麦文的书面语和口头语仍旧没有区分。此后,随着官僚制度的集中化、哥本哈根的发展和城市规模的扩大，一种标准的口语开始逐渐形成。目前，多数丹麦人说的是标准丹麦语或略带地方口音的丹麦语，标准丹麦语是指源于哥本哈根的世代相传的语言。

书面的丹麦文有严格的规范。1889 年，丹麦内阁通过了一项法令，规定了丹麦书面语言的拼写法，此后又对这项法令做了一些小的修改。这种标准的丹麦书面语既可用于一般场合，也可用于专业写作和文学创作。丹麦文使用的是罗马字母，英语的 26 个字母加上元音变音字母 æ 和 ø，字母 c、q、w、x 和 z 只用在特定的外来词中。1948 年，丹麦进行了一次拼写法改革，废除了像德语那样名词首字母必须大写的规则，又增加了瑞典语和挪威语字母 å。

丹麦语语音中有一个特别的喉塞音，即喉头有一个短促而明显的停顿。有些词虽然书面形式相同，但发音时是否带喉塞音可以使词义截然不同。喉塞音重音通常落在第一个音节上。除某些方言外，乐音音调正在消失。近代丹麦语语法形式已经简化，只有两个格，即主格和属格；两个性，即通性和中性。动词有时态变化。不定冠词通性用 en，中性用 et；定冠词通常加在名词之后，通性单数名词加-en，中性单数加-et，复数不分性而一律加-ne。

法罗语使用者约 4 万人，分布在法罗群岛。法罗语也属印欧语系北日耳曼语支，文字以拉丁字母为基础。法罗语与古斯堪的纳维亚语很相似，而且保留了大量古斯堪的纳维亚语的特点。19 世纪中期，法罗群岛语言学家和民俗学家哈梅尔斯海姆为法罗语的书面语奠定了基础。20 世纪初叶，这一书面语开始用于学校教学和教会活动。30 年代以后，法罗语逐步取代丹麦语成为主要教学用语。法罗语传统文学主要是民歌创作。

德语主要用于丹麦的日耳曼人社团，使用者有 2 万余人，主要分布在南部与德国接壤的地区。丹麦还有一些专门的德语学校。

因纽特语是格陵兰的方言，近 5 万人使用，主要分布于格陵兰，但在丹麦也有数千人使用。

斯堪的纳维亚吉卜赛语使用的人很少。

六 国旗、国徽、国歌、御宝、国花、国鸟、绰号

（一）国旗

丹麦国旗是绘有白色十字的红色旗帜，也叫丹尼布洛（Dannebrog），意思是"丹麦人的旗帜"或"红色的旗帜"。呈长方形，长与宽之比为37∶28。旗底为红色，旗面上有白色十字形图案，稍偏左侧。丹麦国旗第一次出现在从1478年开始使用的丹麦课本中。而在一枚1370～1386年的荷兰徽章上，发现在瓦尔德马四世的军服上有一面印有白色十字的红色旗帜。

传说丹麦国旗是在对爱沙尼亚的战斗中从天而降的。16世纪20年代初编写的《丹麦编年史》中提到了这一传说，圣方济各会的修道士在1527年也提到过。传统上认为丹麦国旗于1219年6月15日在爱沙尼亚的林德尼西战斗中从天而降，使得瓦尔德马二世率领的丹麦军队取得了战役的胜利。1500年，汉斯王（King Hans）在与德意志的战争中溃败，失去了这面天赐的旗帜。1559年，腓特烈二世夺回了这面旗帜，并将它悬挂在石勒苏益格大教堂。1591年，克里斯钦四世在丹麦的硬币上也刻上了相似的十字图案，并且这一图案很快被正式用在丹麦的国旗上。1625年之后，丹麦的军旗也开始采用国旗的颜色并增添了十字形图案。

根据1630年的一项法令，燕尾形旗帜只允许海军使用，1635年又强调不允许商船使用燕尾形旗帜。1696年丹麦国旗的比例就已经确定，至今基本未变。习惯上，丹麦也将燕尾形旗帜悬挂于海岸沿线。1748年的法令规定，作为商业旗帜，丹麦国旗为方形，没有劈开的燕尾形。通常，燕尾形旗帜是专供王室和国家使用的，而私人只能使用方形旗。自1731年以后，王室的旗帜在中间印有盾徽，后来王室的其他成员又引入了一些类似的特殊旗帜。多年以后，在丹麦国旗的红色区域靠近旗杆部位又增加了各种特殊符号和字母以表示特定的服务部门。1833年丹麦居民被禁止悬挂国旗，直到1854年这一禁令才被废除。

6月15日被定为丹麦的"国旗日"，又称"瓦尔德马日"。每逢这一天，丹麦大街小巷、公共场所都要张挂国旗，以示庆祝。丹麦人经常在家里悬挂国旗，偶尔也会在节日时在私人花园悬挂国旗，他们还会用小国旗

装饰圣诞树，甚至在生日或者婚礼的喜庆蛋糕上也会插上一两枚纸制的小国旗。

（二）国家和王家的盾徽

丹麦有两种盾徽，小的是国家盾徽，大的是王家盾徽。丹麦将这两种盾徽作为国家主权的象征。据悉，从瓦尔德马时期开始，国家军队就开始使用国家盾徽了。根据1959年的法规，王家盾徽由君主、王室成员、法院和王家卫队使用，其他部门只能使用国家盾徽。

丹麦国徽是一枚金黄色盾徽。盾徽的上端是一顶镶满珠宝、由红黄蓝三色组成的王冠，象征着丹麦王国的国王。金色的盾面上绘有三头口吐红舌、头戴王冠、鳞爪飞扬的蓝色雄狮，以及分别排列点缀在狮子前部、背部和后部的九颗红心。狮子和红心象征勇敢、忠诚、善良，象征着古老的丹麦王国凛然不可侵犯。

王家盾徽的上端也是一顶王冠，王冠下面是一顶敞开的红色帐篷，盾面上的图案是中心被白色十字架划分为四等份的黄色盾牌，由两名猛士守护，周围环绕着骑士勋章。盾牌上的图案和内容随着时间的推移发生了很多变化：中世纪时期是两只雄狮，象征着国王的仆人，此后增加了荷尔斯坦因的荨麻叶子；15世纪时增加了一头雄狮和九颗心，以及一条双足飞龙；16世纪以后，盾牌上先后增加了冰岛鳕鱼、猎鹰、马头、神羊等图案。

（三）国歌

丹麦有两首官方承认的国歌。一首是歌颂战争英雄的歌曲《克里斯钦王挺立桅杆旁》，1779年由约翰内斯·埃瓦尔德（Johannes Ewald，1743～1781）作词，无名氏作曲。最初版本的作曲者是匿名的，它出现于18世纪后半期的一首咏叹调中；后经迪特勒夫·路德维希·罗格（Ditlev Ludvig Roger，博恩霍尔姆的地方法官，1742～1813）和约翰·恩斯特·哈特曼（Johann Ernst Hartmann，1780年他将这一曲调用在他的小歌剧《渔人》中）的发展，最终由丹尼尔·弗雷德里希·鲁道夫·库劳（Daniel Friedrich Rudolf Kuhlau）完成，他创作了一首钢琴变奏曲（作品16，约1817年）并在1828年将它用到埃尔芬蒙德（Elfin Mound）序曲中，从此广泛流传。

另一首是《有一处好地方》，它赞美了丹麦的优美风景。词作者是亚当·欧伦施莱厄（Adam Oehlenschläger，1779～1850），约创作于1819年，曲作者是汉斯·恩斯特·克勒耶（Hans Ernst Krøyer，1798～1879），约创作于1835年。1844年7月4日，《有一处好地方》在有1.2万人参加的丹麦爱国者集会上演唱，由此闻名全国。

《克里斯钦王挺立桅杆旁》歌词大意为：

> 克里斯钦王挺立桅杆旁，烟雾迷茫，
>
> 急挥宝剑砍在哥德人的船舵和脑袋上，
>
> 敌舰纷纷葬身海洋，烟雾迷茫。
>
> "快逃命吧"，敌人乱嚷，
>
> "有谁敢抵敌克里斯钦王？
>
> 有谁敢抵敌克里斯钦王？"
>
> 朱埃尔注视着四周说："是时候了！"
>
> 他以牙还牙痛击敌人，
>
> 挥舞军旗迎风飘。
>
> 暴风雨中敌人在叫：
>
> "是时候了，要命的人快逃快逃，
>
> 谁敢跟丹麦的朱埃尔较一较？"
>
> 你使丹麦繁荣富强，啊暗蓝的海！
>
> 大敌当前要严阵以待，
>
> 轻蔑足以招祸害。
>
> 你奔腾咆哮意气骄，啊暗蓝的海！
>
> 指引我们克敌制胜，
>
> 指引我们克敌制胜，啊海！

《有一处好地方》歌词大意为：

> 有一处好地方，

可爱的榉林密密，

　　　　丛生在波罗的海岸的近旁，

　　　　　　它高下起伏气势壮，

　　　　　　它就是古国丹麦，

　　　　　　是弗乐亚的家乡。

　　这两首歌从不同的角度歌颂了丹麦人的爱国情感。《克里斯钦王挺立桅杆旁》表现了丹麦人民同仇敌忾、保卫祖国的战斗精神。歌词中的克里斯钦四世 1644 年 7 月 1 日于科尔堡（今波兰北部波罗的海沿岸城市）附近的一次海战中指挥丹麦海军大败侵犯丹麦的瑞典海军。战斗中，一颗瑞典炮弹打来，击中了克里斯钦国王所在的船。弹片在船上四处飞溅，国王和好几个人被击中倒下，顿时船上的人们陷入极大的恐慌和悲痛之中，人们以为国王被打死了。可是没过多久，国王又站了起来，弹片击中他的耳朵，把他的一只眼睛打瞎了。他不顾自己的伤痛，告诉大家要为丹麦的荣誉而尽自己的责任。就是在这场战斗中，丹麦人唱起了《克里斯钦王挺立桅杆旁》，这首歌后来成为丹麦王室专用的国歌。尼尔斯·朱埃尔是丹麦历史上著名的海军将领，在对英国和瑞典的作战中屡建战功。《有一处好地方》表达了丹麦人民热爱祖国山河的自豪之情，歌词中的弗乐亚是专司爱与美的女神。

　　（四）御宝

　　作为君主政体象征的丹麦御宝由王冠、权杖（象征至高无上的权力）、王冠上的宝珠（象征地球）、国剑和圣瓶构成。其中最古老的是 1551 年克里斯钦三世的国剑。大约从 1680 年开始，丹麦的御宝就被保存在位于哥本哈根的罗森堡宫殿内。

　　当牧师和贵族在加冕典礼上为有继承权的君主佩戴王冠时，需要给他佩戴上象征王权的王冠等所有的御宝。在 1660 年引入君主专制制度之后，丹麦国王在加冕典礼上会被施以涂油礼，昭告国民国王继承王位。为了给克里斯钦五世施行涂油礼，制造了一个新王冠和一个用独角鲸的牙制成的御座。1849 年宪法终止施行涂油礼，现在仍然使用的唯一的王室御宝是克里斯钦五世的王冠。

另一个象征王权的要素是圣象勋章的项链和徽章，在一些特殊场合君主会佩戴丹麦国旗勋章。

（五）国花

丹麦的国花是木春菊、冬青。木春菊多在夏天盛开，类似雏菊。冬青冬季至次春采割，除去粗茎，切段，干燥或蒸后干燥。

（六）国鸟

丹麦的国鸟是天鹅。天鹅属雁形目，鸭科，现在世界上共有 5 种天鹅，分别是疣鼻天鹅、大天鹅、小天鹅、黑天鹅和黑颈天鹅。丹麦国鸟"突顶天鹅"，就是疣鼻天鹅。

1984 年 8 月，丹麦电视台举办了一次评选丹麦国鸟的活动，选择丹麦野生的疣鼻天鹅为丹麦的国鸟。丹麦人对白天鹅有着特别的喜爱，著名童话作家安徒生在《丑小鸭》中，把丹麦誉为"天鹅之巢"，把自己的一生喻为从丑小鸭成长为白天鹅。丹麦人对此引以为豪，称天鹅是"自豪而美丽的鸟"。这是白天鹅能被选为国鸟的主要原因。

疣鼻天鹅是天鹅中体型最大、最美的一种，浑身雪白，鹅冠鲜红，体态丰满，头颈长而高挺，嘴赤红，前额有黑色疣突。人们常把它视为美好、纯真与善良的象征。

（七）绰号

丹麦享有"童话的王国"的美誉。因为丹麦是著名童话作家安徒生的故乡。《安徒生童话》享誉世界，让丹麦与世界紧密相连，也为丹麦博得了这一称号。

第二节 宗教与民俗

一 宗教

（一）主要宗教

根据 1848 年颁布的宪法，丹麦明确规定基督教福音派路德宗为丹麦的国教，同时也规定了宗教信仰的自由。国家对国教，一方面是在精神和政治上给予鼓励，如确定周日是法定礼拜日以及其他有关宗教方面的立法；另一方面是在资金和行政管理上给予支持，如支付神职人员的工资养老金，征收教会税，通过设立新教事务部和主教的行政管理、监督、咨询部门来维持国教的主导地位。

国教团体是丹麦最大的宗教团体，占丹麦总人口的95%左右。除了国教团体之外，丹麦还有许多其他基督教派取得了官方认可的宗教团体地位。这些团体中，罗马天主教拥有32000名成员，丹麦浸信会有将近6000名成员，圣灵降临节集会教有5000名成员；拥有3000名以下成员的宗教团体有基督复临安息日会教、天主使徒教、在腓特烈西亚和哥本哈根的基督教归正宗、基督教救世军、卫理公会教、英国国教和在哥本哈根的俄国东正教。

在日德兰半岛南部的德国少数民族在国教内有他们自己的教区，拥有自己的神职人员，此外在那里他们有6个独立于国教之外的路德教会。

丹麦最古老的非基督教团体是犹太教，1814年被承认，拥有3400名教徒，在哥本哈根有一个犹太教教堂。在20世纪最后的10年里，最大的非基督教宗教团体是穆斯林移民，现在，伊斯兰教已成为丹麦的第二大宗教，2013年约有20万人。丹麦的穆斯林人口占总人口的4.1%，在北欧国家中占比人数最多。瑞典、挪威、芬兰和冰岛的穆斯林人口占比分别为3%、3%、0.8%和0.07%。

官方已经承认了很多宗教团体，它们可以向居住在丹麦的外国基督教徒提供宗教服务。这些适用于哥本哈根的挪威、瑞典和德国的教会，它们都是路德宗的；哥本哈根的英国国教团体，腓特烈西亚和哥本哈根的德国、法国的归正社团以及哥本哈根的俄国东正教和希腊东正教，在丹麦也很少受到约束。

除了认可宗教团体外，宪法也涉及信仰和结社的自由，允许建立私人宗教团体。这些团体常常被定义为"新宗教团体"，但是由于它们的秘密性质不可能对其进行统计和注册，而且它们常常代表宗教和哲学的潮流，并不是可以登记有组织或名称的宗教团体。

在宗教事务方面，丹麦划分为 12 个主教教区和 2116 个教区，丹麦国立教会为这些教区提供了 3000 多名神职人员。议会作为立法实体和政府作为最高行政管理实体共同管理国立教会。另外，虽然国立教会在特别选举的神职牧师联合会的基础上以民主的方式运作，在每个教区都有选举出来的行政堂区委员会，牧师们在其中享有职权，但是还有一些成员直接从该教区的国立教会成员中选举产生。行政堂区委员会对于该区带薪神职人员的选拔具有决定性影响，教区主教由主教教区行政堂区委员会和牧师一起选拔。主教管理主教教区的行政管理工作；在教长和教长委员会的协助下在每个教区和带薪神职人员负责各类国立教会工作的开展；国立教会的管理由教区行政堂区委员会负责，教区行政堂区委员会在国立教会的监督下负责财务和建筑工作。宗教服务由牧师负责，同时由教区办事员和教会官员协助保存教会登记册和主持丧礼。国立教会的职员在由国家管理的位于哥本哈根和奥胡斯的大学接受神学教育。

(二) 宗教历史

丹麦国教的形成有其漫长的历史。在 700 年前后，荷兰传道士已经在丹麦传道。864 年罗马教皇开始同丹麦国王通信。950 年"青齿王"哈拉尔德让牧师为自己施浸礼，基督教成为国王信仰的宗教。在 11 世纪的丹麦 - 英吉利王国时期，丹麦的教会生活受到英国的影响。而汉堡不来梅主教继续保持对丹麦教会的统治，一直到 1104 年在隆德（在今天的瑞典）建立了丹麦大主教职位。从 1100 年到 13 世纪中期是丹麦修建教堂的主要时期，大量由石材搭建的教堂都进行了壁画装饰。这一时期，教会和国王之间一直保持着和谐关系。

1520 年路德宗的改革运动在全德国境内展开，并逐渐传播到丹麦。丹麦文字的第一本福音赞美诗集于 1528 年在马尔默印制。在此期间路德宗的克里斯钦三世和贵族在被称为伯爵战争的内战中获胜，在 1536 年哥本哈根举行的国民大会中，天主教的权力被剥夺，主教被解职并被投入监牢，教会的财产被王室占有，王室的财产因此而增加了三倍。通过改革，教会成为效忠于国王的路德宗教会，路德宗也成为唯一合法的教派。过去天主教的主教地位被 7 名路德宗监督人取代，这些人在 1537 年后被称为主教。作为最重要的宗教改革，教会条例提出了在国内建立礼拜仪式，重点是布道和仪式歌曲的改革。克里斯钦三世的丹麦文《圣经》成书于1550年，是那个时期主要的文字成就。1569年第一本福音书被批准出版，名为《汉斯·托默森福音书》。

克里斯钦三世去世后的100多年，国家严格控制教会。1665年的王室法规定由国王做出有关教会的一切决定。1683年的丹麦法明确了"国王的信仰"，即国立教会，在传统教派、奥格斯堡忏悔派和路德教义问答书派这三种教宗与《圣经》之间保持一致。1699年官方的福音书出版，这是福音书的第二种类型，编写者是欧登塞主教托马斯·金果，因此该书被命名为《金果的福音书》。

18世纪后半期，启蒙教育引发了人们对教堂、教义和教会理论的神学批判。新教会运动起源于18世纪70年代的农业改革和1814年的学院法案，对19世纪的教堂生活具有决定性影响。作为1848年废除专制主义的结果，1849年宪法法案引进了宗教自由的思想，但不是宗教平等，国家还是支持福音派的路德教会，把它作为丹麦的民众教派加以普及，教堂的教义基础也没有改变。19世纪后半期出台了一些要求独立自主的法案，如取消必须参加当地教区教堂的规定（1855年），废除必须洗礼的规定（1857年），允许选举教会（1868年），允许拒绝参加从外部引进教会牧师主持的礼拜（1872年）等。

19世纪的丹麦盛行创建宗教协会和基金会，丹麦圣经协会始建于1814年，丹麦传教士协会成立于1821年，哥本哈根教堂基金会成立于1896年，在它成立之后修建了很多有哥本哈根建筑风格的教堂。

1903年，行政堂区委员会法案宣布了一个持久进行的民主化进程，例如，国教对普通工作的参与被赋予一种民主化框架，并于1989年成为法律规定。这一发展对于提高神职人员的社会地位具有重要的作用。从1947年开始妇女能够申请牧师职位，1995年，第一位女主教选举产生。20世纪，所有的学校和教堂之间的正式联系都中断了，不过基督教仍然在学校的教学中占有一席之地，作为学校的一门课程被列入课程表。在政治和文化生活中，国教被完整地保留了下来，并且在经历了20世纪60～

70 年代的衰退之后，在 20 世纪的最后 20 年中洗礼以及其他教堂的宗教仪式大量增加，这充分显示了宗教从来都没有从丹麦人的意识形态中消失过。

（三）宗教管理机构

1. 宗教事务部

丹麦宗教的行政管理机构是宗教事务部，主要负责管理国教及全国其他教派的一切事务，包括任命牧师，调整教区，管理全国教区户籍，管理教区、教堂、公墓、牧师薪金、教堂义工，组织牧师会议，选举教徒理事会，管理全国教堂税、教区基金及培训牧师的学院等。宗教部下设主教区及主教会议。

2. 丹麦教会

丹麦教会，又称丹麦福音路德教会，是基督教在丹麦的宗派及国立教会，也是与路德宗共融的独立教会，政治上属新教。丹麦教会受国家法律管理，由丹麦议会作为最高立法机关。丹麦国王必须是该教会的成员并兼任教会最高领袖，但是并非元首。教会行政主管是丹麦宗教事务大臣，宗教领袖是由 10 位来自丹麦本土、1 位来自格陵兰的主教组成的主教团，没有总主教。丹麦教会由 11 个教区组成，包括 10 个丹麦本土教区和 1 个格陵兰教区。1948 年，丹麦教会加入世界基督教会联合会，至 21 世纪，基督徒已达 450 万人。

丹麦的每个教区划分为数十个堂区，丹麦路德宗的成员根据居住地区而从属于其中一区，享有堂区举行的洗礼或婚丧仪式的法定权利。堂区由堂区议会管理，议会成员从堂区成员中选出，议会对于聘用堂区牧师有极大影响力。

二 节　日

丹麦富有民族特色的传统节日不多，其风俗习惯与其他欧洲国家大致相同，下列是丹麦最重要的节假日。

新年　1 月 1 日。丹麦人与世界各国人民一样庆祝新的一年的开始。新年前夜，丹麦人喜欢在自家门前燃放烟花。丹麦人把烟花称作"中国人"，因为火药是中国的四大发明之一，制作烟花的技术也是从中国传到丹麦的。

忏悔节 2月底。过去这是宗教斋戒期的前夜，现在是孩子们盛装打扮的一个狂欢节日。这一天，孩子们穿上各种色彩华丽、样式古怪的服装，比如戴上礼帽或是蒙上佐罗式的眼罩，去敲邻居家的门，请求赠予礼品。他们还聚集一堂，轮流用棒球球棒敲一个悬挂着的大木桶，当木桶被打破时，里面的糖果糕点滚落出来，孩子们便欢天喜地地分而食之，而打破桶的幸运孩子就成为斋戒期的"国王"或"王后"。

复活节 春分过后第一次月圆后的第一个星期日就是复活节，一般在3月底或4月初。这是基督教纪念耶稣复活的一个宗教节日，按照传统，复活节有不少很有特色的庆祝活动。蛋和兔子都是复活节的象征，因为蛋孕育着新的生命，含有复活之意；兔子则因繁殖力很强，也被视为新生命的象征。复活节时，商店里会出售各种复活节小兔和彩蛋，有的是巧克力做成的。

愚人节 4月1日。愚人节是西方的传统节日，起源于法国。1564年，法国首先采用新改革的纪年法，以1月1日为一年之始。但一些因循守旧的人反对这种改革，仍然固执地按照旧历在4月1日这一天庆祝新年。主张改革的人对这些守旧者的做法大加嘲弄，有些人在4月1日给守旧者送假礼品，邀请他们参加招待会，并把上当受骗的保守分子称为"4月傻瓜"或"上钩的鱼"。从此在4月1日互相愚弄便成为西方流行的习俗。

国际劳动节 5月1日。这是传统的劳动人民的节日，也是丹麦的法定假日。这一天，上了年纪的人会在工会的组织下聚集在公园里，他们喝着啤酒，晒着太阳，也会有人发表演讲。

一系列宗教节日 夏季到来后，丹麦有一系列宗教节日。首先是大祈祷日，即复活节后的第四个星期五，这是丹麦特有的宗教节日，它把不同的宗教节日集中在这一天。接着是耶稣升天日，即复活节40天之后的第一个星期四。然后是降灵节，即复活节后的第七个星期日，开始于

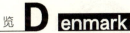

6月。

宪法日 6月5日。这是丹麦的法定节日，纪念1849年通过第一部丹麦宪法。这一天丹麦到处悬挂国旗，政治家们发表演说，宣传自己的政治见解，选民们则悠然自得地坐在草地上休息，享受宪法赋予他们的自由权利。

仲夏夜 6月23日。这是丹麦也是北欧最富有特色的节日。这一天不放假，但是所有的丹麦人都会聚集在一起迎接6月24日——一年中白天最明亮一天的来临。每逢6月23日的傍晚，丹麦人会来到海边，搭起高高的柴垛，把扎好的"巫婆"架在柴垛上，太阳下山后，人们便点燃篝火，"巫婆"在烈火中渐渐化为灰烬。这时，人们齐声唱起古老的歌曲。这一个晚上，丹麦海滨每隔一段距离便有一堆熊熊篝火，人们搭起演出台，观看摇滚乐队的表演，并出售各种小吃。许多丹麦人全家出动，一直玩到午夜。

基督降临节 每年12月，是圣诞节的准备期。进入12月以后，丹麦的大街小巷就开始张灯结彩，橱窗里摆上圣诞树。每个星期天，大多数丹麦人会点燃蜡烛，在窗前摆上冬青花环。这时的丹麦已渐渐充满浓郁的节日气氛。

圣诞节 12月24日开始，是丹麦最盛大最热闹的节日。圣诞节是纪念耶稣诞生的节日。耶稣诞生之夜被称为圣诞夜，在丹麦是一个狂欢之夜，人们全家团聚，共进丰盛的晚餐，然后围着装点一新的圣诞树载歌载舞、交换礼物，活动往往要通宵达旦。在圣诞节，丹麦的公共场所、轮船、火车上常有笑容可掬的圣诞老人为出门在外的人送上一份圣诞的祝福。

三 民俗

姓名 丹麦人的姓氏多以"森"（sen）字结尾，尤以延森、尼尔森和汉森结尾者为多。在全国姓氏排序中，姓延森的占7.7%，姓尼尔森的占6.2%，随后是汉森、彼得森、安德森、克里斯蒂安森、拉森和瑟伦森，直到第22个姓才不再是带森的姓，而在前50位姓氏中只有5个不是以"森"字结尾。实际上丹麦人口有 2/3 的姓氏以"森"字结尾。

恋爱与结婚　丹麦男女之间的交往非常自由，不会受到任何意见的左右。一个男子如果喜欢上某个女士，就会坦率地表达心中的爱意，这个女士如果也喜欢上他，就会跟他订婚。如果经过一段时间交往，发现彼此性格不合，爱情不能持续下去，则分开。分手之后仍能像好朋友般亲密地交往。丹麦人最厌恶伪善，他们认为如果不喜欢对方却硬要装出喜欢的样子，是可耻的。

想要结婚的人通常先在一起生活一段时间，以保证婚姻稳定，然后再举行婚礼。举行婚礼有不同的方式，一种情况是新郎、新娘身着便服，在当地市政厅由市长或副市长主持婚礼。也有的婚礼在教堂举行，新郎穿上晨礼服，而新娘则身着 4.5 米长的白色长裙，由女傧相和侍从们托着。

在丹麦，一种特殊的现象叫"无证明婚姻"。这是指男女双方没有举行正式婚礼，也没有被族人认可的已婚夫妇居住在一起的情形。

优雅的举止　在社交场合，丹麦人有两件事是要绝对遵守的，即不大声说话以及不管什么时候绝对不焦急慌张。在餐厅里，在公共汽车里或是在火车站的候车室，甚至在通电话时，他们都会很小心地放低声音说话。因为他们认为在大众面前暴露自己，是没有教养的粗俗行为。当店员正忙着接待客人时，如果有人从旁出声打扰的话，一定会遭到白眼。为了准时到达目的地而催促出租车司机开快一点，是无济于事的。如果是典型的丹麦人作为导游，那么他常会用平缓的语气说："为什么要那么急呢？"

送花的习惯　丹麦人很喜欢以花作为礼物，特别是用 3～4 朵康乃馨表达感谢。不过，送白花时就要注意了，丹麦人认为白色的花是不祥的预兆，除了葬礼、结婚典礼上的新娘和接受洗礼时使用外，其他时候均被视为禁忌。他们送给客人的是黄色的花，送给启程旅行的人是红色的花。在列车和轮船里，有人将一朵红色的康乃馨插在按钮孔中，就是代表吉祥顺利的意思。

对鸟的偏爱　在丹麦没有人养鸟，但无论走到哪里，人们都可以看到鸟。丹麦有很多湖泊，鸟儿在这里繁衍生息。其中有成群的天鹅和野鸭。

喂鸟在丹麦形成了风尚，无论是夏日还是寒冬，在鸟儿集中的广场、公园每天都能见到喂鸟的人。在首都哥本哈根市区有"5 段"湖泊，四周被街道和建筑物团团围住，每天车水马龙，嘈杂声不绝于耳。而那里却是天鹅、野鸭和其他水鸟的栖身之处。这些鸟儿在清澈的湖面上畅游、嬉戏，悠然之态给繁华的都市增添了宁静的韵味。

琥珀之路 在丹麦，琥珀是最美的物品。相传琥珀是美人鱼的眼泪，这些"眼泪"十分珍贵，一滴一滴需要经过千万年的变化才能形成。丹麦是世界上第一个发现琥珀的国家。14 世纪丹麦强盛时期，波罗的海沿岸国家大都为丹麦所统治，琥珀作为北欧货币在市场上流通，同时也作为最珍贵的宝石饰品进贡给罗马帝国。作为琥珀的产地，丹麦人开辟了世界历史上有名的琥珀贸易之路。"琥珀之路"从丹麦北部的日德兰半岛，经由波罗的海口岸，可一直到达地中海、波斯、印度和中国。据说古代西方人向中国皇帝赠送的礼品就是琥珀。

"自行车王国" 自行车与汽车统领现代代步工具之风骚，是丹麦有别于其他西方国家的特色之一。丹麦人对自行车很偏爱，自行车数量与私人汽车数量相差不多。在 1988 年汉城奥运会上，丹麦人一共获得两枚金牌，一枚是航海比赛获得，另一枚就是自行车比赛获得。丹麦的交通信号灯一般要比其他国家多两个装置，一是专管公共汽车的横竖道信号灯，二是专管自行车的小型红绿灯。按照交通规则，在路口，公共汽车和自行车享有先行权，其他车辆必须礼让，否则就是违反交通规则。丹麦的交通规则充分体现了人性化，强调尊重行人，机动车在人行道及路口处必须为行人让路。事实上，许多中小路口的红绿灯都是由行人控制的，只要按一下路口的手动开关，红灯便亮起来，行人就可以放心地过去了。即使在没有红灯的路口，车辆也会主动停下来等行人通过，随便按喇叭更是不被允许的。

聊天等禁忌 按丹麦人的习惯，不能在门口聊天。他们认为在门口聊天是不吉祥的。凡是家门口、房门口、凯旋门下面等所有的门口都是一样的。丹麦人认为对正要跨过门口的人说话具有宣战的意味，所以丹麦人绝对禁止在这里和别人打招呼。

此外，丹麦人还忌讳"13""星期五"，认为遇到这些数字或日期是令人懊丧的，是灾祸将要降临的兆头。忌讳用一根火柴点三支香烟，认为这样很不吉利。忌讳盐，认为盐会给人带来灾祸。忌讳4人交叉握手，认为这样做不吉利和有伤和气。丹麦人不喜欢别人在7月、8月找他们谈公事，因为他们的国家冬季漫长，人们都十分珍惜这两个月左右的夏季时间。如果有人在这段时间去打扰他们，则难以得到诚心实意的热情接待。

饮食　丹麦人的食物主要是鱼、猪肉和马铃薯，典型的丹麦食物有带脆皮的烤猪肉、点缀甜点的大马哈鱼和加了胡椒粉的土豆炖牛肉。丹麦冬季黑夜漫长，一家人围坐在火堆旁烤肉、讲童话是丹麦人的传统。被其他国家认为是丹麦特色的糕饼在丹麦被称为"wienerbrød"，意思是维也纳（奥地利首都）的面包。不过，丹麦几乎每一条街的转角处都可以见到出售这种糕饼的面包房。

丹麦人的吃饭时间从工业化社会以前的每天五餐变为现在的一日三餐。多数丹麦人不在家享用午餐，他们的午餐通常是一个盒装午餐或者一盒肉。晚餐是热食，而且多数丹麦人在周末也只吃一道菜。第一餐是稀粥、水果汤或者麦片粥，现在通常只有老年人吃。

具有丹麦特色的单片三明治由黑麦面包、黄油、肉片和奶酪等组成。丹麦人在节日场合则食用制作更精美的单片三明治，其中久负盛名的是带小虾、熏鲑鱼、腌鲱鱼、熏鲱鱼、蛋黄、萝卜、细香葱、熏鳗鱼、有红色卷心菜的猪肉、苹果、梅干、腌黄瓜和肝酱等的单片三明治。值得一提的丹麦食物还包括丹麦馅饼、杏仁糖圈、附着面包屑的苹果布丁和蜜饯水果等，热食有芥末酱煮鳕鱼、煮马铃薯、烤鸭、烤鹅、烤猪肉等。

第三节　特色资源

一　名胜古迹

（一）小美人鱼铜像（The Little Mermaid）

小美人鱼铜像位于哥本哈根市中心东北部朗格利尼码头的长堤海滨，

是一座闻名世界的美人鱼铜像。远望这座人身鱼尾的美人鱼，恬静娴雅地坐在一块巨大的鹅卵石上，近看神情忧郁，若有所思。铜像高约 1.5 米，基石直径约 1.8 米，是丹麦雕刻家爱德华·艾瑞克森根据安徒生童话《海的女儿》中的女主角用青铜雕铸的。

这座铜像是由嘉士伯啤酒公司的创始人卡尔·雅可布森出资建造的。雅可布森在王家剧院观看首演的芭蕾舞剧《海的女儿》后，突发奇想，要为美人鱼制作一座铜像。雅可布森邀请雕塑家艾瑞克森雕刻美人鱼，艾瑞克森从芭蕾舞剧中获得灵感，构思了铜像的形态，并将自己的妻子作为模特，铸成了这座小美人鱼铜像。

这尊美人鱼铜像同真人一般大小，整个人鱼直到小腿都是人形，只是脚变成了鱼鳍。铜像于 1913 年 8 月 23 日被安置在哥本哈根港，现已成为丹麦的象征，吸引了无数的游客。丹麦人以小美人鱼铜像为豪，制作了水晶美人鱼等纪念品。小美人鱼铜像曾多次遭到破坏。1964 年，铜像第一次被"割去"了头部，幸好雕刻家艾瑞克森保存着模具，又重铸了一个头像。1984 年 7 月 22 日清晨，美人鱼右臂被人锯走一截，当晚两个年轻人向警察投案自首。1998 年 1 月 5 日，美人鱼雕像头部又一次被人盗走，不久被找回。2003 年 9 月 10 日，美人鱼雕像被人抛入大海，丹麦警方经过长时间的搜索，终于找到了被严重损毁的雕像；10 月 27 日，美人鱼雕像经过近一个月的修复后被重新安放在原处。2009 年 3 月，在上海世博会期间，哥本哈根市议会投票同意让小美人鱼铜像进驻上海世博会丹麦展区，此举促进了丹麦与中国的文化交流。4 月，小美人鱼铜像抵达上海，被安放在世博会丹麦馆的一个水池中央，与海内外游客见面。

2013 年 8 月 23 日，丹麦人在首都哥本哈根长堤公园内举行了一系列庆祝活动，庆祝小美人鱼铜像 100 周年诞辰。数万名来自世界各地的游客、民众和记者聚集在长堤公园的海岸边，共同庆祝。

（二）蒂沃利公园（Tivoli Gardens）

蒂沃利公园位于丹麦首都哥本哈根市中心，占地 20 英亩（1 英亩约合 4046.86 平方米），是丹麦著名的游乐园，有"童话之城"之称。每年

4月22日至9月19日对外开放。兴建蒂沃利公园的是一名记者兼出版商乔治·卡斯滕森，公园于1843年8月15日起开始接待游客。最初公园只是群众集会、跳舞、看表演和听音乐的场所，后来几经改造，逐渐成为一个老少皆宜的游乐场所。园内建有哑剧院（1847年建立，1945年后重建）、中国塔和一段中国"长城"（建于1909年）、音乐厅（原建于1901~1902年，新建于1956年），此外还有露天舞台及许多娱乐设施、餐馆。公园的正门颇似一座碉堡，由专家精心设计的园内建筑错落有致地分布在自然景物之间，使整个公园兼有天然与人工之美。公园内设有20多条惊险程度各异的历险路线，还可沿飞天干线游览《安徒生童话》里一幕幕童话故事。花卉展览是公园的一大特色，花展以种植在园地里的花簇组成五彩缤纷的图案来吸引游客。这里的水景更是令人叹为观止，水面上不仅有雕塑、喷泉，还有花舟游弋、水鸟翻飞。当夜幕降临，园内灯光璀璨，烘托出通幽曲径、树影婆娑。水边的灯饰图案各有不同，经过巧妙的安排和艺术的穿插，有如镜花水月，给人以朦胧迷幻之感。这里还有两座引人注目的中国式建筑：宝塔和戏台。塔高4层，飞檐凌空，一面倚山，三面临水。塔内每层设有餐厅，游客可一边品尝中国佳肴，一边饱览湖光山色。戏台建于1874年，在外形、大小、色泽、布局上仿照北京故宫戏台规格，台前屋檐下横悬一块木匾，上书孟子的名言"与民偕乐"。

（三）克里斯钦堡宫（Christiansborg Slot）

克里斯钦堡宫最早建于1773~1775年。当时的克里斯钦六世将旧王宫（哥本哈根宫）夷为平地，在此基础上建造了一座显赫、华丽、舒适的新宫，作为国王的寝宫，故名克里斯钦堡宫。

克里斯钦堡宫具有欧洲18世纪洛可可式的建筑风格，其特点是纤巧烦琐，白灰色调。宫内房间采用大理石或者木制地板，装饰着挂毯、油画、水晶吊灯、镜子、法国家具和各种艺术品。宫堡的后院是一个王家驯马场。1794年，一场大火将这座豪华的宫殿毁于一旦。腓特烈六世登基后，于1803年开始重建，至1828年竣工。1829年，在宫堡左翼又新建了宫廷教堂。1884年，克里斯钦堡宫第二次被大火所毁，仅留下了驯马场设施和宫廷教堂。在接下来的一百多年，丹麦数次重修克里斯钦堡宫，最近的一次翻修始于 1907 年。

自 1849 年起，克里斯钦堡宫开始用作国会场所。现在的克里斯钦堡宫是丹麦议会所在地，因此也称为议会大厦。首相办公室、女王接受觐见用的大厅、丹麦最高法院都设在宫内，丹麦政府各部大臣在此也各有一间办公室。现在克里斯钦堡宫中一部分是丹麦王家迎宾室，女王在此接见各国驻丹麦大使、在新年时作王家新年致辞并在此会见来访的重要外国领导人。王家迎宾室的装修非常豪华讲究，里面收藏了许多珍贵的艺术品，其中包括许多 20 世纪初世界著名艺术家的作品。王家迎宾室包括巨人厅、国王阶梯、皇冠室、腓特烈室、悬挂着巨型挂毯的大厅、王家宴会厅及女王私人藏书馆等。

（四）宫殿

1. 阿美琳堡宫（Amalienborg Slot）

阿美琳堡宫位于哥本哈根市区东部的厄勒海峡之滨，是王室的主要宫殿，丹麦女王伉俪每年多半时光在这里度过。阿美琳堡宫由 4 座外观完全相同的宫殿组成，4 座宫殿在 1754～1760 年相继建成。4 座宫殿的前面形成一个八边形广场。1768 年，腓特烈五世骑马铜像被安放在广场中央。后来，这 4 座宫殿曾几易其主，但一直是贵族居住。1794 年，克里斯钦堡宫被大火焚毁，王室决定移驾阿美琳堡宫，此后这里一直是王室所在地。现在，每当女王玛格丽特二世住在王宫时，其所在建筑物上便会升起丹麦国旗。

阿美琳堡宫广场东西轴线的西端是"大理石教堂"。建造这座大教堂的初衷是为了纪念奥尔登堡皇族统治丹麦 300 周年，然而，这项工程 1749 年奠基后，因资金不足，拖至 100 多年后的 1894 年才得以竣工。

2. 腓特烈斯贝宫（Frederiksborg Slot）

腓特烈斯贝宫位于西兰岛北部小城希勒勒，哥本哈根市西北约 45 公里处。其建筑群坐落在湖水中的三个小岛上，是座四面环水的巴洛克风格的水堡，湖边有美丽的法国式花园，是北欧最宏伟、最美丽的古堡，内部装饰美轮美奂。宫殿始建于腓特烈二世时期的 1560 年，其子克里斯钦四世继位后拆除原有的部分建筑，于 1600 年在最东部的小岛增建了新的建筑。这座宫殿有 60 个厅堂，采用了荷兰文艺复兴时期的建筑风格，是北欧现存的最著名的文艺复兴建筑，有"丹麦的凡尔赛宫"之称，又称"水晶宫"。

腓特烈斯贝宫为三边形建筑。正面和右翼是宫殿，左翼是教堂。宫殿以铜板铺顶，四个尖塔装饰其间，给这座建筑平添了俏丽。在东北角有一长廊，它跨越湖水，把人们引入国王的接见大厅。1671～1840 年，历代国王都在腓特烈斯贝宫教堂举行加冕典礼。1859 年，一场大火烧毁了宫内的大部分陈设，宫顶和尖塔全部被毁，仅教堂幸免于难。1876 年，热心于文化事业的嘉士伯啤酒厂创始人雅可布森为修复腓特烈斯贝宫捐赠了全部修缮费，并提出把腓特烈斯贝宫辟为丹麦国家历史博物馆。1878 年，丹麦国家历史博物馆在腓特烈斯贝宫建立，该博物馆收藏了丹麦 16 世纪以来历代著名画家的作品，其中还包括大量著名人物的肖像画。至今博物馆每年的费用都由嘉士伯基金会提供。

1995 年 11 月，丹麦女王次子约阿希姆王子和亚历山德拉王妃在腓特烈斯贝宫的教堂举行了婚礼。亚历山德拉王妃生于中国香港，有 1/4 中国血统。

3. 菲登斯堡宫（和平宫，Fredensborg）

18 世纪初，腓特烈四世国王感到，与当时在丹麦流行的明亮的意大利建筑风格相比，腓特烈斯贝宫显得小而陈旧。他喜欢伊斯鲁姆湖（Esrum）的秀丽静谧，也为了纪念丹麦和瑞典战争的结束，1720 年下令在伊斯鲁姆湖畔兴建了菲登斯堡宫。这个名字直译就是"和平城堡"，也有人称之为"和平宫"。该宫经过数次扩建，其建筑风格迥异多姿。从正门看过去，菲登斯堡宫给人的印象是雅致、开放，不像腓特烈斯贝宫和克隆堡宫那样像座城堡，而像一座农村庄园。王宫花园以许多大理石雕塑和菩提树大道而闻名，宫内房间从墙壁直到天花板描绘着以特洛伊战争为主题的绘画。菲登斯堡宫是丹麦少数几个幸免于火灾损毁的重要宫殿之一，所以从这座宫殿身上我们可以看到 18 世纪丹麦建筑的典型风格。它是女王一家的夏宫，每年 3～10 月，女王一家便住在这里，通常在 7 月到国外休假。因此，7 月对游客开放夏宫的一部分。

4. 克隆堡宫（Kronborg Slot）

克隆堡宫坐落在西兰岛北部赫尔辛格（Helsingor）市的海边，建在伸进海里的一个半岛的岩石上，地处厄勒海峡最窄的出口处，在哥本哈根市东北 45 公里处，是守卫哥本哈根古城的著名要塞。克隆堡宫意为"皇冠之宫"，始建于 1574 年，1585 年竣工。资金来自腓特烈二世国王对经过厄勒海峡船只所征得的通行税。此堡由荷兰建筑师设计建造，宫殿用岩石砌成，褐色的铜屋顶，气势雄伟，巍峨壮观，是北欧最精美的文艺复兴时期建筑风格的宫殿。

克隆堡宫历史上曾两度被毁。第一次是在 1629 年，整个宫殿及宫内陈设全被焚为灰烬，唯一幸存的是宫内的教堂。1637 年被修复，具有巴洛克建筑风格，宫外的屋顶由圆形螺旋塔顶改为现在的尖塔顶。第二次是在"北方七年战争"期间，瑞典人于 1658～1660 年占领克隆堡宫，将宫内陈设洗劫一空。现在宫内的陈设全是根据当时的陈设复制的。腓特烈四世国王加强了克隆堡宫周围的防御工事，宫殿也不断得到修复。从 1785 年到 1922 年，克隆堡宫曾被用作兵营，宫堡外围的火炮已有二三百年的历史。

在克隆堡宫外院的墙上，有一块莎士比亚的纪念浮雕像。相传当年莎士比亚就是以这个城堡为背景写下了著名的悲剧《哈姆雷特》。宫内现收藏有大量古代挂毯和油画。克隆堡宫还有一个"地下工事"设施，从国王的卧室到地下工事有一条秘密暗道，整个地下工事可容纳数以千计的士兵。在工事一隅有个三角形的死牢，专禁政治犯。

5. 罗森堡宫（Rosenborg Castle）

1606 年 2 月，克里斯钦四世在哥本哈根东北面的城墙外购置了 46 块私人土地。他将这些土地联合起来建成了一个王家花园，作为国王的夏宫，就是后来的罗森堡宫花园，并在园中修建了一个装有塔楼和旋顶的两层亭子。1613～1624 年，亭子不断被扩建并增加了很多附属建筑。早期的罗森堡宫在 1634 年定型，城堡的东面加建了一个塔楼。整个城堡被一条护城河环绕，北面的一座吊桥通向城堡的主入口。罗森堡宫是克里斯钦四世钟爱的住所，他于 1648 年在此辞世。从 1710 年起，罗森堡宫不再作为王家住所，被用于存放王家的私人珍宝。1833 年腓特烈六世将城堡改为博物馆，并于 1838 年对外界开放。现在罗森堡宫归丹麦国家所有，陈列着大量的珍宝，包括丹麦皇冠珠宝和丹麦王家收藏品。

（五）吉菲昂喷泉（Gefion Fountain）

吉菲昂喷泉位于哥本哈根市中心东北部的长堤公园，由吉菲昂女神和 4 头牛及套犁等一组铜塑组成，于 1908 年竣工。吉菲昂是北欧神话中的一位女神。相传古代瑞典有个叫戈尔弗（Gylfe）的国王答应吉菲昂女神可以从瑞典国土上挖出一块土地，但限时一昼夜。于是，吉菲昂女神就把她的 4 个儿子化为 4 头牛，用犁从瑞典国土上挖了一大块土地，并把它移到海上，就是现在哥本哈根所在的西兰岛，而瑞典的国土上留下了一个维纳恩湖。从地图上看，西兰岛的海岸线和维纳恩湖的形状确实十分相似。

人们根据这一神话铸塑了吉菲昂喷泉。吉菲昂女神左手扶犁，右手执鞭，驾驭着 4 头铜牛拼力耕犁。4 头铜牛躬身牴角，奋力拉犁，形态各异，栩栩如生。铜牛的鼻孔珠泉喷溅，凝成薄雾，犁后喷泉汹涌。四周喷泉共分三级，泉水逐级泛溢，汇成珠帘，形同垂瀑。台基周围随着道路的坡度，用花岗石延伸围成一泓水池，所有泉水汇集池内。水池两边各有一条铜铸巨蟒盘缠，左右两股喷泉，直注铜牛。整个结构气势磅礴，景象蔚为壮观，每年都吸引着成千上万的旅游者。

（六）安徒生故居博物馆（H. C. Andersson's House）

安徒生故居博物馆位于菲英岛中部的欧登塞市区，1905 年为纪念丹麦伟大童话作家安徒生 100 周年诞辰而建。博物馆建在安徒生的故居内，曾两度扩建：一次是 1930 年安徒生 125 周年诞辰时，另一次是在 1975 年纪念安徒生逝世 100 周年时。博物馆是一座红瓦白墙的平房，坐落在一条鹅卵石铺的古老街巷里。这里临街的一幢幢古色古香的建筑，使人感到仿佛回到了 19 世纪安徒生生活的年代。博物馆周围排列着一些专卖安徒生纪念品的小商店，附近还有一座高雅的音乐厅和一家以安徒生命名的旅馆。

博物馆共有陈列室 18 间，陈列着安徒生的遗物、手稿及其各种文字版本的著作，厅堂内摆放着安徒生的塑像，在一个玻璃柜里陈列着欧登塞市市长于 1867 年授予安徒生的荣誉公民证书。前 12 间按时间顺序介绍安徒生生平及其各时期作品,展出大量安徒生作品的手稿、来往信件、画稿,以及丹麦一些名画家、艺术家创作的有关安徒生生活的油画和雕塑。在安徒生曾经居住过的小木屋里,他生前的用具仍按原样摆放着,古朴的家具,两只有补丁的皮箱,一顶礼帽,一个提包,一把雨伞,一根手杖。这些曾经长期伴随他的简陋的旅行装备,体现出他朴实的生活和情趣。第 11 间是一个圆柱形大厅,建于 1930 年,环墙展示 8幅大型壁画。这 8 幅壁画是丹麦近代著名艺术家斯蒂文斯(Niels Larsen Stevns)根据安徒生的自传《我的童话人生》中有关其一生中有代表性的几个时期的主题而作的,依次为:(1)安徒生童年时期的住房;(2)1819 年安徒生告别母亲,离开故乡赴哥本哈根;(3)1829 年安徒生在哥本哈根参加考试;(4)安徒生前往意大利;(5)安徒生向好友考林一家朗读自己的作品;(6)安徒生和朋友们在一起,内有著名雕刻家托瓦尔森和戏剧家、诗人奥伦斯克莱厄;(7)1846 年安徒生倾听詹妮·琳唱歌;(8)1867 年人们欢呼安徒生被授予故乡欧登塞的荣誉市民。博物馆第 13 ~ 18 间包括图书馆和录像录音播放室等,人们拿起听筒就能听到安徒生的童话故事。这几个陈列室里收集了 68 个国家出版的 96 种文字的安徒生著作,其中收藏的中国出版的安徒生童话及著作共有 27 种,最早的是 1926 年发表在《小说月报》上的安徒生作品的中文译文。中国著名翻译家叶君健先生的《安徒生童话全集》中文译本也在此展出。

(七)海峡大桥

大贝尔特桥(Store Baelt Bridge)是横穿大贝尔特海峡、将西兰岛和菲英岛连接在一起的交通动脉。它于 1987 年 6 月开始动工兴建,1997 年 6 月全线铁路通车,1998 年 8 月公路桥启用,整个工程全部竣工。该工程总投资 55 亿美元,由西桥、海底隧道和东桥三部分组成,全长 17.5 公里。西桥从菲英岛至海峡中间的斯奥普岛,为汽车、火车并行的两用桥,全长 6612 米,1996 年 7 月完工。公路线经东桥、铁路线经海底隧道同西兰岛相连。海底隧道为铁路专用隧道,全长 7410 米,由两条相互平行、间隔距离 16 米、直径 7.7 米的主隧道组成,两条主隧道之间每隔 250 米有一紧急疏散通道相连。东桥为公路桥,全长 6800 米,其中一段为双塔结构悬索桥,桥长 1624 米,是世界上最长的悬索桥之一。桥塔高 254 米,两桥塔之间的跨度达 1624 米,桥孔高度为 65 米,可通行任何巨轮。悬索桥使用了 1.9 万吨钢缆,其主钢缆直径达 85 厘米。

厄勒海峡大桥(Oresund Bridge)是由丹麦和瑞典两国合资兴建,横穿厄勒海峡,连接丹麦首都哥本哈根和瑞典马尔默的一条交通线。该桥全长 16 公里,由西侧的海底隧道、中间的人工岛和东侧的跨海大桥三部分组成。西侧的海底隧道长 4050 米、宽 38.8 米、高 8.6 米,位于海底 10 米以下,由五条管道组成,分别是两条火车道、两条双车道公路和一条疏散通道,是目前世界上最宽敞的海底隧道。中间的人工岛长 4050 米,将两侧工程连在一起。东侧的跨海大桥长 7845 米,上为四车道高速公路,下为对开火车道,共有 51 座桥墩,中间是斜拉索桥,跨度 490 米,高度 55 米,是目前世界上承重最大的斜拉索桥。该桥于 1995 年 11 月动工,2000 年 7 月 1 日正式通车,总共耗资 200 亿丹麦克朗(约合 27.5 亿美元)。该桥连接的厄勒经济区国民生产总值(GNP)达到每年 5000 亿丹麦克朗,约占丹麦和瑞典两国年 GNP 的 21%,在欧洲经济区中排第 8 位。大桥的通车不仅便利了北欧诸国到欧洲大陆的交通,也大大促进了厄勒地区经济的进一步发展。

(八)比隆乐高公园(LEGOLAND Billund)

举世闻名的乐高公园位于日德兰半岛东岸的小镇比隆(Billund)。公园占地面积 25 公顷,是一个用 4200 万块积木建成的"小人国"。公园以其新颖独特的积木艺术吸引了世界各地的游客,是仅次于哥本哈根的丹麦第二大旅游胜地。乐高公园自 1968 年开放以来,参观者络绎不绝。

在乐高公园里,可以观赏到形形色色、千姿百态、栩栩如生的各种精妙绝伦的艺术品,诸如人物、动物、房屋、机器、车辆、花卉、树木等,世间万物,几乎无一不有,简直是人类社会的缩影。所有这些都是由塑料积木拼装组成。这里有许多精湛的艺术品,每个艺术品都是实物的 1/20,

复制美国拉什莫尔国家纪念公园的拉什莫尔石刻就是其中之一，它用 150 万块积木拼装成美国总统华盛顿、杰斐逊、林肯和西奥多·罗斯福的胸像。此外，还有著名的哥本哈根港口、富丽堂皇的阿美琳堡宫、曲折蜿蜒的阿姆斯特丹运河、希腊的巴特农神殿、古朴的埃及阿布辛拜勒村落，以及幽静舒适、风景宜人的丹麦小村镇等，各个景物结构精巧、形态逼真。

乐高公园为孩子们提供了发挥聪明才智的大好机会。公园提供积木，让他们尽兴玩耍，随心创作，拼装各种景物。公园每天都举办少儿拼装比赛。参赛者分成 3 个年龄组，发给一定数量的积木，任意拼装模型，获胜者不仅可以获得奖品，而且其作品还可以在公园展出。

园内最主要的活动当然还是各种游乐项目。坐上旋转塔，可升至高处俯瞰积木城全景；乘坐迷你火车可以畅游玩具国一圈；也可以坐上小船慢慢欣赏积木城的景色。不言而喻，这些游乐设施也大多是用积木拼成的。

乐高公园中还有一座精巧的乐高博物馆，馆内分为"古董洋娃娃"、"机械玩具"、"蒂达莲皇宫"和"乐高展"等几个部分。"古董洋娃娃"陈列室内展出各个年代的洋娃娃 500 余个，游客可以从中了解洋娃娃制作的发展史。"蒂达莲皇宫"只有 6.25 平方米，但皇宫里却有 3000 多件从家具到日用品的迷你摆设，分布在 18 个房间里，其中一枚镶钻金戒指，直径只有 0.8 厘米，为世界之最。"机械玩具"陈列室内，橱窗里摆放着各式机械玩具，一按按钮，就能看到玩具动起来的动画形象，十分有趣。"乐高展"室内则是电动乐高积木配以灯光和音响进行表演。

乐高公园既是人们游乐、观赏的乐园，也是乐高公司的商品展览场所。

（九）古证券交易所（Børsen）

古证券交易所是文艺复兴风格的伟大建筑，由克里斯钦四世国王与建筑师汉斯·温格尔共同设计，1625 年建成。底层为城内商人的储藏室，楼上有 36 个摊位。最有名的是交易所古怪的尖顶，根据克里斯钦四世的构思，塔尖是由四个盘旋而上的龙尾构成。1745 年交易所进行了重建，增加了水星和海王星守护神的雕像。直到 1974 年，古证券交易所仍作为哥本哈根交易所在使用，是当时世界上仍在使用的最古老的证券交易所。

（十）丹麦国家艺术博物馆

丹麦国家艺术博物馆坐落于哥本哈根市中心，建成于 1896 年，是丹麦最大的绘画艺术博物馆。该馆主要收藏 14 世纪至今以欧洲为主的各类艺术作品，共有 9000 余件绘画与雕塑藏品，展厅面积为 8640 平方米。该馆常年展出丹麦王家绘画及举办雕塑收藏展与铜版画展，藏品主要为来自德、意、荷、法、美、亚洲及丹麦的绘画与雕塑，多为丹麦历代王室收购或艺术家捐赠所得。该馆分别于 1970 年与 1998 年进行了两次较大规模的整修。

（十一）罗斯基勒大教堂

罗斯基勒市坐落于丹麦西兰岛中部。10～15 世纪，罗斯基勒是丹麦王国的首都和政治、经济、宗教中心，是丹麦国王和罗斯基勒主教的驻地。1443 年，丹麦国王迁都至哥本哈根。1536 年宗教改革后，主教亦改驻哥本哈根。1658 年，丹麦国王克里斯钦四世在与瑞典的战争中败北，被迫签订《罗斯基勒和约》，将南瑞典地区割让给瑞典。

罗斯基勒大教堂始建于 1084 年，后几经焚毁重建。现教堂的大部分建于 12～13 世纪，是北欧地区最早的红砖结构哥特式教堂；门廊与侧翼小礼拜堂建于 19 世纪。教堂各部分及其附属的王家陵墓分别修建于不同时期，为研究欧洲宗教建筑发展史提供了难得的素材。

985 年，丹麦首位国王蓝牙王哈罗德逝世，葬于罗斯基勒。自此以后，陆续有丹麦历代国王葬于罗斯基勒大教堂。15 世纪，教堂正式成为丹麦王家陵园。1995 年，罗斯基勒大教堂被联合国教科文组织列入世界文化遗产名录。

二 著名城市

（一）城市概述

11 世纪前后，由于波罗的海的地理条件十分优越，丹麦政治、经济得以发展，到 13 世纪达到顶点。在富有特色的农村社会缓慢发展的同时，丹麦开始出现早期城镇。众多的城镇的发展过程是极为相似而且并行的，教会和国家政权在这当中都起了作用。渔业活动、海上交通以及通往德国的陆上交通是这些城镇的经济命脉。

最初建立的城镇大部分位于经济发达和海陆交通方便的地方。1250年之前建立的城镇不下 20 个，如位于西兰岛和法尔斯特岛之间海峡地区的沃尔丁堡，曾经是王室驻地；卡伦堡建在从西兰岛通往日德兰半岛北部一条最短的交通线上；菲英岛上的尼堡则控制着大贝尔特海峡，是丹麦最古老的一个王室城堡。当初的政治中心是位于日德兰半岛中央的维堡，是农业社会的中心城市，也是通往欧洲大陆的陆路据点。15 世纪时，哥本哈根成为首都，它很快成为新的政治经济中心和海陆交通要地。

（二）首都哥本哈根（Copenhagen）

丹麦首都哥本哈根位于西兰岛东岸，其名称丹麦语的意思是"商港"，是北欧最大的城市，人口 78.3 万人（2017 年），[①] 市区面积 88 平方公里。哥本哈根大都会区人口为 129.6 万（2017 年），[②] 面积 620 平方公里。它与瑞典的第三大城市马尔默（Malmo）隔厄勒海峡相望，连接哥本哈根和马尔默的厄勒海峡跨海大桥已于 2000 年建成通车。哥本哈根从 15 世纪就已成为丹麦的首都，有许多历史名胜古迹，是著名的古城和旅游胜地，是丹麦的政治、经济、文化和交通中心。哥本哈根曾被联合国人居署选为"全球最宜居的城市"，并得到"最佳设计城市"的评价。评委认为，近 20 年来，哥本哈根始终围绕居民需要进行规划发展，而且，过去的 40 年中，哥本哈根在对城市进行智能化、包容性和可持续性管理方面树立了典范。全国重要的造船、机械、电子、食品加工、印染、家具制造、陶器等工业大都集中在这里。哥本哈根港水深港阔，设备优良，是丹麦的最大商港，又是北欧最大的贸易集散中心，每年出入港的船只达 3.5 万艘以上，丹麦约半数进出口货物均经由此港进出，港内辟有自由贸易区和保税仓库。哥本哈根是北欧、西

---

① *Denmark Statistical Yearbook 2017*，Statistics Denmark，June 2017，table 1.
② *Denmark Statistical Yearbook 2017*，Statistics Denmark，June 2017，table 5.

欧海陆空交通枢纽。

根据历史记载，1043 年前后，哥本哈根还只是个小渔村，当时叫"哈芬"或者"哈汶"，意即"港口"。1157 年，丹麦国王瓦尔德马把这一港口小镇赐给阿布萨朗大主教。1167 年，阿布萨朗大主教在这里修建了第一座城堡，改善了通商条件，被称作"商人之港"，哥本哈根由此得名，阿布萨朗被后人认为是哥本哈根的创立者。1254 年，哥本哈根由主教领地变为自由城市，成为商业和渔业中心。1417 年，哥本哈根被国王接管，于 1443 年被定为首都。17 世纪，克里斯钦四世买下了哥本哈根东北部的大片土地，把该城的面积扩大了一倍，还修建了罗森堡宫、证券交易所和天文圆塔。不过，哥本哈根市的发展并非一帆风顺，瘟疫、火灾、战争曾经多次袭击这座城市。

工业化进程使得哥本哈根市人口不断增加，市区以椭圆形地带为中心，几度作环状扩大，干线道路呈放射状延伸。今天的哥本哈根市既拥有风格新颖的现代建筑，也有新兴的工商企业，但作为北欧名城，最为人称道的是其所特有的古典美。哥本哈根市被赞誉为"北方的巴黎"，市内有古老的城堡、雄伟的宫殿、大圆顶教堂、奇特的钟楼和众多的艺术雕塑，还有 20 多座博物馆和 10 多座公园，运河从城中穿流而过。古老的宫殿有克里斯钦堡宫、阿美琳堡宫、克隆堡宫和罗森堡宫；著名的博物馆有建于 1740 年的丹麦国家博物馆，是丹麦最大、收藏最丰富的博物馆，此外还有国家历史博物馆、现代艺术博物馆、海洋博物馆、香烟博物馆、信不信由你博物馆等；闻名于世的小美人鱼铜像、蒂沃利公园、吉菲昂喷泉等更是吸引游客的胜地。每年有上千万人到哥本哈根旅游。

市政厅广场位于哥本哈根市中心，俗称旧广场，建于 15 世纪的市政厅就坐落于此，市政厅前面是阿布萨朗大主教的雕像。市政厅的钟楼高 107 米，可供人们鸟瞰全市风光。钟楼上装有一座机件复杂、制作精巧的巨型天文钟，不仅能够准确报时，还能显示行星的位置。天文钟由丹麦天文物理学家耶斯奥勒森于 1943 年设计，1955 年安装完毕，全部机件有 1.5 万个。丹麦的许多重大活动都在市政厅广场举行。1945 年 5 月，丹麦解放时，10 万人在广场举行庆祝活动；1992 年夏天，丹麦国家足球队获得欧洲冠军，也有 10 万人在此热情狂欢。广场中心有 17 世纪末丹麦国王克里斯钦五世的雕像。市政厅正门左侧，有一尊安徒生的雕像。市政厅广场也是哥本哈根市最古老的商业市场。每到傍晚，许多商贩在广场摆上货物，向游客们兜售。广场南面，是哥本哈根市著名的蒂沃利公园。在市政厅广场西南角的建筑物上，有一个反映天气变化的人像，下雨时，人像便打开伞，晴天时，人像便收起伞。

市政厅广场东面是著名的步行街，始建于 17 世纪，1962 年正式称作步行街，全长 1.2 公里，是世界上最长的步行街。该街由东向西，横贯市中心。街道两端终点处各有一个中世纪兴建的广场。东面的叫新国王广场，也叫新广场；西面的就是市政厅广场。新国王广场是哥本哈根市最具魅力的广场之一，广场内坐落着巴洛克建筑风格的王家剧院（the Royal Theatre，建于 1870 年，是北欧历史最悠久、规模最大的一座剧院）、王家艺术学院（the Royal Academy of Arts）等著名建筑。步行街上有 200 多家商店，鳞次栉比，各具特色。其中最有名的是具有上百年历史的北方商场、王家商场和其他许多风格古朴的商店。这里的商店和丹麦其他地方一样，星期日和节假日不开门。

从新国王广场进去便是步行街的第一条街——东街。东街的建筑大都十分古老，但有一部分旧房经过翻修，看起来像现代建筑。哥本哈根市中心在 1795 年曾遭遇大火，许多古建筑被焚毁。步行街通向一个露天广场，露天广场上有一个建于荷兰文艺复兴时期的白鹳喷泉。广场右侧是一座古老的步行街商场，广场左侧可以观看到宫廷岛全景，岛上主要有克里斯钦堡宫、首相办公室、王家接待室、丹麦议会大厦、高级法院和银行等。

哥本哈根大学是北欧最早的高等学府，创建于 1479 年，是一所设有社会科学、艺术、神学、医学、数学、物理、化学、地质学、动物学和计算机学等多种学科的综合性大学。

哥本哈根的北部有一片迪雷哈芬森林，这是一个著名的赏鹿公园。有树龄高达百年的落叶松，古树参天，十分茂密。园内可以看到母鹿带着小鹿在安静地吃草，有时野鹿会互相追逐。

哥本哈根附近的拉杰尔镇，有一座独具特色的仿古旅游村。这是 20

世纪 60 年代丹麦历史与考古研究中心专为那些想体验古人生活的人设立的。一般到这里来的人都携带家眷。进村前，必须把所有的现代生活用品（如眼镜、手表、时装等）都留在村外，穿上简陋、粗糙和宽大的古装，住进一间低矮阴暗的草棚。"村长"分配给他们未经加工的谷物、木柴和水。每天鸡鸣即起，劈柴、舂米、挑水、烧饭，从早到晚，忙个不停，为的是填饱全家人的肚子。原始粗笨的劳动，不让人有一点空闲时间，生活虽然清苦、劳累，却可以一扫现代生活的烦闷和苦恼，带来奇特的乐趣。

哥本哈根郊外的索洛隆有丹麦最大的水族馆。这里以拥有稀有鱼类著称。馆内有 3000 多件近 200 种海洋和淡水鱼类标本，包括肺鱼、洞穴盲鱼、弹涂鱼和美国的白姆，还展出海葵、章鱼、海马、海龟和蝾螈。水族馆 1939 年开放，1974 年进一步扩展，在丹麦王家科学院的支持下，积极开展有关鱼类生理和寄生现象的研究。

哥本哈根国际机场作为北欧地区最重要的空中交通枢纽，有 60 多家国际航空公司使用，中国与丹麦之间的航线从北京和上海两地直飞哥本哈根机场。

哥本哈根的时区为东一区，中国为东八区，哥本哈根与中国北京的时差为 7 小时。例如，北京当地时间为 14 时，哥本哈根当地时间为同一日的 7 时。但是在夏季，丹麦实行夏时制（3~10 月），哥本哈根与中国北京的时差为 6 小时。也就是当北京时间为 14 时，哥本哈根当地时间为同一日的 8 时。

（三）第二大城市奥胡斯（Aarhus）

奥胡斯位于日德兰半岛东岸中部，濒临奥胡斯湾，是丹麦第二大城市，人口 26.9 万人（2017 年）。[1] 奥胡斯的主要市区始建于 900 年，距今已有 1100 多年的历史。948 年修建了主教堂，当时被称为"亚鲁斯"，是"江"的意思，因为位于两条不大的河流之间而得名。到了中世纪，奥胡斯成为主教的驻地，从而得以发展，商业、建筑、文化齐头并进，很快成为丹麦的主要城市。近一个世纪以来，奥胡斯已成为日德兰半岛最大的运

---

[1] *Denmark Statistical Yearbook 2017*, Statistics Denmark, June 2017, table 5.

输、工业及文化中心。

奥胡斯市的地理位置非常重要，由北海通往波罗的海的大贝尔特海峡把丹麦一分为二，奥胡斯就处在这一交通要道上，所以许多企业都设在奥胡斯市。

奥胡斯市是丹麦第二大港口，历经改建，港口深度已加深到 7 米多，码头长达 10 公里。奥胡斯港有欧洲最现代化的中型杂货港口设备，主要的进口物资有汽油、各种油料、谷物和饲料、煤和焦炭、金属、机械、肥料和木材等，主要出口物资有鲜肉和咸肉、油料和脂肪、奶油和干酪、机械、炼乳和奶粉等。奥胡斯发达的海上贸易有力地促进了工业发展，为港口建设服务的造船、轮船检修、起重机制造和冷藏设备的生产都很发达。还有生产供出口需要的肉类罐头、奶制品、机械和其他消费品的制造业，纤维生产、造纸和石油化工等也很发达。

奥胡斯也是丹麦重要的文化城市之一，这里有着非常丰富的文化生活，特别是在音乐和戏剧方面。奥胡斯是丹麦摇滚乐的发源地，至今仍然是摇滚乐发展的中心。

作为文化中心，奥胡斯有许多名胜古迹。最引人注目的建筑是 13 世纪中叶建造的修道院，在宗教改革之后，这座修道院又被改作医院。此外，还有 1201 年以罗马式风格建成又在 15 世纪加以改造的大教堂，以及后来发现的圣尼古拉地下教堂等。在奥胡斯，人们也可以见到许多现代化的宏伟建筑，首屈一指的是奥胡斯市政厅，它建于 1939～1942 年，堪称世界城市建筑的先驱。

奥胡斯还有许多著名的文化设施和观光景点，如露天博物馆、民俗博物馆和国立收藏馆等。露天博物馆又称"古老村"，这里的展品都是古老的房屋建筑，是从全国各地迁移来的，周围的设计也同原始环境相似，房层内部陈设着原始的家具和装饰品。这些房屋最大的特点莫过于那些黄色的砖头配以黑色的窗棂房梁，具有独特的魅力。这种黄砖设计除了可以在"古老村"找到，更多地出现在奥胡斯大学校园内。奥胡斯大学建于 1928 年，是丹麦第二所综合性大学，它集优雅古典的建筑和浓郁的文化氛围于一身，代表了奥胡斯市特有的风格。

（四）安徒生的故乡欧登塞（Odense）

欧登塞位于菲英岛中北部，地处丹麦东西交通的中心点，有一条长21公里的运河与公海相通，是菲英岛的首府，丹麦第三大城市，人口为17.7万人（2017年）。[①]

公元988年7月18日，德意志帝国皇帝奥托三世在一封信中宣布，欧登塞从此归他统辖，这份最早记录欧登塞的文书档案便被看作这个城市的"出生证"。11世纪，欧登塞已发展成为兴盛的商业中心，市井街道，车水马龙，呈现出一派欣欣向荣的景象。欧登塞市有一座气势恢宏的哥特式大教堂，是为纪念国王卡努特四世而造的，他因在丹麦传播基督教有功，被列为圣人。因此，欧登塞在中世纪时成为许多朝圣者虔诚拜访的圣地。到了15世纪，欧登塞已是一座颇具规模的城市，成为北欧五国举行会议的场所。

目前，欧登塞是北欧有名的现代化城市。它是丹麦的农产品集散地，工农业生产在丹麦均占有重要位置，拥有造船、酿酒、服装、食品、电子、纺织、家具等企业。欧登塞不仅是菲英岛的铁路运输枢纽，而且有铁路与日德兰半岛相连，有经尼堡的铁路及大贝尔特桥与西兰岛相通，并建有通往哥本哈根和其他城市的飞机场。

欧登塞也是丹麦重要的文化中心。这里有丰富的历史文化遗产，包括12~15世纪兴建的古老教堂和18世纪初叶建造的古城堡，以及众多的图书馆、博物馆和档案馆。世界著名童话家安徒生和丹麦著名作曲家卡尔·尼尔森就出生在这座城市。欧登塞市经常举办艺术展览、电影节和音乐会等文化活动。1964年，欧登塞市创办了丹麦第三所综合性大学，就是著名的欧登塞大学，该校专门成立了"安徒生研究中心"。

对普通人而言，欧登塞市之所以有名多半是因为安徒生。离欧登塞火车站约两条街远的安徒生故居博物馆就是这位童话大师的诞生之地，离博物馆约5分钟路程的另一条街上，是安徒生小时候居住过的地方。安徒生故居现在是丹麦最著名的旅游景点之一。

---

① *Denmark Statistical Yearbook 2017*, Statistics Denmark, June 2017, table 5.

（五）"北方小巴黎"奥尔堡（Aalborg）

奥尔堡是一座历史古城，位于北日德兰的中心地，利姆峡湾的南岸。这座城市最早是由海盗所创建的，11 世纪时已经是一个相当兴盛的商业中心，16 世纪后半期到 17 世纪初期十分繁荣。如今奥尔堡是丹麦最繁华的商业城市之一，有 11.3 万人口（2017 年），[①] 是丹麦第四大城市。

奥尔堡地处西欧与斯堪的纳维亚地区的交通要道，是重要的交通枢纽，海陆空交通都比较发达。这里有跨越利姆峡湾的公路和铁路桥梁，也有飞机场，可直飞哥本哈根和奥斯陆。利姆海峡的航道很深，大型船只可以直接入港。

交通的便利有力地促进了奥尔堡的工业发展。奥尔堡拥有斯堪的纳维亚最大的烟草厂，早在 1883 年就兴办了第一家人造奶油厂。杜松子油的生产使奥尔堡声名远扬，另外还有铁路、机械、化学、造船、酿造等企业。

奥尔堡风景秀丽，拥有不少文化古迹，可以远溯至海盗时期的发展史给这座城市刻下了深深的烙印。市区内有 1431 年建造的圣灵修道院，它是丹麦最古老的社会福利机构，也是奥尔堡早期繁荣的证明。1539 年建造的奥尔堡市政厅古朴庄严，迄今仍是斯堪的纳维亚最大的建筑之一，可以举办音乐会、展览会和国际会议。此外，奥尔堡还有一些中世纪遗留下来的宫殿、古堡。

有着"北方小巴黎"美称的奥尔堡旅游业十分发达。奥尔堡周围有风光旖旎的北海海滩，也有茂密的森林，还有珍贵的文化遗址——北欧最大的海盗墓地及博物馆。奥尔堡市内还有大大小小的博物馆、别具风情的处女街、北欧最大的动物园。奥尔堡虽然城市面积不大，却拥有数百家旅馆、300 多家餐馆和 3 处郊外宿营地，规模仅次于哥本哈根。每年前往奥尔堡观光的游客数以百万计。

（六）丹麦的"西大门"埃斯比约（Esbjerg）

埃斯比约是丹麦的年轻城市，位于日德兰半岛的西岸，与法诺岛隔海

[①] *Denmark Statistical Yearbook 2017*，Statistics Denmark，June 2017，table 5.

相望。埃斯比约市发展较晚，19世纪中期时该地还只是一个只有数百人的小渔村。为适应丹麦出口的需要，1868年丹麦国会通过一项议案，决定在埃斯比约建造一座码头。1874年破土动工，到1878年建成一个深水港。有7.2万人口（2017年），[①] 是丹麦第五大城市。

埃斯比约现在已经成为一个现代化的工商业城市，在丹麦经济中占有重要地位。它是终年不结冰的港口，全国鱼产量的40%由这里出口，并担负着繁重的旅客轮渡任务。每天都有来自英国的快速汽轮到达这里。每年过往的旅客有10多万人次。

埃斯比约是全国重要的捕鱼基地。这里有5个渔港，是550只中小型渔船的基地，大多数渔船为私人所有。最现代化的剖鱼厂是船主们联合的合作企业。主要的鱼产品是青鱼和比目鱼。

（七）古城罗斯基勒（Roskilde）

罗斯基勒古城位于丹麦西兰岛的中心，无论在政治还是在文化方面，罗斯基勒古城在丹麦历史上都曾占据显著的地位。该城的建立可追溯到公元960年前后的北欧海盗时期，后来发现的许多古墓都显示这里在古代就是个人口密集的地区。

"青齿王"哈拉尔德是罗斯基勒古城的奠基人，他在现在罗斯基勒大教堂的位置建造了第一座木制教堂，并最终被埋葬在此。该城市很快成为丹麦的政治和宗教中心。大约到1020年，罗斯基勒城市已经具有现在的雏形，大教堂坐落的高地位于城市的中心，在大教堂周围有14座教堂、5座修道院。中世纪时期，罗斯基勒城被认为是北欧地区最大和最重要的城市之一，人口为5000~10000人。2017年有5万人。[②]

该城的标志性建筑罗斯基勒大教堂是北欧地区的第一座哥特式红砖结构教堂，该建筑风格影响了几乎所有北欧地区的教堂。丹麦历史上著名的女王玛格丽特一世约于1415年被葬于大教堂内，从此大教堂成为丹麦王室的下葬地，一些门廊和小礼拜堂被陆续添加到大教堂的主体建筑中，丹

---

① *Denmark Statistical Yearbook 2017*, Statistics Denmark, June 2017, table 5.
② *Denmark Statistical Yearbook 2017*, Statistics Denmark, June 2017, table 5.

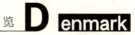

麦共有 38 位君主和王后安葬在此。罗斯基勒大教堂是欧洲宗教建筑发展的一个缩影，1995 年被联合国教科文组织列入世界文化遗产名录。

1847 年，丹麦历史上的第一条铁路在罗斯基勒和首都哥本哈根之间开通，为这座古城带来了生机。罗斯基勒很快成为商业中心、交通枢纽以及教育、研究、贸易和旅游的中心。

海盗博物馆（Viking Museum）是罗斯基勒古都的著名旅游景点，位于哥本哈根以西 36 公里处，濒临风景优美的罗斯基勒海湾。1957 年，两位潜水爱好者在罗斯基勒海湾发现一些木船残骸，后经考证为 1000 多年前海盗时期的遗物。挖掘出的 5 条海盗船中，2 条为战船，2 条为商船，另外 1 条为渡船或渔船。1968 年海盗博物馆建成，除展示这 5 条海盗船外，还经常举办一些同北欧海盗时期有关的展览。每到夏天，游人可乘坐复制的海盗船在罗斯基勒海湾航行，领略 1000 多年前的海盗生活。在海盗博物馆附近，游人还可参观造船工的现场表演。每年 6 月 30 日至 7 月 2 日，海盗博物馆附近会举行国际音乐节，欧美国家的一些音乐团体来此演出。

三 动植物资源

1. 动物资源

丹麦的动物主要属于森林群落，需要保护的动物中有 53% 的栖息地在森林，如松貂、啄木鸟、艾斯库累普蛇和 658 种甲虫。

野兔、鹌鹑和云雀随着农耕遍及全国各地。城市地区的动物群落变得越来越稀少，不过城市建筑可以为一些动物提供住所，如原鸽、黑红尾鸲和雨燕。在城镇郊外的居民区有更多种类的动物，如狐狸、刺猬和家貂，另外还有一系列鸟类，常见的有家雀、树雀、山鸟、大山雀和八哥。

丹麦的水域通常不深，只是在斯卡格拉克海峡深度超过了 100 米。水底常常很软，由砂石和泥土构成，这就导致了海生物种数量较少，拥有大约 1500 种物种。海洋生物物种包括：浮游生物，如水母和桡脚类动物；自游生物，如海豚、鳕鱼、鲱鱼和欧蝶。海底动物群可划分为：海床内部动物，如海扇和海蚯蚓；海床上部动物，如蚌类、蟹类和海星。还有海豹和海鸟。由于低岸、浅水、洋流、盐分和养分等综合因素，丹麦海域成为国际重要的海鸟栖息和过冬地，有 17 种鸟类每年出现在丹麦海域，还有很多其他候鸟也栖息在丹麦海域。

人类活动对丹麦物种的变化产生重要影响，如近几个世纪在丹麦的河流上建造了像堤坝和水磨这样的阻碍物，导致丹麦原有的鲟鱼、西鲱鱼、河鲱鱼等大部分迁徙鱼类如今已经灭绝。

2. 植物资源

丹麦植被属于温带落叶林，由 1200 多种植物构成，如羊齿类、针叶类和开花植物。丹麦有大约 640 种苔藓，其中有 150 种苔类植物以及约 490 种叶藓和泥炭藓。还有大约 350 种附着海藻以及浮游藻类。丹麦有大量的高等植物正在变得珍稀，有 100 多个物种被确定为严重濒危或者脆弱物种。

由于人类活动的影响，丹麦原始森林受到破坏，19 世纪初丹麦森林覆盖率降至 4%。此后通过护林造林，森林面积逐渐扩大，2019 年森林覆盖率达到 13%，但是仍然远低于世界森林覆盖率的 29%，更无法与其他北欧国家相比。丹麦森林中主要是人造林，天然林较少。由于丹麦位于北温带气候带内，一年中有 4 个多月平均气温超过 10℃，因此其天然植被是落叶林，主要树种有山毛榉、栎树、榆树、椴树和落叶松等。日德兰中部的某些地区平均气温接近于针叶林区，因此云杉人造林生长较为繁盛，改变了昔日石楠荒地的面貌，对防止风蚀、发展农业生产起了重要作用。

丹麦还有一些分布较广的植物群丛，包括沙丘植被，其中有滨草、蓑衣草、岩高兰、匍匐柳、鼠李等，都适应了飞沙地区的严酷条件。另外海洋植被也是丹麦的特色，包括近岸区内绿色海底草地的大叶藻、较远处的棕色海藻以及深水区内的红海藻。

四 矿产资源

丹麦的矿产资源匮乏，除拥有大片用于生产水泥的石灰石矿以外，丹麦只有为数不多的自然资源。直到 20 世纪 70 年代中期，丹麦才在属于自己的北海水域找到有开采价值的石油和天然气。

丹麦首要的原材料开采对象是石油和天然气，以及黏土、煤渣、沙子、沙砾和石头。另外，石灰石及白垩、食盐和地下水也是重要的原料开采对象。其他原料，如硅藻土、陶土、斑脱土、泥煤、花岗岩、片麻岩、砂岩、磷灰石、海绿石和重矿物的开采量较小，或者正在进行勘探开采。丹麦历史上曾经开采褐煤、燧石和沼铁矿。但是近年来由于储量有限，成本甚高，已经基本停止开采。

沙子、沙砾和石头在海域和陆地上都可以开采和生产，它们是冰川时期的沉积物，主要用于生产水泥和混凝土、修筑道路和桥梁、填埋垃圾、加固海岸和修建港口。精炼的特殊产品，如玻璃沙、铸沙、磨光粉等是从日德兰半岛中部和博恩霍尔姆岛的石英砂中提炼生产的。

日德兰半岛和菲英岛特有的黏土用来生产红色和黄色的砖。利姆峡湾地区的硅藻土用来生产强光灯、绝缘砖和活性砖。抗电压、绝缘的颗粒物是由烧制的陶土（无沙黏土）制成的。

石灰石和白垩是希默兰半岛（Himmerland）、曲半岛（Thy）和西兰岛的特产，被用于生产水泥，或者在造纸业中制活页薄纸，或者由肥料生产商制成重质碳酸钙，以及用于金属冶炼、化学工业与环境保护。丹麦大量出口水泥和白垩产品。

丹麦的深层地质中存有大量的盐。在日德兰半岛霍博罗（Hobro）西南的岩盐穹丘中通过冲洗盐矿（岩盐、氯化钠）来开采盐。钾盐（氯化钾）在日德兰半岛的多个岩盐穹丘中有储存。钾盐与其他物质混合可以制成肥料。

在日德兰半岛的中新世地层和丹麦的大多数海岸的沙子中含有重矿物钛铁矿、金红石和锆石，这些金属可以用于颜料、强光金属和高技术制陶业的生产。

斑脱土（膨胀黏土）可用于生产防水膜等，在日德兰半岛和洛兰岛有大量矿藏。海绿石掺入其他物质可用于离子交换和净化水，在西兰岛和日德兰半岛有矿藏。

在博恩霍尔姆岛，花岗岩的开采主要用于建筑和道路修建，瓷土用于工业瓷器生产和在纸张生产中用作填充混合材料。

地下水从位于丹麦任何地方的沙子和白垩层中都可以提取到。丹麦地下水的水质优于其他国家，可以直接或经过初级处理之后饮用。

丹麦的能源资源主要依靠进口煤、来自北海的石油和天然气以及风能。另外，还有一些稻草等生物燃料、太阳能和地热能，虽然只占很小一部分，但是随着技术的改进这部分能源将会逐渐增多。

第二章

历　史

第一节　上古简史

丹麦至少在 12 万年之前就已经有人类活动。在日德兰半岛南部的一条河谷的冰碛层里，考古发现了最后一次间冰期留下的有砍削痕迹的燧石制品，可能是丹麦先民居住过的遗迹。在日德兰半岛北部也发现了最后一次冰河期以后留下的先民所吃的东西：已经存在了 8 万年的鹿的骨头，为了吃到骨髓，骨头被劈开。

约 1 万年前，丹麦进入石器时代，日德兰半岛开始有人类居住，以狩猎为生。丹麦国家博物馆中收藏着大量石制武器和燧石工具，箭头、斧子、刀等都是石器时代丹麦人制造和使用的日常用品。公元前 4200 ~ 前 3400 年，进入新石器时代，定居在这一地区的人类开垦土地，耕耘农作。在以后的岁月里，农业一直是丹麦很重要的产业。古老的东方文明几经辗转传入丹麦，丹麦人学会了驯养动物和种植谷物。制作燧石用品的技术也已经达到相当高的水平。为了清除森林以获得耕种的土地，丹麦人用优质的燧石制成打磨得非常光亮的大燧石斧，这种用来砍伐树木的大燧石斧几乎与今天的钢斧一样锐利。用发亮的燧石制成的精美短剑和镰刀是当时最高工艺水平的标志，即使到了石器时代晚期，利用南方传入的青铜器铸造技术制造的短剑仍然是这种燧石短剑的仿制品。在丹麦各地都已发现石器时代丹麦人的遗迹，他们把尸体埋葬在被称作大石冢的独特坟墓中，在几块竖立的圆锥形大石头上面再放上一块巨大的压顶石。时至今日，丹麦的乡村四野还遗留着 5000 多座大石冢。

公元前 2000 年前后，丹麦人就已经同地中海沿岸国家有贸易往来，盛产于波罗的海沿岸和北海周围地区的琥珀和燧石是他们进行交换的主要物品。

公元前 1500 年前后，青铜器开始从南欧传入丹麦，用青铜器可以制造出比燧石更精美的武器、装饰品和祭祀用品。丹麦国家博物馆中的青铜器藏品充分显示了当时丹麦工匠的制造工艺水平。其中一件是一辆有 6 个车轮的太阳战车（sun chariot），车上竖立着一轮圆盘，部分镀金，象征着赋予大地生命的太阳，拉车的是一匹青铜马。这件文物是一个祭祀太阳的供品，制作于大约公元前 1500 年，于 1902 年在西兰岛西北部的沼泽地里出土。一种叫卢尔（lure）的乐器也是青铜器时代的杰作，是世界上最古老的乐器之一，制作于大约公元前 900 年，1808 年在菲英岛出土。青铜卢尔号通常成对地出现于泥炭地，它们是献给神祇的。雕刻精美的青铜卢尔号从号嘴到喇叭口全长有 1.5～2 米，丹麦一共发掘出 31 件卢尔号，其中有许多保存完好，现在还能在喜庆节日中用来吹奏。

多次的民族大迁移使丹麦人的素质不断提高，生产力也不断提高。克尔特人在公元前 1000 年开始震撼欧洲，这时的丹麦人和克尔特人的贸易十分活跃，铁器开始传入丹麦，史称"克尔特铁器时代"。公元前 500 年前后，铁器时代取代了青铜器时代，丹麦制造出了效率更高的铁制农具，同时也逐渐出现了乡村居民点。随着罗马人的强大，罗马文化也逐渐波及斯堪的纳维亚，丹麦在公元前后进入了"罗马铁器时代"。罗马帝国衰落以后，丹麦受到条顿人的影响而进入"条顿时代"，其特征是开始逐渐形成的日耳曼文化。丹麦文化由于特殊的地理位置，保持了其连续性和独立性，不仅没有被异族文化淹没，反而从中吸取了充足的养分。铁器时代制造的更多、更坚固的武器为当时的丹麦人从事征战提供了有利条件，几个世纪以后，丹麦的东征西伐达到了高峰时期。

在公元 200 年前后，丹麦境内开始出现北欧古字碑文，这种书写方式可能最早是受到拉丁字母的影响。到公元 400 年前后，丹麦人已经与俄罗斯人建立了贸易关系。公元 6～8 世纪，丹麦的原始公社制度开始瓦解，氏族贵族在得势以后，占有了原始公社的大片土地，并在其基础上建立了最初的王国。9 世纪初，现今丹麦的大部分及瑞典的南部——斯堪尼亚，已置于古德弗烈德国王（Godfred）统治之下。此时丹麦人已经掌握了制造海船的技术，常常驾驶海船南下到欧洲沿海以琥珀、燧石等换取谷物和其他用具，但是往往亦商亦盗，丹麦从此进入了历史上最奇特的时期——海盗时代。

第二节　中古简史

一　海盗时代

北欧海盗系指中世纪斯堪的纳维亚的半商海盗。他们侵扰欧洲沿海以及不列颠群岛，约始于公元 8 世纪末，至公元 11 世纪为止。这个时期被称为海盗时代。维京人（Viking）一词的含义可能是指"从峡湾来的人"，因为在丹麦文和挪威文中，"vik"或"vig"都是指小峡湾或者海岸小湾。

公元 793 年 6 月 8 日，来自斯堪的纳维亚半岛的北欧海盗袭击了英格兰东北部的林第斯法恩的修道院，这一天就成为北欧海盗时代的开端。海盗袭击了著名的修道院、主教宅邸和讲学场所，将当地人杀戮或者掳去做奴隶。此后，丹麦海盗又联合组织了更庞大的舰队，每年春季南下从事海盗活动。

从 8 世纪末袭击了林第斯法恩后，丹麦海盗对英格兰的侵袭一直没有停止。丹麦人和挪威人已经懂得，渡过海洋就可以夺取战利品，而沿海的袭击又不冒多大的风险，因为英国和法国的军队不可能同时在沿海各处防守。每年春季，海盗的舰队自北方而来，突然出现在英国或者法国海岸附近的海面，"诺曼人"（西欧对来自北方的海盗的称呼）飞身登岸，抢劫一两个村庄或者修道院，不等消息传到内地，海盗们便已经扬长而去。

海盗得以盛行的关键就是船。海盗使用的船只船体狭长坚固，首尾急遽弯曲，轻便快速，非常宜于在海上航行和登陆，在当时的欧洲无疑是最好的船只。而且斯堪的纳维亚人几乎是天生的水手，习惯海上生活，吃苦耐劳，无所畏惧。

随着骚扰、抢劫活动的规模愈来愈大，丹麦海盗在大不列颠岛的北部和东部建立了大片的居留地，并在这些地方定居，同时来自丹麦的移居农民也逐渐成群地涌了进来。此后丹麦海盗又时常进犯英格兰的西南部。公元879年，英格兰的阿尔弗雷德大帝（Alfred）同丹麦海盗签订了《威德摩尔和约》，将英格兰东北部划归丹麦管辖，称为"丹麦区"。

与此同时，丹麦海盗和挪威海盗还多次侵扰欧洲大陆，其足迹遍布地中海沿岸的大部分国家。911年，法兰西国王查理三世同丹麦海盗首领罗洛签订了《圣·克雷尔条约》，将塞纳河口一带划归丹麦人统治，罗洛被封为公爵，建立了诺曼底公国。

有关11世纪海盗时代的历史记载很少，但可以肯定的是，今天的丹麦王国就是在这一时期形成的。丹麦王室的第一位君主是老王戈姆（Gorm the Old），他在10世纪上半叶统治丹麦，958年葬于日德兰半岛东部的耶灵（Jelling）。他的儿子"青齿王"哈拉尔德一世（Harald the First）继位后率领海盗船袭击周围一些国家，不仅统一了丹麦，而且征服了挪威，成为丹麦、挪威两国的国王。从公元950年起，哈拉尔德逐渐改变了丹麦人信仰奥丁神的习俗，使丹麦人皈依了基督教。

哈拉尔德做了一件使其名垂史册的事情：在其父母的坟墓上建造了刻有文字的石碑。碑文追念了他的父母，但主要是颂扬他个人统一丹麦和使全体丹麦人皈依基督教的丰功伟绩。耶灵石碑共有两块，一大一小。大石碑上刻有头上围着光环的基督像和古北欧文，碑文写道："哈拉尔德国王下令为纪念父亲戈姆和母亲翠拉而立此碑。哈拉尔德征服了整个丹麦和挪威，并使丹麦人成为基督教徒。"小的石碑是老王戈姆为他的妻子翠拉立的墓碑，在这块石碑上，"丹麦"这个国名首次出现。丹麦人称这两块石碑为"耶灵石"，并将其看成丹麦王国诞生的证明，因为这是丹麦最早用文字记载下来的王族历史。1000多年来，耶灵石碑一直作为丹麦王国诞生的标志而受到全体丹麦人民的供奉。石碑上面刻写的是一种从南欧、中欧传播到北欧的文字——鲁纳文。这种文字的笔画几乎一样长，很适合刻在石碑上。在丹麦已经发现了100多块刻有鲁纳文的石碑，其作用是纪念死去的著名人物。大约在1100年，鲁纳文才被拉丁字母所取代。

正如耶灵石碑所记载，基督教于850年前后已被"来自北方的使徒"法国传道士安斯加尔传入丹麦，到960年前后，"青齿王"哈拉尔德使整个国家基督教化。在此后的两三个世纪中，基督教在丹麦渗透传播开来，今天在丹麦随处可见的2000多座乡村小教堂，正是这一历史时期的见证。这些教堂由农民采石建成，彼此相距几英里，通常建在山坡上，粉刷成白色，现在已经成为丹麦的游览胜地。在这些教堂里可以看到墙壁和拱顶上有着中世纪的壁画，画着天使、魔鬼和可怕的猛兽，画风怪异，象征着尘世的腐败生活。

"青齿王"哈拉尔德将王宫迁至西兰岛，他晚年时国家分裂为两派：一派是赞同国王在丹麦国内安享和平的人们，另一派是仍然酷爱战争的海盗。后者拥戴年轻的王子斯汶（Svend Forkbeard），父子之间的冲突最后演化为战争，哈拉尔德被暗箭射中身亡。斯汶继承王位（985～1014），绰号"八字须王"。斯汶王首先打败挪威人，然后连续几年多次向西方派遣船队。1013年，斯汶征服英格兰，占领了伦敦，英格兰国王逃往诺曼底，斯汶成为丹麦和英格兰国王。但好景不长，次年斯汶从马上坠落身亡，英格兰人夺回王位。

1016年，斯汶之子卡努特（Knud the Great）率领由丹麦人和挪威人组成的200支舰船的联合舰队征服了英格兰全境，登上了英格兰王位。1018年，其兄丹麦王哈罗德死后无嗣，1019年卡努特即丹麦王位。1028年击败挪威和瑞典，成为挪威国王，并占领瑞典南部地区，至此，卡努特建立了包括丹麦、英格兰、挪威、苏格兰大部和瑞典南部的"北海大帝国"。卡努特被尊称为"卡努特大帝"，其统治时期成为丹麦和北欧海盗时代的鼎盛时期。卡努特主要留居伦敦，尊重英格兰的民族传统，推行亲善政策，并皈依基督教。1035年11月11日，卡努特大帝突然去世，遗体葬在英国温切斯特。他的两个儿子十分无能，"北海大帝国"逐渐土崩瓦解，于1042年崩溃。此后，丹麦王室之间彼此争斗，海盗时代走向衰落，而与此同时，新的体制即西欧君主制在斯堪的纳维亚逐渐建立起来。

二 封建君主制的确立

12世纪中叶以后，瓦尔德马家族统治下的丹麦再次强盛起来。在这一时期，丹麦深受欧洲文化的影响，除建造了大量城堡外，还十分注重商业活动。今天丹麦的国旗、国徽大约都产生于这一时期，同时出现了丹麦的第一部成文法典。

瓦尔德马大帝（Valdemar the Great，1131～1182）在位时期，许多最新式的城堡在丹麦各地建立起来，特别是在国家南部边界一带，为了抵御来自南方的袭击，建立了坚固的砖墙要塞。

瓦尔德马二世（Valdemar Ⅱ，1170～1241）为了建立一个包括波罗的海和北海在内的商业强国，重振当年"北海大帝国"的雄风，向南征服了德意志北部的大片土地，将易北河以北的大部分地区置于丹麦的管辖之下，从而保证了丹麦以石勒苏益格为中心的航运贸易畅通无阻。1219年6月，"胜利王"瓦尔德马二世率军东征，在爱沙尼亚的林德尼西登陆并大获全胜，将其置于丹麦的统治之下，从而阻止德国的势力向波罗的海东部渗透。丹麦的版图除原有的丹麦领土外，扩大到东有爱沙尼亚，南有吕根岛，德国将易北河以北的地盘也割给了丹麦。瓦尔德马二世把国家治理得井井有条，丹麦人过着幸福、富足的生活。此时的丹麦，国内市场繁荣，对外贸易活跃，许多新的村落和大农庄的建立推动了农业的发展，国家的政治和经济实力大为增强。

传说在林德尼西战役之中，爱沙尼亚的异教徒向丹麦军队发动突然袭击，使丹麦军队陷入困境。随军的大主教向上帝祈祷，这时一面有白色十字的血红色的旗帜——"来自上帝的旗"从天空飘落下来，落在瓦尔德马二世的身上。凭借手中挥舞的旗帜，瓦尔德马二世率领的丹麦军队士气大振，终于取得了战役的胜利，这面旗帜也就成为天赐的神物。这面旗被称为"Dannebrog"，意思是"丹麦人的一面旗"。这面旗帜并未立刻成为丹麦的国旗，但在当时丹麦许多军旗的一角都加上了一个小的"Dannebrog"的符号。最古老的一面丹麦十字旗一直保存在卢卑克的圣母马利亚教堂里，但是在第二次世界大战中被同盟国的炸弹炸毁。丹麦国徽也大约出现在同一时期。

直到此时，丹麦还没有成文法，各地仍然使用着流传下来的由"执法人"默记的古代法令，因此丹麦各地的法规差异很大。瓦尔德马二世于 1241 年制定了日德兰法典，统一了丹麦的法规。日德兰法典是当时著名的法律文件，严谨，讲人道，内容简明，既没有包含迷信的内容，也没有严酷的惩罚措施。这部法典的卷首语是"必须以法治国"。瓦尔德马二世在日德兰法典生效几天之后去世。

在瓦尔德马时代，国王和大贵族、大主教，以及大修道院主持人等一起共同治理这个国家。丹麦人把这一结合称为"丹麦人的宫廷"。当时，最重要的会址就是尼堡，至今在尼堡仍可见到 13～15 世纪"丹麦人的宫廷"开会的宫殿和大厅。

瓦尔德马二世去世以后，丹麦国王、教会、贵族之间矛盾错综复杂，纷争不断。掌握一定权势的贵族乘机削弱王权，于 1282 年尼堡会议上迫使国王埃里克五世（Erik V）签署了国王法令。这是丹麦历史上第一部有关国家政治权力分配原则的文献，该法令规定了国王同贵族合作的原则，国王同意每年召集一次由贵族、骑士、市民和自由农民组成的四等级代表会议，并服从有关赋税等问题的规定原则。从克里斯托弗二世（Christoffer II，1320～1332 年在位）开始，国王在登基时必须以特殊的文告来确认贵族的特权。1282 年的权力法确立了丹麦的封建等级君主制，该法令一直沿用到 1660 年丹麦封建君主专制制度出现。

14 世纪中叶，瓦尔德马四世（1340～1375 年在位）继位后，立即着手国家的重建工作。他把爱沙尼亚卖予德国贵族，将丹麦在内乱时期丢失的土地一一赎回。1360 年，他率军攻入斯堪尼亚，从瑞典国王马格努斯手中将斯堪尼亚的几个州夺回，再一次纳入丹麦王国的统治之下。1361年 7 月，瓦尔德马四世率领舰队出征位于波罗的海中央的哥得兰岛（Gotland），经过一场血战后攻陷了维斯比城，夺得了波罗的海最重要的贸易中心之一。瓦尔德马四世出兵哥得兰岛和征服维斯比城，可谓一箭双雕，既夺得了波罗的海中一个地当要冲的阵地，改变了和瑞典的关系，又可以此与汉萨同盟相抗衡。

　　汉萨同盟是德意志北部沿海城市为了保护其波罗的海、北海等商路安全，维护商业特权，垄断北欧贸易而结成的贸易联盟，瑞典是汉萨同盟的成员。汉萨同盟失去维斯比城后，其贸易和经济利益受到威胁。1368～1370 年，汉萨同盟的联合舰队战胜了丹麦的舰队，逼迫丹麦签订城下之盟。丹麦将斯堪尼亚沿岸以 15 年期限抵押给汉萨同盟，并同意汉萨同盟在丹麦享有绝对的贸易自由权。汉萨同盟因此进一步扩大了其在波罗的海的势力，加强了对斯堪的纳维亚半岛的控制。

三　卡尔马联盟

　　1375 年，瓦尔德马四世年仅 5 岁的外孙奥拉夫（Oluf）继承王位。奥拉夫的母亲玛格丽特（Margrete）是瓦尔德马四世的小女儿、挪威国王哈康六世的妻子，22 岁的玛格丽特表示要代表她的小儿子治理丹麦，从而成为丹麦的无冕女王。1380 年哈康六世去世，奥拉夫继任挪威国王，丹麦和挪威成为一个共主联邦，玛格丽特又接管了对挪威的统治。1385 年，玛格丽特女王运用政治手腕从汉萨同盟手中将抵押到期的斯堪尼亚沿岸诸城堡收回，增强了对波罗的海的控制。1387 年奥拉夫突然去世，丹麦的贵族和教会为了不使丹麦的王权落入有德国血统的阿尔伯特（玛格丽特的姐姐英厄堡同梅克伦堡公爵所生的儿子）手中，就推举玛格丽特为丹麦的全权统治者和监护人，玛格丽特成为实际上的丹麦女王。1388 年，挪威也推举玛格丽特为统治者并拥有终身统治权，玛格丽特女王从而成为丹麦—挪威联合王国的君主。

　　1389 年，瑞典贵族与来自梅克伦堡的统治者因封地利益发生矛盾，便向丹麦女王玛格丽特求援。同年 12 月，丹麦军队在西耶特兰的奥斯莱打败了来自梅克伦堡的阿尔伯特的军队。玛格丽特被奉为瑞典女王，并成为统治斯堪的纳维亚三国共同的君主。玛格丽特的父亲于 1340 年在丹麦开始的重建计划，在半个世纪之后终于达成了三个斯堪的纳维亚王国在丹麦国王统治下的联合。

　　为了进一步加强对斯堪的纳维亚三国的控制，1397 年 6 月，玛格丽特召集三国贵族的代表，在瑞典南部的卡尔马城（Kalmar）举行会议，拥立玛格丽特的继承人、来自波美拉尼亚的玛格丽特姐姐的孙子埃里克（Eric of Pomerania）为三国的共主，玛格丽特为摄政，三国结成卡尔马联盟。三国代表表示拥戴埃里克为终身国王，三国保证将永远在共同的君主治理之下，并从埃里克的直系后嗣中遴选共同的君主。在外交和国防事务上，三国在共同君主的指挥下协调一致，共同抵御来犯之敌；在内政上，三国维持各自的法律、政治传统和行政管理方式。在这一联盟中，丹麦处于统治地位，原挪威属地格陵兰、法罗群岛转归丹麦管辖。

　　玛格丽特发挥她的聪明才智，小心谨慎地处理和瑞典贵族、挪威贵族的关系，避免摩擦，得到了贵族的支持。她不动声色地实现她的目标：通过三国王室的联姻来确保在丹麦国王统治下的斯堪的纳维亚半岛的联合，进而与汉萨同盟争夺波罗的海的霸权。玛格丽特在掌握实际统治权期间，从未正式举行过加冕仪式，故被称为"无冕女王"。

　　1412 年玛格丽特去世后，埃里克一方面加强对瑞典和挪威的控制，一方面谋求与英国结盟，共同对付德意志诸侯，和汉萨同盟抗争。1428 年，在与德国争夺石勒苏益格和荷尔斯泰因的战争后，丹麦因连年征战，财力锐减，加之黑死病的流行，人口损失近一半。对此，丹麦以征收重税、多方盘剥的方式从瑞典和挪威补充战争的损耗。丹麦王室肆意占有土地，贵族兼并土地的活动愈演愈烈。而此时汉萨同盟又对斯堪的纳维亚半岛实行经济封锁。三国人民的不满情绪与日俱增，各地的反抗活动和暴动连续不断。

　　1434 年，瑞典爆发了矿工起义，起义得到了国内以中小贵族和矿业主阶层为首的主张脱离卡尔马联盟的独立派的支持。独立派的斯图雷家族一度摄政。

　　1448 年，在王室没有直接继承人的情况下，奥尔登堡（Oldenborg）的克里斯钦公爵被选为丹麦国王，成为克里斯钦一世。他是丹麦王室的第六代后裔，其中有 3 代属于母系家族。王室的直接继承者、奥尔登堡家族成员决定从 1533 年开始交替使用腓特烈和克里斯钦的名号。

　　为了征服瑞典，1520 年丹麦国王克里斯钦二世亲率重兵前往讨伐。11 月丹麦军队攻陷瑞典首都斯德哥尔摩后，大肆镇压独立派的反抗，屠杀大批参加起义、要求独立的贵族，制造了血腥的"斯德哥尔摩大屠杀"。疯狂的镇压触发了1521年瑞典中部的起义，起义迅速向瑞典全国蔓延。1523年丹麦军队战败，瑞典宣布独立，脱离卡尔马联盟，持续了126年之久的斯堪的纳维亚三国联盟不复存在。不过丹麦和挪威的联合则一直维持到1814年。

从老王戈姆掌权一直到1448年，丹麦的王位嫡传了大约5个世纪，共有32位国王和1位女王。自1448年丹麦王位传给了奥尔登堡的克里斯钦公爵，从此开始了奥尔登堡王朝。奥尔登堡王朝历时4个多世纪，历经16位国王，直到1863年该王朝结束。此后，丹麦的王位传给了格鲁克堡的威廉姆公爵的儿子克里斯钦亲王，他成为丹麦的克里斯钦九世国王，从而开始了格鲁克堡王朝。该王朝至今已有150多年的历史，当今的丹麦女王是格鲁克堡王朝的第五代君主。丹麦的王朝更迭并不是篡权夺位推翻前朝而建立新朝。奥尔登堡王朝和现在的格鲁克堡王朝的兴起，都仅仅是因为国王绝嗣，后继无人，而不得不从去世国王的近亲旁系或母系的后代中去物色王位继承人。由于被挑选出来的王位继承人是先王的支脉、后裔，他们虽保持着爵位，却生长在异国他乡，所以他们的头衔中往往带有地名，如"奥尔登堡的克里斯钦伯爵"和"格鲁克堡的威廉姆公爵"。当他们被选为王位继承人，当上国王后，一个新的王朝便开始了，原来头衔中的地名就成了新王的称号。然而，不管丹麦王室如何"改朝换代"，1000多年的54位君主，他们之间都有着血缘关系，丹麦的王位从来没有落到一个完全陌生的家族手里。

第三节　近代简史

一　争夺波罗的海霸权的角逐

丹麦国王对丹麦周围水域的专有权由来已久，厄勒海峡和贝尔特海峡是丹麦专有的领海，当斯堪尼亚处于丹麦统治之下时，丹麦便完全控制了波罗的海的入口。1425 年丹麦国王埃里克命令征收"海峡税"，所有通过丹麦水域的人都要支付通过海峡的通行税，所有国家的船只在通过赫尔辛格时都必须扬旗下帆致敬。

16 世纪中叶，瑞典已成为一个强大的中央集权的封建君主制国家。然而瑞典所处的地理位置却不尽如人意，由于丹麦扼守厄勒海峡，控制着当时从波罗的海通往西欧的路线，瑞典欲出北海，只有丹麦、挪威沿海省份之间的一条狭窄的陆上通道；到德意志北部去的南方路线又受到吕贝克海上力量的威胁。而丹麦在海上通道征收的高额"海峡税"，早已使瑞典愤愤不平。1560 年，瑞典国王古斯塔夫·瓦萨去世后，瓦萨的子孙们为了改变这种极不利于瑞典政治、经济发展的地理位置和战略地位，开始了向波罗的海沿岸国家的侵略和扩张，以实现其建立波罗的海帝国的目标。而被瑞典视为其主要障碍和对手的丹麦，此时也在筹划如何恢复其一统斯堪的纳维亚的盟主地位，进而控制通往俄罗斯的贸易路线。瑞、丹两国为争夺波罗的海霸权，关系日趋紧张。

1563 年，丹麦与瑞典之间爆发了"七年战争"。腓特烈二世将"三顶王冠"的标记嵌入丹麦的盾徽，以表示恢复斯堪的纳维亚盟主地位的雄心壮志；瑞典的埃里克十四世也同样使用"三顶王冠"的标记与丹麦抗衡，以表示瑞典有权要求统治斯堪的纳维亚三国。战争一开始，丹麦及其盟国就对瑞典进行海上封锁，1563 年 9 月，丹麦攻克了瑞典的要塞埃尔夫斯堡，切断了瑞典通往北海的出路。但是，瑞典新建的舰队在 1565 年打破了丹麦的封锁，夺得了制海权。双方在陆地上势均力敌，丹麦人越过斯堪尼亚北上，曾向斯德哥尔摩进军，瑞典人则南下到斯堪尼亚，双方都以摧毁对方的作战基地为目标，打得难解难分。1568 年，瑞典发生了争夺王位的内乱，埃里克因两个异母弟弟篡夺王位成功而被废黜，导致瑞典在与丹麦的战争中败北。两年后，两国经过谈判签订了《什切青和约》，瑞典以巨额赔款赎回了埃尔夫斯堡，丹麦则将波罗的海中的萨列马岛牢牢地控制在自己手中。

随后在 1611～1613 年的卡尔马战争中，丹麦人接连攻下了瑞典的重要据点卡尔马和埃尔夫斯堡，再次截断了瑞典和西欧的联系。丹麦舰队一度到达了斯德哥尔摩群岛。瑞典当时正与俄国在东线作战,为了集中兵力对付俄国,瑞典迅速同丹麦媾和,再次把埃尔夫斯堡作价赎回。

1618～1648 年欧洲爆发了著名的"三十年战争"。经过 1536 年的宗教改革,丹麦信奉路德新教,在德意志新教诸侯反对天主教诸侯和教皇的争执中,丹麦站在新教联盟一边。但丹麦介入德意志冲突的更重要的原因,则是丹麦切身的经济利益和争夺波罗的海霸权的实际需要。

汉萨同盟衰败后,丹麦在北海—波罗的海贸易区虽已成为独一无二的主宰,但其攫取更大的经济利益的欲望却有增无减;特别是将荷尔斯泰因置于其统治之下后,更加觊觎北海和波罗的海的德意志领土。1625 年在英、法、荷的资助下,丹麦一举攻入德意志境内西北部,并得到当地新教诸侯的军事策应;但在 1626 年 8 月同德国军队交锋时,遭到惨败。1627～1628 年,丹麦接连丢失了维斯马和罗斯托克两个重要港口,失去了其在德意志的所有领地。1629 年 5 月,丹麦签署《卢卑克和约》,退出战争,保证不再干涉德意志的事务。德皇的势力延伸到波罗的海。

丹麦的战败和德意志势力的北进,促使波罗的海的另一个大国瑞典加速了军事行动。1630 年古斯塔夫二世公开参战,以势如破竹之势直捣德意志西部和南部地区。瑞典的胜利使其在波罗的海的属地连同在德意志所占领的土地,形成了对丹麦控制厄勒海峡的一个潜在威胁。丹麦大为不悦,于 1643 年对瑞典宣战。瑞典在占领了德意志北部的阵地后,从南面向丹麦发动进攻,从而使丹麦舰队——丹麦国王克敌制胜的海上王牌无用武之地。瑞军兵分两路,一路从摩拉维亚阵地挥师北上,攻入日德兰半岛;另一路在荷兰的配合下进攻斯堪尼亚和哈兰。丹麦军队节节败退,力不能支,被迫于 1645 年签订和约。丹麦将哥得兰岛和萨列马岛割让给瑞典,从此失去了其在波罗的海的海军基地;将挪威边境的耶姆特兰、黑耶达伦让给瑞典;为了保证和平,将斯堪尼亚的哈兰让与瑞典 30 年。从此,瑞典从波罗的海通往西欧和北海的通道不再受丹麦的控制,这是近百年来两国争夺波罗的海霸权的一个转折点。

丹麦不甘心就此罢休,1658 年乘瑞典陷于波兰战事之机,再次对瑞宣战。卡尔十世以此为借口,摆脱了波兰的困扰,从南部越过德国进攻丹麦。瑞军一路所向披靡，后在小贝尔特海峡受阻。但 1658 年寒冷的严冬帮助了瑞军，大海全部结成坚冰，瑞军出其不意地通过了小贝尔特海峡和大贝尔特海峡，顺利进军洛兰岛和西兰岛，占领了丹麦全境。由于作战多次失利，丹麦终于在 1660 年签署了《哥本哈根和约》，这是丹麦在其整个历史上签订的代价最大的和平条约，将斯堪尼亚的几个州和博恩霍尔姆岛，即厄勒海峡以东的原来由丹麦占领的全部领土（占当时整个丹麦领土的 1/3）让与了瑞典。丹麦、瑞典两国争夺波罗的海霸权的斗争至此有了根本性的转变，瑞典将其在波罗的海沿岸的土地连成了一片，确立了瑞典在波罗的海地区的霸权。丹麦、瑞典的边界大致划定，基本轮廓一直延续至今。

随后，丹麦又在 1675～1679 年、1709～1721 年同瑞典进行了两次战争，但都未能改变其在波罗的海争霸中的地位。

二　从君主专制到君主立宪制

15 世纪中叶，丹麦贵族的势力已很强大。由于克里斯托弗（1439～1448 年在位）是靠贵族势力登上王位的，国王与贵族之间的主从地位发生了变化。随着贵族在经济上的日渐强大，原来的四等级议会已不复存在，国家政治权力越来越集中到由大土地所有者组成的议会手中。克里斯钦二世曾经试图削弱贵族的势力，解除议会的职权，但反被贵族所推翻。克里斯钦三世进行宗教改革后，将教会的土地收归王室所有，但有相当一部分落入了贵族之手。为了遏制贵族势力的发展，他采取任用新主教，但是不再授予他们政务议会中的席位的方法来强化国王的权力。

克里斯钦四世从 1588 年登上王位到 1648 年去世，在位时间长达 60 年，被称为"伟大的建设者"。他在战争中虽然建树很少，但是热衷于各种建设。他在丹麦各地兴建城镇，在哥本哈根建造了许多非凡的建筑。他拆毁了哥本哈根旧的防御棱堡，把该城扩大到原来的两倍；沿着哥本哈根的防波堤建立了一个新的证券交易所；为大学生修建了一所有宿舍的学院，并为他们建立了一所教堂；修建了被称作"圆塔"的天文台。他特别致力于沿着边境建造坚固的设防城镇。他很关注对外贸易和航运，更重视振兴海军，在哥本哈根兴建了欧洲最大和最新式的海军兵工厂。

随着市民阶级的发展壮大，其与贵族之间的斗争加剧。连年的战争使丹麦的疆域日趋缩小，经济上遭受到严重的破坏，国家财政枯竭，人们把一切过失归结到当权的贵族阶级身上。在 1660 年召开的议会会议上，市民代表出席会议并要求限制贵族的特权，提出贵族应与其他社会阶层一样缴纳同等的税额。腓特烈三世利用这一时机，将人们的激愤情绪引导到结束贵族统治这一政治体制的变革上来。他通过提拔德国人和其他外籍人成为贵族的方式，培植起一个新的贵族阶级，使他们为国王效力，但是不赋予他们特权。腓特烈三世在城市资产阶级和神职人员的拥戴下，废除了国家议会，宣布将经选举产生的、有一定权限的君主制度变为世袭的、权力无限的君主制，以此打击贵族的特权和跋扈行为。各行政区从由属于贵族阶级的采邑持有者管理，改为由拿薪金的"文官"掌管。1665 年 11 月的"国王法"对此给予法律上的承认，从而确立了丹麦的封建君主专制政体。腓特烈三世与路德派联合，强调君权神授说，采用专制王权制度，大大强化国王的权力，削弱封建领主和贵族的势力，并形成了君主和官僚贵族的新的社会关系。

1685 年，一部替代了瓦尔德马时期所制定的各种旧的地方法的全国法典诞生了，就是《克里斯钦五世丹麦法》。贵族势力被削弱，丧失了其原有的免税、肆意占有大片土地、占据高级职位等一些特权。但是市民阶级和其他社会阶级并未获得更大的权力。1701 年实施的农民义务法和1733 年赋予地主的强迫劳役权，将农民更牢固地束缚在土地上。

腓特烈五世和克里斯钦七世在位时，宫廷里的一些德裔政治家曾极力主张和推行"开明专制制度"，但均告失败。1784 年腓特烈太子（即后来的腓特烈六世）摄政后，丹麦社会和经济体制的改革才真正开始。1788年，农奴制被废除了，农民的生活状况得到了很大的改善，义务劳役制度改成了佃赋制，解除了农民对地主的人身依附。大多数农民成为"官册土地持有者"，即持有一块经过官方注册并可以继承的土地。农民有了迁徙的自由，可以购买土地，自己支配土地的使用，加之耕作方法的改进和农具的更新，大片荒废的土地得到开发。为了纪念这些农业上的改革，在哥本哈根市中心建立了一座感谢王太子的方尖石碑，即"自由纪念碑"。这一时期，丹麦的城市贸易也日益繁荣，城市规模不断扩大，呈现出一派繁荣景象。

16世纪末，丹麦成立了东印度公司，在西印度群岛和几内亚拥有殖民地。1792年，丹麦率先停止从西印度群岛输入黑奴，成为世界上第一个禁止奴隶买卖的国家。1797年，新的关税法的颁布和自由贸易政策的实行，给丹麦经济带来活力，并使丹麦的航运业得到很大的发展，丹麦的商船成为仅次于英国的排名世界第二位的船队，航运业获得了巨额利润。此外，在出版、教育等各个领域，也进行了一系列自由主义的改革。

但是，随之而来的战争将这一切都破坏了。1767年，丹麦宣布同俄国结盟，借以保障丹麦的"武装中立"。1801年，英国不宣而战，进攻哥本哈根；1807年，英国再次派遣舰队炮轰哥本哈根，丹麦舰队遭到致命打击，几乎全军覆灭。丹麦转而与法国结盟，同英国和瑞典对抗。战争以丹麦战败结束后，丹麦于1814年签订《基尔和约》，割让挪威给瑞典，从而失去了这个结盟400多年的盟国。

战败使丹麦在欧洲的地位一落千丈，丹麦的海上贸易遭到严重破坏，国家财政几乎完全崩溃，战后重建工作进行得非常缓慢，国内对专制制度的批评日益强烈起来。市民阶级自由派提出了建立全国性的立法会议、给予公民自由等要求，随之兴起的农民运动支持自由派的立宪要求，并提出了普选权的问题。在德意志民族主义的影响下，加之普鲁士的干涉，石勒苏益格和荷尔斯泰因的局势也动荡起来。1815年，丹麦国王以荷尔斯泰因公国君主的名义加入了德意志邦联，而后来这两个地区却要摆脱丹麦国王的统治，并因此而爆发了1848年起义。

面对公众要求宪制改革的呼声，腓特烈七世为了争取民众的支持，阻止德意志统一运动的威胁，同意召集立宪会议，起草一部自由宪法。与此同时，丹麦国王开始了与荷尔斯泰因、石勒苏益格公国的战争，以保住这两个公国。

1849年6月5日的"立宪会议"通过和签署了新宪法，腓特烈七世宣布废除君主专制政体，代之以君主立宪制，建立了以民族自由党为中心的内阁；成立由上、下两院组成的议会，下院实行普选制，30 岁以上的成年男性享有选举权，上院的选举权则有一定的财产限制。新宪法的颁布，宣告了历时 180 多年的丹麦君主专制政体的结束。

三 和平发展时期

丹麦与石勒苏益格、荷尔斯泰因的战争历经三年而结束，根据 1850 年的伦敦议定书，丹麦继续对这两个公国拥有统治权。1863 年，鉴于德意志邦联不断对上述两个公国的事务进行干预，丹麦决定将石勒苏益格并入丹麦，与荷尔斯泰因分离。这一被称为"十一月宪章"的法令立即引起了普鲁士的反对。普鲁士发出最后通牒要求丹麦撤销其法令，并以此为借口联合奥地利出兵丹麦。丹麦战败，被迫割让了石勒苏益格、荷尔斯泰因和劳恩布尔克。

此后，丹麦开始进入和平发展时期，社会经济逐渐复苏，政治体制也逐步向议会政治迈进。

丹麦是一个世代以农业为主的国家，19 世纪以前，农村经济原始落后，农民生活水平低下，与商品经济几乎不发生关系。18 世纪末，丹麦将农民的义务劳役制改为佃赋制，结束了中世纪以来农民对地主的人身依附，为自耕农农场的发展奠定了基础，从而出现了 19 世纪丹麦农业的飞速发展。

石勒苏益格和荷尔斯泰因的丢失对丹麦人是一个极大的打击，疆土的日益缩小与经济发展的停滞不前激发起丹麦人的民族情绪。在"失于外，补于内"的口号下，丹麦人开始了改造日德兰半岛上荒芜的泥炭沼泽的垦荒运动。在几十年的时间里，约 70 万公顷的沙质荒原被垦殖，逐渐变成了耕地，大约 2.5 万个自耕农农场出现在新开垦的土地上，丹麦的农业耕种面积增加了 33%。

19 世纪 70 年代，来自美洲的廉价玉米向欧洲市场倾销，对丹麦的谷物出口造成很大影响。丹麦无力对抗这种竞争，便寻找其他的途径，转而发展"优质农产品"：一改过去出口活牲畜的做法，进行食品加工，以质量上乘的腌肉、黄油、奶酪、蛋制品在国际市场上竞争。丹麦开始大量进口谷物、油料作物和其他牲畜饲料,19 世纪 80 年代,已成为一个谷物净进口国。国内种植业则以饲料谷物和饲用块根作物、牧草为主。到第一次世界大战爆发前,丹麦已成为一个畜牧业占主导地位的农业国。1900 ~ 1914 年丹麦的农业出口值占全国出口总值的 85% ~ 90%。畜牧业的蓬勃发展和英国等工业国对加工食品需求量的日增,更加促使丹麦的农业朝着专门生产肉类和奶制品的方向发展。从 19 世纪 70 年代初到 20 世纪前 5 年,在种植面积不变、劳动力的增加仅略高于 10% 的情况下,丹麦的肉类和奶制品的产量却提高了一倍以上。技术的革新和工艺的改进使食品加工业日益具有工业规模,如 19 世纪 70 年代末发明的奶脂分离器改变了奶牛饲养业的技术基础,按每头牛平均计算的黄油产量增加了一倍,生产效率猛增。

丹麦农业发展中一个不可忽视的因素是丹麦合作社运动的发展。丹麦村社制度在 18 世纪末已被废除,但古代村社的协力合作的传统却是根深蒂固的。农业在向生产肉类和奶制品的加工业转化过程中,合作社运动在组织生产、经营管理方面起了很大的作用,如全国各地都建立了合作奶场,农民把牛奶交给当地的合作奶场,合作奶场负责牛奶的批发、市场控制和销售,帮助农民获得利润。到 19 世纪 80 年代末期,约有 1/3 的农民与合作奶场结合在一起。合作奶场是归农民所有的共同财产,农民可占有不同的股份。1880 年丹麦还不存在合作牧场,但到 1890 年已有 679 个,1913 年已高达 1100 多个。

农业劳动生产率的提高和农业收入的增加扩大了国内需求,进而促进了丹麦工业、食品加工业、机械制造业、纺织业等行业的发展。19 世纪 70 年代,大量企业的涌现从一个方面说明发展的势头强劲。1850 ~ 1870 年丹麦仅出现了 6 家工业企业,而 1872 年一年就成立了 16 家,1873 ~ 1875 年又成立了 69 家。纵观这一时期丹麦工业的发展,是其他经济部门的发展,首先是农业的发展所引起的,是为了满足国内日益增长的需求。丹麦农业对工业品的需求决定了丹麦工业的结构。

19 世纪末,丹麦已成为世界上重要的农业国家之一。经济发展,社会安定,在新的社会经济结构基础上,现代的政治势力集团开始形成。

1870 年,代表富农利益的左翼党成立。丹麦社会民主党是 1871 年创建的，在市民阶层和工人阶级的工会组织支持下，该党发展很快，1924～1926 年一度掌权，并成为议会中的第一大党。1919 年从社民党中分化出一个新的派别，称"左翼社会党"。该党于 1920 年加入共产国际，命名为丹麦共产党。现为执政党之一的保守党，也是在这一时期（1916 年）成立的。

在各种政治力量纷纷登台之时，为维护各自经济利益和权利而组织起来的社会团体也相继成立，如丹麦雇主协会（1896 年）、丹麦总工会（1898 年）、丹麦全国妇女联合会（1899 年）等。

第四节　现代简史

一　第一次世界大战及战后时期

第一次世界大战时期，丹麦奉行中立政策，后遵从德国的要求在厄勒海峡和贝尔特海峡水域中布雷封锁。像其他中立国一样，丹麦通过与交战国进行贸易而获取利益，不过，战争也给丹麦带来损失，如德国的潜艇战使得丹麦的航运业受到严重的打击。

德国战败后，丹麦在凡尔赛会议上提出了石勒苏益格的自决问题，请求通过公民投票来决定和解决石勒苏益格的国家归属问题。位于日德兰半岛南部的石勒苏益格原先是丹麦的土地，自中世纪起就作为一个独立的公国而治理，在最近几个世纪，通常由丹麦国王担任石勒苏益格及荷尔斯泰因的国王或者公爵。1864 年，丹麦战败于普鲁士和奥地利后，将这两个公国分别割让给普鲁士和奥地利。第一次世界大战结束后，经过一年的国际管理，1920 年通过公民投票将石勒苏益格北部归还丹麦。

在腓特烈八世和克里斯钦十世在位期间，丹麦继续推行民主政治和社会民主化，保守派受到压制。丹麦于 1915 年修改宪法，扩大了选举权，妇女同男性公民一样获得了平等的选举权。在 19 世纪下半叶保守势力回潮时所产生的限制选举权，即由国王任命上院部分议员的做法被取消了，上议院的选举制度重新恢复。为了保证所有的政党都有平等的代表，建立了比例代表制。

1924 年丹麦社会民主党首次单独组成政府。面对棘手的失业问题和经济萧条，社民党政府提不出妥善解决办法，执政两年后被迫辞职。1929 年经济大衰退时期，社民党在大选中获胜，和激进左翼党联合组阁，开始进行大幅度的社会改革。此后，除有几次短暂失利外，直到 20 世纪 70 年代均由社民党单独或者联合组阁。在经济方面，20 世纪 30 年代的西方大萧条也波及丹麦，1933 年失业率达到 40％。政府将货币大幅度贬值以刺激出口，同时先后与英国、德国签订了农产品协议，并相应调整了农业结构，缓和了经济萧条的影响。

二 第二次世界大战时期

第二次世界大战爆发前，丹麦没有介入欧洲大陆诸强的纷争，并于 1939 年和德国签署了互不侵犯条约。

丹麦扼波罗的海到北海的出口处，乃英、法、德等西方大国的必争之地。1940 年初，英法以援助芬兰抗击苏联为由，打算派遣远征军经挪威、瑞典进驻芬兰。德国深知一旦北欧被英法占领，其海军便被锁入波罗的海，无法自由出入北海和大西洋，遂决定先发制人。1940 年 3 月 1 日，希特勒签发以攻占丹麦、挪威为目的的代号为"威悉河演习"的作战指令。

1940 年 4 月 9 日凌晨 4 时 15 分，德国陆海空军向丹麦发动突然袭击，轰炸机出现在丹麦首都上空；陆军越过边界，长驱直入冲进丹麦，军舰开进了哥本哈根港。4 时 20 分，德国驻哥本哈根公使将仍在睡梦中的丹麦外交大臣蒙克叫醒，递交了一份实为最后通牒的德国政府备忘录，无理地要求丹麦必须允许德国占领，否则丹麦城市将被夷为平地；丹麦政府若不抵抗，德国政府保证丹麦的独立和完整，并不干涉丹麦的内政；丹麦政府必须立即做出回答，不得延误。

对于德国的背信弃义，丹麦政府毫无准备。1940 年 3 月底，丹麦驻柏林海军武官曾获得了上述希特勒签发作战训令的情报，丹麦政府却对此表示怀疑。4 月 4 日，这位武官赶回哥本哈根，当面向政府报告，政府仍然未予重视。如今德军兵临城下，是投降还是抵抗？4月9日6时，政府内阁和统帅部参加御前特别会议，会上除陆军司令外，其他人均不主张抵抗。理由是丹麦乃岛国，地势平坦，无险可守，无力抵御德国的装甲部队；国王和政府成员无栖身之处，不像挪威国王和政府阁僚可转移到茂密的森林之中。而且丹麦缺乏国际支持，丘吉尔已经多次宣布英国不会援助丹麦。国王认为丹麦抗德无疑是以卵击石，于是御前会议决定不能作任何抵抗。丹麦遂与德国签订城下之盟，丹麦同意德国占领并使用其军事基地，德国尊重丹麦的中立、完整和独立。德国声称其占领丹麦是迫不得已而为之，是为了保护丹麦免遭西方大国的侵略。

德军进攻后几小时，丹麦政府未作任何抵抗便向德军投降，成为德国的保护国。丹麦军队只是在边境地区和首都哥本哈根与德军发生了零星冲突，全国死亡13人，伤23人。一年前德国与丹麦签订的互不侵犯条约成为一纸空文。

德军占领丹麦后，丹麦社会民主党和激进自由党组成的联合政府于1940年7月进行了改组，亲德分子斯卡韦尼乌斯（原丹麦驻柏林大使）任外交大臣，政府终于与德国占领者沆瀣一气，成为傀儡。1940年12月，傀儡政府与德国签订票据交换协定，德国人肆意抢走亿万丹麦克朗；一个月后，又将十余艘鱼雷艇拱手交与德国。1941年11月，丹麦参加反共产国际协定。1942年11月又应德国要求将丹麦军队撤出日德兰半岛。傀儡政府要求丹麦人民保持克制，不许采取任何敌对行动。

不屈的丹麦人民不能容忍长期受异族占领者的蹂躏。逃至英国的原保守党党魁默勒拒绝妥协，在伦敦组织了"自由丹麦委员会"。丹麦驻伦敦公使率先发表文告，指出丹麦政府的行径是完全错误的。丹麦驻华盛顿公使宣布脱离丹麦政府，丹麦驻西方国家使节随后也纷纷发表声明，宣布他们是"自由丹麦委员会"的成员。丹麦在海外的5000余名海员将总吨位达80万吨的丹麦商船驶往英国港口，利用这些商船在战争中为盟国做出了重要贡献。

在丹麦本土，社会各界采取各种方式展开反抗占领军的斗争。斗争初期，采取的反抗方式比较温和，象征性的居多，如在公共场合唱丹麦民族歌曲，出版有关丹麦的历史书，讲述丹麦爱国斗争传统，以表明爱国之心。随着德国统治者对丹麦的搜刮变本加厉，丹麦人民的反抗逐步由发泄不满的象征性抵抗转向反抗德国占领军的实际斗争。各种各样的破坏活动由小规模的零散的出击发展到有组织的联合行动，如炸毁重要的铁路枢纽，使日德兰半岛的铁路网失去作用。1941年丹麦政府断绝和苏联的外交关系，派遣所谓的"志愿军团"去东线作战，并在国内取缔共产党，逮捕共产党人，迫害人民群众。群众性的怠工和罢工活动逐年增加，1943年7～8月，由欧登塞罢工引发的各地罢工运动波及许多大城市。面对声势浩大的群众反抗运动，希特勒勒令丹麦傀儡政府镇压。丹麦政府慑于群众斗争的压力不敢执行侵略者的命令，只得辞职。此后无人出面组织内阁政府，国王亦称病不朝，全国处于无政府状态。人民群众进而与占领军展开了公开的斗争。

1943年9月，由全国各抵抗组织的7名领导人组成的"自由委员会"成立，担负起对敌斗争最高领导机构的重任。1944年夏天，哥本哈根工人发动总罢工，迫使德国占领军接受了罢工工人的条件。共产党领导的"战斗的丹麦"抵抗运动在丹麦各地与侵略者进行直接的斗争。地下抵抗组织不仅在丹麦本土活动，还在瑞典成立了一支由5000人组成的武装力量"丹麦营"。在这一年里，丹麦各抵抗组织共进行了2700多次破坏行动，使德国法西斯不能随心所欲地利用丹麦工业设施为其战争服务。以铁路运输为例，全国有3/4的路段停运，有些路段则完全瘫痪。

1943年10月1日，德国占领军按照纳粹党的指令对丹麦的犹太人采取行动，进行大规模的拘捕。但在丹麦人民的广泛帮助下，7000多名犹太人通过秘密的海上通道逃往中立的瑞典。

格陵兰、冰岛和法罗群岛于1941年被美军、英军占领，与丹麦失去联系。1944年6月，冰岛脱离丹麦而独立（冰岛自1380年起一直作为自治国与丹麦联合，在两国签订的《联盟条例》中阐明该联盟可以通过相互协商而解散），格陵兰和法罗群岛归还丹麦。在战争即将结束时，丹麦被承认为同盟国的一员。

1945年5月初，德国法西斯在全世界人民的打击下土崩瓦解，驻丹麦的德军于 5 月 4 日宣布投降。丹麦人民经过 5 年的奋战，终于迎来了胜利的一天。

第五节　当代简史

一　第二次世界大战以后

德国投降以后，丹麦自由委员会和在被占领时期形成的政党的代表组成解放政府。解放政府从 1945 年 5 月开始执政，首要任务是清除二战期间的通敌叛国者，这些叛国者包括主要的纳粹分子及其党羽，还有少数与纳粹合作的商人。

尽管丹麦在第二次世界大战中的地位并不十分明确，但是丹麦最终被认为是盟军的一支力量，并在 1945 年成为联合国的创始国之一。1946 年以后，冷战的爆发使得丹麦的安全政策不得不根据欧洲的分裂而做出调整，一个新的超级大国——苏联成为丹麦的近邻，丹麦传统的中立原则不再适用。最初北欧国家试图建立一个北欧防卫联盟，但是这一谈判在 1949 年初中断，丹麦和挪威在 1949 年 4 月作为创始国加入了北大西洋公约组织，在对外政策上不再保持中立的原则。在最初几年中，丹麦是一个"有保留的同盟国"，这主要是因为民众和政治家担心会在丹麦的国土上部署原子武器，以及联邦德国的重新装备和加入北约。

战后初期丹麦国内爆发了关于丹麦与德国边界问题的激烈争论，但是到 1947 年政府已经明确表示国界不会改变。之后几年内丹麦同联邦德国的关系逐渐得到改善，1955 年有关边境的少数民族生活问题的哥本哈根—波恩声明在丹麦和联邦德国之间确定了友好关系。1961 年，作为北约北部区域而建立起丹麦—德国统一指挥部。

丹麦在 1949 年成为北约创始成员国之后，对联合国的维持和平运动做出了巨大的贡献。丹麦分别在 1956～1957 年向苏伊士、1960～1964 年向刚果、1964 年向塞浦路斯派驻维和部队。丹麦从 1961 年开始向发展中国家提供发展援助，并且成为世界上向发展中国家提供援助最多的国家之一。

1948 年，丹麦与其他欧洲国家接受美国马歇尔计划的资金援助，减轻了货币流通方面的困难。马歇尔计划还为丹麦进口原材料和机械产品提供资助，从而推动了丹麦农业和工业的现代化进程。作为欧洲经济合作组织（OEEC，1961 年改为经济合作与发展组织）的成员，丹麦通过解除对贸易和货币的限制而参与到经济国际化之中。

1953 年丹麦与冰岛、挪威、瑞典组织北欧理事会，积极发展北欧合作。丹麦没有参与 1957～1959 年欧洲经济共同体的创建，不过作为应对措施，丹麦参加了有关欧洲自由贸易联盟的谈判，与英国、瑞典、挪威等七国于 1960 年在斯德哥尔摩成立了欧洲自由贸易联盟。丹麦的对外贸易几乎在两个区域之间等分，所以当英国在 1961 年申请加入欧洲经济共同体时丹麦也提出申请，但是当英国被拒绝后丹麦也立刻放弃了。1967 年丹麦再一次申请失败之后，便与其他北欧国家开始了建立北欧经济联盟的谈判。当 1969 年丹麦等国家被邀请加入欧洲共同体时，建设北欧经济联盟的设想也就被搁浅了。在国内进行了激烈争论之后，1972 年丹麦就加入欧洲共同体举行了全民公决，结果是多数公民表示同意加入，因此丹麦在 1973 年正式加入欧洲共同体。1993 年 11 月 1 日，欧盟正式诞生，丹麦成为欧洲联盟成员国。2012 年 1 月 1 日至 6 月 30 日，丹麦担任欧盟轮值主席国。目前，丹麦仍然不是欧元区成员国，使用本国货币丹麦克朗。

二 发展中的福利国家

在 1945 年 10 月举行的战后第一次议会选举中，自由党壮大起来并组成了少数派政府，得到了保守党和社会自由党的支持。在 1947 年的选举中，社会民主党赢回支持率，组成了少数派政府，但是社会民主党像自由党一样由于国家的经济困难而陷入困境。此后是由自由党和保守党共同领导的政府，该政府的主要贡献是在 1953 年提出了宪法改革。这一改革带来了彻底的变革：丹麦的上议院被取消，建立了一院制议会政体，内阁的责任被写入宪法，国家权力被部分地削弱，这将更加易于举行全民公决和设立政府检察官的职位。在对宪法改革的同时，政府也提出了王位继承法，这一法律使丹麦的王位有可能由女性来继承；但是继承法不是在继承王位方面实行完全的男女平等，弟弟仍然比他的姐姐具有优先继承王位的权力。根据新宪法，女王玛格丽特二世于 1972 年 1 月 14 日登基，成为丹麦历史上第二位女君主。

在宪法改革之后，政府由社会民主党少数派政府接任，并得到了社会自由党的支持。1957 年的选举之后，社会民主党、社会自由党、单一税收党组成了少数党联盟，这是第一个从国际经济繁荣和国内经济增长中受益的政府。此后到 1968 年之前都是由社会民主党执政，这些政府大体上都是依靠社会自由党的支持。1968 年，社会自由党、保守党和自由党组成了非社会主义政党的政府。1971 年，社会民主党再次执政，但是在 1972 年全民公决之后，多数丹麦人支持加入欧洲共同体，社会民主党辞职下台。

在第二次世界大战结束之际，几乎所有的政党都制定了综合方案，最为全面的是社会民主党制定的包括社会所有领域的福利政策。1945 年之后第一个 10 年内的经济恢复问题阻碍了改革政策的实行。但是从 50 年代中期开始，不同的议会联盟都致力于实行福利政策，包括国家养老金方案（1956 年）、疾病补偿方案（1960 年）、残疾人保险（1965 年），以及根据一项新的社会法（1970 年）极大地提高了失业救济金。这些措施与地方政府的改革相辅相成，这一时期丹麦的市镇政府从 1386 个精简合并为 275 个。1971～1973 年，丹麦对病假工资制度进行了改革，并提出了一项医疗保险法，取消了疾病基金的保险费，提出了以税收为基金的国家医疗保险。社会和医疗保险改革在 1974 年通过制定社会援助法圆满完成。

教育部门经历了迅速发展阶段。小学和初中教育在 1958 年进行了根本性的变革，高中、职业培训和高等教育出现了迅速的增长。政府在文化和休闲领域的活动增加，特别是在 1961 年成立了文化事务部之后文化娱乐活动更加活跃。20 世纪 60 年代上半期，制定了资助剧院和图书馆的法律，成立了电影基金会和丹麦美术基金会。

福利立法是以普遍性原则为基础的，即福利不仅仅是穷苦人民的权利，而且是所有公民的权利，要使所有的领域都能受益。这一原则是北欧福利国家的特征，也是各个政党和社会各阶层之间达成高度共识的原因之一，并且反映在法律之中。福利立法是通过自觉地缴纳税收来资助的，到20世纪80年代，这种福利政策引起了公共消费支出和税收的大规模增长。

　　福利国家的发展是以迅速的经济增长、劳动力市场和产业结构变革为基础的。农业和工业的劳动生产率显著提高，促使农业部门的农场数量和劳动力人数减少，工业部门迅速发展。从20世纪60年代初期开始，工业品出口价值就超过了农产品出口价值。而增长速度最快的是服务行业、私人部门以及在公共部门工作的白领工人，在这些领域和工业领域的许多新职务都是由女性承担的。这一被称作第二次工业革命时期的特征是丹麦的工业向西部转移，主要是从老的工业中心转向农村和较小的地方城市发展，并且吸收农业的剩余劳动力。这就导致了农村的城市化，从而形成了与传统的城市工人阶级不同的生活方式：独立的家庭住宅群遍布所有的农村，许多人购买了家用汽车并外出度假旅游。与此相应的是丹麦人的消费模式发生了巨大变化并产生了新的生活方式，这种生活方式带来了强烈的文化冲击，并且最终使得丹麦的政治模式在20世纪70年代前半期发生了显著变化。

　　20世纪60年代和70年代初期，最著名的政治和文化冲击发生在福利体系下长大的年轻一代和经历过战争的老年一代之间。青年人的革命有很多主题：反对使用核武器、反对美国卷入越南事务、反对陈规旧习等，关键是对社会的所有层面上的民主化和参与。最初是高等教育发生了激烈的变化，1970年制定的法律给了学生和年轻职员在机构运行方面的发言权。这一时期对政治和文化的争论也受到了马克思主义和其他意识形态的影响，新的激进主义者通过非传统的议会外活动来表达其主张：示威游行，在议院、工厂和大学静坐抗议，"野猫"式罢工，上演活报剧等。

　　20世纪70年代爆发石油危机，丹麦僵化的工资调节政策和优厚的福利政策难以为继，丹麦政府开始进行福利制度改革，即实行紧缩性

财政政策，进行工资调整和福利削减，逐步形成灵活保障模式。丹麦
的灵活保障模式由雇主、劳工和政府三方合作，以灵活的劳动市场和
慷慨的社会福利计划作为主轴，并以教育为主的积极劳动市场政策作
为支撑。一方面，透过积极劳动市场政策培养和提高劳动者就业能力，
以维持就业；另一方面，搭配慷慨的社会福利计划，让参与这一计划
的劳工维持一定的所得保障，激励劳动者参与技能培训。尽管丹麦进
行了社会保障制度改革，但是其仍然是典型的福利国家。

三 国际化中的丹麦

从 1973 年开始，丹麦的经济和外交政策逐步国际化。丹麦通过双
边或者联合国进行的对外援助逐渐增加，丹麦继续对外派驻维和部队，
包括在 20 世纪 90 年代中期派往前南斯拉夫的维和部队。尽管丹麦国内
广泛支持加入北约的决定，但是在很多年内对于真正执行北约的战略
却存在极大的分歧。丹麦多数人支持 1977～1978 年的北欧核武器自由
区域的观点。1979 年北约的"双轨决策"暗示将在欧洲部署新的导弹
系统，除非华约和北约达成协议限制发展这种类型的武器。这一决策
的结果引起了丹麦民众的疑虑，并在 1982～1988 年展开了激烈的论
战。以"脚注政策"而闻名的所谓"选择性多数"得到了强有力的民
众和平运动的支持，多次要求丹麦政府提出保留条款反对北约的决定。
20 世纪 80 年代后半期，这种隔阂逐渐缩小。这在一定程度上是因为作
为脚注政策主体的社会自由党在 1988 年进入政府，另外也是因为中东
欧国家发生政治剧变的影响。

丹麦与欧洲共同体的关系成为 1972 年之后丹麦国内进行争论的
主要原因，公众在就这一问题所进行的三次全民公决中几乎分裂为两
大势均力敌的阵营。在有关 1986 年单一欧洲市场的全民公决中，有
56% 的民众支持这一决定，但是在 1992 年 6 月 2 日关于《马斯特里
赫特条约》（《欧洲联盟条约》）的全民公决中，由于 50.7% 的人反
对而没有被通过。此后，支持或反对加入欧洲联盟的政党达成了国内
妥协，并在欧洲联盟的爱丁堡协议中使得丹麦获准拥有选择例外权

（opt-out），《欧洲联盟条约》才在 1993 年 5 月 18 日的丹麦全民公决中以 56.8% 的多数被通过。在 1999 年 1 月 1 日欧元问世之际，丹麦选择了暂不加入欧元区。2000 年 9 月 28 日，丹麦就是否加入欧元区进行公民投票表决，全国 92.6% 的公民参加投票，其中 53.1% 反对、46.9% 赞成，从而否决了丹麦加入欧洲经济货币联盟。

20 世纪 70 年代，是丹麦国内政治发生较大变化的 10 年。1973 年的选举使政党结构发生了全面变化，4 个老资格的政党的支持率从 90% 骤降为 58%，许多新政党加入议会，其中最重要的是进步党和中间党，它们分别获得了 16% 和 8% 的支持率，吸引了 1/4 的选民。进步党反对福利政策，特别是反对税收的增长和公共部门的增加。这一期间丹麦政局的特征是频繁进行选举、执政联盟复杂多变和政府在议会的基础有限。70 年代的丹麦政治也由于广泛的社会运动而增添色彩，例如在环境、核能源、"绿色政治"等领域的组织力图影响政治决策，女权运动毫无疑问在社会运动中是最有影响力的。

1974 年，国际经济危机引发了丹麦的经济危机，并给之后 10 年中的各届政府造成了巨大的困难，经济增长停滞、高失业率和高通货膨胀率同时发生。1982 年，尽管社会民主党竭尽所能应对经济危机，但是已经到了黔驴技穷的地步，一个由保守党、自由党、中间党、基督教人民党组成的右翼联盟掌握了政权。1988 年，四党派政府被由保守党、自由党和社会自由党组成的三党派政府取代。1990 年，这一联盟减少到只包括保守党和自由党两个政党。这几任非社会主义联盟政府在很多领域都取得了重要的成果，主要是制定了一系列强有力的反通货膨胀经济政策，包括取消自动指数化（automatic indexation）的价格政策、缩减公共支出、提高消费者的信贷成本等。这些措施促进了竞争，稳定了货币金融，创造了超过 20 万个新的工作岗位。从 80 年代末开始，通货膨胀得到了控制，并出现了一些促进丹麦经济增长的有利因素，贸易收支逐渐平衡，国家的外债逐渐下降，这在一定程度上是北海石油和天然气的开发使本国的能源自给自足，丹麦的国际经济地位得到了提升。

因内阁司法大臣违反移民条例（被称为泰米尔人事件）而使得政府遭到弹劾，右翼政府在 1993 年 1 月被迫辞职。此后由社会民主党、社会自由党、中间党、基督教人民党四党派组成的中左翼联盟执政。20 世纪 90 年代，丹麦国内政治的主要关注热点是维持和改革福利国家的问题。在 90 年代末期，由于经济增长状况不佳，加之中左政府对于福利制度的改革不力，中左翼联盟在 2001 年 11 月的大选中落败，由自由党联合保守党组成的政府提倡"增长、福利和革新"，鼓励私有制和竞争。2015 年，丹麦举行了四年一届的议会选举，以自由党为首的中右翼政党联盟获胜，自由党时隔四年重新获得组阁权。

今日的丹麦已经是一个经济高度发达的国家，昔日粗放耕种的农业国，已变为农业科技水平和生产效率令世界瞩目的现代化国家。这个以高收入、高消费、高税收为特征的高福利国家，将保障失业者、病人、老人和残疾人的社会福利明文定于法律之中。而随着福利制度的改革，丹麦正向更高标准、更为完善的福利国家迈进。

第六节　著名历史人物

一　国家领袖和政治家

（一）女王玛格丽特二世（Hendes Majestæt Dronning Margrethe Ⅱ，1940 ~ ）

丹麦现任女王玛格丽特二世，以平易近人而享誉北欧，广受丹麦人民的爱戴。玛格丽特女王于 1940 年 4 月 16 日生于哥本哈根。曾就读于哥本哈根大学、奥胡斯大学、法国巴黎大学、英国剑桥大学和伦敦经济学院。1972 年 1 月 14 日登基。1967 年 6 月 10 日与亨里克亲王（Prince Henrik，法国伯爵）结婚。有两个儿子，长子弗雷德里克王储（Frederik André Henrik Christian），次子约阿希姆亲王（Joachim Holger Waldemar Christian）。女王性格开朗，兴趣广泛，在考古、美术和文学方面颇有造诣。女王曾分别于 1979 年和 2014 年访问中国。

（二）梅特·弗雷泽里克森（Mette Frederiksen）

弗雷泽里克森 2019 年 6 月 27 日正式成为丹麦第 42 任首相，接任前首相拉斯穆森（Lars Løkke Rasmussen）成为丹麦历史上最年轻的首相，也是第二位女首相。弗雷泽里克森作为社会民主党领袖参加 6 月 5 日举行的四年一次的议会选举，在选举获胜后，她联合其他四个政党组成新一届丹麦政府，并任命了 19 位政府新大臣。

梅特·弗雷泽里克森生于 1977 年 11 月 19 日，丹麦社会民主党籍政治家，有两名子女。2003 年结婚，2014 年离婚。

（三）拉尔斯·勒克·拉斯穆森（Lars Løkke Rasmussen，1964 ~ ）

拉斯穆森 1964 年 5 月 15 日出生于丹麦瓦埃勒。丹麦政治家，曾任首相，所属政党为中间偏右的自由党。他曾担任丹麦内政及卫生大臣和财政大臣。1994 年 9 月 21 日出任国会议员，又于 1998 ~ 2001 年出任腓特烈堡郡郡长。

他曾于 2009 ~ 2011 年担任丹麦首相，2015 年 6 月再次出任丹麦首相。2009 年 4 月 5 日拉斯穆森第一次出任丹麦首相，2011 年大选落败，虽然他领导的自由党维持第一大党地位，但中间偏右联盟未能在议会取得过半数选票，因此结束了自由党领导的中右翼政府长达十年的执政。2015 年大选，他领导的自由党虽然议席减少，降至第三大党，但是右派联盟在议会取得过半数选票。拉斯穆森再次出任首相，组建自由党少数政府。

二 思想家、哲学家和科学家

（一）索伦·奥贝·克尔凯郭尔（Soren Aabye Kierkegaard，1813 ~ 1855）

索伦·奥贝·克尔凯郭尔是丹麦最伟大也是最有影响力的哲学家。他是现代存在主义哲学的创始人，后现代主义的先驱者，也是现代人本心理学的先驱者。他的思想成为存在主义的理论根据之一，他一般被视为存在主义之父。主要著作有《或此或彼》（1843）、《恐惧与战栗》（1843）、《畏的概念》（1844）、《非科学的最后附言》（1846）、《致死的痼疾》（1849）。

（二）尼尔斯·玻尔（Niels Bohr，1885～1962）

玻尔是丹麦近代著名物理学家、原子核物理学创始人，1885年10月7日生于哥本哈根。1905年，20岁的玻尔写出了关于水表面张力测量的论文，获得了丹麦科学院金质奖章。1911年获哥本哈根大学博士学位后开始研究金属中电子运动的理论，并自1912年起担任著名物理学家卢瑟福的助手。1913年初，玻尔提出了著名的原子理论，该理论随即被用于分析各种谱线，获得了巨大成功。他对原子结构模型研究的成功使他获得了1922年诺贝尔物理学奖，接着提出了著名的对应原理。1943年，玻尔逃离纳粹占领下的丹麦，经过瑞典转道英国抵达美国，并马上参与了原子弹研制工作。第二次世界大战结束，玻尔极力主张和平利用原子能和控制原子武器。在他的倡导下，1955年日内瓦召开了原子能和平利用第一次国际会议。玻尔本人也于1957年获得美国首届和平利用原子能奖。

玻尔对中国的文化和中国人民有着深厚的感情，他的徽章上用的就是中国阴阳太极的图案。1937年夏天，玻尔夫妇和儿子汉斯来中国。他曾在当时的浙江大学、北京大学等单位做了关于原子和原子核的演讲。

三　文学家

（一）汉斯·克里斯蒂安·安徒生（Hans Christian Andersen，1805～1875）

安徒生是现今世界上最知名的作家。他的童话故事脍炙人口，早在他生活的年代，其作品就广泛流传于俄国和美国。安徒生1805年4月2日生于丹麦菲英岛欧登塞市的贫民区，从小生活贫苦，没有受过正规教育。他少年时代即对舞台产生兴趣，梦想当一名歌唱家、演员或剧作家。1822年得到剧院导演的资助，就读于一所文法学校。1827年发表第一首诗《垂死的小孩》，1829年进入哥本哈根大学学习。他的第一部重要作品《1828年和1829年从霍尔门运河至阿迈厄岛东角步行记》于1829年问世，这部游记的出版使安徒生得到了社会的初步承认，此后他继续从事戏剧创作。1831年他去德国旅行，归途中写了旅游札记。1833年去意大利，创作了一部诗剧《埃格内特和美人鱼》和一部以意大利为背景的长篇小说《即兴诗人》,小说出版后不久就被翻译成德文和英文,标志着安徒生开始享有国际声誉。

1843 年,安徒生结识了瑞典女歌唱家燕妮·林德,真挚的情谊成了他创作中的鼓舞力量,但他一生没有结过婚。1875 年 8 月 4 日,安徒生在哥本哈根去世。这位童话大师一生坚持不懈地进行创作,把他的天才和生命献给"未来的一代",共写了 168 篇童话和故事。他的作品被译成100 多种语言。他的主要作品包括《卖火柴的小女孩》、《丑小鸭》、《看门人的儿子》、《皇帝的新装》、《夜莺》和《豌豆上的公主》等。

安徒生的童话故事想象丰富、思想深刻、充满诗意、引人入胜,体现了丹麦文学中的民主传统和现实主义倾向。他的童话脍炙人口,到今天还为世界上众多的成年人和儿童所传诵。由于出身贫寒,对于社会上贫富不均、弱肉强食的现象感受极深,因此他一方面以真挚的笔触热烈歌颂劳动人民,同情不幸的穷人,赞美他们的善良、纯洁等高尚品质;另一方面又愤怒地鞭挞残暴、贪婪、虚伪、愚蠢的反动统治阶级和剥削者,揭露教会僧侣的丑行和人们的种种陋习,不遗余力地批判社会罪恶。安徒生的作品很早就被介绍到中国,《新青年》1919 年 1 月号就刊载过周作人译的《卖火柴的小女孩》的译文。

(二) 卡尔·盖勒鲁普(Karl Gjellerup, 1857 ~ 1919)

盖勒鲁普最初是布兰德斯所提倡的现实主义的热情追随者,诗集《红山楂》(1881)和小说《日耳曼人的学生》(1882)反映了他这个时期的思想。他反对自然主义的文学和道德观,这反映在他的游记《古典一月》和《跋涉之年》中。他仿效席勒创作了大型悲剧《布伦黑尔》(1884)。他的短篇小说《罗穆卢斯》和《吉-杜》带有屠格涅夫作品的色彩。他的著名作品有小说《敏娜》(1889)、《磨坊》(1896)和《朝圣者卡马尼塔》(1906)。盖勒鲁普 1917 年获诺贝尔文学奖,晚年居住在德累斯顿,致力于东方和印度哲学的研究。

(三) 亨瑞克·彭托皮丹(Henrik Pontoppidan,1857 ~ 1943)

彭托皮丹出生在丹麦日德兰半岛腓特烈西亚市的一个牧师家庭,

曾在哥本哈根的技术大学学习，后从事文学创作，一度当过高等学校教师。他是布兰德斯所倡导的现实主义文学的代表人物，创作了大量小说和剧本，对当代丹麦文学有一定的影响。早期作品有小说集《剪掉的翅膀》（1881）、《农村景象》（1883）、《农舍》（1887）、《云》（1890）和《桑丁厄教民》（1883）。与浪漫主义时期所描写的田园生活景象截然不同，这些作品反映了当时的高等学校和农村的生活，描绘了穷苦人民受蹂躏的状况，表现了他对社会罪恶势力的愤慨和批判态度。他的现实主义在长篇小说《天国》（1895）、《幸福的彼尔》（1904）和《死人的王国》（1916）中反映得更加鲜明。他通过各种人物，生动地描绘了19世纪末20世纪初期的丹麦社会状况，抨击了自私虚伪、因循守旧和追求享乐的社会习俗。其中《幸福的彼尔》成为丹麦文学中的珍品。彭托皮丹1917年获诺贝尔文学奖，是丹麦现实主义文学的代表，也是丹麦最重要的散文家之一。晚年创作了小说《男人的天堂》（1927）和自传《寻找自己》（1943）。

（四）马丁·安诺生·尼克索（Martin Andersen Nexø，1869～1954）

尼克索1869年生于哥本哈根，父亲是一名石匠。从少年时代起，尼克索就开始经受生活的磨炼，他先后做过牧童、报童、农场雇工、采石工人、鞋匠和建筑工人，为后来的创作积累了大量素材，打下了坚实的基础。20岁以后，尼克索进入民众高等学校学习，并开始参加丹麦工人运动，接触科学社会主义理论。从1919年起，他参加了创建丹麦共产党的活动，是丹麦共产党的创始人之一。第一次世界大战前后，北欧各国的工人运动蓬勃兴起，无产阶级文学逐渐发展起来，马丁·尼克索是杰出的代表，他被誉为北欧的高尔基。他的长篇小说三部曲《征服者贝莱》、《蒂特，人类的女儿》和《红莫尔顿》，广泛涉及工人运动所面临的迫切问题，赢得了国际声誉，在苏联大量印刷。《征服者贝莱》描写了穷孩子贝莱成长为工人运动领袖又演变为工人贵族的过程。《蒂特，人类的女儿》讲述了渔家女儿蒂特苦难的一生。《红莫尔顿》则是丹麦工人斗争的真实写照，作家通过这部构筑宏伟的作品，概括了19世纪末至20世纪30年代近半个世纪里丹麦工人阶级的革命斗争。20世纪30年代，他同高尔基等一起呼吁全世界进步作家团结起来反对法西斯主义和新的世界大战，发表了许多杰出的政论作品。1940 年，德国法西斯入侵丹麦，72 岁的尼克索被捕入狱。1943 年获释出狱后前往莫斯科，与苏联人民一道迎接了反法西斯战争的胜利。1954 年，尼克索病逝。

尼克索从 1893 年便开始发表作品，一生著作颇丰，主要有短篇集《阴影》《博恩霍尔姆短篇小说集》《空座上的旅客》，戏剧《唐戈尔特的人们》，长篇小说《忏悔》《田鼠的土丘》《晴朗的日子》《我童年的海滨》等，此外还有自传体《回忆录》。

（五）约翰内斯·威廉·延森（Johannes Vilhelm Jensen，1873～1950）

延森出生在日德兰半岛希默兰镇，曾在哥本哈根大学学医，1895 年开始文学创作。他的作品有诗歌、历史神话故事、小说、随笔等。他最初发表的作品有小说《丹麦人》（1896）和《艾纳·艾尔克亚》（1898），带有 19 世纪 90 年代颓废文学的色彩。为摆脱这种影响，他先后到西班牙、法国、美洲和亚洲旅行，逐步树立了新的生活观，相信达尔文的进化论、人类进步和技术发展。这反映在他的文集《哥特的复兴》（1901）和随笔《新世界》（1907）中。他的明确而突出地表现新现实主义的作品是关于家乡的三部曲《希默兰的故事》（1898～1910）。延森的小说还有《国王的下台》（1901）、《多拉夫人》（1904）和《车轮》（1905），他在 1906～1944 年撰写了 9 卷本《北欧神话》。他的主要作品是描写人类发展过程的神话小说《漫长的旅行》（1908～1922）六部曲，包括《冰河》《船》《克里斯托弗·哥伦布》《失去的天国》《诺尼亚·葛斯特》《奇姆利人远征》。延森的诗集有《诗集》（1906）、《世界的光明》（1926）和《日德兰之风》（1931）。他后期写了一些艺术史著作和随笔，主要有《当代的序言》（1915）、《进化与道德》（1925）、《动物的演变》（1927）和《精神的阶段》（1928）。延森是丹麦新现实主义作家的代表人物之一，1944 年获得诺贝尔文学奖。他的小说、诗歌和散文被誉为丹麦文坛三绝。

（六）伊萨克·迪内森（Isak Dinesen，1885～1962）

伊萨克·迪内森是 20 世纪丹麦著名的女作家，原名卡伦·布里克森（Karen Blixen）。她 1885 年 4 月 17 日出生于哥本哈根北部兰斯蒂得

（Rungsted）的一个贵族家庭。早年就读于丹麦艺术学院，后在巴黎和罗马学习绘画。1914 年随男爵丈夫旅居非洲肯尼亚，经营一个咖啡农场，在那里生活了近 20 年。1932 年，她的婚姻破裂、农场破产，情人也在一次飞机失事中意外丧生，于是她回到了故乡丹麦。丰富多彩的异国生活和个人经历给了她灵感，在肯尼亚时她便开始写作，回到丹麦后从事文学创作。

1934 年，她以伊萨克·迪内森为笔名创作的小说《七个哥特人的故事》由美国一家出版社出版，在美国成为畅销书。这本书以一系列激动人心的事件和复杂的悬念吸引了广大读者，被译成多种文字。1937 年，布里克森的第二部作品——自传体小说《走出非洲》问世。小说叙述了她在肯尼亚悲欢离合的生活，缠绵悱恻，扣人心弦。作者用优美的文字写出了对非洲风土人情的眷恋，处处洋溢着散文美的内涵，被誉为"非洲的田园诗"。50 年后，小说《走出非洲》被美国人搬上银幕，于 1986 年获得奥斯卡奖。二战期间，丹麦被纳粹占领，布里克森用化名写了小说《天使的复仇》，对法西斯侵略者进行嘲讽。晚年的她遭受疾病折磨，但仍坚持写作，在战后出版了小说《最后的故事》、《命运的轶事》和《草坪上的影子》。她于 1962 年 9 月 7 日在哥本哈根附近的兰斯蒂伦德（Rungstedlund）逝世。布里克森的作品朴素清新，富于幻想，具有"荷马史诗"和《天方夜谭》的风格，引人入胜，颇有国际影响。

第三章

政　治

第一节　国体与政体

丹麦在 1849 年就建立了君主立宪的政治体制，是欧洲较少从君主专制和平过渡到君主立宪制的国家。在君主立宪体制下，君主的权力是象征性的。丹麦议会是一院制，议会的最大党提名首相人选，首相和内阁大臣们负责政府部门的行政工作。

一　从选举君主制到世袭君主制

丹麦王室的历史可以追溯到老王戈姆和他的儿子"青齿王"哈拉尔德时期。当时丹麦的君主制是在王室内部的选举君主制，不受性别限制。丹麦王室在瓦尔德马统治时期达到鼎盛，其势力扩展到波罗的海的大部分地区，随后在玛格丽特一世统治时期结成卡尔马联盟，实现了斯堪的纳维亚地区的统一。

1661 年，腓特烈三世废除了选举君主制，在丹麦和挪威实行世袭君主制。王权法案规定了属于王室家族的限定条件，这方面的规章仍在沿用。

二　君主立宪制

1849 年 6 月 5 日，腓特烈七世制定宪法并实行君主立宪制。1863 年，格鲁克堡的克里斯钦王子作为王室的直接继承人，在腓特烈七世去世后作为克里斯钦九世继承王位。从此格鲁克堡家族继承了王位。克里斯钦九世有"欧洲岳父"之称,他的一个女儿亚历山大嫁给了英国国王爱德华七世,一个女儿达格玛与俄国沙皇亚历山大三世结婚,还有一个女儿萨拉成为坎伯兰郡的奥格斯特公爵夫人。1905年,他的孙子卡尔作为哈康七世成为挪威国王。

1906年腓特烈八世继承王位,但是他在位时间很短,1912年便去世了。他的长子克里斯钦十世继承王位,执政到1947年。克里斯钦十世在1920年收复了1864年失去的日德兰半岛南部地区,并在1940~1945年的德国占领时期成为丹麦民族情感的灵魂人物。

1935年,克里斯钦十世的长子、后来的腓特烈九世与瑞典的英格丽特公主结婚。1947年腓特烈九世继承王位,他同意国王不拥有任何政治权力,其作为国王的活动主要是强化君主立宪制度。国王负责主持组成新政府的谈判,在形式上代表政府首脑和在外交事务中代表国家。

1953年3月27日通过的继承法案确定了格鲁克堡家族的王位继承权,根据法案由克里斯钦十世的后裔继承王位。法案规定儿子比女儿优先继承王位,但是如果没有儿子,可以由长女继承王位。国王即位前应该向国务委员会发表书面声明,郑重昭告国王一定遵守宪法。非经议会同意,国王不得擅自结婚,也不得兼任其他国家君主,而且国王必须信奉福音路德教。

根据宪法,国王是国家元首,对王国一切事务拥有最高权力。国王是全国武装力量的名义统帅。国王可以随时发布举行新的议会大选、改选议会全部议席的命令。国王和议会同享立法权,可向议会提出法案或者其他议案。议会最后通过的法案需要得到国王批准才能成为正式法律。法律由国王以命令公布并且负责监督实施。行政权也属于国王。国王任免首相和大臣,决定大臣的人数及其职务分工,任命高级官员、法官和大使,且可以对失职的首相和大臣提出弹劾,同时享有赦免权和大赦权。在国际事务中,国王代表丹麦王国。

宪法也对国王的权力做出了限制。未经议会同意,国王不得采取任何扩大或者缩小王国领土的行动,也不得承担任何须议会同意方可履行，或者至关重要的义务。非经议会同意，国王不得废止任何由议会批准签订的国际条约。国王在紧急需要的情况下可以颁布临时法律，但不得与宪法相抵触，并应在议会举行会议时立即提交议会通过或者否决。非经议会同意，国王不得对经特别高等法院判决的大臣实行赦免。

国王虽然拥有宪法上的种种特权，但在丹麦的现实政治生活中，国王作为国家元首行使的行政权力大部分是形式上的和礼仪性的。国王对其行为不负任何责任。凡是有关立法和行政的决定，国王签署后必须经一名或一名以上的大臣副署才能生效，副署的大臣对该项决定负责。

1972 年 1 月 14 日，31 岁的玛格丽特公主在其父亲腓特烈九世去世后继承王位，成为玛格丽特二世（Margrethe Ⅱ）。女王只作为国家元首和主权的象征，不掌握任何政治实权。玛格丽特二世自登基以来深受丹麦人民的爱戴，没有出现丑闻或受到过批评。

玛格丽特二世是中国人民的老朋友。在中国改革开放后，她是首位访华的西方国家元首。时隔 35 年，玛格丽特二世于 2014 年再次访华，打破了丹麦君主一生中只访问一个国家一次的惯例。2014 年 4 月 24 日，国家主席习近平在北京人民大会堂同玛格丽特二世举行会谈。

三 丹麦王室

王室是指受到特殊法规制约的在位君主的家人与亲属。目前的王室成员包括女王玛格丽特二世、英格丽德王后（Queen Ingrid）、亨里克亲王、王储腓特烈（Crown Prince Frederik）、约阿基姆王子（Prince Joachim）和其他具有王位继承权的王子和公主，以及他们的配偶。如果没有女王的同意，这些王室成员不能外出旅游和结婚。

玛格丽特·亚丽山德琳娜·托希尔多·英格丽德女王生于 1940 年 4 月 16 日，是腓特烈九世和英格丽特王后的长女。她曾经在哥本哈根、剑桥和伦敦等地的大学学习，主修政治学和考古学。1967 年 6 月 10 日，她与当时的法国外交官亨利·拉博德·德·蒙佩兹（后称亨里克亲王）结婚。玛格丽特夫妇有两个儿子，分别为王储腓特烈和约阿基姆王子。

女王的作风明朗，她在位期间王室关系比以往更加开放。玛格丽特女王经常在公共场合露面，国民可以有机会与女王面对面地交流。亨里克亲王是一位学者，专业是法国文学和东方语言学，出版过多本著作。王储腓特烈和约阿基姆王子都接受过全面的军事训练。王储腓特烈毕业于奥胡斯大学政治学专业，曾经在美国哈佛大学留学，也担任外交官。2004 年 5 月 4 日，王储与来自澳大利亚的伊丽莎白·唐那森举行婚礼。约阿基姆王子生于 1969 年，学习农业，他于 1995 年与出生于香港的亚历山德拉·克里斯蒂·曼丽（又名文雅丽）结婚，有两个儿子，2005 年两人正式离婚。由于文雅丽本人在丹麦深受国民爱戴及女王喜爱，离婚后得以保留"殿下"的称号，只是少了"王室"字样。2007 年，文雅丽再婚后，其"王妃殿下"头衔自动取消，其王室活动参与权也自动取消。

丹麦王室在君主立宪制度下成为国家的象征，丹麦人民对王室也仍然怀有崇敬、爱戴和自豪之情。丹麦的君主制之所以能在现代世界中幸存下来，其原因是多方面的。首先，君主制的合法性来源于历史和传统，君主对内是权力的象征，对外是国家的代表，失去了王室就失去了重要的历史纽带，只有君主制才能维系这种连续性。其次，丹麦君主具有惊人的适应能力，使丹麦王室得以维系，并在历史中发挥重要作用。例如在 1848 年法国革命的冲击下，欧洲一些封建君主国家纷纷垮台，当时的腓特烈七世国王预见到新时代即将来临，于是在 1849 年 6 月 5 日制定了宪法，使丹麦成为君主立宪制国家。丹麦王室虽然放弃了专制权，但王权得以保留下来，并传袭至今。王室和人民之间的关系至关重要，一般说来，丹麦王室的"民主化"程度较高，较"开放"。腓特烈九世国王和玛格丽特二世女王在同人民大众沟通和联系方面做得颇为出色，加之他们恪守不过问政治、守宪法和保持节俭的生活作风等王室的准则，因此极得人心。腓特烈九世国王平易近人、和蔼可亲，与丹麦人民关系融洽，受民众的爱戴。玛格丽特女王通过受觐、新年电视讲话，以及像普通民众那样参加艺术活动，博得丹麦人的交口称赞。王室家族与民众的紧密联系意味着丹麦王室的根基相当牢固。

第二节 宪法与选举制度

一 宪法

丹麦宪法的基石是 1953 年 6 月 5 日颁布的《丹麦王国宪法》（*Danmarks Riges Grundlov*）。该宪法是从 1849 年的宪法逐步发展形成的。尽管从 1953 年以来国家宪法就没有变动过，但由于丹麦已成为欧盟成员国，宪法法律结构已经发生了许多具有深远意义的变化。

（一）1849 年以前的政体

1849 年的宪法结束了从 1660 年开始施行的专制主义政体。在君主专制体制下，国王享有至高无上的权力地位，不仅领导内阁和行政管理部门，而且通常控制最高法院。贵族、教会和人民对国王的权力没有任何形式的监督。

18 世纪，国家组织结构发生了变化。在法国政治哲学的影响下，法院和其他行政权力独立于国王的关系得到承认，国王不再参与最高法院的运作，贵族和平民开始参与国家的管理工作。

1835～1836 年，国王建立省咨询议会，从而向民主代表制度迈出了第一步。地方议会对国体制度的讨论为 1848～1849 年国民议会提出宪法制度做了准备工作。

（二）1849 年宪法

受到当时欧洲民主潮流的发展与丹麦君主专制统治下国内诸多问题的影响，1849 年 6 月 5 日，腓特烈七世召开民选的立宪会议，通过和签署了新宪法，宣布废除君主专制政体，代之以君主立宪制。1849 年的宪法基于分权原则，将立法权交与国王和议会共同执掌，而司法权由法院独立掌握。议会（Rigsdag）由上院（兰德斯庭，Landsting）和下院（福克庭，Folketing）组成。凡是 30 岁以上的男子都有权参加下院选举的表决，其中国家公务员、接受贫困救济的人、罪犯和破产者除外。按照当时的标准这已经算是普选了，但仅有 13%～14% 的成年人拥有选举权。所有有权参加下院投票的人也应当可以参加上院的选举投票，但是上院议员不是从选民中直接选出，其选举条件限制在 40 岁以上并且拥有相当数额的收入。

1849 年的宪法维护个人人身自由权利，宪法规定任何被逮捕的人应当在 24 小时之内送交到审判法官处，宪法也保护私人的居所和财产不受侵犯，保证了言论、成立协会和集会游行的自由，保证每个人得到政府救助和免费教育的权利。

国王的权力受到严格的限制，但是仍然保留了一些特权。由上下两院通过的法案需经国王签署后方可正式生效。国王有权任命大臣，在对外交往中，国王是国家的象征。

法院独立行使司法权，但是法官仍然由国王任命。宪法保证在审理重罪和政治案件时设立陪审团制度，不过这一制度直到 1916 年实施司法管理法案时才得到履行。

（三）1866～1953 年宪法的变化

丹麦与南方邻国特别是普鲁士之间的关系在宪法发展过程中起到了决定性作用。1864 年丹麦战败于普鲁士，导致国土面积骤减，促成了 1866 年宪法的通过。1866 年的宪法包括了 1849 年宪法承认的对所有男性选举权的严格限制。

第一次世界大战期间的 1915 年宪法改革得到了广泛认同，引入了普选制度，妇女和国家公务员被赋予了选举权。1849 年以后一直采用的是每个选区全体选民的简单多数选举制度，1918 年开始采用一种新的综合各个选区投票结果的比例代表选举制度。虽然在 20 世纪初丹麦就一直希望推行全民公决制，分别由一战期间执政的社会民主党和激进自由党提议，但是 1915 年宪法仅包含了在宪法修正时必须进行全民公决的条款。

1920 年的宪法修正是将 1915 年宪法扩展到回归丹麦的日德兰半岛南部。

1939 年议会通过了新的宪法章程，但是全民公决没有得到足够的支持。在德国占领期间产生了大量背离宪法的条款，因此在 1943 年 8 月 29 日政府辞职后，一些特定的法律被政令代替，这些政令是由有关各部的官员颁布的。

（四）1953 年宪法

二战结束后，丹麦又开始进行宪法修订工作，但是直到 1953 年才完成了得到政界完全支持的修正宪法。1953 年宪法废除了旧时的上院，确认了丹麦实行议会政体。从 1901 年以来，丹麦国王已经同意只有获得下院多数信任票时，国王才能任命政府。但直到 1953 年宪法中才明确指出议会有权宣布对政府的不信任案，在这样的情况下政府必须集体辞职或者重新进行选举。

1953 年宪法保留和扩展了对人权的保护。对法院剥夺他人人身自由的权利加强了控制，如精神错乱者的权利。战争的经历形成了禁止因种族、宗教和政治信仰的不同而剥夺他人自由的宪法基础。

1953 年宪法也在法罗群岛和格陵兰执行。这两个地区在特殊立法方面（法罗群岛于 1948 年，格陵兰于 1979 年）取得了高度自治权。

与 1953 年宪法相关的有特别继承法，依照该法女性也有权利继承丹麦的王位，但只允许连续继承两代。

（五）宪法的变化

宪法第 88 条说明了修宪的程序。宪法的修订必须首先获得议会通过；通过后还必须在一次大选后重新得到正式批准；然后更深入的要求是必须对此进行全民公决，在公决中要得到多数选民支持，而且这一多数选民必须至少占注册总选民的 40%。如果将正式委托给议会和政府的某些权力授予国外权力机构，也必须提交全民公决。例如丹麦 1972 年就加入欧洲共同体、1992 年批准《欧洲联盟条约》等涉及宪法权限变动的重大事件都举行了全民公决。

1953 年丹麦签署了《欧洲人权公约》。在签署之前丹麦法律只进行了一些小调整，因此可以认为丹麦法律是与《欧洲人权公约》相一致的。由于丹麦法律和国际法属于两个分离的法律领域，因此必须在这两者之间建立一种二元关系的概念，所以《欧洲人权公约》的条文不能直接加入丹麦法律中。随着对人权委员会和人权法院所执行公约的深入阐述，公约不是丹麦法律的组成部分就成了问题，1992 年的一项法案确定该公约是丹麦法律的一部分。虽然该公约没有被包括在宪法内，但法院更习惯将该公约作为基础法律标准。

自丹麦1973年加入欧洲共同体，议会对制定规章的监督发生了根本的改变。丹麦很大一部分的规章来自欧盟机构或者在国家层面上批准执行欧盟的指令。

二 选举制度

丹麦实行君主立宪制，丹麦的王位由符合王位继承法规定的继承人世袭。立法权同时属于国王和议会，行政权属于国王，司法权属于法院。

丹麦最重要的国家机构是议会和政府。根据宪法，国王和议会共同拥有立法权，国王有行政管理权。具体执行程序是：一切法规均由议会审议和通过，但是只有经国王签署后才能成为法律。国王将其行政权授予内阁成员，政府向议会负责，国王本人没有政治权力，也不承担义务。

丹麦议会实行一院制。议会通过选举产生，经议会选举产生的执政党组建政府，因此，这里介绍的丹麦选举制度主要是议会选举制度。议员总数不得超过179人，包括法罗群岛和格陵兰选出的议员各2名。议员由普遍、直接选举产生。行使选举权的规则由选举法规定。选举法对选举方式做出规定，保证选民的各种意见都能有平等的代表性。在确定各地议席的分配时，要考虑到居民人数、选民人数和人口密度等。议会议员任期为四年。首相有权在议会任期届满前提议举行普选。每个当选的新议员，经核准其当选之后，要进行恪遵宪法的庄严宣誓。

新选出的议会应在选举结束后的第12个工作日的中午12时集合，除非国王在这之前下令召集。议会年会会期从10月的第一个星期二开始，到下一年10月的第一个星期二结束。首相应在议会年会的第一次会议上提出有关国家总体状况和政府提案的报告。议会就此报告进行一般性辩论。

根据宪法，议会至少每四年必须进行一次选举。如果选举后议会席位的分布明确倾向于政府，那么国王可以根据辞职首相的建议任命新首相。如果相反，则由国王亲自召开会议，在会议上选举出的各党派代表向国王阐述他们的建议。在此基础上，国王任命王室调查人来主持关系到政府组成的各个党派间的协商，因为事先确定没有多数党派反对新政府是至关重要的。此后国王根据协商后的结果任命新首相。

虽然议会至少每四年选举一次，但是首相有权解散议会从而强制进行选举。首相在和政府与议会的关系中处于弱势时，这项权力会发挥重要作用。二战以来大多数政府是少数党政府，因此政府不得不依靠不断同在野党妥协来执行自己的政策。如果议会通过了对政府的不信任案，政府可以根据重要程度选择辞职或者要求进行议会改选。当其他政党可以预见到不利的选举结果时，解散议会的威胁有时候也能推动他们向政府妥协。

第三节　政府

一　政府机构

丹麦国王虽然是国家的行政首脑，但是并不直接行使行政权力，所有行政权力被授予政府。宪法规定中央政府由国王任命首相组阁，但实际上是由控制议会的政党或者政党联盟的领袖决定的。内阁由首相和负责政府各部的大臣组成，作为王国政府的代表行使行政权力。

大臣可以不负责某个具体部门。除首相外，内阁成员包括外交大臣、财政大臣、经济大臣、司法大臣、税务大臣、国防大臣、教育科技大臣、卫生大臣、劳工大臣、内政大臣、交通大臣、工业大臣、农业大臣、渔业大臣、文化大臣、社会大臣、住房大臣、环境大臣、能源大臣、宗教大臣和北欧合作大臣。首相和各部大臣的提名由议会中各党派席位的分配所决定。

政府是在议会的基础上组成的，通常是议会中政党集团协商的结果。一般情况下，政府由在议会中控制多数的一个政党或者几个政党的成员组成，只有在未能就组成多数派政府达成协议的情况下才筹组少数派政府。由于丹麦议会中拥有议席的政党很多，没有一个政党能够取得绝对多数，因此，政府通常以联合政府的形式组成，或者是一个得到其他政党支持的少数派政府。

政府对议会负责。被任命的政府不能在议会中有多数票反对，不过新任命的政府开始工作时并不一定必须通过议会信任案的肯定。丹麦法律规定，如果大臣被议会投以多数不信任票便不得继续留任。对首相而言，议会不信任就意味着如果不要求举行新议会选举，首相就必须向国王递交辞呈。在此方面，丹麦的民主气氛是十分浓厚的，政府官员都须正直廉洁以维护自己的声誉。

首相有权建议国王解散议会，并举行新的议会选举。首相的这种权力在丹麦政治生活中起着十分重要的作用。因为第二次世界大战以后，丹麦的大多数政府是少数派政府，与议会相比，政府一直处于较弱的地位。通过解散议会和举行新选举，能够帮助少数派政府继续执政。

政府行政部门由各自的大臣管理，这些大臣根据法律规定向各自的管理部门下达命令。每个部下设若干司，配有分管官员。另有一些政府行政部门职权独立于政府和大臣的管辖，这适用于需要专业知识的委员会，或者组织代表和政治团体代表作为成员的委员会。

1970 年 4 月 1 日丹麦颁布了《地方政府改革法》，使省的数量从 24 个减至 14 个，市镇的数量从 1391 个减至 275 个。所有的市镇都被划入省之内，只有哥本哈根和腓特烈斯贝为直辖市。管理国家的职责不仅由中央政府承担，宪法第 82 条还规定了地方政府的权力，宪法赋予省和市镇当局许多行政管理权。

丹麦的中央政府机构包括两部分。

第一，1 个首脑办事机构，即首相办公室。下设常务秘书、首相秘书处、外交部、国内部、司法部、行政部、法罗群岛最高委员会、格陵兰最高委员会 8 个机构。

第二，22 个内阁部门。具体包括：经济和内政部，业务和增长部，财政部，外交部，司法部，研究、创新和高等教育部，税务部，文化部，运输部，住房、城市和农村事务部，就业部，儿童和教育部，社会事务和改革部，食品、农业和渔业部，气候、能源和建筑部，贸易和投资部，卫生部，国防部，环境部，欧洲事务部，性别平等、宗教事务和北欧合作事务部，发展合作部。

2019 年 6 月 5 日，丹麦举行四年一次的议会选举。此次选举共有 4219537 名选民参加投票，投票率为 84.54%。丹麦议会共有 179 名议员，其中丹麦本土 175 名，法罗群岛 2 名，格陵兰 2 名。社会民主党、社会自由党、社会党和红绿联盟赢得了 179 个席位中的 91 个，获得了议会多数席位。

2019 年 6 月 25 日，社会民主党主席梅特·弗雷泽里克森成为首相，组建新一届政府。新的政府是一个少数派社会民主党政府，由丹麦社会民主党、丹麦社会自由党、丹麦社会主义人民党与红绿联盟四个党派组成。新政府主要成员包括财政大臣尼科莱·魏曼（Nicolai Wammen）、外交大臣耶珀·科弗德（Jeppe Kofod）、司法大臣尼克·哈克鲁普（Nick Hækkerup）、社会事务和内政大臣阿斯特丽德克拉格、税务大臣莫滕·博斯寇（Morten Bødskov）等。

二　公共行政部门

丹麦的公共行政部门涉及的领域非常广泛，为社会提供了 1/3 的就业机会。

（一）行政管理部门

国家行政管理的最重要部门是中央政府部门和地方政府部门。中央政府部门根据管辖范围划分为各部，其中多数部门是由一个部和一个或多个理事会组成。各部政府工作人员具有行政管理权力，最重要的职责直接来自议会：起草法案、回答议会的问题、负责议会拨款的使用或者法律条款的实施。政府机关的公务员不因政府换届而更换，不论其个人的政治倾向如何，但他们必须忠实于继任的大臣。除了部和理事会外，在中央政府部门中还存在一些包括若干成员的机构，专业人士和群体利益的代表可以参加这些机构。这样的理事会和委员会通常只起到顾问的作用，但是也有一些委员会能够对申诉、总金额分配等事务做决策。

地方行政部门由 14 个省议会和 275 个市镇议会组成。省和市镇机构的最高权力机关是民选的议会和省长、市长，管理方式是所有的政治群体都能够发挥影响，省、市级的选举每四年进行一次。省市行政部门职责领域包括很大一部分由公共管理机关通过各种方式涉及的专业领域，如对道路和医院的管理等。地方行政部门由国家的一些行政分支机构组成，比如警察局、监狱、邮局，以及一些在国家不同领域提供服务的机构和组织，如大学、地方建筑队、救生服务队等。根据宪法，各地方政府在国家监督之下独立地管理自己的事务。因此中央政府可以管理和限制地方政府的权力，但是不能废除地方政府。内务部负责中央政府对地方政府的监督，并负责起草有关法规。

（二）行政部门的管理职责

丹麦的国家公共行政部门的职能可以概括为：通过外交政策和国防维护国家的主权；制定法律法规和相关决策；通过警察和司法手段执行国家法律；在不适宜留给私人市场经济处理的情况下，向公民提供公共产品和服务，如保健、教育、儿童日托、老人和残疾人的照料、文化活动和基础设施；通过税收和转移支付重新分配财政资源，如提供养老金、日常福利支付、现金资助和房租补贴以及免费提供公共服务；通过财政调整保证经济的稳定发展，避免不良的经济和社会后果等。

中央政府和地方政府的行政职责划分如下。

中央政府的职责范围包括：治安、国防和司法行政；外交和对外发展援助，高等教育，职业培训，科学研究；支付病假补贴、儿童福利和养老金；失业保险和劳动保护；文化活动；贸易和财政补贴；接收避难者。

省政府的职责范围包括：医院和健康保健，高中及参加高等考试准备课程，照料残疾人员，文化活动，地区公共交通。

市镇政府的职责范围包括：基础教育，儿童和老人照顾，图书馆、地方体育设施和文化活动，审查并办理各类社会和福利现金支付申请、退休金缴付及其他社会支付，为没有失业保险的人提供就业机会并举办就业项目培训，公用事业、环境保护措施和紧急救援服务。

（三）对行政部门的监督

行政部门和作为立法机构的议会之间的关系是明确的：依照宪法，行政部门是权力执行部门，没有独立的立法权。所有的行政部门，包括内阁大臣和地方议会成员，要将议会建立的规章作为法律来遵守，将议会的意愿付诸实施也是行政部门的责任。

行政部门和内阁之间的关系并不非常清晰，历史上内阁大臣曾经有权控制所有行政机关，这样的制度不再施行。现在内阁大臣只能控制其职权范围内的市政机关、参议会、委员会或者各自领域内的组织团体。甚至在大臣有权全面管理的国家行政机关内部，也存在至少保留一些在经济上和政治上有相对决策权的机关或行政部门。地方议会和其他市政管理部门也有相似的发展趋势。

行政部门向公民提供国家福利服务、征收税款、负责法律规章实施。由议会采取措施对行政管理部门加以监督，主要内容是确保公民个人的权利。1953年通过的宪法考虑到需要对行政部门进行监督而特设了议会督察官（Ombudsman），在1954年开始履行职责。议会督察官由议会选派，主要负责听取公民对政府工作的意见或者建议，以避免政府对公民有不公正的行为。议会督察官根据上诉或者自己主动检查，发现行政机关是否违反现行的法律或者犯其他错误和疏漏。议会督察官的陈述虽然对行政部门没有法律约束力，但是行政部门通常会服从（后来其他一些欧洲国家也借鉴了这一做法，在英国，这种机构的名称甚至沿用了丹麦的原名——Ombudsman）。宪法也赋予了法院独立裁决行政部门的行为是否与现行法律一致的权力。这种督察官制度大大减少了行政部门官员的腐败现象，促进了各级政府的廉政建设。

除了这些主要考虑到公民权利的监管措施外，行政部门还用很大一部分资金进行独立审察。大众媒体密切监督行政部门的行为，根据公众获取行政管理文件的法案，通过广泛收集行政部门的文献加强对其监督。最后，通过常务委员会质询大臣，议会保持着对行政机关的监督权。

内务部是监督省和市镇政府的最高机构。各省政府、哥本哈根和腓特烈斯贝接受内务部的直接监督，市镇政府由省监督委员会进行监督。省监督委员会的权限范围由内务部规定，由省长主持，委员由4名经省议会选出的议员担任。监督委员会可以撤销地方议会违法或者没有法律授权的决定，可以要求对玩忽职守的议员采取刑事措施等。

三　公职人员制度

丹麦是世界上最清廉、全球反腐最成功的国家之一。丹麦在防止行贿、欺诈和滥用公共资源方面具有较好的经验，对商业贿赂实行"零容忍"的原则。

丹麦政府廉洁程度高有多方面的原因，其中完善的公职人员管理制度是不可或缺的。丹麦有关反腐败和反商业贿赂的法律及文件主要包括丹麦的《刑法典》、丹麦外交部的《反对腐败政策》，以及丹麦工业联合会针对会员的指导性文件《公司规避腐败指南》。

丹麦《刑法典》对于行贿罪有严格的规定。企业出于商业目的为政府官员安排旅行、特殊服务以及赠送礼品，都是犯罪行为，即使被对方拒绝也被视为犯罪。也就是企业只要有行贿的表示，不论对方是否接受都属于犯罪行为。公职人员不得挪用公款，也不得接受礼品。企业如果向公职人员送礼，可能会导致更为严格的审核。

丹麦法律对公职人员用餐开支也有最高消费限额。另外，2009年丹麦议会颁布了《透明制度》法案，规定内阁大臣必须公开每月的公务用餐开支、出访费用及收到的礼物等情况，以提高政府及公共部门的财务透明度。

关于刑罚部分，丹麦《刑法典》第16章对公共领域犯罪进行了规定。例如，公职人员不当地收取、要求或者接受礼物或其他好处时，将被处以最高6年的有期徒刑；公职人员收受别人为谋个人利益的礼物或好处，而为别人提供不当的服务，将被判处罚款或处以最高6年有期徒刑。如果事后反省退回所得，将被罚款或处以最高2年有期徒刑；享有裁断权的公职人员不秉持公正，将被处以最高6年的有期徒刑，故意为他人减轻处罚的，将被判处最高16年有期徒刑；享有司法裁量权的公职人员，通过非法手段获得供词、解释，或者非法拘捕、拘留、调查和扣押，将被判处罚款或最高3年的有期徒刑。

第四节　立法与司法

一　法律体系

中世纪的丹麦被划分为三个权力区域：日德兰半岛、西兰岛和斯堪尼亚。最古老的书面法律资料是从 13 世纪开始的地方法，这些法律中最有名的就是 1241 年颁布的日德兰法。地方法律一直沿用，直到 1683 年克里斯钦五世颁布丹麦法，统一的法律体系才得以建立，该法是在君主专制统治下的第一次法律改革。很多地方法律的条款被合并进丹麦法中，虽然其中只有一小部分条款沿用至今，但是很多丹麦法律的奠基性原则可以追溯到中世纪。这并不意味着丹麦法律没有受到外国法律的影响，特别是 18 世纪和 19 世纪的自然法和稍晚一些的德国法学对丹麦法律的影响很大。丹麦法律的一个特点是它并不像法国和德国那样直接编纂民法和法典，它的民法条款基于各种不同的法规或者来自实际判例。19 世纪末的斯堪的纳维亚合作对丹麦法律的发展发挥了重要作用。

（一）法律分支

丹麦法律在公法和民法两部分基础上实施。

公法的特点是保护整体社会利益，除了法院以外，政府机构在应用法律方面起着重要作用。公法被划分成关于最高国家机构条款的宪法，处理国际关系的国际法，应用到地方政府和国家管理的行政法，确定法律惩罚何种行为的刑法和关系法院如何处理案件的程序法。

民法调节公民之间或者公民和法人如公司和机构之间的关系。民法条款必须考虑和保护当事人的利益。民法重要的领域有合同与侵权法、财产法、家庭法和遗产继承法。与德国和法国不同，丹麦的法律体系内没有商法的专门领域，但是贸易活动受到商品销售法案和消费者法的约束，这些法律向商人提出了更多的要求，同时向消费者提供了保护。

（二）法律来源

处于法律体系最高等级的是宪法，它协调最高政府机构和公民自由的关系，只有通过特定的程序才可以修改。

公民的行为自由只受法律或者先例法案的制约。宪法决定法律和先例法案有效的条件。经由议会通过并得到王室认可后，法案必须刊登在官方的法律月刊 *Lovtidence* 上。如果没有确定具体的日期，它们将在刊登一周后生效。很多法案只是以包括普遍方针的法律框架形式给出，然后由相关的内阁大臣提供更加详细的规章。规章在法案的框架内以行政性方式制定，它包括通用性的规章制度。

从古代开始，没有立法机关的地区的法律内容由法院根据判例法决定，如今这种情况依然发生，特别是在补充法律中。习惯法是丹麦法的重要组成部分，习惯法来源于惯例。从法学史的角度来看，丹麦属于世界法律体系的两大流派之一的大陆法系（另外一派是普通法系）国家，因此，惯例构成了丹麦法律体系的重要历史渊源。所谓惯例就是人们在长期的历史实践中所总结出的具有普遍意义并被人们所认可的行为规范。当特定的行为方式已经得到广泛、持续的长期遵循时，一个法律惯例也就产生了，因为当事人认为这样做符合法律程序。它们可能会被立法机关取缔，或者法院会认为它们不合理而予以否决。根据丹麦法的解释，一项在民间广泛使用的惯例只有在经过特殊的法律程序后，例如获得国会通过及王室同意或全民公决等，才能成为法律条文，并由国会通过法律月刊公开发布，否则，惯例只是一种习惯做法，对公民并没有法律约束力。但是，根据丹麦有关法律的规定，在审理或裁决民事或商事案件时，如果现行的法律条文中没有相应的规定，司法机构将根据与该案件相适应的惯例作为裁决的依据，并将其编辑成判例，作为今后裁决同类案件的法律依据。

（三）丹麦法和国际法

管理国家间关系的法律规范被称为国际法。丹麦政府有权代表国家处理国际法律事务，包括签订协议和国际合作条约。然而，一些特别重要的决定需要议会的批准，在一些特定的情况下，如将正式委托给政府或议会的某些权力授予国外权力机构，还必须进行全民公决。

丹麦在加入一项国际公约时，需要及时调整自己的相关法律体系，以适应国际公约的要求。一旦丹麦政府批准加入某项国际公约，则该公约将成为丹麦现行法律的一部分，并对其产生约束力。条约的义务包括通过合并的方式完成丹麦法律的变革，这些变革包括将条约吸收变成丹麦法律的一部分。如果丹麦政府没有批准或尚未批准加入某一国际公约，则该公约自然就不产生任何约束力。在丹麦法与国际法合并之前，丹麦政府不能直接使用该条约的内容，否则执行国际法和现行的法律之间可能会产生冲突，法院就要寻求在解释立法时与国际法一致，并通过判例使丹麦法与国际法的内容统一。例如，1953 年丹麦批准签订的《欧洲人权公约》在1992 年合并到丹麦法律以前，法院用它作为判决有关司法案例的法律解释。

（四）丹麦法律和欧盟法律

从 1973 年丹麦成为欧共体成员以来，欧共体的规章已经成为丹麦法律的一部分。欧共体法律章程被称为规则，当它们被丹麦的欧共体官方期刊刊登后就可以直接适用于普通民众。另外，欧共体的指令在被丹麦政府通过立法赋予了法律效力后，才对丹麦公民具有约束力。

二 立 法

议会和政府联合立法。议案首先由议会阅读三次。议案不仅包括建议法律条款，而且包括建议人的提议动机，这些动机以及议会和委员会讨论的备忘录是议案通过时阐述说明的重要部分。一项议案由议会通过后必须得到国王的同意和政府的批准。国王并不采取独立的态度，而是听从政府的建议。

议会是丹麦的立法机关。丹麦最近一次选举是在 2019 年。与其他北欧国家不同的是，丹麦议会很少能任期届满，自 1971 年以来，平均每届议会的任期只有两年多一些。平日开会的地点是位于哥本哈根斯洛索民岛的克里斯钦堡宫。1849 ~ 1953 年丹麦实行两院制，议会由上议院与下议院组成。从原则上来讲，上议院和下议院具有相同的权力，只是所代表的选民不同。下院议员主要来自独立农民、商人和受教育人士。1866～1915年，上议院的选民仅限于国王委任的富人，因此他们都只是代表贵族和保守派。1953 年的公民表决改变了这个制度，废除上院，采用一院制议会制度，也就是今天的丹麦议会。

（一）议会的权力

议会是丹麦政治活动的中心。根据宪法，议会享有立法和监督政府的权力，决定国家预算，并在制定外交政策方面有重要的权力。

立法权是议会最重要的权力。宪法规定，立法权属于议会。议会的立法程序从议案提交后开始。在丹麦，议案分为政府议案和议员提出的个人议案。政府议案最为重要，议员个人提出的议案往往不会被议会认真考虑。

议会接到议案后，先对议案进行一读，然后把方案送给议会相关的常设委员会，由常设委员会对议案进行详细检查。委员会在完成对议案的检查后向议会提出报告，然后议会进行二读。在二读时，会一条一条地检查议案，并对议案提出修改意见。在宪法及议会程序法规定的间隔期后，议会对议案进行三读。三读时，议会对议案进行表决。议案在议会获得通过后，将送交国王批准。如果国王签署法案，议会通过的法案即成为法律。

议会也有权通过"议会决定"。与法案相比，它不需要太麻烦的程序。"议会决定"可以由政府、议会常设委员会或议员个人提出。这些建议只需要通过二读就可进行表决。

当议会通过议案时，根据宪法第 42 条，议会中处于 1/3 的少数派可以要求进行全民公决。这样议会的少数派就有可能确保被多数派通过的议案反映出多数公民的意愿。如果在全民公决中得到不同的结果，议案就会被废止。

宪法修正案必须经过连续两次议会通过，并经至少有全体选民中的40% 参加的一次公民投票，且取得参加投票的多数人的赞同，否则不得生效。

议会的第二项重要的权力是对政府进行监督。根据宪法，政府对议会负责。如果政府通过了对首相的不信任动议，政府必须辞职。其他大臣如得不到议会的信任，同样必须辞职。

议员对政府大臣职权范围内的事项提出问题或质询是议会监督政府的最常见的形式。议会的口头提问时间在星期三，大臣就议员提出的问题进行口头回答。今天，提问越来越被反对党作为控制政府行动的一个工具，提问数量也在急剧增加。1953～1954年议会期间，提问的数量只有60个，到1977～1978年，提问的数量达到1231个。

议员也可对政府或某位大臣提出质询。质询需要通过议会投票，一旦被议会接受，它将在10天内被列入议会议程，一名大臣或几名大臣就质询问题做出回答。质询有时可转为对政府的不信任动议。通过提问和质询，议会可以揭露出政府工作中的缺点或大臣的失职及违法行为。

除了议员的提问和质询，议会还可通过它任命的议会督察官对政府进行监督。议会督察官既可监督大臣的工作，也可监督地方政府的工作。

议会还有权决定国家的财政事务。根据宪法，拨出公共资金及征税的唯一权力在议会。政府每年在9月1日之前向议会提出下一年度的预算案。议会对政府预算案进行仔细检查，并可对预算案提出修改意见。议会还通过任命5名审计员负责审查政府财政报告，检查国家的一切收入是否符合预算所列的项目以及有无违反财政法案或者其他拨款法案规定的开支。审计员有权要求了解一切必要的情况，有权接触一切必要的文件，以确保政府各部按预算案合理使用国家资金。

在决定国家对外政策方面，议会也拥有决定权。宪法规定，政府在做出重大外交决策前必须事先和议会外交事务常设委员会进行协商。议会有批准条约、宣战和割让土地的权力。在得到议会5/6的议员同意的情况下，丹麦的某些国家主权可以转让给国际机构。

政府享有某些宪法中规定的权力，这样政府可以执行国家外交政策，但是议会控制政府行为。政府在主要外交政策上必须同特定的议会委员会，即外交事务常设委员会协商。在签订条约之前，必须得到议会的批准。

欧盟内部的合作发展也非常重要。宪法第20条有对欧盟的增补部分，这部分关于外交合作政策方面的规定意味着宪法权力向超国家机构的转让。根据第20条，建立这种国际合作，要求议会至少有5/6的多数通过，如若不然则必须进行全民公决。

（二）议会的运作

根据宪法，新选举的议会应在选举结束后的第12个工作日的中午12时集会。在议会的第一次会议上，首先选举产生议会的议长和副议长。丹麦议会设1名议长和4名副议长。议长通常是一个大党中"年长"的政治家，是议会的最高官员并管理议会的行政事务。4名副议长一般情况下来自议会的4个大党。

在非议会选举的年份，议会的常会应在每年10月的第一个星期二开始，到下一年10月的第一个星期二结束。议员应在年会会期的第一天中午12时举行集会。

议会的会议一般公开进行，公民有权旁听。当议会需要做出决定时，必须有半数以上的议员出席会议并参加投票。议长负责召集议会的会议，并宣布当天的议事日程。议长和副议长组成议会主席团，负责管理议会的内部事务，就议会的程序做出决定，并组织议会的各种讨论。

（三）议会的常设委员会

议会的常设委员会是议会运作中最主要的机构。丹麦议会有24个常设委员会，负责有关立法中其他的各种政策性事务。这24个委员会分别是选举常设委员会、规则常设委员会、市场常设委员会、外交事务常设委员会、国籍常设委员会、司法常设委员会、防务常设委员会、社会事务常设委员会、地方政府常设委员会、计划常设委员会、环境常设委员会、教会事务常设委员会、教育常设委员会、文化常设委员会、科学研究常设委员会、农业与渔业常设委员会、工业常设委员会、公共工作常设委员会、住房常设委员会、劳动市场常设委员会、能源常设委员会、政治经济常设委员会、税收常设委员会、财政常设委员会。

除了规则常设委员会和能源常设委员会各有21名成员外，其他常设委员会均有7名成员。常设委员会的成员由各党按比例代表制选举产生，此外，各个党还可以有2名替补成员。有些小党不能单独选举出委员会成员，就与其他政党结成政治同盟。

委员会成员确定后，选举产生各常设委员会主席，通常在各党之间分配。但财政常设委员会和市场常设委员会的主席通常由执政党或社民党议员担任。委员会主席负责委员会的日常工作。

根据宪法和议会法，任何议案提交到议会后，首先应交各常设委员会检查。在处理议案时，为获得相关的信息，委员会可以与内阁大臣进行秘密听证，也可向大臣提出书面问题。此外，委员会也可以召集各种组织的代表，倾听他们的意见。委员会完成对议案的审查后，向议会提出委员会报告。在委员会的报告中，应提出对议案的处置意见并阐述委员会的立场。委员会可以向议会建议接受议案，或者建议拒绝议案。委员会的立场对于议会有相当大的影响。

常设委员会是各党进行交易的主要场所。在委员会讨论各种议案时，各党将就议案内容进行激烈讨论，党团发言人就议案阐述该党的立场。在一些重大的问题上，一些政党还将协调立场，结成同盟。如果委员会不能就议案达成一致意见，少数派意见可以附在委员会的报告之后。

常设委员会在控制政府方面也起着重要的作用。这些委员会有各自的职责范围，并有正常的渠道与大臣和其他政府成员协商，他们可向政府索要有关文件，向内阁大臣和有关官员提出书面问题。

（四） 议员的职责和权限

议员当选后，经核准当选资格后必须举行遵守宪法的宣誓。宪法规定议员只服从自己的良知，不受选民任何指令的约束。

每个议员都有权提出法案和其他议案。虽然议员的个人议案很少能被议会通过，但议员每年仍然提出大量的议案。议员有权监督政府政策的制定及政府官员的活动。议员可以向有关大臣提出问题或者质询，监督政府工作中的失误或者大臣的失职行为。

除现行犯罪被捕外，不经过议会的同意，议员不受任何形式的起诉或者监禁。议员可以依法享受政府给予的报酬。选举法对于议员的报酬及补助金做了明确规定，议员的工资和补助金根据生活费用而调整，退休的议员在至少担任 8 年议员后，有权从 67 岁后得到补助金。议长有权得到与任职的内阁大臣相同的工资、补助金和养老金。

（五）议会的选举

根据丹麦宪法，议会议员由普遍、直接选举产生，任期 4 年。

为组织议会选举，丹麦全国分为 3 个大选举地区：大哥本哈根、岛屿地区和日德兰地区。在 3 个大选举地区下再分出 17 个选区，大哥本哈根地区分为 3 个选区，其他 14 个选区与各个省区基本一致。

在 179 个议会议席中，格陵兰、法罗群岛两个自治区各占 2 个固定议席。丹麦本土选举产生 175 个议席，其中 135 个为选区议席，按比例分配到各个选区；其余的 40 个议席为调配议席，根据具体情况在政党和选区中进行调配。

丹麦实行普选制。根据宪法，除被宣布为无行为能力者、因受刑事处分或者依据《贫困救济法》接受社会救济而被剥夺选举权者外，凡在国内有永久住所、有投票权的丹麦国民，均有资格参加议会选举。没有丹麦国籍的移民没有议会的投票权，但是自 1989 年开始他们可以参加地方议会选举，并有资格当选为议员。

1953 年丹麦宪法没有明确规定选举的最低年龄，而是通过全民公决来确定。在 1953 年的全民公决中同意把选举最低年龄确定在 23 岁。在 1978 年 9 月举行的全民公决中，选民以 54% 的多数同意将选举最低年龄降至 18 岁。

丹麦公民参加投票的比例通常很高，一般为80% ~ 90%。

（六）全民公决

丹麦宪法对于全民公决有明确的规定。任何法案经议会通过后，在 3 日之内如有 1/3 的议员提出要求，就应该将法案提交公民复决。在议员要求把一项法案提交公民复决后，议会不能在该法案最后通过后的 5 天内做出撤销法案的决议，应立即将提交公民复决的通知书呈交首相。首相接到通知书后，应该负责将该法案及举行公民复决的声明同时公布。公民复决的日期由首相确定，但是不得早于法案公布后的 12 天，也不得晚于 18 天。

宪法同时规定，下列由议会通过的法案不能进行全民公决：财政法案、补充拨款法案、临时拨款法案、政府贷款法案、文职人员（修正）法案、工资和退休金法案、国籍法案、征用法案、（直接和间接）税收法案以及为履行现有条约义务而提出的法案。

在全民公决前，丹麦无线电委员会将做出规定，保证公平地分配广播时间，使所有政党有相同的时间做宣传。参加全民公决的投票者对法案投支持或者反对票。如果要否决一个法案，必须符合两个条件：一是必须是投票者多数反对，二是投反对票的公民数必须占全国有资格投票公民总数的至少30%。

三　司　法

丹麦法院分三级。全国有 1 所最高法院（Hojesteret）、2 所高等法院和 82 所地方法院。哥本哈根地区法院由 1 名首席法官和 49 名地区法院法官组成，其他地区法院分别由 1 名首席法官和 15 名、10 名或 7 名法官组成。在地方法院之上的是 2 所高等法院，其中，设于维堡的西部高等法院（Vestre Landsret）约有 20 名法官，对日德兰地区拥有管辖权；设于哥本哈根的东部高等法院（Ostre Landsret）约有 30 名法官，对全国其余地区拥有管辖权。最高法院设于哥本哈根。最高法院由 1 名院长和 14 名法官组成，院长和法官由政府（司法大臣）推荐，国王任命，任职到退休。议会每六年指定 15 名法官组成国家国事犯法院，承担对国家重要人物的审判工作，这 15 名法官必须是最高法院的常任法官。

丹麦没有享有定罪权力的专门法庭，但被称为调查庭的专门法庭可以为确定事件的过程而组建，调查庭经调查后将该案件形成书面报告移交给法院进行审理。除了普通法院，还有处理特殊领域法律事务的法庭，如海事和商业法庭、特别诉讼法庭、仲裁法庭和宗教法庭等专门法庭。丹麦从古代开始就有非专业人员参与司法审判的制度，在海事和商业案件中有专家作为助理审判员参与，在刑事案件中有外部评估人员参与，而严重的刑事案件通常在陪审团的协助下裁定。

案件通常首先由地方或者市法院进行一审，对市法院的裁决不服可以向两个高等法院中的一个提出上诉。一些更加重要的案件和涉及行政事务与特殊类型的案件首先由两个高等法院中的一个进行一审。最高法院只处理已经由两个高等法院审理过的案件。丹麦的法律系统内没有针对行政案件的特别受理程序条款或者法院，这些案件均由普通法院审理。丹麦没有像德国和法国那样的独立的宪法法院或者行政法院，这些法院要处理的案件由普通法院完成，宪法问题必须由与所涉及的案件有关的法院处理，终审可以由最高法院裁决。丹麦的法院一般不愿过多求助于宪法，最高法院从未以违宪的理由拒绝过重要的政治法令。

法院独立行使司法权是政权分立的体现。法官由国王任命，丹麦宪法第 64 条保证法官履行职责的独立性，据此只能通过法律来监督他们的工作。与政府任命的其他雇员不同，政府不能通过行政途径任免法官，只有通过法院判决后才能将其辞退。

国家检察机关采用等级体制。1916 年的《司法行政管理法》规定，最高领导为司法大臣，负责监督检察机关的工作。检察机关隶属司法部，设检察长 1 名和检察官 9 名，均由国王任命，任职到退休。全国还设有 7 名地方检察官和 75 名警长。在刑事案件中，正规的检控决定通常由地方检察官做出。警长只能就轻微案件决定是否应予指控。地方检察官和警长也拥有撤回检控的权力。

行政部门在司法过程中有三项重要任务：为公民提供资助和服务；参与社会各个实际生活领域中详细具体的法律控制工作；确保普遍规范得到遵守，并对一些超越普遍规范的行为给予特别许可。

第五节　政党与重要社团组织

一　政党

1849 年宪法规定丹麦实行君主立宪制，在新建立的议会内出现了一些松散的政治集团。这些集团逐渐形成了三个派别：左派（Venstre）、右派（Hojre）和中间派（Centre）。自由派以实行君主立宪为目的，保守派以反对民主自由为方向，农民政党则把改革作为目标。1870～1880 年，成员众多的党派形成各自的选举核心。19 世纪与 20 世纪之交，丹麦传统的四党体系发展起来：保守人民党由市民与大农场主支持，自由党（根植于 1870 年的左翼联盟）的主要支持者来自农村，激进自由党主要由小业主与城市知识分子组成，社会民主党是工人的政党。代表进步势力的社会民主党、社会自由党执政较多，代表保守势力的自由党、保守党往往在野。一直到 1960 年，四党体系基本保持不变。20 世纪 20 年代，丹麦曾出现短暂的社会民主党单独组阁的情况。第二次世界大战期间，丹麦由几个政党共组联合政府，很受人民信赖。

在丹麦几大政党争取执政权力的过程中，社会民主党、自由党和保守人民党形成竞争的核心。激进自由党则是一个居间的砝码，它的态度往往决定其他几大政党的胜败。激进自由党自 1905 年成立之后，长期与社会民主党结成联盟，对社会民主党执政有很大帮助。但是 20 世纪 60 年代以后，激进自由党的态度有所转变，它离开了政治盟友社会民主党，开始与自由党和保守人民党接近，在国会中形成了多数的势力。

丹麦的小党在过去的上院常受到排挤，1953 年取消上院之后，在选举方面对在地方有基础的小党十分有力，但不利于各地零星的小党派。一些小党派，如丹麦共产党在 1945～1957 年有所发展，但是没产生什么影响。单一税党（Single Tax Party）在 1947～1960 年产生了一定影响，在 1957～1960 年加入执政联盟。

工业化和公共部门的发展使党派划分更加复杂。在 1969 年大选之后，社会主义人民党吸引了社会民主党中左倾的选民。在动荡的 1973 年大选中，三个新党进入了议会：基督教人民党、中央党和开始时作为保守党的进步党。

丹麦大小政党有 10 余个，各党政治主张也互不相同，代表不同阶层的政治、经济利益。

社会民主党（The Social Democratic Party），成立于 1871 年，党员约 10 万人，以工人、职员、知识分子和农民为主。2019 年 6 月大选支持率为 25.9%，是丹麦第一大政党。1924 年以来单独或与其他政党联合执政达 40 多年。它对内主张在坚持宪法原则的基础上进行社会改革，要求实行全面就业，提高全体公民生活水平，保障社会福利，推广公共保险计划的互助原则。对外主张与北欧各国合作，保证国家安全，进行适当的国防建设。社会民主党的政策是一种带妥协性的改良主义，能够与其他政党联合组成选举同盟，共同组建联合内阁。在德国占领期间，该党参与了地下抵抗组织"自由委员会"，开展反对德国法西斯占领军的抵抗活动。党的最高决策机构是全国代表大会，每4年举行一次，闭会期间由执行委员会负责日常工作。该党是社会党国际和欧洲共同体社会党联盟成员。出版有《新政治》《时闻报》等报刊。

激进自由党（The Radical Liberal Party），简称激进党，成立于1905年，党员1万多人，以小农、小商、公共雇员和职员为主，代表小地主、小资产阶级及自由职业界的利益。他们主张信仰自由，强调个人尊严。在经济上主张由政府帮助人民，将土地出租或出售，使农民做到耕者有其田，并发展工商业中的小企业。主张自由贸易，降低必需品的间接税，保护消费者的利益，增加直接所得税和产业税，以发展公共事业。对外主张加强北欧各国间的合作，限制军备。党的机关刊物为《激进政策》双周刊。

自由党（The Liberal Party），成立于1870年，为丹麦最早成立的政党，党员约8万人，以农庄主、工商业主和城市中产阶级为主。早期政治上拥护君主政体及国教制。经济上主张自由贸易，建立自由的社会，保障私有制和市场经济的自由竞争，反对中央集权。实行不动产税法及财政紧缩政策，增加公共事务开支，以减轻人民纳税的负担。对外认为参加北约是丹麦唯一现实的安全政策，支持欧盟合作。它过去是农民党，现在也拥有许多城市支持者。党的最高决策机构是全国代表大会，闭会期间由理事会主持日常工作。党的群众团体有丹麦自由党青年团，出版《自由》杂志。

保守人民党（The Conservative People's Party），简称保守党，其前身为右翼党，成立于1916年，党员约5万人，以大中企业主、大农庄主、高级职员和商人为主。主张加强国防，保护私有财产，扶助国内工商业，推行社会保险制度，反对国有化，反对政府控制投资，主张自由贸易。对外主张加强北约国家之间的合作，积极参与国际合作。

社会主义人民党（The Socialist People's Party），成立于1959年，由被

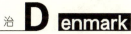

苏共开除的丹共领导人阿克赛尔·拉尔森创立，党员约 9000 人，以工人和知识分子为主。对内主张根本改造现有社会，实行生产资料集体所有制和企业自治。重视人权、民主和环保，支持裁军，主张在平等、自愿的基础上参与国际合作。

基督教民主党（The Christian Democratic Party），成立于 1970 年，党员 9000 余人。当时丹麦社会就自由堕胎等问题产生辩论，基督教民主党应运而生，以基督教路德派的社团为后盾，站出来维护道德与家庭的传统价值观念，并反对金钱万能的观念。该党宗教色彩浓厚，强调基督教价值观。

进步党（The Progress Party），成立于 1972 年，党员约 9000 人，以自由职业者、高级职员、工人为主，组织松散。进步党主张个人自由，反对通过强迫和干预手段达到政治目的，要求取缔直接税、实施行政革新、取消绝大部分公共事业机构和行政机构，深受当时一部分不满现状、急求变革的丹麦人的欢迎，在 1973 年的大选中一鸣惊人，在议会中获得 28 个席位，成为当时的第二大党。

中央民主党（The Central Democratic Party），1973 年成立，由从社会民主党中分裂出来的议员组成。党员约 2000 人，自称"实用主义党"，以丹麦"沉默的多数"的代言人自居。主张保持和发展福利制度，注重保护社会少数人利益，支持欧盟合作。

红绿联盟（Red-Green Alliance），1989 年由原丹麦共产党、共产主义工人党及反欧盟势力组建，采取集体领导制，党员 1500 人。主要方针为反对加入欧盟合作、力主裁减军费、降低失业率、加强环境保护等。1994 年 9 月第一次进入议会。

共产党（Communist Party），成立于 1919 年，支持者主要是码头工人、炼钢工人、运输工人等。20 世纪 20 年代即参加国际共产主义运动。20 世纪 20 年代中期产生了反对苏共领导的独立倾向，丹麦共产党领导人被指斥为修正主义分子并被开除党籍。在 1960 年的丹麦大选中，丹麦共产党未获得席位，从此一蹶不振。

丹麦人民党（The Danish People's Party），1995 年 10 月由退出进步党

的议员组成，党员 2000 人。有强烈的民族主义色彩，反对国际合作。

丹麦的政党虽然众多，但是由于历史传统、社会结构及自然环境等诸方面的原因，各党为了争取选票，都选择了一种比较温和的方式，虽有保守与激进之分，但基本采用中间路线，对社会实行渐进的改良。丹麦政府通常是少数党政府，因此丹麦政治的特征是政党之间相互妥协。第二次世界大战以后，丹麦的 25 届政府中有 23 届是少数党政府，因此执政党必须以政策让步来形成议会多数。之所以能够如此，是丹麦主要政党之间在意识形态方面本来差距就不是很大，而少数党政府往往针对个别政策寻求盟友以维持政府的稳定。

二　重要社团组织

除以上的政党外，丹麦的一些团体组织也产生了很大的政治影响。

丹麦总工会，1898 年成立，下设有约 30 个行业工会，会员 143 万人，与社会民主党有紧密联系。

丹麦雇主联合会，成立于 1896 年，是一个非营利组织。丹麦雇主联合会代表 14 个雇主组织，包括 151 个行业协会和 45 家大企业，在制造、零售、运输、服务和建筑等行业拥有超过 28000 家丹麦私营公司。在某种程度上与两个主要的非社会主义党派，即保守党和自由党进行合作。另外，政府聘任工会和雇主协会的代表担任司法审判员、委员会委员、调查团员和实施查证工作。

丹麦全国妇女联合会，1899 年成立，由全国 39 个妇女组织组成，会员约 50 万人，是国际妇女理事会成员，曾经参与联合国的成立工作，历届联大代表团中都有其代表。

丹麦青年联合会，1940 年成立，由全国约 50 个青年组织组成，会员100 多万人，与社会民主党关系比较密切。

大概从 1960 年开始的基层民主运动有较大发展，如反对欧共体的群众运动、妇女运动、丹麦自然保护协会、和平运动、环境组织等都在某种程度上成功地影响了政策制定。1970 年原子能信息组织在确保丹麦国内不建设核电站方面发挥了作用。

第四章

经　济

第一节　经济概况

一　经济部门结构的演变

（一）农业社会

公元前 4000 年前后，丹麦的农业处于萌芽状态，经历了漫长的历史发展之后，农业逐渐成为主导产业。18 世纪中期以前，农业人口在丹麦占绝对多数，直到 19 世纪中期，丹麦仍有多数人从事农业生产。直到 18 世纪中期丹麦实行农业改革之后，粮食生产才能够既满足日益增长的城市人口的需求，又有部分剩余产品可供出口。

在农业社会时期，只有少数人以其他职业为生，例如铁匠、车匠、纺织工或建筑工等，以及后来出现的商人和水手。随着社会的发展，丹麦逐渐出现了社会管理职能部门，如王家法院和国家机构，以及军队和教堂。

18 世纪末，城镇居民约占全国总人口的 1/5，手工艺行业仍然是主要行业，如制鞋或者纺织行业。另一个较大规模的行业是家庭手工业，商人或店主将原材料加工成商品后出售。此外，哥本哈根近 1/4 的居民（约 9 万人）是陆军或海军军人。

（二）工业社会

18 世纪末，农业改革提高了谷物产量，在英国废除了谷物法之后，丹麦人向英国出口谷物并赚取利润。丹麦日益扩大农产品加工并出口,而不再局限于满足国内需求,因此扩大了城市的商品贸易市场。这既奠定了扩大商业活动的基础,也增加了城镇人口。同时,城镇行业的生产方式正在革新,蒸汽机和其他动力机械的使用促进了大规模生产,使工业成为名副其实的国民经济支柱产业。

19世纪50~60年代是丹麦早期的迅速发展时期,这一时期不仅扩大了工业行业投资,成立了主要商业银行,而且建立了交通系统和通信系统,航运业的发展进一步便利了国内交通。1890~1914年又是一个新的迅速发展时期,城市企业发展迅速,新建了许多工厂,成立了几个大银行和航运企业。

20世纪,丹麦的从业人员结构发生了变化,从事农业生产的人数比重大幅度下降,从1901年的40%降至1970年的10%。从事管理和专业人员的人数比重显著增加,从5%升至16%。领取养老金、政府补贴和依靠财产收入的人数也明显上升,这主要是因为丹麦老龄化导致老龄人口快速增加。另外,手工业、贸易和销售以及交通业的从业人员也都有所增加(见表4-1)。

表4-1 1901~1970年各行业人口占比

单位:%

行业类别	1901年	1930年	1950年	1970年
农业	40	32	24	10
手工业	29	31	35	36
贸易和销售	10	12	13	14
交通业	5	7	7	7
管理和专业人员	5	6	8	16
其他行业	2	2	1	1
领取养老金、政府补贴和依靠财产收入的人	9	10	11	17

资料来源:*Denmark Statistical Yearbook 2017*,Statistics Denmark,June 2017,table 181。

2015 年，丹麦就业人数最多的行业是公共管理、教育和卫生业，就业人数为 87.3 万人。就业人数居第二位的是贸易和运输业，就业人数为 66.9 万人。位居第三的行业是制造业、采矿采石业、公共设施服务业，就业人数为 31.8 万人。就业人数最少的行业是房地产业，仅有 4.6 万人，农业就业人数为 7.1 万人（见表 4 - 2）。丹麦的就业人数与产业结构有关，丹麦的产业以服务业为主，服务业、工业和农业的占比分别为 75.6%、22.7% 和 1.7%。丹麦就业人数依据行业的需求进行相应调整。

表 4 - 2 2015 年丹麦各行业就业人数

单位：万人

行业	人数
农业	7.1
制造业、采矿采石业、公共设施服务业	31.8
建筑业	16.1
贸易和运输业	66.9
信息和通信业	10.6
金融和保险业	7.7
房地产业	4.6
其他商业服务业	30.7
公共管理、教育和卫生业	87.3
艺术和娱乐业	12.6
其他	0.4

资料来源：*Denmark Statistical Yearbook 2017*，Statistics Denmark，June 2017，table 182。

（三）服务业社会

20 世纪 60 年代，城镇工业又经历了一个高速发展时期，同时农业市场发展速度降低，部分原因是欧洲经济共同体和其他一些国家向本国农民提供政府补贴。因此，这一时期发生了较大的结构改革，促进了农村工业化的发展，工业成为出口主导产业。工业企业就业人数增加，农业就业人数相应减少。60 年代以后，工业生产继续发展，但主要是因为增加了现代化设备，以及服务行业就业人数的大量增加，特别是公共部门数量随着教育、卫生和社会服务领域的发展而迅速增加。在就业方面，商业和服务业就业人数超过了农业和工业。20 世纪 60 年代末，这些行业的就业人数增长到占就业总人数的一半，1994 年所占比例高达 68%。

1973 年之后，私营企业由于能源价格上涨等结构问题而陷入困境。同时，公共部门和服务行业，如银行、保险、广告和电子数据处理等公司迅速发展。1970～1985 年公共服务部门的就业人数翻了一番，增长速度最快的是 1970 年之前发展速度平缓的农村地区和小城镇。80 年代以后商业服务继续发展，与公共服务部门不同的是，商业服务主要在城市中发展，大约 1/4 的工作岗位是在哥本哈根。90 年代，丹麦的经济结构已经与第二次世界大战之后有很大差别，由工业社会向服务社会转变。

20 世纪丹麦的发展趋势是从农业社会经过工业社会发展到服务业社会，战后丹麦经济结构的相应变化是，工业和服务业在国民经济中的比重逐渐上升，农业比重则呈现下降趋势。1962 年，工业总产值占国内生产总值（GDP）的 36.8%，服务业占 52%，农业占 11.2%；到 1982 年，尽管农产品在出口中仍占很高比例，但是农业在国民经济中的地位已急剧下降，工业总产值增加到占 GDP 的 38.9%，服务业占 58.7%，农业则下降为 2.4%。此后，服务业比重继续增加，其中公共服务部门一度跃升为最大的产业部门，而工业比重则有所下降。2014 年，工业总产值占 GDP 的 22.7%，服务业占 75.6%，农业占 1.7%。消费、投资和净出口占 GDP 的比重分别为 75.3%、19.3% 和 5.3%。

第二次世界大战之后，丹麦对外贸易的商品结构发生了很大变化。工业品出口量超过农产品出口量，在对外贸易中呈上升趋势。丹麦以前以农产品为主要出口产品。到 20 世纪 90 年代，工业品出口额占出口总额的 75%，农产品下降为 15%。工业出口产品中 1/3 以上的产品是机械产品，制药产品和加工农产品（包括罐装肉食品）分别约占工业出口总产品的 5% 和 10%。20 世纪 70 年代和 80 年代，服务业出口出现显著增长，90 年代前半期服务业的发展基本处于停滞状态。

20 世纪 70 年代之前，丹麦的能源完全依赖进口。20 世纪 80 年代，丹麦石油产量显著增加,因此能源产品进口数量大幅下降。进口产品中约 30%是消费品,如汽车等。另外,丹麦进口产品中包括大量的服务产品。

二 二战后经济发展状况

丹麦是开放式小国经济,工农业发达。由于国土面积不大,原材料匮乏,所以丹麦的经济很大程度上依赖同其他国家的贸易往来。丹麦本身的经济状况和汇率变化对世界经济贸易产生不了什么影响。丹麦对外贸易主要是与欧盟国家合作,其中德国是丹麦最重要的双边贸易伙伴,瑞典、英国、挪威的地位也非常重要。丹麦在欧洲以外的贸易伙伴主要是美国和日本。近年来,丹麦与中国的经贸关系也有了长足的发展。

鉴于对外贸易对丹麦的国内经济有着举足轻重的影响,丹麦非常关注与其他国家的商品和服务的自由贸易。因此,丹麦加入欧洲联盟、经济合作与发展组织、世界贸易组织等国际经济合作组织,并在这些组织规定的框架内积极消除各种贸易壁垒,努力实现自由贸易。

在丹麦的经济发展史中,农业曾经长期占据着主导地位,在世界一流农业国中享有盛誉。第二次世界大战以后,丹麦经济得以休养生息,工业生产突飞猛进,逐步由农业国发展为工业国,成为发达的资本主义国家。

20 世纪 50 年代中期以后,丹麦开始了历史上空前的工业大发展。到 20 世纪 60 年代中期,基本上实现了农业机械化。先进的农业又为工业化提供了充足的原料和广阔的市场,加之战后整个世界经济处于高涨时期,为丹麦经济的持续高速增长创造了良好的内外环境。20 世纪 50 年代国民生产总值年平均增长率为 2.8%,20 世纪 60 年代则高达 4.6%。经济高速增长意味着对劳动力需求的增长,妇女就业人数增加。这一时期,丹麦实现了充分就业,工资也出现明显增长。

1973 年石油危机阻碍了世界经济的发展,丹麦的生产和就业也受到不利影响,丹麦政府采取了应对措施。1974 年的自由党政府和 1975 年继任的社会民主党政府均采取宽松的财政政策刺激经济发展,例如增值税税率从 15%降到 9.25%,为增加就业而发展公共服务业等。

1979 年出现第二次石油危机, 能源价格上涨引起其他商品价格和利率的进一步上升。贸易收支赤字扩大和失业率上升导致汇率政策变动, 1979 年秋, 丹麦克朗在欧洲货币体系中两次贬值。丹麦在 1980 年和 1981 年出现了经济下降。1973~1982 年是著名的经济滞胀时期, 以经济低增长、高通货膨胀为特征, 年均经济增长率低于 2%, 年均通货膨胀率高于 13%。

20 世纪 80 年代初期, 利率突破 20%, 国家债务急剧增加。由于经济增长缓慢, 1982 年 9 月社会民主党政府辞职, 由以保守党为首的联合政府接任, 被称为四叶首蓿政府。该政府实行紧缩收入政策, 包括暂停根据指数调整收益的政策, 即职工工资随着物价上涨而自动调整的规定, 1986 年根据立法最终取消了这项指数调整政策。另外, 丹麦还实行了紧缩的公共支出政策和汇率固定政策, 丹麦克朗盯住埃居 (ECU, 原欧洲货币单位) 和德国马克的变动。丹麦采取的一系列经济措施以及允许资本对外自由流动使利率下降, 到 20 世纪 80 年代中期, 已接近德国利率水平。低利率使资本价格上升, 促进个人消费和投资增长。自 1983 年开始经济逐步回升, 1983~1986 年年均经济增长率高于 3.5%。1987 年, 失业率下降到低于 8%, 在欧洲的低失业率国家中位居第二。经济形势日益好转, 1987 年出现了从 1975 年以来的首次财政盈余。这次增长没有导致新的通货膨胀压力, 相反, 消费价格增长率由 20 世纪 80 年代初期的 12% 降到 1990 年的 3%。这是因为这一时期丹麦对工资进行了管制, 国际原材料价格稳定或下降也促使商品价格变动较小。

然而, 20 世纪 70 年代以来的经济滞胀和丹麦竞争力的相对下降导致贸易收支状况恶化和外债增加, 1986 年丹麦外债高达 2600 亿丹麦克朗。丹麦政府为了促进经济发展而直接或间接扩大税收, 包括征收消费者贷款税, 以及实行以提高个人储蓄为目的的税制改革, 同时通过征收间接税促进竞争。这些措施普遍取得成效, 几年中, 丹麦的进口贸易量显著下降, 而出口的同期增长使贸易收支状况得到改善。1990 年, 贸易收支在 30 年中首次出现盈余, 开始偿还外债, 这时丹麦的外债已高达 3200 亿丹麦克朗。

20 世纪 90 年代初，世界经济发展减速加剧了丹麦经济衰退，尤其是丹麦的主要出口市场——英国和瑞典的经济增长率下降，削弱了丹麦的潜在出口能力。1987～1993 年，丹麦的年平均经济增长率不到 1%。

1993 年 1 月，保守党与自由党联合政府由于难民问题的调查受到指责而被迫辞职，由社会民主党组成的联合政府接任，其采用宽松财政政策促进生产发展和就业，进行税收改革，取消了限制消费的措施。税收改革还取消了许多直接税和间接税，包括所谓的绿色税收（即为减少稀缺和引起环境污染的资源消费而征收的税）。政府推出了一系列就业政策，包括提供就业培训等。1993 年下半年丹麦国际贸易增长以及更宽松的财政政策，促使经济增长，1994 年经济增长率达到 4.4%。失业准备金的广泛应用，使失业率大幅下降。1993～1994 年失业率为 14%，1995 年失业率降到 10%。1994 年以后，在国内外需求均良好的状态下，丹麦经济进入稳定、均衡的增长时期，年均经济增长率连续 4 年超过 3%，失业率降至 5% 左右。1998 年，由于国际金融危机对丹麦的出口造成不利影响，以及紧缩性财政政策抑制国内需求，经济增长率降为 2.5%，1999 年进一步降至 1.6%。

进入 21 世纪以后，由于受到世界经济不景气的影响，丹麦经济处于低速增长状态，年均经济增长率在 1% 左右。2008 年丹麦受到金融危机的影响，经济出现衰退。2009 年经济增速降至最低，2010 年经济出现短暂恢复。[1] 2012～2013 年经济再次衰退，[2] 之后丹麦经济开始缓慢复苏。

二战以后丹麦经济快速发展，国民生活水平有了很大改善。1970 年，丹麦在全世界人均 GDP 排行榜上独占鳌头，此后丹麦人均收入一直高居世界前列，基本上保持在前 10 位。2015 年丹麦 GDP 为 20271.71 亿丹麦克朗，人均 GDP 为 35.7 万丹麦克朗，首都哥本哈根所在的京畿大区经济产值最高（见表 4－3）。2016 年丹麦的 GDP 为 35486 亿丹麦克朗。[3]

---

[1]　*European Economic Forecast Spring 2012*，European Commission.

[2]　*European Economic Forecast Spring 2015*，European Commission.

[3]　*Denmark Statistical Yearbook 2017*，Denmark Statistics，table 267 and table 259.

表4-3　2015年丹麦各地区的经济指标

	GDP (亿丹麦 克朗)	人均 GDP (万丹麦 克朗)	人均 GDP (丹麦= 100)	2009~2015年 平均经济增 长率(%)	2015年 经济增长 率(%)
京畿大区	8171.66	46.0	129	2.4	2.3
西兰大区	2023.64	24.6	69	1.1	0.7
南丹麦大区	3913.62	32.4	91	1.4	2.0
中日德兰大区	4117.26	32.0	90	1.1	2.3
北日德兰大区	1726.55	29.6	83	0.5	0.0
其他地区(北海等)	318.98	—	—	-9.3	-8.8
丹麦	20271.71	35.7	100	1.3	1.6

资料来源：*Denmark Statistical Yearbook 2017*, Statistics Denmark, June 2017, table 277。

三　经济水平和经济成就

2004~2007年，丹麦经济快速增长。2008年受国际金融危机影响，丹麦经济开始出现衰退，并于2009年衰退至谷底，经济增长率降到历史低点，仅为-5.8%。2010~2011年，丹麦经济短暂复苏，但是2012~2013年再次陷入停滞，2012年和2013年经济增长率分别为-0.8%和-0.5%。[1] 随着经济形势的好转，在投资和出口的推动下，2017年和2018年丹麦经济增长率回升至1.7%和1.8%，2017年产值为20272亿丹麦克朗。[2]

2017年丹麦的就业形势继续改善，失业率降至5.8%，高于欧盟的平均水平。低失业率、低通货膨胀率使丹麦居民可支配收入增加，从而刺激了私人消费，推动经济增长。

丹麦的通货膨胀率维持在较低水平。2016年通货膨胀率为零。丹麦通货膨胀率保持在低位的主要原因，一是国内需求不振促使零售商品降价销售，导致商品价格较低；二是工资上涨幅度较小。经济危机期间失业率

---

① *European Economic Forecast Autumn 2016*, p.79.
② *European Economic Forecast Spring 2017*, p.69.

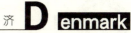

较高，工会无法为雇员争取较高的工资。但是随着经济复苏，物价水平上涨和工资水平上升，通货膨胀率略有上升，2017年通货膨胀率为1.4%。

近几年丹麦贸易顺差持续增加，但是对经济的拉动作用有限。2017年丹麦出口增长率和进口增长率分别为3.3%和4.0%，均比2016年有较大幅度增长。2017年丹麦出口总额为11195亿丹麦克朗，进口总额为969.5亿丹麦克朗，实现顺差。欧盟从2011年12月启动了宏观经济失衡监控程序，旨在发现潜在的宏观经济失衡风险，纠正成员国的经济失衡问题。根据这一程序，如果成员国的贸易顺差占GDP的比重超过6%，欧盟将对该成员国进行深入评估，并督促该国通过经济改革减少顺差，以免影响欧洲经济的整体复苏。丹麦超过了6%，因此受到欧盟的监管。

丹麦的贸易顺差缓解了政府的财政压力，财政赤字大幅度下降。2017年丹麦的财政赤字率为-1.3%，政府债务率下降至36.7%，分别低于欧盟规定的3%和60%上限，好于欧盟的多数成员国。丹麦的债务结构比较合理，其中长期债务和固定利率债务占总债务的八九成，这都确保了丹麦债务总体的稳定。因此，丹麦也是国际上为数不多的长期保持AAA信用评级的国家之一（见表4-4）。

表4-4　2015~2018年丹麦主要经济指标

单位：%

主要经济指标	2015年	2016年	2017年	2018年
GDP增长率	1.6	1.3	1.7	1.8
通货膨胀率	0.2	0.0	1.4	1.7
失业率	6.2	6.2	5.8	5.7
出口增长率	1.8	1.7	3.3	3.9
进口增长率	1.3	2.4	4.0	4.4
政府收支占GDP比重	-1.3	-0.9	-1.3	-0.9
公共债务总额占GDP比重	39.6	37.8	36.7	36.0
经常账户余额占GDP比重	9.2	8.1	7.8	7.7

资料来源：*European Economic Forecast Spring 2018*，p.69。

在欧盟国家中，丹麦的人均社会保障支出所占比例最高。与其他欧盟国家一样，丹麦的养老金支出在社保支出中占比最高，为 41.6%，医疗保障、失业救济和住房福利占比分别为 31.9%、5.2% 和 5.1%。丹麦的家庭和儿童支出为 12.0%，是欧盟国家中最高的。[①] 另外，东欧人在丹麦的就业人数增加使得子女补助和教育等福利支出快速上升，丹麦福利的外部压力日益增大。而且，高福利在一定程度上导致了丹麦的全球竞争力下降，2016 年居第 12 位。[②] 因此，丹麦对福利体系进行了改革，以创造就业机会和提高经济竞争力。

尽管丹麦的全球竞争力有所下降，但是丹麦仍然具备颇佳的经商环境。根据世界银行对 2017 年全球商业环境的评估，丹麦的商业环境位居欧洲之首，在全球排名第 3。[③] 排名前两位的国家是新西兰和新加坡，美国位居第 8。丹麦良好的商业环境主要得益于政府的规范治理，因为廉洁高效的政府管理为经济活动提供了自由公平的商业环境。

随着经济全球化的发展，丹麦在全球产业价值链中的地位发生了变化。20 世纪 90 年代中期以后，经济合作与发展组织国家的进口产品的增加值占出口产品价值的比重显著上升。例如，1995~2011 年，这一比重从 15% 上升至 24%。而丹麦等北欧国家的进口产品增加值约占出口产品价值的 1/3，远远超过经济合作与发展组织国家和欧盟国家的平均水平。丹麦的进口产品增加值占出口价值的比重，从 1995 年的 23% 上升至 2011 年的 33%。与此相比，2011 年欧盟 28 国和经济合作与发展组织国家平均值分别为 28% 和 24%。[④] 进口产品增加值占出口产品价值比重上升，意味着本国出口产品赚取的利润中用于支付给其他国家的利润比重上升，也就是本国利润空间呈现下降趋势。这一指标可以用于分析一个国家

---

①　欧盟统计局，http://epp. eurostat. ec. europa. eu/portal/page/portal/statistics/search_ database。

②　Klaus Schwab, ed., *The Global Competitiveness Report 2013 - 2014*, World Economic Forum, 2013, p. 15; Klaus Schwab, ed., *The Global Competitiveness Report 2012 - 2013*, World Economic Forum, 2012, p. 13; Klaus Schwab, ed., *The Global Competitiveness Report 2016 - 2017*, World Economic Forum, 2016.

③　*Doing Business 2017*, World Bank, 14th Edition, p. 7.

④　*Nordic Countries in Global Value Chains*, Statistics Denmark, January 2017.

从对外贸易中获益多少。丹麦的数据表明，丹麦从对外贸易中获益的比重逐渐下降。

第二节　经济政策

尽管在 2008 年金融危机之后世界经济复苏缓慢，但是丹麦的经济发展较好，丹麦的经济政策功不可没，其经济政策评分在国际排名中位居前列。

一　就业政策

近些年丹麦的失业率呈现下降趋势，2019 年失业率约为 4.8%。丹麦的就业形势在欧盟国家表现较好，主要得益于丹麦的就业政策。丹麦的失业主要是结构性失业，最新公布的经济改革将增加经济激励，特别有助于推动低收入群体的就业。丹麦灵活的就业模式通过向失业人群提供培训和帮助，有效增强了劳动力市场的流动性。丹麦的社会服务也帮助更多的人接受与劳动力市场相关的教育和培训，这使得丹麦失业后的再就业率在欧盟高居榜首，有利于青年进入劳动力市场。

丹麦劳动力市场模式的关键要素是积极的劳动力市场政策。丹麦对社会援助计划进行了调整，目标是确保更多 30 岁以下的年轻人获得与就业相关的教育和培训。拉斯穆森首相率领的新自由党政府宣布的就业改革，有效提高了劳动者的收益，特别是低收入群体的收益。丹麦的劳动力市场参与率为 80%，尤其是妇女和青年人参与社会工作的程度较高。在丹麦，工资和工作条件一般是劳资双方通过协商自由选择的。丹麦的失业率在 2001 年首次降至 5% 以下，这是 20 世纪 90 年代以来经济持续稳定增长和政府经济结构改革给劳动力市场带来的影响。

二　福利政策

丹麦是经济发达的工业化国家，实行完善的福利政策。同其他北欧国家一样，丹麦是收入分配均衡的福利社会。丹麦有健全的社会保障体系，大规模的公共服务设施，但同时丹麦的税收负担也较重。丹麦的公共服务，像教育和医疗服务几乎都是由政府承担的。目前丹麦政府采取稳定税收的政策，通过减少政府开支来减轻税收负担。

丹麦一直以高福利国家闻名于世。丹麦政府通过税收获取资金，用于包括社会保障和福利等公共支出。丹麦政府大约一半的税收返回给公众，只有少部分被公共事业单位用以维持公共部门的运作。例如，2016 年，丹麦政府的公共支出共 11073 亿丹麦克朗，其中 43.6% 用于社会保障，是政府的公共支出中占比最大的，用于诸如失业保险、养老金等方面。在公共支出中，支出比例比较高的还有健康和医疗（16.1%）、教育（12.9%）、公共服务（12.6%）等。①

三 对外援助和其他资本流动

丹麦通过支付外债股息和利息、对外援助和支付欧盟款项的形式进行对外资本流动。丹麦是对外提供援助较多的国家之一，也是最先向发展中国家提供援助的国家之一。2011 年，丹麦对外援助数额占 GNP 的 0.85%，高出联合国建议的占 GNP 0.7% 的标准，是世界上超过这一标准的 5 个国家之一。2015 年 6 月上台的新自由政府决定减少丹麦的发展援助，但仍符合联合国建议的占 GNP 0.7% 的标准。丹麦的援助重点是难民问题严重的中东和非洲地区。

在丹麦，援助发展中国家得到民众的广泛支持。事实上，根据美国智库全球发展中心的发展承诺指数，丹麦在全面发展的承诺方面排名第一，首先是促进机构发展，其次是减少贫困。在效率方面，丹麦处于经济合作与发展组织国家的中等水平。在丹麦，几乎所有政党都支持国家对外援助的努力，并希望丹麦在对外援助方面保持较好的排名。丹麦向发展中国家提供例如教育、医疗健康、基础设施等关键性投资，优先考虑私有行业，鼓励发展中国家制定贸易政策和提高生产力，规避贸易纠纷的产生。丹麦对外援助战略的重点是人权、民主、

① *Denmark in Figures 2018*, Statistics Denmark, p. 24.

绿色增长、社会发展、稳定和安全。丹麦对外援助的大约 30% 是通过多边渠道提供的。

四 财政政策

从 1990 年开始，丹麦的对外经常项目一直处于盈余状态（1998 年除外），90 年代前的 30 年政府财政一直赤字，这也是那段时期丹麦经济出现的最严重问题。90 年代前丹麦政府累积了相当数额的债务，1988 年债务达到最高点，随后外债数额逐渐回落。90 年代政府收支平衡的主要因素是税收改革和固定汇率制度。税收改革大幅度地削减了房产贷款利息的税值，从 1987 年的 73% 降至 2001 年的 33%，极大地激发了私有企业的贷款积极性。

丹麦的预算政策以财政准则为指导，即政府预算赤字不得超过 GDP 的 3%，公共债务不得超过 GDP 的 60%，结构性预算平衡不得超过 0.5% 的赤字。这些规范是欧盟规则和丹麦预算法的一部分。2017 年丹麦的财政收支占 GDP 的比重为 -1.3%，政府债务总额占 GDP 的比重为 36.7%，符合丹麦和欧盟的财政准则。

五 货币政策

丹麦政府最初的货币政策是维持与欧元的联系利率在 2.25% 左右。丹麦与欧元区国家处于同一经济周期水平，欧洲中央银行的现行货币政策也非常适用于丹麦目前的经济需要。虽然丹麦不是欧洲单一货币国家，但是丹麦参与整个欧盟的经济政治合作，因此丹麦的一些重要经济政策的制定必须符合欧盟成员国内部的"稳定和发展公约"的统一标准。

六 产业结构政策

丹麦的第一产业包括农业、采矿采石业，第二产业包括制造业、建筑业、公共事业等，第三产业主要是服务业。从表 4 - 5 可以看出 1820 ~ 2015 年丹麦的经济结构发生的变化，第一产业的产值在整体经济中的占比大幅度下降，从超过总产值的一半降至 3%，第二产业的产值占比略有上升，第三产业的产值占比上涨了近两倍，2015 年达到 75%，成为国民经济的主导产业。

表 4 – 5　1820～2015 年丹麦的三次产业占比

单位：%

	1820 年	1900 年	1950 年	1966 年	2008 年	2015 年
第一产业	55	30	21	8	5	3
第二产业	19	26	36	33	21	21
第三产业	26	44	43	59	74	75
合计	100	100	100	100	100	100

注：表中部分数据因四舍五入，存在合计与分数据之和不等的情况。

资料来源：Torben M. Andersen，Jan Bentzen，Svend E. Hougaard Jensen，Valdemar Smith，Niels Westergaard-Nielsen，*The Danish Economy in A Global Context*，Djøf Publishing，2017，p. 172。

丹麦的传统产业是农业，2016 年从事农业的人口占全国劳动力的 2.35%，与其他发达国家的就业水平相当。丹麦的农业生产率相当高，2/3 的农产品用于出口，出口额占丹麦出口总额的 12%。主要的农产品是猪肉。主要的农业产业为屠宰加工、酿酒、罐头加工、皮毛加工以及与农业有关的生物制药产业。

2016 年丹麦制造业的就业人数占比为 10.05%。丹麦的制造业水平较高，最大的行业是钢铁制造（包含机械产品）、食品饮料加工、木材、造纸、绘画产品、化工产品（包含制药）。

丹麦最大的产业是私营服务业，雇员约占丹麦就业人口的 40%。2016 年 20.67% 的人从事批发零售业和餐饮服务，5% 的人从事运输和物流，13.36% 的人从事金融服务、商业。私营服务业雇员人数在近几年逐渐增加，主要是计算机行业和各种咨询服务业等商业雇员人数增加。现代化信息科技手段的运用使生产效率大大提高，导致金融业雇员人数下降。

公共管理和服务行业共雇用约 36% 的雇员，2016 年，在政府、社会机构和教育健康等公共服务机构就业的约占 30.83%。丹麦的就业比例比较稳定。

丹麦经济发展比较好，主要得益于丹麦的结构性经济政策，保证丹麦经济持续增长、充分就业和社会财富积累，包括政府财政积累和环境质量提升。丹麦政府尽最大的努力提高私有企业的生产效率，包括对新科技研究领域投资的效率和收益率。政府致力于加强私有和公共行业在研究领域的合作。政府采取措施减少政府开支，大幅度削减与公共机构联合融资的研究支出。

第三节　农业

一　概述

丹麦是欧洲最古老的王国之一，农业历史悠久。1788 年以前，大部分土地为贵族、王室和教会所占有，农民只占有 10% 的土地。18 世纪中期开始，在国王的支持下丹麦发动了大规模的改革运动，使农民有了自己的土地，从而有力地推动了丹麦的农业发展。19 世纪以前，丹麦农业一直是以粮食种植业为主的典型的传统农业。19 世纪末，北美和俄国的粮食源源不断地输往西欧，廉价的粮食和饲料冲击着欧洲市场，迫使丹麦进行了农业结构调整。丹麦农民开始了历史性的战略转变，他们利用本国的余粮和廉价的进口粮、饲料大力发展畜牧业，使畜牧业成为农业经济的主导部门，又进一步使畜产品成为丹麦重要的农业出口产品，并借机占据了英国的市场。这种以畜牧业为主的现代农业结构，在许多方面优于以种植业为主的传统农业结构，主要特点是劳动生产率高。

丹麦是公认的农业问题解决得最好的国家之一，素有"欧洲食橱"之美誉。究其原因，它既能兼顾以家庭农场为主体的、分散的初级农业产品生产方式，又能保障加工、流通领域的社会化、专业化规模经营。丹麦有高度发达的集约化农业，机械化水平高，作物单位面积产量高，农业科技水平和生产率居世界先进国家之列。丹麦的农业机械化主要发生在二战以后，同时完成了以种植业为主向畜牧业为主的重大转变，标志着丹麦农业结构实现了现代化。目前，丹麦农田耕作全面实现机械化，全国对拖拉机和联合收割机的需要已经达到饱和。畜牧业也实现了机械化和自动化，家畜自动化饲养设备广泛使用，饲料粉碎、供水、加料、温度控制、通风、除粪等都已经自动化或者半自动化。农业机械化的迅速发展，大大提高了农业劳动生产率，解放了大量农业劳动力，支持了工业和服务业的发展；而工业又从发达的农业获得大量优质原料，使农产品加工成为国家发展最早的工业部门。

在西方发达国家里，丹麦的农业有自己鲜明的特色。丹麦虽然国土面积不大，却是一个农业强国。虽然全国人口中只有 10 万人左右从事与农业有关的生产活动，但丹麦的农业产量足以为 1500 万人口提供食物，即相当于本国需求量的 3 倍，每个农业经营者可以养活 200 多人。另有 10 万人从事与初级农产品生产有关的行业，主要是食品加工业。虽然在工业化和经济发展的同时，农业所占比重呈下降趋势，但是农业可以增加外汇储备，提供就业机会和食物，因此农业仍然是丹麦的基础产业。丹麦已经没有传统意义上的农民，都是清一色的农业工人，因此被誉为"没有农民的农业国"。

丹麦的农业生产效率位居欧洲第一。欧盟委员会结合 2013 年农业就业情况，对各成员国的农业增加值进行了估算，丹麦以绝对优势位居第一，丹麦每农业工作单位产出额为 7.45 万欧元，是欧盟农业生产效率最高的国家，是欧盟（28 国）的平均水平 1.59 万欧元的 4.7 倍。欧盟其他几个主要农业国荷兰、比利时和法国分别为 5.4 万欧元、4.2 万欧元和 3.6 万欧元。

2015 年，丹麦主要农业部门，包括畜牧业和种植业，雇用了 7.1 万人，占全国劳动力的 2.55%；在丹麦西部地区，农业就业人数比例较高，为 5%~7%。种植业的 1.2 万人中有一半是雇工；而畜牧农场则以家庭农场为主，其中雇工仅占农场劳动力的 19%，只有不到 1/4 的农场雇用 1 名或数名长期工人。在农产品加工厂，如牛奶厂、屠宰场等，雇用了 5.2 万人。另外，还有 6.4 万人从事与农业有关的供应、运输和其他服务。因此，农业生产为 20 万人直接或间接地提供了工作，即大约占从事全职工作的劳动力的 8%。

丹麦农业的特点是种植业与畜牧业相结合、以畜牧业为主，近年来畜牧业一直占农业总产值的 2/3 左右。2014 年，丹麦的种植业产值占第一产业产值的 1.4%（见表 4-6）。丹麦 2/3 以上的农产品用于出口，农产品出口额占出口总额的 25%。丹麦农产品的最大出口国是德国、英国和日本。丹麦出口到欧盟国家的农产品占所有农产品出口的 60%，出口产品主要包括猪肉和奶酪。丹麦是欧洲最大的粮食生产国之一，丹麦的农作物主要是谷物，其中小麦、大麦和黑麦是最主要的种植品种，75% 的谷物被用作动物饲料。丹麦的人均谷物占有量居世界首位。

表 4-6　丹麦第一产业产值（GVA）和就业人数占比

单位：%

	产值(GVA)		就业	
	1970 年	2014 年	1970 年	2014 年
第一产业	5.6	4.2	10.8	2.8
种植业	4.6	1.4	9.9	2.3
林业	0.1	0.1	0.2	0.2
渔业	0.6	0.1	0.5	0.1
采矿采石业	0.3	2.6	0.2	0.2

注：GVA（Gross Value Added）是衡量国内生产总值的重要指标，现在很多国家用 GVA 来衡量 GDP。GVA 和 GDP 的关系是，GVA + 产品税收 - 产品补贴 = GDP，是比 GDP 更精确的衡量国内生产总值的指标。

资料来源：Torben M. Andersen, Jan Bentzen, Svend E. Hougaard Jensen, Valdemar Smith, Niels Westergaard-Nielsen, *The Danish Economy in A Global Context*, Djøf Publishing, 2017.

丹麦的农业是高科技的强大产业，农业科技水平和生产率居世界先进国家之列，农畜产品在国际市场上有很强的竞争力。丹麦是欧洲国家乳制品、肉类及蛋的重要供应国，猪肉、奶酪和黄油出口量居世界前列。长期以来，丹麦是世界上重要的猪肉出口国之一，瘦肉型良种猪——长白猪

（兰德瑞斯）是丹麦的国宝，20 世纪 80 年代后期，丹麦猪肉的出口量超过荷兰跃居世界第一。

丹麦农业以发达的种子业而驰名全球，种子生产在丹麦已经有上百年的历史，现在丹麦是世界上最大的牧草种子生产国之一，也是最大的出口国。

丹麦农场占据了国家 2/3 的土地，它对丹麦的文化和自然景观也具有重要的影响。一般来讲，丹麦的农场并不是集中在村庄附近，而是遍及所有乡村区域。丹麦没有山脉，也没有大的湖泊和草地，而且只有小片地区被森林覆盖，因此农田占据了整个乡村，使丹麦成为一个名副其实的绿色国度。20 世纪 30 年代，丹麦农业发展达到顶峰，耕种面积达 327 万公顷。随着城市发展和娱乐场所的增多，部分农业用地被占据，尤其是 1960 年以后，农业占地面积更是逐渐减少。2000 年，丹麦农业用地约 265.9 万公顷，其中 20 万公顷是依据《欧洲联盟条约》闲置或者用于种植非食品作物，不用于农业生产。农场 60% 的土地用于谷物种植，谷物以大麦为主，小麦次之，主要用作饲料。

在农业用地逐渐减少的同时，农场结构发生了变化，农场在数量不断减少的同时规模日益扩大。20 世纪上半期，丹麦约有 20 万个平均面积为 16 公顷的农场。但是 1950 年之后，农场总数逐渐减少。1960 年之后，这一下降趋势逐步加快，每年平均减少 5000 个农场。70 年代，每年平均减少 2600 个农场，这一状况一直持续到 90 年代。2015 年，丹麦农场数量减少到 36637 个，而 2007 年有 44618 个，也就是减少了将近 8000 个农场。农场数量减少多是发生在提供全日制就业的家庭农场，主要是因为小农场规模小、财力不足、机械化程度较低，无法与大农场竞争而被吞并或者倒闭。这种土地的集中优化了农场组合，改进了土地经营，有利于农业生产集约化的发展。丹麦重视有机农业的发展，2017 年丹麦的有机农场数量占比为 10%。

大多数丹麦农场拥有所有权，91% 是家庭农场，8% 由各种公司运营，其余的归国家、地方政府和基金会所有。租赁土地占了全国农业用地的 1/4，主要是用于对现有农场的补充。农场的生产方式也发生了变化，逐渐集中于种植一种作物或饲养少数几种牲畜，即减少种类而扩大产量。农场主的专业化程度很高，或从事养殖业，或从事种植业。

丹麦农业在很大程度上受到欧盟共同农业政策的影响。由于欧盟共同农业政策的保护，不论在国内市场，还是在欧盟内外的国际市场，各成员国的农产品出售价格标准都高于世界市场价格。丹麦农业从欧盟农业政策中受益匪浅，根据经济合作与发展组织的生产者补助等量原则（Producer Subsidy Equivalent，是对不同的农业政策支持措施效果的定量测量）测定。1992 年以来，欧盟逐步改革早期的共同农业政策，通过闲置和地区补贴而不再是产品补贴来减少农产品产量和降低政策支持力度。

近些年，丹麦农业的地位有所下降。丹麦农业的产值和就业人数都持续下降，2014 年，丹麦的农业就业率为 2.3%，1981～2014 年的均值为 4.16%，1983 年达到最高值，为 7.4%，2011 年达到最低值，为 2.2%。2014 年农业产值占 GDP 的比重为 1.38%，1990～2014 年的均值为 2.22%，1990 年达到峰值，为 3.78%，2009 年达到最低值，为 0.97%。尽管丹麦农业在整体经济中的地位有所下降，并于 2016 年亏损约 38 亿丹麦克朗（约 5 亿欧元），但是农业仍然是丹麦最主要的产业之一。

二 种 植 业

丹麦最主要的农作物是小麦、大麦、燕麦、黑麦、甜菜、马铃薯、油料作物和牧草。谷物种植面积占全国农业用地的 60% 左右，豆类和油料作物约占 11%，甜菜、草种等经济作物约占 4%，园艺作物占 3%。2015 年丹麦种植业产值为 690 亿丹麦克朗，其中谷物产值为 104 亿丹麦克朗（小麦 54 亿丹麦克朗、大麦 39 亿丹麦克朗、燕麦 4 亿丹麦克朗、黑麦 7 亿丹麦克朗），甜菜 7 亿丹麦克朗，饲料作物 55 亿丹麦克朗，种子 21 亿丹麦克朗，豆类 0.5 亿丹麦克朗，马铃薯 14 亿丹麦克朗，水果 3 亿丹麦克朗，其他蔬菜 16 亿丹麦克朗。[1]

---

① 丹麦统计局，http://www.dst.dk/en/Statistik。

丹麦谷物生产的主要用途是为畜牧业提供饲料，小麦种植面积只占粮食种植面积的 1/3 左右，大麦、黑麦、燕麦等占 2/3。90% 以上的农作物产品用作动物饲料，主要是饲养猪和牛。丹麦的饲料作物来源很多，除谷物饲料外，还包括高产作物饲用甜菜、蛋白质饲料豌豆和油菜籽，马铃薯除食用和用作工业原料（制酒精、淀粉）外，也用作饲料。

丹麦粮食产量的增长，主要归因于单产提高。2006 年以来，丹麦粮食种植面积在略有减少的情况下单产和总产量持续增加，丹麦粮食的种植面积从 2006 年的 149 万公顷降至 2017 年的 144 万公顷；丹麦粮食每公顷产量从 2006 年的 5770 公斤增加至 2017 年的 6930 公斤，总产量从 86 亿公斤增加到 100 亿公斤。

占农田面积 1/5 的永久性牧场基本上实行草田轮作制，部分草场用作放牧，家畜分批轮流放牧；部分用作种植牧草和大麦混播或与大麦轮作。

丹麦的草业生产有悠久的历史，经验丰富。半个世纪以来，丹麦出现了大批生产高质量种子的企业，使丹麦成为世界上最主要的草种出口国之一。丹麦草种的品种多，能适应不同的气候条件，主要有黑麦草、苜蓿、梯牧草、酥油草、鸭草等。丹麦草种的种植面积占农田的 3.3%，产值占种植业产值的 6% ~ 7%。

丹农种子供应股份有限公司（DLF-Trifolium）主要生产草坪草种和饲用草种，生产面积约 5 万公顷，种子产量约 5 万吨。该公司是世界上最大的生产和出口农业种子的企业之一，主要从事优质牧草、草坪草、油用油菜、饲用甜菜和豆类种子的培育、生产、加工和销售，市场遍布世界各地。草种生产对育种者的专业技能要求很高，该公司建立了由农业专家组成的覆盖全国的咨询服务网，每年投入大量资金用于开发研究，并且通过杂志、各种印刷品、电话或各种会议等形式来帮助农民，传递种子生产的最新技术和信息，使他们能紧跟种子行业的新发展。丹麦的草种种子在收获后都要送到指定的种子加工厂，由这些现代化的加工厂按客户的要求对种子进行烘干、去杂、检测分析，最后由公司的实验室颁发证书。这种证书是根据丹麦国家检疫检测中心的标准，由丹麦农业部颁发的。

由于气候影响，丹麦的蔬菜生产不足，需要大量进口。

丹麦园艺产业包括水果、浆果、蔬菜和苗圃，2018 年共占地 17902 公顷，有 536 个农场。用于园艺的温室面积占地 335 公顷，有 256 个农场。露天园林和温室 53% 在菲英岛，14% 在奥胡斯，10% 在日德兰半岛其他地区，23% 在西兰岛和东部岛屿地区。丹麦最重要的盆栽出口市场是德国，其次是瑞典，另外还有法国、英国、挪威等国家。

丹麦的园艺业起源于 1100 年，最初由僧人发起，并于 1536 年进行改革后逐渐发展起来，最初的园艺业主要集中在皇宫和贵族的城堡内。工业革命大大推动了丹麦园艺业的发展，使得园艺产品走入寻常百姓家。丹麦园艺产品大量销往海外，园艺业发展成为一项出口产业。

在丹麦农业中，自耕农所有制占主导地位，95% 以上的农场主本身就是耕种者，农活的全部或绝大部分由家庭成员承担。由于高度机械化、大量施用化肥和有机肥，以及农场主及其他劳动成员都有较高的文化素养，所以种植业以精耕细作见长。精耕细作还表现在丹麦十分重视良种培育工作。早在 1906 年，丹麦就建立了第一个良种培育基地——丹麦农业联合会良种站。此后，逐渐形成了一个科学的良种培育体系。丹麦小麦良种世界闻名，现在丹麦已经成为与美国并驾齐驱的世界最大的良种出口国。由于精耕细作，丹麦农业劳动生产率普遍比较高。2017 年，全国粮食产量 1000 万吨，人均约 1700 公斤，名列世界产粮国前列。

三 畜牧业

畜牧业在丹麦农业中占主导地位，产值约占农业总产值的 2/3。2015 年，丹麦畜牧业产值为 427 亿丹麦克朗。其中肉和活畜产值为 251 亿丹麦克朗（养猪业 202 亿丹麦克朗、养牛业 30 亿丹麦克朗、家禽业 17 亿丹麦克朗、马和羊 2 亿丹麦克朗），奶类产值 127 亿丹麦克朗，蛋类产值 8 亿丹麦克朗，皮草业产值 40 亿丹麦克朗，其他畜产品产值 1 亿丹麦克朗。

丹麦号称"猪肉王国"，专业化程度很高。丹麦的养猪产业经过一百多年的发展，已经成为丹麦国民经济的支柱产业之一，并成为当今世界同行业的巨头之一，是世界上最重要的猪肉输出国。丹麦早在 1886 年就开始了对长白猪的培育工作，经过一百多年的培育和改良，培育出世界著名的瘦肉型猪种。一百多年来，养猪业已经成为丹麦的主要经济来源。大约90%的产量用于出口，这对于丹麦的经济收入和贸易收支平衡起到了至关重要的作用。丹麦养猪业在养殖、质量、食品安全、动物福利和可追溯性方面均处于世界领先地位，这也是丹麦成为世界上最大的猪肉出口国的原因。2015年，丹麦有2399个养猪场，年生产1254万头猪。其中活仔猪大量用于出口，主要是出口德国。丹麦猪肉超过70%销往欧盟国家，也有部分出口到欧盟以外的国家，目前丹麦猪肉出口到140多个国家和地区，包括德国、英国、波兰、中国、日本、意大利、俄罗斯和瑞典等。

养牛业在丹麦所占比重也相当大。平均每个奶牛农场的奶牛数量从1982年的27头增加到2004年的89头。由于受欧盟配额制度的限产政策的影响，80年代以来，丹麦的牛的数量从300万头下降到1998年的198万头，2015年牛的数量降到155.19万头（见表4-7）。在夏季，养牛业的饲料来源主要是牧草，冬季主要用青贮饲料、块根以及蛋白质饲料。

表4-7 丹麦牲畜数量

单位：万只（头）

	1990年	2000年	2015年
马	3.82	3.97	5.77
牛	223.91	186.79	155.19
猪	949.72	1192.16	1253.78
羊	15.86	14.55	14.44
母鸡	1549.83	2098.17	1688.70
火鸡	21.30	54.58	25.14
鸭	49.47	29.60	24.83
鹅	4.28	0.68	0.74

资料来源：*Denmark in Figures 2017*, Statistics Denmark, p.32。

丹麦乳业也很发达。丹麦的奶制品出口额占农产品出口总额的20%以上。丹麦乳业由国际乳业集团阿尔乐（Arla）乳品公司和30家小型乳品企业构成，每年约生产47亿公斤的牛奶。阿尔乐乳品公司是欧洲最大

的乳业公司，由丹麦和瑞典的生产者合作经营，90%以上的丹麦牛奶和2/3的瑞典牛奶都由该公司进行加工。丹麦的奶制品每年出口值达到 18 亿欧元，主要销往欧盟其他国家。

养禽业近 10 年来发展较快，农场规模也越来越大。丹麦每年肉鸡产量为 1 亿多只，其他禽类产品还包括火鸡、鸭等。全年禽类总产量为 17 万吨，2/3 用于出口。每年蛋产量为 8800 万枚，足以满足国内消费。

养貂业是丹麦的特色农业，近年来发展很快。2016 年全球水貂养殖数量为 5400 万只，其中丹麦养殖数量为 1710 万只，是世界水貂主要产地之一。丹麦盛产貂皮的主要原因是，健康优良的品种、冬暖夏凉的良好气候、便捷的饲料供应、饲料原料新鲜且富有营养、具有长期饲养裘皮动物的经验和行业内部良好的合作精神。丹麦貂皮主要分为五个等级：皇冠级、Saga 级、特级、一级、无级。级别越高的皮制品，价格越昂贵。

丹麦畜牧业非常重视培养良种。全国现有近 300 个畜种中心和 40 多个示范猪场。培养出来的良种仔猪供给农户精养，以适应欧美市场对瘦肉的需求。丹麦培育的优良种猪，除了兰德瑞斯长白猪之外，最常见的还有约克夏、汉普夏和杜洛克等。另外，全国设有许多奶牛育种场、乳肉研究所和育牛咨询单位，积极培育并推广优良种牛。培育的乳肉兼用的丹麦黑白花牛和红花牛举世闻名。由于广泛采用优良种牛，丹麦平均每头奶牛的产奶量居欧洲各国之首。

几十年来，丹麦农民逐渐建立起一套完整的质量监控系统，以保证产品有一流的质量。这套系统已通过议会的立法全部法律化。以养猪为例，首先，要对养猪户进行严格的培训和审查。按政府规定，受训者必须修读5 个月的普通基本课程，从事 3 年农场实践，还要攻读 1 年的农场管理课程，经考试合格获得"绿色证书"方能成为合格养猪户。

其次，丹麦全国养猪委员会要对养猪场进行质量检查，合格的才能经营，否则予以淘汰。猪场的卫生条件要求很高，进猪场都要脱掉外衣和鞋子，换上经过消毒的工作服和鞋帽，基本保证猪在生长期内不染病。农户都采用现代化的饲养方式，他们不仅普遍使用机械设备加工和搅拌饲料，而且普遍用电脑测定和检查混合饲料的比例、成分和质量。用电脑控制猪棚内的温度、湿度及空气、阳光等。

最后，为保证种猪的质量和猪肉新鲜味美、优质卫生，丹麦建立了稳定可靠的检测制度。对种猪，全国养猪委员会定期派检查员到猪场去检查。同时猪场每年送两只3周大的小猪到"中心检查站"接受更全面的抽样检查。检查站由全国养猪委员会、丹麦屠宰业协会和国家畜牧学研究所共同开办和经营，全国共有5个。全国养猪委员会根据全面抽查结果来确定培育的种猪是否合格。对肉猪，全国养猪委员会负责组织从仔猪出生到屠宰、加工成品各个环节的质量检查。在饲养方面，各种饲料都经过严格、科学的检查；在饲料方面，各种饲料都经过严格、科学的检验；在屠宰方面，每头猪的肉质、肉含量及各项卫生指标都经过各种现代化手段检测。由于运用了这种高度现代化的检测手段，丹麦能够培育出各种不同肉质及肉含量的猪，所以丹麦猪蜚声世界。丹麦除养猪业外，其他畜产品的生产同样有一整套完整的质量监测系统。

四 渔业

丹麦有漫长的海岸线，又是寒暖流的交汇海域，捕鱼业很发达，是世界十大渔业国之一，捕鱼量占欧盟捕鱼量的36%，在欧盟国家中居第一位。2016年共有渔船2273艘，最近20年船舶的数量有较大减少，1996年曾有4830艘船。2015年丹麦渔业产量为86万吨，产值34.6亿丹麦克朗。每年捕捞的90%的鱼（新鲜鱼或加工的鱼产品）用于出口，每天都要把鲜鱼运往欧洲各大城市。捕捞的种类主要有鳕鱼、比目鱼、青鱼、鳗鱼、金枪鱼和虾等，主要用于生产鱼油和鱼肉。

丹麦人在很早时期就开始捕鱼，当时使用的工具和现在的工具原理类似，如渔网、鱼栅和鱼钩。几百年来，捕鱼都是季节性的职业，渔民在不捕鱼时还有其他兼职，如做日工等。尽管在淡水湖泊地区捕鱼意义并不很大，但是渔民还是多在淡水湖泊或浅海地区捕鱼。17世纪，在利姆峡湾等地出现了最早的以捕鱼为生的全日制渔民。捕获的鱼通常被腌制或晒干，而沿海的人则食用鲜鱼。

19世纪末，铁路系统的发展以及在渔船上安装发动机，大大推动了深海捕鱼业的发展。船只能够在海上航行得更远，并且可以安装使用体积更大、功率更高的设备，如丹麦大围网和水底拖网。此时，渔业开始成为一种真正独立的行业，就业人数迅速增加。1913 年，丹麦约有 1.2 万名全日制渔民，这一状况维持了多年。20 世纪 80 年代，受到渔业行业危机的影响，就业人数开始下降。一个世纪以来，船只、设备、发动机和电子设备等都逐渐实现了现代化，如广泛使用声呐、无线电等现代化探鱼、捕鱼技术，极大地提高了渔业的劳动生产率。

20 世纪 90 年代，淡水区域捕捞量仅有几百吨，主要是鳗鱼、河鲈、梭鲈等，还有一些工业用鱼等特定种类的鱼。有 3.5 万 ~ 4 万吨虹鳟鱼是在海水和淡水养殖场人工饲养的。

丹麦的海洋渔业可以分为工业用鱼和消费捕鱼。二战后，除部分食用鲜鱼供内销和出口外，用于加工制造（罐头、腌腊、熏制）的鱼类，尤其是用于生产肥料和鱼肝油（医药和人造奶油）等工业原料的工业用鱼所占比重越来越大，其中冷冻和制成罐头出口的占总捕获量的 1/3 以上，鱼制饲料也在丹麦逐渐流行。工业用鱼开始于 20 世纪 40 年代末的捕捞鲱鱼，后来又增加了玉筋鱼、挪威大头鱼和西鲱鱼等。工业用鱼多年来都是丹麦渔业中非常重要的一部分，2015 年捕捞工业用鱼 54.7 万吨，产值 9 亿丹麦克朗。

人们大量用于直接消费的鱼是鳕鱼、鲽鱼和鲱鱼，另外还有无须鳕鱼、多佛鳎鱼和大比目鱼等，挪威龙虾、深海对虾和普通贻贝等也是捕捞的重点。鳗鱼也曾是很重要的鱼，但是 70 年代鱼类资源大量减少之后，鳗鱼的地位有所下降。2015 年消费用鱼 28.7 万吨，产值 27 亿丹麦克朗。

丹麦重要的渔港有埃斯比约、曲博伦（Thyboron）、汉斯特霍尔姆（Hanstholm）、希茨海尔斯（Hirshals）、斯卡恩（Skagen）。丹麦渔民活跃在临近的北海、波罗的海和斯卡格拉克海峡渔场，大型渔轮到公海和北大西洋海域捕鱼，80% 的鱼捕自北海和斯卡格拉克海峡。

丹麦的渔业受到欧洲联盟的相关法规制约，欧洲联盟规定了在欧盟海域内每类鱼的允许捕捞量，并为各成员国分配限额。这一规定和配额是根据有关鱼类的生物学建议和对鱼类发展的预测来制定的，这些建议和预测由位于哥本哈根的国际海洋开发理事会提供，该理事会与相关国家的海洋研究机构联合研究和管理。

五　林业

丹麦森林覆盖率较低，一个世纪前大约是 4%，20 世纪 50 年代为 8%，2012 年森林覆盖率为 12%，有 62 万公顷的土地被森林覆盖，远低于 26% 的世界森林覆盖率。因此，丹麦森林中主要是人造林，天然林较少。不过，丹麦的森林覆盖率还会继续加大，因为丹麦议会确定林业发展目标，即在树木的成长期内（80～100 年）将森林的面积扩大一倍。森林面积扩大的最重要原因是森林的环境价值和农业生产过剩，有大量适于种树的土地。

丹麦森林为 2 万个私人机构和公共组织所拥有。国家拥有最大面积的森林，通过国家森林和自然资源部管理约占全国 1/3 的森林，这一部门还负责实施森林法。丹麦的大森林区被严格保护。

丹麦每年生产约 200 万立方米木材，价值约 8 亿丹麦克朗，产量仅占丹麦国内木材使用量的 1/4。每年约有 30 万立方米的木材用于家庭燃料，约 20 万立方米用于社区供热站。丹麦还生产用于装饰的绿树（圣诞树等），大部分出口国外。丹麦是欧洲出口圣诞树最多的国家。

林业为约 2500 人提供了就业，并且为以森林为基础的木材加工业提供约 3.6 万个就业岗位。森林很少使用原材料和辅助材料，因此加工业不依赖重要的进口商品和服务。

毫无疑问，森林具有无法用金钱衡量的社会价值，如户外活动场所，动植物的生存空间，保护美丽景观以及地下水资源，这些作用甚至比木材的加工更有价值。这种在社会价值方面的作用就是所谓的"多样化的森林业"，已经写入 1989 年的森林法。

六　农产品加工业

从 1982 年到 1998 年，农业加工与服务部门的劳动者人数与农业劳动者之比，从 1∶1 增加到 1.5∶1，不仅说明农业可以为社会创造大量的就业机会，同时表明丹麦农业的产业链条在不断延长，农产品的附加值在大幅度增加。

丹麦是个畜牧业加工生产相当发达的国家，有大量肉类、奶品、禽蛋出口，其制冷技术以及食品的加工、储藏、运输、销售等都很发达。猪肉的加工品主要是供出口的香肠、火腿、咸肉以及快餐食品配料。肉鸡的加工厂也是如此。所有的肉类加工厂都设有质量检测中心，贴上商标和质量合格标志，确保产品质量符合严格的出口标准，以保障消费者的健康和增强在国际市场上的竞争力。

丹麦几乎所有的农产品生产、加工企业都是合作社企业，由该合作社的农户所拥有，每人拥有一票决策权，年终按提供产品的多少分红。根据生产工序的技术要求，一线生产工人均经过定期的技术培训，具备较高的生产技能。每个屠宰场都有国家兽医部门派驻的卫生检疫人员和实验室，每条屠宰生产线上都有卫生检疫人员对屠宰的猪逐头进行检查，这些公职人员的工作和收入都不受屠宰场的约束。一旦发现问题，检疫人员会立即建议采取及时的改进措施，情况严重的，可要求关闭工厂，他们有绝对的权威。丹麦最大的屠宰合作社是丹麦科王集团（Danish Crown），丹麦科王集团是欧洲最大的生猪屠宰公司，也是世界最大的猪肉出口公司，2017年屠宰生猪约 1400 万头，约占丹麦总屠宰量的 80%，绝大部分产品用于出口。丹麦还有 7 家私有屠宰加工厂，其中提坎（Tican）是丹麦第二大屠宰厂，2017 年屠宰生猪约 190 万头，约占丹麦总屠宰量的 10%，其余 6 家屠宰厂年屠宰生猪约 240 万头。

丹麦养猪业和猪肉产业的发展，带动了生产和屠宰设备的现代化。19 世纪初，丹麦屠宰合作社联合成立了一家公司 SFK，专门从事屠宰设备开发和研究。目前该公司的软硬件设备不但能满足丹麦屠宰厂需求，还销往世界各地。该公司生产的电子检测仪器安装在自动化生产线上，通过探针对猪的身体 12 个不同部位进行检测，能自动检测出猪肉的脂肪含量、瘦肉率等十多个参数，并自动扫描有关数据。根据固定参数，计算出每头猪的价格，而不是简单地以活猪称重计算价格。丹麦屠宰场生产线的现代化程度相当高，活猪输入，末端即可生产出餐桌上的食品。除了必要的人工操作，生产线基本上是电脑控制自动完成操作任务，不同生产过程和产品流向都通过安装在生产线上的自动系统输入控制中心。

养猪业的发展还带动了饲养设备和肉制品生产设备的现代化，各种饲养设备的生产厂就有几十家，不但满足国内需求，还销往世界各地。

保证食品的安全卫生是当今食品工业成功的关键。在这方面，丹麦政府制定了严格的食品卫生标准和管理制度，丹麦的猪肉生产行业实行了一系列肉制品加工的质量保证措施，达到世界上最高的卫生标准。欧洲各地的屡次食品卫生事件中，均未波及丹麦。丹麦就食品生产建立了完整、可靠的可追溯链条系统，企业食品生产所使用的原料都有原始来源记录、使用记录和流向记录，制成品的各个储藏、运输、销售环节都有连续记录。如果消费者在食用过程中发现卫生问题，可以追根溯源，找出出现问题的环节，而这一切都可通过电脑迅速解决。

20世纪60年代以来，丹麦的草粉工业迅速发展。干草粉原料主要是苜蓿，营养价值很高，是优良的蛋白质和维生素的添加剂。丹麦建有欧洲最大的干草粉厂，每小时可以加工20吨原料。除满足本国消费外，还可以大量出口。

鱼产品的大部分用来生产鱼粉和鱼油，成品大部分供出口。丹麦鱼产品出口额约占农产品出口额的1/5。

七 农产品对外贸易

丹麦是世界上重要的农产品出口国，出口到世界上180多个国家和地区。丹麦是世界上最大的猪肉出口国，猪肉是丹麦最主要的出口农产品，2015年猪肉出口量约占出口总量的18%，鱼和贝类占14%，奶产品占11%（见表4－8）。丹麦农产品主要销往德国（16.7%）、中国（10.4%）、瑞典（9.0%）和英国（8.2%）等国家（见表4－9）。

表 4 - 8　2015 年丹麦农产品出口构成

单位：%

农产品	占出口总量的比重	农产品	占出口总量的比重
猪肉	18	其他奶产品	5
鱼和贝类	14	酶制剂	5
皮毛产品	7	饲料	4
农业技术	6	其他	35
奶酪	6		

资料来源：*Facts and Figures*，*Denmark—A Food and Farming Country*，Denmark Agriculture & Food Council，September 2016，p. 44。

表 4 - 9　2015 年丹麦农产品出口国家

单位：%

出口的国家	占出口总量的比重	出口的国家	占出口总量的比重
德国	16.7	意大利	4.0
瑞典	9.0	日本	3.2
英国	8.2	俄罗斯	1.2
中国	10.4	其他	43.3
波兰	4.0		

资料来源：*Facts and Figures*，*Denmark—A Food and Farming Country*，Denmark Agriculture & Food Council，September 2016，p. 44。

　　丹麦农畜产品约有 2/3 销往国外，其中最主要的是畜产品，有 75% ~ 80% 用于出口。2016 年肉类及活畜出口额为 283.2 亿丹麦克朗，进口额为 96.7 亿丹麦克朗。其中大部分进出口是在欧盟范围内，出口到欧盟国家 164.0 亿丹麦克朗，从欧盟国家进口 93.4 亿丹麦克朗。

　　20 世纪 80 年代后期，丹麦猪肉的出口超过荷兰跃居世界第一；90 年代猪肉出口维持在 70 万吨以上，创汇维持在 22 亿 ~ 23 亿美元的水平，一直是世界最大的猪肉出口国，占世界猪肉出口总额的 23% 左右。丹麦猪肉出口的主要对象是欧盟国家，占出口总量的 64% 左右。欧洲以外国家主要是日本、美国、俄罗斯及中国。丹麦是欧盟中能够把猪肉出口到美国、日本的少数国家之一，其成功的秘诀是在各个环节坚持严格的卫生标准。出口猪肉主要以冷冻或冷藏的分割肉为主，火腿肉和罐头制品出口也占有一定的份额。为了满足零售市场需求，直接进入零售市场的猪肉都是剔骨、去皮、低脂肪的分割肉，零售部门不需再加工。

丹麦粮食的出口值通常保持在 7 亿~9 亿美元的水平，其中小麦的出口量近年来为 90 万~150 万吨。

丹麦的奶制品出口值比较稳定，基本上维持在 13 亿~14 亿美元，其中鲜奶的出口值通常为 4 亿美元左右。牛奶除了用于饮用外，主要是用于制造奶酪和黄油，也都有大量的出口。

位于首都哥本哈根的裘皮中心是世界最大的生皮拍卖交易中心，交易量占全世界的一半以上。交易活动每年 6 次，有来自世界各地的买主 300 多家。

八 农业合作社

丹麦农民有着悠久的合作传统和健全的组织体系，有利于保护农民的利益。丹麦是合作社的摇篮，可以说没有合作社就没有现代化的丹麦农业。丹麦农业获得的巨大成就，得益于完善的农业合作社服务体系，合作运动是丹麦农业高效益的组织保证。

作为"农业合作之国"，丹麦的合作运动有着悠久历史。合作社是在 19 世纪后期从养猪和乳制品行业兴起的，此后一百多年，合作社运动不断发展，逐步完善，迄今已形成完整的合作组织体系。丹麦几乎所有的农民都参加了合作社，一个农场主可以同时参加几个合作组织。丹麦农业合作组织的形式多种多样，规模较大的有丹麦中央合作委员会、农业委员会、丹麦农场主联合会、丹麦小农户联合会等。最基层的组织是农业合作社。丹麦农业合作组织的主要任务是收集信息和指导生产，供应生产资料，组织农产品的加工和销售，组织和发展农产品的出口，从事农业经济和政策研究等。

丹麦农业合作社完全是由农民自愿参加的，每个农户平均要参加 3~4 个合作社，每个合作社由 200~500 个农户组成。合作社的组织特点是自愿结合、自立章程、自己管理、自负盈亏、收入按成员投入比例分红。

每个合作组织的最高权力机构是代表大会，合作社实行"一人一票"的多数表决方式及利润属于全体社员的民主管理，不允许主观的指令。丹麦合作组织是实行农业个体户生产高度社会化管理的最佳手段，它既不损害农户的自主经营权，又能通过各种服务把各个农户有机地联系在一起。

合作社企业是由农民自己建立和所有的，农民是合作社的成员和股东，自己制定章程、选举董事会和任命经营管理人员。股东们既分享利润，也分担风险或亏损。农场主必须把自己所有的农产品提供给农业合作社创办的公司，而公司则不能拒收。合作社按成员所交售产品的数量分配利润，合作社企业按期给投资的股东支付利息，但不进行利润分红。合作社保护农民的利益，是农民降低风险、提高收入、增强竞争力的重要保证。

丹麦农业实行产供销加工一体化的管理，主要就是靠农民合作组织实现的。合作社满足其成员的商业需要，提供生产资料及收购、加工和出售农产品，以及信贷、保险和咨询服务等。农民建立联合商贸企业，通过这些合作社购买种子、饲料、农机、化肥等生产资料，借贷所需要的资金，也通过合作社出售各种农产品。在丹麦，合作社系统在全国农业生产资料采购量中占50%左右，出口的农产品约占全部出口产品的3/4。丹麦牛奶和肉类的合作社有一条原则，即成员必须把自己的全部产品卖到合作社，其他合作社则以合同的方式来确定。合作社使中间商无插足之地，农民因而能够通过合作销售和加工获得较大的利益。合作社规模的扩大，企业的实力日益壮大，有利于推动农业技术进步和农产品贸易的集中，增强合作社的市场竞争力。

丹麦的合作社和各类协会可以归为五大类：农业生产合作型、经济合作型、农业技术服务型、商业经营型和工业设备生产型。协会最具有代表性的是丹麦农民协会和丹麦家庭农场联合会，合作社的代表企业为丹麦养猪和屠宰联合会。由于历史的原因和各个团体组织侧重点不同，有些内容基本相同，但互为依存、互相协助，而且合作社服务范畴广泛，如养猪农户参加的合作社，其所包含的不仅是饲养、饲料、治病防疫，还包括育种、屠宰、猪舍建设、财务管理、销售、农药、种子、农机。经济类合作社又有自己所属的商业贸易公司，从事合作社企业和农民生产产品的销售。农民协会组织为农民提供农业生产的技术服务和指导、传递有关技术信息、提供检疫防疫服务等。农民外出休假时节，农协还负责雇用人员照看农场。

九　农业咨询服务体系

丹麦的农业咨询服务体系是由政府部门、合作社和私人机构三部分组成的。其中，由各种农业合作社组成的服务体系在整个农业服务体系中占有最重要的地位。丹麦的农业咨询服务驰名于世，被称为"丹麦模式"。100多年来，丹麦建立了各种研究所和咨询服务机构，咨询中心遍及全国各地。丹麦农民联合会和丹麦小农户协会设立了各种研究和咨询服务机构。这种服务机构是按国际标准设立的，其主要特点是：咨询服务工作由被服务者机构管理，机构由农民组织建立，分地方和全国两个层次；咨询服务获得国家的经费补助，咨询人员经济上独立；要求咨询机构为农业生产各个领域提供良好的服务，服务要具有权威性和公正性。

丹麦在全国设置了很多农业咨询服务中心，直接服务于全国的农场和农民。2016年平均每18位农民就配有一名专业农业咨询服务专家，为其提供技术服务、农药化肥的施用等咨询服务，大大缩短了新技术、新农药和新化肥品种的推广周期，保障了农业生产中的安全性和专业性。政府重视咨询服务人员的再教育工作，农业部提供咨询人员70%的工资、再教育费用及部分差旅费用，其余部分由地方协会补足。丹麦的咨询服务保证了农民能从研究部门获得最新的科学和经营管理技术。地方咨询中心遍布全国，丹麦的农民组织承担了政府的许多职能，如农业科技推广、产前产中产后服务、农民教育和培训等。

丹麦农业部门有众多的行业组织，与合作社、咨询服务体系一起被称为丹麦农业的三大支点。创办最早的是成立于1893年的丹麦农民联合会，1910年又成立了丹麦家庭农场协会（原名丹麦小农户协会），它们是当地社会生活的基础，是把农民与市场、政府联结起来的纽带。这两个农民组织承担着两方面的职能：一是政治上代表农民的利益，与政府和议会打交道；二是在专业技术方面提供农业咨询服务。丹麦还有众多的专门协会和行业组织，涉及肉类制品、乳制品、种子、水果、蔬菜、家禽饲养、裘皮等的协会（联合会、委员会），可以为农民提供详细的信息、专门的技术，组织和扩大出口。如丹麦养猪和屠宰联合会是一个合作社性质的农民自助组织，该联合会负责种猪育种、生猪饲养和屠宰、市场营销、检疫防疫、猪舍建设、动物福利等各方面的协调和组织实施工作，而养猪农户的具体技术咨询和指导、治病防疫等一系列服务则由技术咨询站提供。由于丹麦养猪和屠宰联合会的特殊作用，所有的养猪农场、屠宰场及所属企业，都是该联合会的成员，合作社的发展就是每个社员自身经济利益的体现。作为猪肉产业的行会，其宗旨是最大限度地保障该产业农民的利益，是养猪行业的代言人，代表该行业与相关机构对话；与其所属的技术委员会和董事会密切配合，制定产业发展战略；研究开发新产品，为农场主提供各项技术服务；开展产业内部合作，推动养猪产业各环节的协调与合作；等等。

在丹麦的农业服务体系中，由于其社会化服务体系的发达和完善，政府参与的并不多，政府的主要职能是支持农业研究和为农业基础设施提供资金方面的支持。

十　农业科研

丹麦政府非常重视农业科学技术，把农业科技研究与开发看作发展农业的先决条件，每年拿出农业总产值的3%用于农业科研。国家建立了完整的教育、科研、试验与咨询和推广服务体系。重要的农业研究项目由公共、半公共和独立的研究机构组织和实施。农业的应用研究和试验主要由农业部负责，用于农业研究的公共资金占农业部预算的比例高达65%。农业研究联合委员会成立于1963年，其主要任务是密切关注农业和农产品加工业的最新发展，检查农业和农产品加工业的研究活动，推进对农业和农产品加工业未来发展有重大意义的开发性项目。该委员会共有24名委员，其中既有农民协会的代表，又有各种研究机构的代表，以便在各个方面进行协调。该委员会所属的研究机构获得的科研经费约占全国农业研究公共拨款总额的 3/5。

　　农业部和教育部集中了农业科研的主要力量，以丹麦王家兽医和农业大学（建于 1858 年，2007 年并入哥本哈根大学，成为哥本哈根大学生命科学学院）为主体，同分布全国的农业试验站和科研机构紧密合作，形成一个自上而下的农业科研网络。农业科研网络对农牧业中的重要课题进行系统研究，这方面丹麦获得了举世公认的优异成果。比如，丹麦经过近百年的研究，培养出比普通猪多两根肋骨的兰德瑞斯长白猪。这种猪体形瘦长，瘦肉率由原来不到 50% 上升到 63%，半年可长到 90 公斤的屠宰标准。再如，丹麦是世界上第一个根除牛肺结核病和米利他热病的国家。目前丹麦掌握着许多世界领先的农业科研成果，如通过饲料配方控制肉猪各部位肥瘦肉的比例，对母牛产仔进行控制，使良种不退化等。

　　各种科研成果通过农业顾问直接应用于生产实践。丹麦农业顾问分三级：地区顾问站、全国顾问中心和政府的农业部。大约每 80 个农业人口中有 1 名顾问或技术员。农业顾问必须是大学毕业生，并有四五年以上的农业工作实践经验，顾问不仅负责落实科研成果，而且直接参与各种农业科研。

　　以畜牧业部门为例，丹麦农场主特别重视精心选育良种。丹麦有一整套牲畜的繁育体系，运用遗传学理论，采用生物技术方法定期测定每头种猪、种公牛的各项指标。牛肉鲜嫩，牛奶产量高；猪肉瘦肉率高，肉质好。

　　丹麦养猪和屠宰联合会的生猪生产部承担猪饲料营养的综合研究。通过混合饲料和对饲料成分的检测分析，为养猪的农民提供技术咨询和指导，达到最理想的效果和获得最好的经济效益。丹麦法律严格禁止饲料中使用催长剂、荷尔蒙等生长激素。猪的饲养以科学的配方为指导，饲料输送全部自动化，猪每天的进食量由电脑控制，根据不同生长期定时、定量喂养。由于采用科学的饲养方法，丹麦猪的体重、身长、身高、瘦肉率基本相同，所以能在标准的自动生产线上进行屠宰。该联合会还非常重视改善猪舍和改进生产体系等基础设施，改善工作人员的工作环境，在这方面有专门技术人员负责。同时，他们还注重对养猪农民的技术培训，定期进行专业教育和发送技术资料。

丹麦政府非常重视利用保护环境的高新科技为发展农业服务，涉及农业食品部门的公司、合作社和农场主都非常关注新技术，努力跟踪国外农业科学技术的最新进展。例如诺和诺德（Novo Nordisk）公司运用先进的生物技术、基因工程生产胰岛素和工业酶制剂，占据了世界市场的首要份额。生产酶制剂的原料 1/3 来自可再生的农产品及其副产品，酶是一种蛋白质和良好的生物催化剂，可以减轻对环境的不利影响。现代化大规模的酶制剂生产采用微生物发酵技术和遗传工程菌的新技术，经过遗传工程改良的微生物可以大幅度减少水、能源和原料的耗费，发酵后的残渣经过处理可以被转化为优质的有机肥料，改良土壤结构。丹麦的一些公司还重视开发食品保鲜的稳定剂等，不仅能够提升食物的口感，也可以减少农产品的损耗。在喷洒式干燥及超过滤等技术方面，丹麦也居世界前列，这些技术在丹麦的食品工业中被广泛应用。

十一 教育兴农

教育兴农是丹麦农业高效益的重要条件，举国上下都高度重视农业教育。从小学开始到中学一直进行农业启蒙教育，通过课堂教学和实地参观，增强学生对农业的接触和了解。对于有志于务农的青年人，政府举办为期 3 个月的"农业预备训练班"，合格者可以进入正式农业学校学习。丹麦这样的农业学校有 28 所，全部是寄宿学校，而且一般每个学校都有一个实习农场。学生在"农业学校"接受四年半的基础专业教育，在完成规定的课程和实习后，由学校考评学生的学习成绩，合格者获得农业毕业证书，即"绿色证书"。只有获得这种毕业证书的人，才有资格开办农场并得到政府的资助。获得"绿色证书"的人还可以到农学院接受 20 个月的深造，学习植物育种、农场牲畜管理、会计及农机使用等专业，结业后可以获得农业技术员称号，之后才能成为农业技术顾问、园艺师和农场经理等。从农学院毕业的学生或完成了大学预科课程的普通学校的学生，可以考入哥本哈根大学生命科学学院，接受 4~5 年的高等教育。农业在丹麦是一个需要高度文化和专业知识的行业，任何没有受到农业基础教育和务农实践及未获得"绿色证书"者，没有资格当农民。因此，丹麦已经没有传统意义上的农民，而是农业工人或者农业科技人员，农业劳动力实际上已经形成一支以知识分子为主体的科技队伍，所谓的城乡差别或者工农差别早已不存在。

丹麦大约有 2% 的年轻人从事农业。但是他们必须受到相应的基础教育，全面了解农业这一行业的必要知识，许多年轻人愿意去美国、加拿大、澳大利亚或英国的农场工作一段时间。每年获得"绿色证书"的大约有 900 人。丹麦法律规定，农民要想购买 30 公顷以上土地的农场，必须持有"绿色证书"。

丹麦特别重视农民的继续教育，合作社组织给予农民良好的全过程服务。农民不仅必须经过良好的专门教育，还必须经常更新自己的知识。农闲季节，青年农民到遍及各地的近百所民众高等学校学习。每年有 6000 ~ 7000 名农民参加所谓"一周农校课程"，由专家讲授有关课程，教育的重点是普及推广最新的农业技术知识。丹麦几乎所有农家都有书房，藏书门类广、数量多。

十二　独特的农场继承制度

丹麦农场的土地都为农场主所有，农民可以在土地法允许的范围内自主决定其经营活动。虽然农场财产属私有制，但子女并无继承权。欧洲大多数国家都有单子（女）继承"土地不可分割"的制度，即父辈的子女如果不止一个，则不允许把农场的土地细分为若干部分让几个子女继承，从而保证了农场规模的不断扩大。丹麦在此基础上进一步创新，形成了一种颇为独特的农场继承制度，促使农民在代代相传的过程中加大对土地的投入力度。丹麦的农场虽然是私人占有的，但是国家的税务法规定，农民子女不得无偿继承老一辈的产业。若子女要继续经营老一辈的农场，须在取得经营农场的资格证书后按市价购买。青年如果想要务农，必须按市场价格从其父母那里购买，购买之前要请咨询专家对各项经费预算进行评估，才能从银行获得贷款。青年农民从信贷银行只能得到农场总价值 70% 的贷款，所以青年人必须积累资金。因此，青年人必须在 2~3 个农场实习 9 个月，学会各种农活，积累从生产到销售各方面的知识，同时获得可观的工资。青年农民通常先买下农场的一部分，与其父母一起经营数年，父母也向子女支付相当的报酬。只有青年农民有了相当的实力，有能力实现扩大再生产，才能购买和接管整个农场。这一政策确保农场经营者要受过专门教育、具有较高素质，而且懂得努力使自己农场增值，从而可以保证农场继续由有志于务农并且具有较高专门技能的青年人经营，有利于丹麦农业不断发展。

十三 食品安全

根据《经济学人》公布的 2014 年度《全球食品安全指数报告》，丹麦是全球食品最安全的国家之一。其上榜的关键原因在于丹麦拥有一整套严格的食品安全保障体制和完善、有效的食品安全监管体系。该指数包括食品价格承受力、食品供应能力、质量安全保障能力等三方面 27 个定性和定量指标。

确保食品安全是一个复杂的问题，因为它涉及充分竞争的产品链上的所有阶段。所有的生产过程都要对各种类型的风险进行管理和规避，包括生物、化学的和物理的风险。因此食品安全要同时注重细节和整体风险的防范。

在丹麦食品行业的全力支持下，丹麦采用了比欧盟其他成员国更加严格的食品法。但是即使最严格的法律也无法涵盖食品安全的所有复杂方面。因此更为重要的是，要想实现高标准的食品安全，就需要食品企业自身主动承担确保食品安全的责任。

那么，如何实现食品安全呢？丹麦的食品生产安全承诺已经广为人知，这些承诺是在大量的研究和开发项目支持下，通过农场主、食品企业和官方机构之间的合作实现的。尽管严格控制是丹麦确保食品安全的特点之一，但是食品企业往往先行于新的食品立法。1995 年开始实施的对猪肉、牛肉、家禽和鸡蛋的《丹麦沙门氏菌行动法案》（Danish Salmonella Action Plans）就是一个很好的例子。

在农场方面，丹麦采取了许多措施使牲畜保持健康状态。这些措施减少了人畜共患病，也通过强制实行严格的生物安全措施防止动物疾病的蔓延。许多丹麦生产商与当地兽医签订了健康咨询协议，还制定战略，以避免使用任何不必要的兽药。要想使动物保持高水平的健康状态，就要在主要牲畜生产地最低限度地使用药物。另外，所有用于农作物（包括种植的饲料）的农药也受到法律的严格控制。广泛的监督方案确保了丹麦肉类中几乎不存在残留物。

所有屠宰场都依据和危害分析与关键控制点（HACCP）相关的详细的风险评估程序，在政府的监督下实行自我审查。有些标准是由企业主导倡议的，例如全球红肉标准（GRMS），丹麦屠宰场制定的标准高于国家立法的要求。对管理人员和员工提供广泛的培训计划以及独立的管理措施，确保这些更高的标准得到适当的实施。

近年来，公众越来越关注抗生素耐药性细菌的发展。尽管在很大程度上是因为对人使用抗生素而产生了抗生素耐药菌，但是，丹麦农业界仍然承诺有责任减少在饲养牲畜方面使用抗生素。另外，除了为减少使用兽药而采取的措施以外，丹麦农业界还在所有欧盟成员国实施禁令之前的六年内，就已经停止使用所有抗生素生长促进剂。

丹麦农业生产商具有高度的责任感和主动性，在行业内率先实行高于法律标准的食品安全标准，并推动政府制定领先于世界的食品安全标准。在丹麦农场主、农产品生产商和政府的合力下，严格执行与食品安全相关的法律和标准，使得丹麦在食品安全方面走在世界前列。

第四节　工业

丹麦的工业化起步较晚，19 世纪后半期才开始迅速发展。20 世纪初期，丹麦工业出口值仅占出口总值的 20%。两次世界大战期间，丹麦对工业实行保护政策，用限制进口的方式来弥补本国工业对大量进口缺乏抵抗力的弱点，使丹麦工业免于同外国竞争，从而保护本国经济。第二次世界大战以后，国际贸易自由化从出口和就业方面推动了丹麦工业的发展，丹麦工业逐渐成为国民经济的主体，工业部门的就业和产值均已经超过农业部门，1962 年工业出口值第一次超过农业出口值。50 ~ 70 年代的工业化大发展被称为"第二次产业革命"，反映在诸如电子和塑料等新工业行业的建立、整个制造业设备现代化和结构合理化等方面。这一工业发展高潮所带来的变化是巨大的，使得丹麦经济从以农业为主转变为一个高度工业化同时农业仍占重要地位的发达国家。

目前，以制造业为主的丹麦工业已经非常发达，工业产值约为农业产值的 5 倍，工业产品 60% 以上供出口，占出口总额的 75%。主要工业部门有食品加工、机械制造、石油开采、风力发电、造船、水泥、建筑、电子、化工、冶金、医药、家具、造纸和印刷设备等。丹麦的桥梁建设、医疗器械、船用主机、水泥设备、环保设备、光通信、音响、助听器、啤酒、酶制剂、胰岛素等技术和产品在世界上享有盛誉。丹麦造船技术先进，能生产世界上最大型的超级油轮，目前世界海上航行船舶的主机多由丹麦制造或用丹麦专利生产。

丹麦工业的一个明显特点是工业生产"以进养出"。除去食品加工、制糖、酒精以及饮料等工业可以依托本国的原料外，丹麦大多数部门几乎完全依靠进口原料和燃料。例如，丹麦种类繁多的制造业需要从国外进口棉花、羊毛、橡胶、钢铁、各种金属、煤和石油。这样，丹麦直接进口值常常超过直接出口总值的 29%，因此，丹麦是世界人均进口率最高的国家之一。丹麦对原料、燃料和半制成品进口免征关税，对其他商品进口也采取低关税制度。由于有充足的进口物资，保证了工业的健康发展和工业品的大量出口。与这一特点相关联的，就是加工制造业在工业中占有特殊重要的地位，这是因为丹麦缺乏金属原料，采掘工业的规模也很小。所以丹麦工业生产主要是加工制造本地的或者进口的原料和半成品，其中精制（或深加工）进口半成品又占大部分。

与大多数发达工业国家相比，丹麦的工业有两个重要的特征。其一，政府对企业的实际补贴微不足道，政府对工业活动的支持主要是在科研、教育以及某些投资和出口的优惠政策方面，几乎没有直接的补贴和投资。其二，在工业结构中，除少数与公共服务有关的行业（如水、气、部分电力、石油和交通基础设施）外，基本上没有国有企业。

丹麦工业企业的主要特点是：以中小企业为主，研究开发能力强，不少技术在世界领先。一方面，虽然在战后的工业化进程中，丹麦也同其他国家一样，在几乎所有部门中都存在向大公司集中的趋势，但是由于丹麦特定的国家条件，中小企业仍然在国民经济中占据重要地位。丹麦的中小企业主要是在纺织、鞋类、服装、家具、皮革、采石、水泥、制砖和玻璃等行业，这些企业适应市场需要的能力很强，能够在世界市场上找到自己的位置，并顽强地生存下去。例如用热带硬木制造家具的企业，主要是手工业，都是一些小企业，但是其产品质量驰名全欧洲乃至全世界。另一方面，雇员人数超过 5000 人的大公司为数不多，主要有丹佛斯公司（Danfoss，生产压缩机及其他电器零部件）、联合啤酒集团（Carlsberg-Tuborg Brewery group，嘉士伯和图堡啤酒公司，世界最大的啤酒出口商）以及丹麦史密斯公司（F. L. Smidth & Co. Group，生产机器设备及工程设备），此外，在服务业部门有几家联合公司的职工超过 5000 人；在金属制造、电力、运输设备、甚至食品加工和饮料等行业，近年来也存在明显地向大公司集中的趋势。

一　制造业

（一）概况

制造业的主要部门是机器制造业、食品饮料加工业、化学工业、木材加工业、玻璃和陶瓷制品制造业、家具制造业和电机业等。

丹麦的制造业多样化，生产的大量产品可以满足国内需求并出口。腌肉厂、牛奶厂、谷物加工厂和酿酒厂是食品、饮料和烟草行业中最重要的部门，汽油、胰岛素和塑料产品是销售量最好的化工产品，机械工程行业制造了发动机、农业机械设备、泵、自动调温器、电冰箱、无线通信设备和船舶，而家具、衣服、玩具和报纸是丹麦销售量最大的制造业产品。

制造业总体的产量和就业情况发生变化之后，在不同的行业领域引起了广泛的结构调整。机械工程制造业和化工行业在制造业内的产值比例逐渐上升；食品、饮料和烟草行业产值基本上保持固定比例；而纺织、服装和皮草行业产值则呈下降趋势，主要是受到来自中东欧国家和其他发展中国家廉价劳动力竞争的影响。

丹麦制造业产品的 45% 出口国外，占总出口量的 3/4。虽然加工农产品、渔业及食品、饮料和烟草行业仅需要进口少量产品，但是其他制造业部门以加工进口原材料和半成品为主，从而导致了丹麦大量的直接进口。制造业总体的出口盈余（出口减进口）占产品总值的比重近 24%。食品、饮料和烟草行业由于进口很少，因此净出口比例高达 40%。

自 19 世纪中叶制造业在丹麦开始发展以来，大多数工厂就集中在首都哥本哈根和其他少数几个较大的城市，如奥胡斯、欧登塞、奥尔堡等。当然也有例外，如几百年前建立起来的造纸厂、纺织厂大都沿河而立；也有极少数大公司建在农村地区，如丹佛斯公司建在南日德兰的阿尔斯岛上，国际知名的制造商 B&O 公司（生产电视机和电子产品）以及乐高公司（LEGO，生产玩具）都在日德兰，而不在大城市。

20 世纪 70 年代以前，全国的工业企业分布非常不均，工业的重心在哥本哈根。当时工业企业一多半是在哥本哈根和西兰岛东北部，直到 1965 年西日德兰半岛仍然是丹麦国内工业化发展最不发达的地区。此后，日德兰、洛兰－法尔斯特双岛以及西兰岛其他地区成为新的工业发展中心。日德兰半岛工业发展的部分原因是企业从哥本哈根迁往日德兰半岛，部分原因是日德兰半岛比哥本哈根建立了更多的企业。日德兰半岛西部、中部和南部的中小城市工业发展表现明显，发展最迅速的工业城市往往是由某个大企业所推动的，例如诺堡的丹佛斯公司和比隆的乐高公司。1972～1982 年，哥本哈根流失了 46% 的工业企业和 48% 的就业机会。发生这种变化的原因是哥本哈根财产税提高、工资水平高、电费价格昂贵，以及受环境立法的限制，此外，在其他地区建厂可以得到地区发展援助。当然各部门的情况有所不同，例如有些电子工业迁离哥本哈根，但是化学工业和制药工业的高技术产业部分并未迁走，因为这些行业需要高水平的研究，而只有首都具备研究的环境和条件。相反，纺织和服装行业、木材和家具行业则愿意在日德兰设立企业，一般来讲，低工资和低技能工人在某些领域所占比例越高，该领域在西部地区所占份额就越大。

虽然丹麦的工业中心出现了一定程度的西移，但是目前大多数制造业企业仍然是在哥本哈根。这些都是很早以前建立起来的、难于迁走的大公司，例如由嘉士伯啤酒公司和图堡公司组成的联合啤酒集团就是如此，不过该集团也在东日德兰建立了更大的啤酒分公司。在哥本哈根的大公司还有伯迈斯特和伟恩造船公司（Burmeister & Wain Shipbuilding）、B & W 柴油机公司（B & W Diesel，轮机厂）、王家哥本哈根瓷器厂（The Royal Copenhagen Porcelain Factory）、丹麦酿酒有限公司（Danish Distillers Ltd.）、丹麦糖业有限公司（Danish Sugar Corp. Ltd.）、北方羽绒有限公司（Northern Feather Ltd.）、萨尔林和霍尔姆布拉德公司（Sadolin & Holmblad，生产涂料）、费斯克和尼尔森公司（Fisker & Nielsen，生产真空吸尘器）等。

奥胡斯是一个传统的工业城市，许多大工业公司在这里落户已有百年以上的历史。像奥胡斯油料有限公司（Arhus Oil Ltd.，建于 1871 年，向农业提供油饼、用菜籽油生产人造黄油）、丹尼布劳格船厂（Dannebrog Shipyard）、托马斯和萨布罗公司（Thomas Ths. Sabroe & Co.，为工业和航海冷藏生产压缩机和零部件），此外还有食品、化学、电子、机器、建筑材料、纺织和塑料等为数众多的企业。

欧登塞位于菲英岛中部，很早就是一个重要的经济贸易中心，大公司有欧登塞钢铁造船有限公司（Odense Steel Shipyard Ltd.）、欧登塞－林多公司（Odemse-Lindo，生产海上设备）、思里吉－蒂坦有限公司（Thrige-Titan Ltd.，生产发电机，是丹麦工业中的一家老字号）、豪斯特拉普斯有限公司（Haustrups Ltd.，从事金属包装）、伟坦堡有限公司（Wittenborg A/S，生产软饮料自动出售机）以及罗伦德斯公司（Roulunds A/S，生产制动器和其他小汽车部件）等。

奥尔堡是北日德兰地区的交通运输中心，这里拥有众多的老工业企业，包括水泥、制砖、造船、纺织和服装、饮料和烟草企业等，同时也有大批新企业迅速发展起来。

还有许多城市拥有颇有名气的工业企业，如兰德斯的斯堪的亚公司

（Scandia）是生产火车车厢的工厂，埃斯比约拥有以北海为基础的石油和天然气工厂。

越来越多的丹麦公司在国外建立分公司。例如联合啤酒集团在国外建立的啤酒厂规模已经超过丹麦国内，具有类似国际化特征的丹麦其他大公司有马士基集团、宝隆洋行等。

（二）机器制造业

机器制造业包括造船业、农业机器制造业、食品机器制造业、水泥工业设备制造业和仪表及电子设备制造业。

丹麦造船业是丹麦各工业部门中最老、最重要的传统工业部门。它是在帆船建造业的基础上发展起来的，目前有木帆船建造业和金属造船业。丹麦造船业有丰富的生产经验和先进的技术。它不仅为本国生产船舶，还为国外市场生产大量船舶，如今丹麦是世界上主要的造船国家之一。B&W 造船公司设计制造的以柴油机为动力的船在世界闻名，目前世界各国船上使用的柴油发动机有 33% 是丹麦生产或使用丹麦专利制造的。日德兰北部的奥尔堡造船厂目前是全国最大的造船厂，有职工 3000 多人，是一家制造客轮、多用途冷藏船、水泥运输船等专用船只的造船厂。丹麦造船厂能制造多用途船、各类货船、客轮、捕鱼船、冷冻船、海上轮渡和超级油轮等。丹麦制造的船舶油耗低，1981 年，丹麦成为世界上第一个把每小时马力的油耗降低到 125 克以下的国家。除了造船，丹麦生产的船用锅炉、通风设备和油漆在世界各地船舶上广泛使用。除了造船业，丹麦的交通器材制造业还有机车和车厢制造业、汽车装配和自行车制造业。设在东日德兰的兰德斯的斯堪的亚公司主要生产铁路车辆、公共汽车、客车、罐车等，1986 年该公司改名为阿斯坎有限公司（Ascan A/S）。史密斯公司设在欧登塞的公司生产自行车和轻型小汽车。

农业机器制造业是与农业的发展密切相关的。丹麦全国大约有 150 家工厂为农业制造机器，其中 2/3 用于出口。农机产品产量最大的是饲料收割机和割草机，每年产值各为 2 亿丹麦克朗左右，此外还生产拖拉机以及与拖拉机配套的田间耕作机器、施肥机、室内牲畜饲养机器（包括饲料粉碎、混合、自动输送及恒温设备）、青饲料干贮设备、粮食烘干设备、深水泵及喷灌设备等。丹麦农机产品以体积小、使用方便、自动化程度高闻名于世。丹麦生产的电动挤奶器、甜菜收割机等农用机器产品除内销外，还有60%销往国外。在这一领域最大的公司是设在东日德兰的德隆宁堡工程有限公司（Dronningborg Engineering Ltd.），有职工1400人，主要产品是自动驾驶收割机。

食品机器制造业是机器制造业的重要生产部门，主要生产屠宰用机器、肉类和鱼类加工机器、牛乳凝结器、分离器、榨油机、冷藏器。这些产品除了供应国内需要，还有一部分供出口。

水泥工业设备制造业是由水泥工业的辅助部门发展而来。该行业主要产品有各种碎石机和搅拌机的联动机以及水泥厂、制砖厂、瓷器厂的装备，还生产最笨重的巨型旋转烘炉的装备，同时为各国装备这些设备和建造水泥厂，它制造的水泥生产成套设备已装备了70多个国家和地区的1000多家工厂。丹麦史密斯公司是世界生产水泥设备的最大厂家，目前世界水泥产量的1/3是用该公司提供的设备或技术生产的。

仪表和电子设备制造业是丹麦工业中最新的、近年来发展较快的部门，拥有一批很有竞争力的高、精、尖产品。例如用于飞机和卫星的多用途小型计算机、用于船舶和飞机研究的恒温流速测量仪器、助听器及用于助听器的电位器、医用电子诊断仪器、噪声与振动测量仪器、猪肉检测仪、精密工具等。这些产品以精确、造型新颖蜚声国内外。丹麦助听器的销量占世界市场的20%，微电子公司生产的用于助听器的微型电位器占该产品世界销量的30%。在电信以及电子技术设备领域，大北欧集团（GN Great Nordic Group）居于特殊地位，业务范围非常广泛，1869年创立，原名为大北方电报公司。该集团除经营电报、电话业务外，下属的多个大公司几乎包揽了丹麦的电力设备、电信设备、电气仪表等产品的生产，还是助听器、听诊器等产品的主要生产厂家。大北欧集团的总部设在哥本哈根，产品在超过70个国家和地区销售并且在全球拥有9万个零售点。

（三）食品饮料加工业

食品饮料加工业是丹麦工业中历史悠久的部门之一，在国民经济中占有重要地位。二战前，该部门的产值和企业数都居工业部门的首位。战后，各项指标都在机器制造业之后，居第二位，其产值占工业总产值的1/3。

丹麦食品企业遍布全国，生产品种繁多。按原料来源可分三类：第一类基本采用本地原料进行生产，包括肉类、乳类、鱼罐头、水果罐头、糖、各种饮料和酒类；第二类兼用本地和进口原料进行生产，主要分布在港口城市，产品包括人造奶油、面粉、面包、糖果、咖啡代用品、果汁和果酒；第三类完全采用进口原料生产，如巧克力糖等。

丹麦食品工业拥有多种食品的加工、快速冷却、喷雾干燥等先进技术和设备。丹麦许多食品销往国外，如黄油、奶酪、熏肉、饼干、巧克力，尤其嘉士伯啤酒及一些食品以品质高盛销欧洲、美洲和非洲各地。食品工业是丹麦的主要出口部门，其绝大多数产品（80%）销往国外，占丹麦工业出口的1/4。世界上多数国家的食品工业都是用于满足国内市场的需求，而丹麦的食品工业却不同，主要是供给世界市场需要。

除屠宰厂等企业外，这一领域内知名的企业还有如下几个。宝隆洋行所有的普鲁姆罗斯公司（Plumrose）是丹麦最大的罐装食品工厂，在澳大利亚、委内瑞拉等国设有分公司；哥本哈根果胶厂有限公司（Copenhagen Pectin Factories Ltd.）是世界最大的生产果胶和角叉菜（从柠檬皮和海藻中提取，用于食品和药品工业）的工厂，产品的98%出口到70多个国家和地区；丹麦高级食品有限集团公司（Danish Fancy Food Group Ltd.）是欧登塞最大的工业公司，以生产蛋白杏仁糖、饼干、糕点而闻名于世；汤姆巧克力有限公司是丹麦最大的巧克力生产厂家，年销售额达5亿多丹麦克朗，产品主要面向出口。特别值得一提的是嘉士伯啤酒集团，1847年创建于哥本哈根，是世界第四大啤酒集团，业务遍布150多个国家和地区，全球雇员超过4万人。

（四）化学工业

化学工业虽然从业人员不多，但产值很高，2017年，化学工业产值约占丹麦制造业产值的10%。化学工业对进口原料的依赖性较大。化学工业的主要部门有橡胶工业、制药工业、油类化妆品工业、精制油脂和油漆工业。化学工业的多数企业在港口城市。

橡胶工业的主要产品有汽车内外轮胎、胶鞋、涂胶材料，还有橡皮毡席、牲畜用和家用的垫子。这些产品主要供出口。丹麦一家专门生产橡胶制品的公司是欧登塞的罗伦德斯·法布里克公司（Roulunds Fabriker A/S），有职工 1000 余人，主要生产三角皮带、闸垫和传动带，90% 的产品供出口。

化学工业的其他主要产品还有食品添加剂、塑料、油漆、催化剂、各种饲料、骨粉、工业用油脂、肥料等。位于哥本哈根的哈尔多·托普索有限公司（Haldor Topsoe Ltd.）是在国际上久负盛名的催化剂生产厂家，约有职工 700 人。乐高公司是专门生产塑料玩具的企业，1932 年成立，总部设在比隆，约有职工 4500 人，在世界各地建有 30 多家分公司，产品销往世界 100 多个国家和地区。2017 年收入 350 亿丹麦克朗，净收益为 78 亿丹麦克朗，缴税 24 亿丹麦克朗。[①]

制药工业是丹麦最重要的工业部门之一。原料基本靠国内供应，而产品几乎全部出口。成本低，利润高，是最有利可图的工业部门。丹麦医药工业很发达，人造胰岛素质量在世界居于领先地位。酶制剂等药品的质量和生产技术在世界上也颇有盛誉。其他主要药品有青霉素及其他抗生素、荷尔蒙、内分泌炼剂、维生素和消炎剂等。哥本哈根的诺沃工业有限公司（Novo Industry Ltd.）是世界第二大生产胰岛素的厂家，创建于 1925 年，在国内外拥有职工约 4700 人。

（五）纺织服装业

纺织服装业是丹麦最古老的行业，一直都是小规模的手工业企业。战后以来，这一行业也在采用新技术进行现代化的改造，有了较大的发展。北方羽绒有限公司是一家具有世界水平的服装公司，约有职工 2250 人，年销售额大约在 20 亿丹麦克朗，95% 的产品用于出口。该公司于 1901 年在菲英岛的斯文堡成立，加工生产羽毛和羽绒服装等。

（六）木材和家具业

丹麦的木材和家具工业共有 400～500 家企业，但都是规模不大的小企业，共有职工 1.4 万人。家具行业的共同特点是出口导向型，主要集中出口深色木料的欧洲古典式家具，但近年来用浅色木料制作的现代化的组

---

① *The LEGO Group Annual Report 2017*, LEGO Group, p. 5.

合拼装家具也很畅销。最大的出口市场是美国，其次是德国，挪威、英国和瑞典也是重要出口市场，在中国的市场也在扩大。

（七）造纸和包装工业

丹麦的造纸工业已有 400 多年的历史，第一家造纸厂建于 1573 年。1829 年，斯堪的纳维亚的第一架造纸机在哥本哈根的造纸厂投入使用。德·福里耐德造纸有限公司（De Forenede Papirfabrikker A/S）就是在此基础上通过与其他公司合并而建立的，产品半数供出口，其中用于钞票、邮票等安全和特殊质量的纸在出口中颇受重视。丹麦森林覆盖率较低，造纸原料不足，从而形成丹麦造纸业的一个明显的特点，即利用废纸回收满足原料供应。目前丹麦的废纸回收体系是世界上最先进的，回收纸满足了丹麦纸张和纸板消费量的 1/3。在纸张消费中，包装用纸居于重要地位，如生产鸡蛋托盘、牛奶袋和超市包装纸袋等。

（八）冶金业

丹麦的冶金业起步较晚，而且迄今未能得到充分发展，其主要原因是：矿物资源匮乏，采掘工业规模又小；无力同近邻英国、德国同类企业竞争；为减少购买原料的支出，只能购买为数有限的价格不高的半成品（块状金属和压延金属）和急需的矿石。

1938 年建立第一家炼铁厂，15 年只冶炼了 35 万吨生铁；1940 年兴建了第一个炼钢厂，用废铁钢屑炼成 13 万吨钢；1950 年安装了第一台压延机，以便供应造船业所需的钢板。钢铁生产虽有发展，但发展很慢。到 80 年代，钢产量不但没有上升，反而一直在下降。2009 年丹麦钢铁业受金融危机影响损失较大，冶金工业指数下滑约 40%。随着经济的复苏，丹麦冶金业逐渐恢复。丹麦的冶金业注重环境保护，冶金企业逐渐向绿色发展转型。丹麦的冶金企业已经在中国投资建厂，2007 年丹麦主要从事粉末冶金产品生产的福机工业公司（1943 年成立）在宁波建立了一个粉末冶金工厂，主要生产粉末冶金产品。

（九）玻璃和陶瓷制品制造业

这个行业的工艺要求高，很多工序由熟练工人手工操作，最先为丹麦赢得世界声誉的是瓷器和银器生产。丹麦瓷器生产已有 200 多年的历史。

建于 1775 年的王家瓷器厂和建于 1853 年的享有同样声誉的格伦达尔瓷器厂生产了各种瓷器餐具和装饰用品，这两个厂家都拥有自己的艺术家。著名的福罗拉·达尼卡（丹麦花卉）餐具由 1800 件瓷器组成，经过 15 年制成，瓷器上的图案描绘了丹麦的植物。为了巩固其在世界市场的地位，王家瓷器厂和格伦达尔瓷器厂 1986 年合并为王家哥本哈根制造厂。霍尔葛德玻璃制品厂在玻璃器皿设计方面已有显著成就，也加入了这一合作事业。

虽然丹麦的银匠几百年来一直在制作银器手工艺品，然而从格奥尔·延森开始，丹麦的银器制作设计才真正为世人所知。最初在哥本哈根仅有一间小作坊，由于延森善于同才华横溢的艺术家和技艺精湛的工匠打交道，并能重用精于银器装饰的艺术家，所以他的生意发展很快。在伦敦、巴黎、纽约和其他城市设立了产品销售部，从而得到了国际上的认可。

二 建筑业

建筑业包括建造新楼、修复和维修住宅、办公楼和工厂厂房，以及建设和维护公路、港口、机场、桥梁、隧道和排水系统。

20 世纪 70 年代以前的很长一段时期，丹麦的建筑业，尤其是住房建设非常繁荣。1972 年是建筑业发展到顶峰的时期，建筑业产值约为 GDP 的 12%。但是 70 年代的国际性经济衰退使得丹麦的建筑需求下降，同时成本上升和借贷资金困难；80 年代略有回升。房屋建设需求的急剧下降使建筑业就业人数减少，1972 年之后，约有 4.3 万名建筑业工人失业。2017 年，丹麦的建筑业就业人数为 17.98 万人，占总就业人数的 6.25%，建筑业产值为 2323 亿丹麦克朗，占 GDP 的 6.55%。[①]

公共工程建设在 80 年代中期以后有所发展，如大型天然气网工程、国营铁路系统的电气化工程等，许多桥梁和高速公路开工建设。不过这些工程是由建筑和工程建设企业与工业公司或者通信公司联合负责的。

---

① *Denmark Statistical Yearbook 2017*, Statistics Denmark, June 2017, table 267 and table 259.

　　适应性强是丹麦企业的突出特征，面对 70 年代以来的下降趋势，许多建筑业企业努力以增加出口弥补损失。丹麦建筑业在 90 年代上半期再次迅速衰落，这导致丹麦建筑业更趋向于出口，丹麦建筑业企业越来越多地看中德国以及富有的中东产油国市场。在这方面，丹麦的承包公司发展较快，不仅承包住房，如一个项目往往包含建设几百套标准房屋，也承包商店、机关建筑、医院、道路、飞机场和排水系统等大型项目。近年来，还与工业公司合作在国外承包建立全套工厂，如水泥厂、啤酒厂、屠宰厂、牛奶厂等。

　　丹麦建筑业不断创新，很好地与艺术融合，并且在节能环保方面具有先进技术。丹麦的建筑设计在世界范围内居于领先地位，2019 年丹麦的 Henning Larsen 建筑事务所荣获欧洲建筑奖，是第二家获得该奖项的丹麦建筑事务所。

三　能源动力工业

　　丹麦自然资源较贫乏，除石油和天然气外，其他矿藏很少，所需煤炭全部靠进口，探明褐煤储量 9000 万立方米。北海大陆架石油蕴藏量约为 2.9 亿吨，天然气蕴藏量约 2000 亿立方米。丹麦于 1972 年起开采石油，为欧洲第四大石油输出国，位居俄罗斯、挪威和英国之后。

　　煤是最重要的电力和热能生产燃料，20 世纪 90 年代煤占了燃料消费的 90%。丹麦的煤主要是从欧洲以外国家和地区进口，因为煤的开采成本和燃烧价值比运输成本更为重要。丹麦的北海石油和天然气部门的产量远远大于国内需求量，开采的石油和天然气通过管道分散和出口。天然气出口到瑞典和德国，剩余的油主要在现货市场出售。丹麦的石油和天然气产量高且大量出口，是丹麦从 90 年代初开始收支盈余的重要原因之一。石油主要在现货市场出售，天然气出口到瑞典和德国。

　　丹麦能源资源匮乏，几乎全部电站都是火力发电。电能主要是燃烧煤，添加天然气、石油、生物燃料和垃圾等混合物，由各地区的发电站进行生产。地区发电站通过两个电力公司将电能传送到全国各地，大贝尔特海峡以西的电厂合并为埃尔萨姆公司（Elsam），负责供应到日德兰半岛和菲英岛，与挪威、瑞典和德国的电网相连接；大贝尔特海峡以东的电厂合并为埃尔克拉福特公司（Elkraft），供应到西兰岛和洛兰－法尔斯特岛，有一条电缆与瑞典相连。

丹麦还很注重对其他能源的开发，全国有 20 家专门生产风力发电设备的工厂，农村有 150 多处风力发电站，并成立了全国风力发电协会，研究有关技术的开发、改进和推广。丹麦风车技术水平很高，风车出口到世界许多地方，堪称风能大国。风车一般高达 60 米，翼展长 40 米，发出的电不仅可以满足当地需要，并能将多余的电卖给传统的供电网。目前丹麦的风能发电量占到全国发电量的 42%，丹麦政府计划到 2030 年实现比重达到 50% 的目标。事实上，世界十大风车生产厂家有一半在丹麦，世界 60% 以上的风车制造厂商都使用丹麦的技术。

丹麦积极努力开发本国能源，1972 年首次在北海油田打出石油，1984 年又开采了天然气。多数开采出的石油和天然气通过埃斯比约（Esbjerg）北部的管道运到岸上，丹麦国内消费的石油多数是在斯蒂斯半岛（Stigsnaes）和腓特烈西亚的精炼厂提炼成产品。天然气被运到位于瓦德（Varde）东北部的尼布鲁（Nybro）进行加工，通过主要管道引入日德兰，并通过管道网输往各地。1985 年，国产原油与天然气大约能满足国内能源需求量的 20%，北海的石油和天然气的产量还在不断增长，丹麦的目标是达到 50% 的石油自给，100% 的天然气自给。北海油气生产是由丹麦地下资源联合财团（Dansk Undergrounds Consortium）进行的。该财团以穆勒公司为首，一些石油公司参与。

热能主要是各个家庭自己生产的。家庭的燃油发热机是丹麦传统的热能生产机器，现在使用这种机器的人越来越少。家庭的燃油发热机被地区供电站或天然气代替，只有在热能供应系统之外的农村才继续使用燃油发热机。丹麦的地区热能站正在增加，家庭和办公室里安装加热器，包括石油和天然气燃炉、生物燃料炉（例如稻草和树木）、太阳能和地热加热系统等。集中的生产部门是热电站（热能是电能的副产品）和单纯的热能站。20 世纪 80 年代后半期以来，天然气管道通向了城镇居民的大多数家庭，以及农村人口较集中的地区。

能源保护是政府能源计划的一个主要部分。1973 年能源危机之后，该计划为房屋提供了很多免费的隔热设备，就是在房屋的屋顶或阁楼采用矿棉进行隔热，同时在外壁利用岩层隔热。在新的建筑中都统一安装了温度调节阀、绝缘供热管道、电力供热控制系统，在大多数旧的建筑中也进行了安装。

四 著名公司

（一）A. P. 穆勒－马士基集团（A. P. Møller-Mærsk A/S）

始建于 1904 年，其创始人是阿诺得·穆勒和其父马士基·穆勒。马士基集团是世界十大著名造船公司之首，全球最大的集装箱航运公司。总部设在哥本哈根，2018 年在全球 121 个国家拥有 343 家子公司和办事处，员工约有 9 万人。由 200 余艘船只组成的公司船队总吨位约 1000 万吨，包括集装箱船、油轮、散货船、特种船、供应船和钻井设备。除了海运业，公司还经营物流、石油和天然气勘探开发、造船、航空运输、零售以及信息产业。2014 年营业额为 475.69 亿美元。马士基集团在丹麦企业排行榜上多年来位居第一，在丹麦商界和政界均有很大影响力。2018 年 7 月，《财富》世界 500 强排行榜发布，马士基公司排名第 305 位。

1904 年成立的斯汶堡汽轮公司（Dampskibsselskabet Svendborg A/S）和 1912 年成立的 1912 汽轮公司（Dampskibsselskabet af 1912 A/S）形成了马士基集团公司的核心。马士基集团下属的马士基船运公司（Maersk Line）于 1999 年兼并美国海陆航运公司，组成世界最大集装箱船运公司，并改名为马士基海陆船运公司（Maersk Sealand）。

马士基集团在中国的北京、上海、大连、广州等地设有办事处，如 1994 年成立的马士基（中国）航运有限公司管理该集团在中国的集装箱海运业务，其由直航和支线船组成的服务网络覆盖中国所有主要港口，业务范围包括全面设备监控、签发货单和到货通知以及通过电子数据交换系统即时跟踪全球货物运输情况等。丹麦超市公司（Dansk Supermarked A/S）是马士基集团下的一家合资公司，是丹麦第二大食品、日用品连锁超市，每年从中国采购大量商品。

（二）诺和集团（Novo Group）

原诺和诺德公司（Novo Nordisk），成立于 1923 年，总部设在哥本哈根，在欧洲和美国均建有主要生产厂，2017 年共有员工 4.2 万人，分布于 77 个国家和地区，产品销售遍及 165 个国家和地区。其中，42% 的员工在丹麦，有 17804 人。市场销售人员最多，占 36%，研发人员占员工总数的 20%。诺和集团是世界生物技术领域的先导，主要业务范围为生物制药和工业用酶制剂，在用于糖尿病治疗的胰岛素开发和生产方面居世界领先地位，是全球最大的工业用酶生产企业，生产的胰岛素和酶制剂分别占世界市场份额的 50% 以上和 40% 以上，均为世界第一。

2000 年 11 月该集团正式分为两个公司，负责制药业务的公司沿用原名称诺和诺德公司，负责酶制剂业务的公司命名为诺维信（Novozymes），诺和诺德公司通过控股对诺和集团的投资及基金进行管理。诺和诺德公司主要产品有胰岛素、生长性激素和妇女保健激素等；诺维信公司主要产品为工业用酶（用于造纸业、纺织业、皮革业和洗涤剂的生产等），食品工业用酶（用于面包生产、酿酒业等）和饲料工业。

1995 年该集团投资约 2.4 亿美元在天津设厂，在北京投资 1000 万美元建立诺和诺德（中国）总部和生物技术研究发展中心，在华员工总数达 500 人，是丹麦在华最大企业，主要生产酶制剂产品。

2016 年，集团营业额为 1118 亿丹麦克朗，利润比 2015 年增长 6%。

（三）嘉士伯公司（Carlsberg A/S）

成立于 1847 年，公司总部位于哥本哈根，雇员人数 2.7 万人。创始人 J. C. 雅可布森（J. C. Jacobsen）以其子卡尔的名字命名生产嘉士伯牌啤酒。嘉士伯基金会由雅可布森设立于 1876 年，次年雅可布森去世后，嘉士伯啤酒厂由该基金会掌管。1882 年，卡尔·雅可布森在国外学习酿酒技术后，创立了新嘉士伯酿酒公司。1906 年，新老嘉士伯啤酒厂合并为嘉士伯酿酒公司，归属嘉士伯基金会。1970 年，嘉士伯酿酒公司与图堡（Tuborg）公司合并为嘉士伯公共有限公司，跨入世界五大啤酒企业的行列。嘉士伯基金会拥有嘉士伯公共有限公司 51% 的股份。

嘉士伯公司主要业务是啤酒和软饮料的生产与销售。2015 年销售收入同比增长 1.3%，营业利润则同比下降 8%，净利润全年亏损约 26 亿丹麦克朗（2014 年全年盈利 49 亿丹麦克朗）。利润下降主要是东欧市场消费购买力不足。欧洲、美洲和非洲销量都有所增长，亚洲是销量增长最快的地区，2015 年嘉士伯在亚洲的销量增长 5%，销售额增长 22.8%，利润增长 27.5%。

嘉士伯公司每小时可生产 75 万瓶啤酒，每年全世界有消费者 1500 万人。嘉士伯公司产品销往 100 多个国家和地区。嘉士伯啤酒分 14 大类 44 个系列 100 多种口味，除普通啤酒外，还分圣诞节啤酒、复活节啤酒、浓香型啤酒、淡香型啤酒，味道不同，颜色各异。1992 年，在美国举行的国际啤酒评选中，嘉士伯啤酒荣获"世界最佳啤酒"的称号。

嘉士伯成功的首要经验是科学办厂。与其他啤酒厂不同，嘉士伯的创始人并不是企业家，而是科学家。他通过科学的手段和技术使"嘉士伯"的质量达到了"炉火纯青"的地步——质地透明，口味纯正，保鲜期长。1876 年，老雅可布森创建了嘉士伯研究所，并运用法国微生物学家巴士德的理论，培养啤酒酵母，研究发酵过程，改良大麦品种，为啤酒生产提供了科学依据，把科研成果直接转换成生产力。目前，这个研究所已发展成为一个拥有 80 个实验室和 150 名研究人员的研究中心，并吸纳各国的研究人员从事与啤酒生产有关的科学实验，嘉士伯是世界上唯一拥有研究中心的啤酒厂。研究中心几乎每年都有新成果，嘉士伯公司对自己的研究成果并不保密，而是尽快推广，投入生产，把研究成果变成产品。

1876 年，嘉士伯啤酒第一次出口到中国。1979 年以来，嘉士伯公司为北京、上海、广州、大连、吉林、江苏、广西等地的啤酒厂提供了全套综合装置；与北京啤酒厂和牡丹江啤酒厂进行技术合作；在惠州建立了大型啤酒酿造公司，生产嘉士伯牌啤酒。2016 年 1 月，大理啤酒公司被嘉士伯公司收购，更名为嘉士伯（中国）啤酒公司，嘉士伯公司在大理新建了年产 50 万吨的生产基地。

（四）宝隆洋行（EAC-East Asiatic Company，现更名为圣达菲集团，Santa Fe Group A/S）

宝隆洋行成立于 1897 年，是以国际贸易为主、兼营食品和营养品生产的公司。1988 年与圣达菲公司合并，2015 年 4 月 27 日，宝隆洋行更名为圣达菲集团。2017 年，圣达菲集团在 45 个国家和地区设有分公司。宝隆洋行集商贸、工业和投资为一体，主要在东南亚国家开展贸易活动，1900 年开始在华开展业务。1971 年在北京设立办事处，1979 年率先与中国建立合资企业，该公司在贸易、运输、物业管理及合资企业等领域在中国的雇员约有 3500 人。在 1997 年爆发的东南亚金融危机中，该公司受冲击较大，1998 年亏损约 1 亿丹麦克朗。1992 年，宝隆洋行营养品有限公司和丹麦发展中国家工业发展基金会在中国上海投资建立英特尔营养乳品有限公司。此外，与中国蛇口招商局合资开办的全国首家合资企业中国国际海运集装箱有限公司主要生产海运集装箱；与中国国际工程咨询公司在北京合资建立的华辉国际工程服务公司主要经营国内外海、陆、空运输及仓储业务；与北京龙华实业公司和首钢宾馆开发公司合资的北京中宝饮用水有限公司生产"蓝洞"矿泉水等。2016 年，受英国"脱欧"等不利因素影响，圣达菲集团销售额为 33.9 亿欧元，利润比 2015 年下降 590 万欧元。

（五）丹佛斯集团（Danfoss A/S）

成立于 1933 年，总部设在南日德兰阿尔斯岛（Als）的诺博尔（Nordborg）。丹佛斯是丹麦最大的工业集团，也是全球节能环保领域的领导者，为各行各业提供机械和电子产品、解决方案和服务。在全球 18 个国家设有 58 家工厂，100 多个销售公司遍布世界各地。2016 年销售额为 392 亿丹麦克朗（约合 53 亿欧元），比上年增长 6%，共有员工 25292 人。丹佛斯在舒适温度控制器、制冷和空调控制器、精密机械、电子元件及智能型机电装置领域处于世界领先地位。产品有 100 多种系列，分为三大类，即采暖和水处理控制产品、制冷控制产品、传动及速度控制产品，主要产品为散热器恒温控制器、温度控制器、压缩机、水力设备零部件、燃烧器和锅炉零部件、转动及速度控制元件、工业仪表等。在世界 100 多个国家和地区拥有子公司，是一家国际性联合企业，大多数产品在丹麦和德国生产，在瑞典、英国、日本、加拿大和美国也设有工厂。涉及产品范围很广，包括制冷和空调控制器、工业自动化、电力驱动与控制、供热厂温度控制、用于冰箱和冷冻的压缩机和恒温器、精密机械、电子元件及智能型机电装置等。

丹佛斯把中国视为"第二家乡市场",首先于 1995 年在天津建立丹佛斯（天津）有限公司,这是该集团在亚洲的最大投资企业,主要生产散热器恒温控制器、热力膨胀阀、制冷产品、液压产品、工业流量计等。此后,在辽宁鞍山、浙江海盐和杭州以及贵州贵阳设有 5 家全资工厂,在华拥有员工逾 5000 人。目前,随着中国各级政府和社会各界对节能环保的日益重视,丹佛斯在华发展势头强劲。中国已成为丹佛斯全球第三大市场,员工数量在全球名列第二,并已成为丹佛斯最大的采购来源国。

（六）大北欧集团公司（Great Nordic Group）

成立于 1869 年,是丹麦也是世界上最早的一家长途通信公司,目前已经发展成为包含许多行业的大型跨国集团,总部设于哥本哈根,雇员 5400 多人,在世界 11 个国家设有子公司,60 多个国家设有分支机构。公司主营业务包括生产网络管理和监控设备、助听器产品和免提通话产品。

大北欧集团下属的主要公司有 3 家:大北耐特斯特公司（GN Nettest）,是生产用于电子、数据和光纤网络通信的测试、监视和管理设备的专业公司,下设光学部、网络运营部和企业部 3 个部门;大北瑞桑德公司（GN ReSound）,该公司由世界上最大的九家助听器公司中的五家（ReSound, GN Danavox, Beltone, Phillips 和 Viennatone）合并而成,研究、生产并销售高新技术助听器产品和相关测试设备,产品有软件控制、数字编程和模拟式三种助听设备;大北通信设备公司（GN Netcom）,生产免提通信设备并提供有关服务,产品主要用于电话、计算机。此外还有一些非核心业务公司,如大北电报公司主要在波兰、俄罗斯和爱沙尼亚经营陆地和海底电缆业务,并从事有关电信服务,该公司是最早在华经商的丹麦公司之一,1870 年大北电报公司即开始在华铺设海底电缆,开展电报业务。

1987 年,大北集团达那福公司（GN Danavox）在厦门投资建立厦门鹭丹助听器有限公司,是丹麦最早到中国投资的企业,公司员工 120 余人，生产 3 大类 30 多种型号的助听器，其中包括代表世界最高水平的电脑可编程助听器、数字反馈抑制助听器和全隐蔽式深耳道助听器等。宝隆大北通信设备（中国）有限公司是丹麦宝隆洋行和大北集团于 1998 年在华成立的合资公司，主要生产及经营电信网、数据网测试仪表及监测系统和耳机，宝隆大北在北京的科技中心和在各地的分公司为客户提供包括咨询、培训和硬件维修在内的全面技术服务。

（七）乐高集团（LEGO Group）

成立于 1932 年，是世界上最大的玩具生产厂家之一。2016 年有雇员1.7 万人，总资产 299 亿丹麦克朗，营业额 379 亿丹麦克朗，净利润 94 亿丹麦克朗。① 乐高集团在丹麦、瑞士、美国及韩国拥有 4 个生产厂家，在世界30 多个国家建立了销售公司。乐高的玩具行销世界 130 多个国家和地区，在过去 40 多年里，有 3 亿多各国儿童玩过乐高塑料玩具。乐高集团除了生产、销售各种玩具外，还有 3 个其他的经营项目：乐高积木城现有 3 家，分别在丹麦的比隆、英国的伦敦温莎（Windsor）及美国的南加利福尼亚；乐高生活用品如儿童服装、手表、智力拼图等；乐高媒介产品如软件、音像、电影等。乐高公司是一个典型的家族式集团公司，没有其他的股东，创建以来经过三代人的共同努力，成为世界知名的公司。乐高玩具进入中国市场，其产品深受中国儿童的喜爱。乐高集团于 1985 年设立了"乐高奖"，奖给那些对改善世界儿童生活条件做出重要贡献的个人和团体。该奖每年颁发一次，至今已有来自 18 个国家的 25 个团体及个人获得了这项荣誉。目前，乐高集团与多个娱乐公司有合作，例如迪士尼、时代华纳等。《哈利·波特》和《星球大战》等电影在美国上映前后，乐高都推出了相应的主题玩具。截至 2015 年 7 月，乐高已生产 6 亿个零件。2015 年 2 月，乐高取代法拉利成为品牌金融所评选的"世界上最强大的品牌"。

（八）丹尼斯克公司（Danisco A/S）

成立于 1989 年，是由丹麦糖业集团、丹麦蒸馏酒公司和格林斯德合并后组建成立的。丹尼斯克公司是北欧最大的工业集团之一，总部设在哥

---

① *The LEGO Group – Annual Report 2016*，LEGO Group，p. 8.

本哈根，在全世界拥有 150 家生产和销售机构，员工总数为 1.3 万人，遍布欧洲、南北美洲和亚洲。核心业务分 4 个部门：食品添加剂部门的产品有乳化剂、功能性和结构型食品添加剂、酶制剂、香精和抗氧化剂；食糖部门由食糖分支机构和种子机构组成；包装部门由软包装、塑料包装和造纸工厂组成；食品和饮料部门主要生产各种冷冻食品和食品杂货、烈性酒和葡萄酒。该公司在北京设立了代表处，1998 年在江苏省昆山市建立了丹尼斯克（中国）有限公司，为中国食品工业提供乳化剂和稳定剂。2011 年丹尼斯克公司被杜邦以 63 亿美元合资收购。

（九）北欧化工公司（Borealis A/S）

成立于 1994 年，总部设在哥本哈根近郊，目前拥有雇员 6600 多人，是欧洲最大、世界排名第四的石化产品（乙烯、丙烯、苯酚、芳香族化合物）和聚烯烃（聚乙烯、聚丙烯）材料生产供应商，年产量超过 300 万吨，聚烯烃产量位居世界第二。2016 年营业额 72 亿欧元，利润 11 亿欧元。该公司 64% 的股份由阿布扎比国际石油投资公司所有，36% 的股份由奥地利 OMV 油气公司所有。生产厂主要位于美国、奥地利、比利时、芬兰、挪威、葡萄牙、瑞典、法国、德国和意大利，另外在比利时、沙特阿拉伯、巴西、挪威有 4 个合资公司。该公司在中国北京、香港、上海设有办事处。

（十）阿尔乐乳品公司（Arla Foods Amba）

由丹麦 MD Foods 和瑞典阿尔乐两家乳品合作社企业于 2000 年合并而成，这是合作社历史上的第一起跨国合并。该公司是欧洲最大的乳品集团，雇员人数 1.8 万人，有会员农民约 1.5 万户。阿尔乐乳品公司的市场份额连年上升，2016 年市场占有率为 44.5%，牛奶产量为 139 亿公斤，营业额为 96 亿欧元。MD Foods 和阿尔乐都是成立于 19 世纪末的合作社代表企业，于 1995 年开始业务合作，在先后通过丹麦、瑞典、欧盟的关于竞争和垄断的评估后，于 2000 年 4 月 17 日正式合并，总部设在丹麦的 MD Foods 公司。MD Foods 是丹麦最大的乳品集团，占丹麦乳品市场份额的 90% 以上，另外在英国还有乳品加工厂，并在当地有固定的牛奶供货源；瑞典的阿尔乐公司占本国市场份额约 60%。

（十一）丹麦科王集团（Danish Crown Group）

成立于 1990 年，是一家经营猪肉、牛肉及其制品的生产和销售的合作社股份公司，是世界最大的猪肉出口商，也是欧洲最大的肉类加工企业。2016 年拥有雇员 2.6 万人，合作伙伴 7600 多个，总资产 252.57 亿丹麦克朗。2016 年营业额为 600 亿丹麦克朗，屠宰生猪约 2200 万头，屠宰肉牛 700 万头，共生产 92.8 万吨肉。另外，2016 年丹麦科王集团出口 7500 万个猪蹄到中国，比 2012 年增长一倍。

（十二）尼格麦康公司（N. E. G. MICON）

1997 年，由北部能源集团公司（Nordtank Energy Group A/S）和麦康公司（Micon A/S）合并而成，是制造大型风力发电机的上市公司。2004 年，该公司被丹麦风力涡轮机制造商维斯塔斯（Vestas）合并，并更名为维斯塔斯公司。2016 年在世界各地拥有 21600 多名员工，营业额达 102 亿欧元，利润为 12.9 亿欧元，是世界上领先的风机制造公司之一。尼格麦康公司是最早向中国用户介绍和提供风力发电机的制造厂家之一，截至 2019 年尼格麦康公司在中国销售了 375 台风力发电机，安装在 20 多个风场，市场占有率为 40%，位居第一。尼格麦康公司积极配合中国加速发展风电工业及风机部件国产化的号召，与中国有关方面进一步扩大合作，其业务包括从风资源调查开始，根据不同的风资源和气候条件进行设计，到设备供货或者"交钥匙"项目的施工，直到风场的最终运行。

（十三）FDB 合作公司（FDB Co-op Denmark）

成立于 1896 年，为股份制合作社，是丹麦第一大超市连锁集团公司，由 FDB 公司与丹麦零售批发合作社共同拥有，拥有 9 个连锁零售链，1200 个商店，雇员 2 万多人。该公司主营商业连锁店、批发、零售，在全部资产中，FDB 合作公司拥有 13.24 亿丹麦克朗，合作社拥有 19.48 亿丹麦克朗。其开设的连锁店有 Super Brugsen（小型超市）、Kvickly（大型超市）、Fakta（主街商场）、Irma（主街商场）、Merlin（家电超市）等。

（十四）北欧世家皮草（Saga Furs of Scandinavia）

成立于 1954 年，是丹麦、芬兰、挪威和瑞典四国的毛皮饲养商协会联合组成的一个国际毛皮市场开发和拓展机构。北欧在世界毛皮生产业方面占有领导地位，所出产的貂皮和狐皮因毛质优良而深受顾客喜爱。由于北欧的地理环境和气候特别适合饲养水貂和狐狸，再加上科学化的饲养方法，所以出产的毛皮柔软。只有毛质最优良的貂皮和狐皮，才能附有"SAGA MINK"或者"SAGA FOX"的标签。

（十五）奇新烘焙食品国际有限公司（KELSEN The International Bakery A/S）

1933 年成立，是丹麦最大的牛油曲奇和烘焙食品制造商。目前，在丹麦有员工 400 多人，每年生产约 25000 吨曲奇，产品的 85% 以上供出口。所生产的丹麦蓝罐曲奇是世界著名品牌，在中国的市场占有率达到 70% 以上。

第五节 服务业

现代化经济的特征之一就是服务业的日益发展。服务业包括私人服务以及中央政府和市政的公共服务，还包括金融、保险、旅游、运输和通信等部门，而从更为宽泛的意义上讲，像教育、司法管理、水电气的供应等也可以包含在服务业的概念之内。除私人服务外，这些行业不仅得到国家支持，而且主要持股人也是政府，所以相对于丹麦的制造业中几乎没有国有企业而言，服务业的特征是偏重于公共所有，这是与丹麦多年来一直非常重视扩大社会安全保障、卫生和教育事业的政治传统密切相关的。丹麦的服务业非常发达，产值占 GDP 的 70% 以上，就业人数占总就业人数的 70% 左右。

一 私人服务业

私人服务部门包括贸易、商业服务、家庭服务、家庭教师、医疗服务、旅馆和餐饮，以及娱乐和文化活动等。1970 年以来，私人服务部门在经济活动中所占的比例逐渐上升，但是各个部门的发展方式有很大差异。

（一）贸易

20 世纪 70 年代以来，在私人服务部门雇用人数占主体的贸易行业（占全国总就业人数的 10% 左右）发生了很大变化。这些变化部分是因为零售业、批发业和特定生产部门的组合导致在许多情况下部门之间的传统差异消失（纵向一体化），另外在这两个领域的部门之间也显现出合并的征兆（横向一体化）。

1. 批发贸易

从经营性质的角度可以将丹麦的批发商分为两类。一类是传统批发商，即"货栈批发商"，在货栈中存放各种各样的商品并通过货栈批发给零售商，近年来超级市场和自选商场的发展，使得货栈批发商可以通过大规模的购买和合理分配来降低成本。另一类批发商实际上是进出口代理商，在很大程度上往往是专营某一家公司产品的批发商，一般没有自己的货栈，而是通过业务联系来处理订购货，因此需要的人员和资本少于货栈批发商，在那些以专有技术知识为先决条件的部门，这一类批发商具有明显的优势。

20世纪80年代中期以来批发贸易进行了重组，许多零售商联合建立了他们自己的采购组织，或者像丹麦超市公司和FDB合作公司一样从事国际合作。与此同时，主要的商业系统越来越多地从生产厂家直接购买，批发业的营业额完全是由部门内主要的大企业决定的。20世纪90年代以来，占企业总数2%的大企业的营业额约占总营业额的70%；与此形成鲜明对比的是，几乎一半的增值税注册公司是仅有一人的小公司（one-man businesses），他们占总营业额的比重不足1%。

丹麦批发商业的主要组织是建于1817年的哥本哈根商会，有大约40个分会和1800个会员公司，由委员会进行管理，负责照顾批发商在立法、行政以及公共事务方面的利益。创建于1901年的省级商会负责各省城的批发商和零售商的共同利益。这两个组织于1987年合并为丹麦商会（Danish Chamber of Commerce）。丹麦商会是丹麦服务业的网络平台，也是丹麦最大的专业商业组织之一。2019年雇员有240余人，在哥本哈根、奥胡斯和布鲁塞尔设有办公室。丹麦商会代表了丹麦在贸易、旅游、商业服务、高新技术、福利服务和交通等行业的17000余家企业和百余家贸易联盟。丹麦商会是一个非营利组织，为会员的经营业务提供便利，并通过政治影响力向成员提供专业建议。丹麦商会还作为首席谈判代表，代表商会成员与工会签订集体协议，这些协议为丹麦大多数公司雇员的工资和工作条件制定了基本框架。

2018 年 5 月 8 日，丹麦中国商会正式成立，为中国和丹麦企业间的信息交流提供了一个新平台。丹麦中国商会首任会长王卫青认为，丹麦中国商会成立的主要目的是代表在丹麦的中资企业更好地发声，更好地保护中资企业的利益，帮助企业融入当地、贡献当地，体现中资企业的社会责任。

2. 零售贸易

尽管 1970 ~ 1992 年零售贸易营业额出现了大幅度上升，但是零售业的雇用人数减少了约 6 万人。这一现象反映出贸易量越来越集中到少数的大企业中。从各方面来看，所销售的商品范围虽然仍是由零售商来决定，但是随着零售业与批发业的融合，批发行业发挥了更大的作用。销售商品范围的变化部分体现在新产品上，另外还体现为一些部门的商店经营本该由其他部门经营的一些商品，这就是所谓的复合经营。不断涌现出的新型商店，例如超级市场、购物中心、低价市场、打折仓储和自助服务系统占据了主导地位。另外，随着新型的商店集中到城市郊区的中心地带，城市中心和乡村的零售店纷纷倒闭。从 1970 年到 1990 年，这种趋势导致出售日用品的商店数量不断减少。

哥本哈根最大的百货商店是北方商店（Magasin du Nord），属于威塞儿和维勒有限公司（Wessel and Vell Ltd.），加上遍布全国的分店，北方商店的年营业额达到 20 亿丹麦克朗。丹麦独立零售商的最高组织是零售商联合委员会（Retail Traders' Joint Council）；百货商店和商店联号也有自己的组织，即丹麦零售商联号组织（Danish Organization of Retail Chains）。

丹麦的合作社对于零售贸易具有重要作用，涉及农业、消费、信贷、手工业生产、住房、保险、银行等各个领域。丹麦的第一个合作社是 1866 年建立的消费者零售合作社，合作社的宗旨是为城镇低收入者提供便宜和质量可靠的消费品。丹麦第一个农业合作社是 1882 年建立的丹麦牛奶合作社。FDB 合作公司是丹麦最大的零售企业，成立于 1896 年，拥有 9 个连锁零售链，包括 1200 个商店和 2 万多名员工，拥有社员 130 万人。

（二）商业服务

在私人服务部门的就业中，商业服务组织的就业人数大量增加，20

世纪 90 年代的就业人数为 1970 年的两倍。商业服务包括三个部分：专业服务，例如会计师、法律顾问和广告代理商；技术服务，例如工程咨询、建筑师和测量员；经营服务，包括计算机和办公设备的租用、临时工作中介和保安公司等。商业服务的消费者主要是丹麦的公司，仅有约 5% 的产品提供给私人，约有 5% 用于出口。而出口的部分由于业务的不同而有很大差异，如工程咨询劳务出口达到 30%，而建筑师和测量员的劳务出口不足 5%。

（三）家务服务

家务服务有大量的专业公司，如汽车修理店、清洁服务店、洗衣熨衣店、理发店、照相馆和废品收购站。到目前为止，最大的是汽车修理部门，其次是清洁服务部门，许多清洁工人是兼职人员。与其他的主要行业相比，家务服务部门的就业人数从 1970 年以来呈现下降趋势，其部分原因是夜间第二职业就业人数和自助型工作（do it yourself work）增加，同时妇女参加工作人数和老年人口增加使服务需求从私人服务部门转向公共福利部门。家务服务部门显然不是一个出口导向型部门，其为企业和私人提供的服务数量基本相等。

（四）私人教师和医疗服务

这一行业的从业者主要从事私人医疗服务，仅有 5% 的从业者担任私人教师。

私人教师包括按照市场价格提供的教学服务，例如驾驶、语言和音乐教师。而多数教学活动是在公共部门的监控和资助下进行的，私人教师仅占教育部门整体就业的大约 1%。

私人医疗服务的就业者主要是全科医生和牙医。另外，这一行业还包括牙科技师、兽医、按摩疗法医生等。私人医疗服务的就业人数占公共医疗部门就业总人数的 1/4。国民医疗保险服务用于私人医疗服务的支出被称为公共采购，公共部门购买了私人医疗服务约 2/3 的产品。

（五）餐饮和旅馆

1970 年以来，这一行业就业人数占总就业人数的比例基本没有改变，大约半数的就业者是兼职人员。餐饮业除了一般意义上的餐馆、香肠店、公共饮食企业和公共饮食服务外，还有酒吧、舞厅和夜总会，快餐业也在迅速发展。

旅馆业包括旅馆、汽车旅馆、青年招待所、野营地和为住宿学生提供的宿舍。总体上看，这一行业的特征是从 20 世纪 80 年代以来对住宿的需求量逐渐上升。20 世纪 90 年代以来，每年旅馆的住宿旅客约为 1300 万人，野营地的住宿旅客约为 1100 万人，青年招待所住宿旅客约有 100 万人。外国游客人数相当稳定，约占旅馆和青年招待所的住宿人数的一半、野营地住宿人数的 1/3，大多数的外国游客来自德国和瑞典。近年来，虽然旅馆住宿人数总体上升，但是这一行业资源的使用率非常有限，只利用了约 53% 的旅馆和约 21% 的野营地。

（六）娱乐和文化活动

这一行业主要包括电影、录像、电台广播和电视。其他娱乐活动场所包括游乐园、博物馆、动物园、舞蹈学校和运动馆等。这一部门约有 75% 的产品是用于个人消费，其余的是公司消费，仅有 2% 用于出口。

二 公共服务业

第二次世界大战以后，公共部门有了显著的发展，它们通过社会活动越来越多地关注管理活动和社会福利。公共部门（行政管理、教育和健康部门）的就业人数占总就业人数的比例从 1950 年的 7% 增长到 2016 年的 28.4%，在就业人群中占有最大比例。

1950~1990 年，丹麦人总体消费增长主要归功于公共部门。尤其是 1960~1970 年以惊人的速度翻了一番。现在的丹麦福利国家就是在那时奠定了基础，学校、社会服务部门和医院等都出现了非常迅速的发展。例如，1960~1970 年日间托儿所、幼儿园和娱乐活动中心的数量增加了两倍，同时丹麦国内的学生人数也出现了相应的增长。这是因为从 20 世纪 40 年代中期到 20 世纪 50 年代初期丹麦的出生率很高，而大量的妇女参加了工作，于是在 20 世纪 60 年代初期就有了对护理和教育设施的大量需求。随之而来的是以前的家庭责任转变为公共管理的一部分。

与国内生产总值有关的政府资金的使用逐年上涨，1982 年达到顶峰，之后开始出现下降。90 年代以来又有所增长。公共支出与公共消费并不完全一致。福利社会的特点是相当大一部分的增长是转移支付，例如养老保险支出、教育和培训拨款、儿童救济、失业救济等。

公共部门活动的显著增长对税收有一定的影响，税收为公共服务提供资金。税收负担几乎是在持续上升，从 1950 年的 21% 上升到 2000 年的48%，1988 年的 52% 是峰值。税收收入不足以支持公共部门的所有活动，有时需要借款，从 20 世纪 70 年代以来丹麦为了支付日益增长的债务利息而不得不推迟一些公共活动。

从国际比较的角度来看，1950～2016 年丹麦的公共部门经历了一个显著发展时期。1950 年丹麦的公共部门在国家中所占比重小于经济合作与发展组织其他国家，这一状况一直持续到 20 世纪 60 年代。从 20 世纪70 年代开始，丹麦、瑞典和荷兰的公共部门支出处于领先地位。丹麦、瑞典与荷兰不同的是，前两者公共支出主要是用于公共消费，而荷兰更侧重于转移支付。2016 年丹麦的公共支出为 11073 亿丹麦克朗。其中，占公共支出比重最大的是社会保障福利（43.6%），接下来是健康和医疗（16.1%）、教育（12.9%）和公共服务（12.6%）。

三　旅游业

旅游业是仅次于农业和制造业的丹麦第三大产业，是丹麦服务行业中的第一大产业。1967 年建立的丹麦旅游局是经济和企业事务部下属的政府机构，其目的是吸引外国游客到丹麦旅游，拥有十多个驻外机构。在传统的假日旅游之外，近年来还开发了文化旅游、企业旅游等新的特色旅游项目。政府每年在旅游业的直接投资为 1.6 亿丹麦克朗。每年大约有 700 万人次游客在丹麦度假，主要来自斯堪的纳维亚各国、德国、荷兰、英国和美国等。

丹麦最佳的旅游季节是每年的 5～9 月，这期间昼长夜短，气候温和舒适。9 月中旬以后，天气骤然转凉，许多公园等公共娱乐场所关闭、维修。到丹麦旅游，第一站必到丹麦首都哥本哈根，第二站是世界著名童话家安徒生的故乡欧登塞，第三站是日德兰半岛西海岸和最北角斯卡恩。

丹麦有服务周到的民航客机，通往世界各国；国内有专为旅游、度假服务的包租客机；有安全、舒适的定期客轮通往世界各地；还有发达的铁路、公路（或通过轮渡）与周边各国相通。四通八达的海、陆、空运输，为国内外游客提供了良好、方便的条件。

丹麦提供的自行车旅行，也颇受外国旅游者的欢迎。丹麦地势平坦，最适合骑自行车，全国开设许多自行车出租点。旅游者骑上自行车可以游遍丹麦的各个角落。骑自行车旅游是丹麦旅游的重要特色，也别具风趣。自行车旅游每年从 5 月 1 日至 9 月 30 日。丹麦旅游局以"乘坐两轮的假期"为号召，准备了几条供人骑车旅游的路线，所需时间 8 天左右。晚上可以睡在山间小屋。

为了发展旅游业，丹麦修建了许多高级的旅馆、饭店，如位于哥本哈根市中心的高大的 SAS 王家酒店。在日德兰半岛的海滨地带，修建了许多旅游别墅区，供外国旅游者全家度假用。除去这些高档旅馆，丹麦还拥有 1000 多家各色旅馆，包括饭店、膳宿公寓、小旅店、汽车旅馆、自助旅馆、假日农舍、青年招待所和宿营地等，共有客床 10 万多张，旅客可以根据价格自己选择。

为了进一步推动中国和丹麦两国人民的友好往来，促进旅游业的发展，2014 年两国政府签订了《旅游合作谅解备忘录》，并将 2017 年确定为"中丹旅游年"，增进了两国人民的交流与合作。

第六节　交通与通信

一　交通运输

优越的地理环境为丹麦发展交通运输业创造了极为有利的自然条件。丹麦地处欧洲大陆和斯堪的纳维亚半岛之间，东西被波罗的海和北海环绕，因此，丹麦既是沟通中南欧与北欧的桥梁，又是欧洲与大西洋对岸往来的重要交通枢纽之一，同时也是北美到东方的重要中转站。自古以来，丹麦的海路运输就十分发达。1895 年德国基尔运河的开通，更便利了丹麦与德国之间的往来。20 世纪以来，世界进入航空时代，世界范围的经济贸易交往日益密切，又使丹麦成为北欧海、陆、空的交通枢纽。

丹麦交通运输网密布全国，海、陆、空交通都很发达，交通部门是丹麦最重要的部门之一。丹麦拥有健全的基础设施：航空系统有世界上最密集的航空网络；几乎没有一个国家拥有比丹麦更多的交通港口；铁路几乎通到所有的城镇；公路系统形成了四通八达、质量良好的公路网，大多数的住宅区和农场都能直通柏油公路。因此，丹麦的基础设施使得交通部门能够高效率地为公司和个人提供服务。

航空及大部分铁路、轮渡都由国家经营，其他公共交通主要由私人经营。这一部门由于单个企业的规模不同而有很大差异，一方面在公路运输、海运和航空运输中有少量的大规模公有或私人运输企业，另一方面又有大量从事货运（拖运承包商）和客运（出租车公司）的小公司。交通部门被一些大型有限公司所控制，例如马士基集团和丹麦国家铁道部的DSB。

丹麦人最常用的出行工具是汽车。丹麦人每年平均出行 13400 公里，其中 86% 是依靠汽车，其次是公共汽车和火车，4% 是通过自行车和助动车，1% 是通过摩托车。丹麦的高速公路里程稳定增长，但是丹麦高速公路的分布并不均匀，首都哥本哈根附近的高速公路是最密集的，而日德兰的高速公路则相当少。

丹麦国内的货物主要由卡车运送，2016 年卡车运输量占货物运载量的 88%。丹麦的国际货物运输主要依靠船舶，海运量占货物运输总量的 71%。

（一）海路运输

海路运输担负着丹麦国内运输，以及与其他国家之间广泛的对外贸易运输，每年为国家创造大量外汇，其收入对弥补国际收支逆差起着重要作用。1999 年 20 吨以上商船 1759 艘，总吨位 571.4 万吨，包括集装箱船、散装船、产品运输船、小型干货船以及石油钻探船和补给船等。客运量为 2.75 亿人，货运量为 8535.6 万吨。现在的船队主要是由现代化集装箱货船和油船组成，虽然数量上比过去少了，但是质量上更高、更先进了。

马士基集团在丹麦的海运公司中居首位，拥有 100 多艘船，是世界上最大的海运集团之一。该集团的第一家公司创立于 1904 年，所属的马士基轮船有限公司是世界第三大集装箱船运公司。除经营一般的海运业务外，马士基集团还拥有运输汽车的专用船和为海岸活动服务的补给船，以及可以在遥远水域工作的石油钻探船，并通过马士基石油－天然气公司进行油气生产。宝隆洋行是丹麦的第二大海运公司，其活动包括提供集装箱船、散装船、双体船的定期服务。海运业的主要组织是设在哥本哈根的丹麦船主协会（Danish Shipowners Association），所有的远洋轮船主都是其成员。

丹麦全国有港口 130 余个，其中有 90 多个是交通港口，交通港口在国内有 70 多个渡船航线。最大的国际海港位于哥本哈根，大部分国际海运都集中在这里。此外，凯隆堡（Kalundborg，位于西兰岛的西北部）、欧登塞、奥胡斯和腓特烈港货运量位居前列。

二战后，丹麦商船在以不定线的船队的基础上，又增加了相当一部分船只担任定线航行，丹麦与美国、英国、法国以及波罗的海国家经常有客货航线相联系。

2016 年，丹麦载重量超过 20 吨的船有 1735 艘，其中油轮 170 艘、集装箱船 118 艘、其他干货船 249 艘、客船和渡轮 106 艘、渔船 502 艘、其他船 590 艘。2016 年丹麦船只的载重量一共有 1555.6 吨，比上年增长 10%，这些船的载重量分别为油轮 318.4 万吨、集装箱船 1061.6 万吨、其他干货船 76.1 万吨、客船/渡轮 49.6 万吨、渔船 12.4 万吨、其他船 37.5 万吨。

（二）公路运输

丹麦国土面积不大，道路极为平坦，发展公路运输比铁路运输更为方便和有利。19 世纪末建造和修缮了主要的公路，与欧洲其他国家相比，丹麦很早便形成了一个高密度的公路交通网络。战后交通网逐渐得到扩大且质量得到改善，特别是在 20 世纪 60 年代和 70 年代，经济高速发展促进了高速公路的修建。近年来，丹麦公路网有长足发展，公路四通八达，密如蛛网。丹麦公路每平方公里的平均长度为 1.65 公里，是世界上公路最为密集的国家之一，公路运输能力整体上已经过剩。丹麦几乎没有出现过交通堵塞现象，即使是在交通高峰时期。

在丹麦建造高密度的公路网和高质量的公路，主要是由于拥有大量长期失业人口的地方政府能够因此减少开支，因为国家会为修建公路支付大部分的资金，同时建筑工作促进地方就业，而且新路减少了依靠地方财政修建的地方公路网。现在，地方政府管辖范围内的公路总长度是计算地方政府财政支出是否均衡的标准之一，这项规定对于人口稀少又不富裕的地区十分有利。

2017 年，丹麦拥有汽车 246.04 万辆，其中大部分是家庭所有的，为 223.21 万辆（约占 91%），少部分是公司和企业所有，为 22.83 万辆（约占 9%）。

（三）铁路运输

1844 年丹麦首次在阿尔托纳（Altona）和基尔（Kiel，现位于德国境内）之间铺设铁路，三年之后修建了哥本哈根和罗斯基勒之间的铁路。直到 1864 年以后丹麦才开始广泛修建铁路，1880 年修建铁路干线。1888 年，丹麦每 10 万人拥有 92 公里铁路，丹麦的铁路密度紧随瑞典和瑞士之后位居世界第三。铁路网的发展一直持续到 20 世纪 40 年代，并与修建横跨小贝尔特海峡等跨海桥梁密切相关，铁路网总长一度达到约 5000 公里（私人铁路约占一半）。此后受公路网的发展影响，铁路运输有所下降。

丹麦有着发达的铁路运输网，由轮渡和桥梁将丹麦各岛屿之间以及与斯堪的纳维亚半岛和欧洲大陆之间的铁路交通连成一体。早在 20 世纪 50 年代前半期，丹麦就通过轮渡同联邦德国和瑞典的铁路有直接联系。丹麦轮渡是建有二层甲板的巨型驳船，在一层甲板铺有铁轨，列车由特设的码头驶进驳船。这种码头与轮渡外形一样，装有水闸，水闸紧密地关闭着，并使水升到轮渡上的铁轨与陆上铁轨相衔接为止，然后列车就可以驶上轮渡。

近几十年来，随着铁路运输的发展，丹麦新建了许多铁路和桥梁。大岛屿之间有可以运载 2000 名乘客和三四百辆汽车的班轮。又陆续建造了一些新桥，如将西兰岛和菲英岛连接在一起的大贝尔特桥、连接丹麦首都哥本哈根和瑞典马尔默的厄勒海峡大桥等。众多的轮渡和桥梁是丹麦铁路运输的一大特点。

贯穿 20 世纪 90 年代的与公路相关的环境问题和运输能力问题使得铁路运输增加，促使大量新投资用于开发铁路设施和商业站点，使用新设备加快公路和铁路之间的运输，修建新的旅游交通铁路线，以及在大城市地区和城郊扩大铁路网，在岛屿之间使用轻轨火车进行补充（部分要穿过隧道）。

（四）航空运输

丹麦的航空运输是在二战后发展起来的。1945 年，丹麦民用航空飞机只有 7 架，到 1952 年增加到 51 架，航空人员 6500 名，其中驾驶员 340 名。

丹麦航运担负着较重的国内和国际客货运输任务。哥本哈根的卡斯特鲁普机场是丹麦最大的航空港，也是欧洲北部航空枢纽，为 50 多家航空公司提供服务，拥有雇员 1.3 万人，丹麦航空运输的 70% 左右通过卡斯特鲁普机场。卡斯特鲁普机场是服务周到、待客热情的世界一流机场。机场为旅客提供各种服务，开设了欧洲最大、最漂亮的购物中心，另设有休息、娱乐中心，还为孩子们准备了游乐场，为老人、残疾人准备了特制车辆，以及一些服务齐全的银行、邮局、理发厅等配套设施。在丹麦的 25 个飞机场中有 12 个是国内航班的国家航空网，都在哥本哈根的飞机场有起落点。

丹麦与瑞典、挪威于 1946 年联合组成斯堪的纳维亚航空公司（萨斯公司，SAS-Scandinavian Airlines System），丹麦持有 2/7 的股份。该公司经营国际航线，定期飞往欧洲各地和世界其他大部分国家和地区。有些丹麦的航空公司，如斯特灵航空公司、科内尔赫马士基航空公司承揽了几乎所有假日去南方旅行的斯堪的纳维亚旅游者的包租业务。丹尼尔航空公司有十几条国内航线连接哥本哈根、菲英岛和日德兰岛。首都哥本哈根同国内其他各地之间一般每隔 30 ~ 40 分钟就有一次航班。

2016 年，丹麦有飞机 1050 架，其中，1 ~ 2 个座位的 232 架，3 ~ 5 个

座位的 527 架, 6 ~ 9 个座位的 76 架, 10 ~ 99 个座位的 154 架, 超过 100 个座位的 61 架。

二 通 信

丹麦的邮政和电报业务由国有企业经营, 国家通过法律垄断了信邮业务。邮政与电报公司 (P&T) 雇用了 4 万名职工, 负责 1300 多个邮政局和 1.1 万多个信箱。主要业务是信件、报纸、包裹、邮件的邮递和电报的发送, 同时也是丹麦电话联网系统中的一个关键环节。

丹麦电话系统的质量和覆盖范围居世界一流水平。20 世纪 70 年代引进了自动电话交换台, 并且建立了一个高质量标准的国家电信网络。80 年代开始将主要的电信网转变为高效的光导纤维通信电缆, 在 80 年代末为移动电话建立了发射台, 这些发射台在 90 年代前半期在全国范围内发展起来。1990 年丹麦的电话网络线路全长 1800 万公里, 1994 年丹麦拥有 300 万个电话注册者和 20.6 万个移动电话注册者。相对于丹麦的人口规模, 这两类统计数字在世界范围内均是最高的。

自 20 世纪 80 年代中期以来, 政府一直重视和支持信息技术的发展与应用。21 世纪, 网络有了更广泛的用途, 例如沟通、信息检索、游戏、贸易、娱乐、教育、自助服务等, 应用范围仍在继续随着技术的发展和新的商业模式的扩大而扩大。其中, 电子邮件是丹麦人使用最久的通信服务之一, 2017 年有 94% 的丹麦人使用电子邮件接收和发送信息。

丹麦人使用互联网购买商品和服务, 主要是用于购买文化活动或旅程的票。丹麦人也多使用互联网购买衣服, 以女性消费者为主, 2017 年有 71% 的丹麦女性通过互联网购买衣服。

有 10 名以上员工的企业中有 64% 的员工使用社交媒体, 也就是使用可以与其他用户共享内容的网站。这种应用非常活跃, 即企业在社交媒体上有用户资料、账户或类似信息。在社交媒体的使用方面, 大型企业和小型企业的差别很小, 37% 的企业只使用一种社交媒体, 11% 的企业频繁使用两种以上的社交媒体。2017 年, 丹麦有 330 万人 (16 ~ 89 岁) 使用社交网络服务。

第七节 财政与金融

一 政府财政

丹麦一直以福利制国家闻名于世，而高福利是以高税收作为支撑的，因此与丹麦政府的财政运作息息相关。简言之，政府以税收方式从国民手中收取所需资金，然后用于公共福利事业。

（一）财政收入来源

丹麦维持福利国家运转的税收由三级政府征收：中央政府、5 个大区政府和市镇政府。三级政府都履行征收收入所得税的职责，中央政府征收的是累进制所得税，即税率随收入的增加而递增，而地方政府则实行统一税率。中央政府征收货物税，而财产税由地方政府征收。丹麦政府常常以征收间接税的方法来配合贯彻一些政策，如出于对公众健康的考虑，政府对烟酒实行高税率；为贯彻环保政策，政府对环境污染、能源及水的消费征收一定的税。丹麦的财政收入主要来自所得税和商品及服务交易的增值税，是全世界纳税负担最重的国家之一。个人所得税一般为收入的50%左右，高收入者纳税额高达70%以上。企业税由工厂和其他企业单位根据盈利缴纳。一般商品及服务交易的增值税为25%。有的商品还要征收特别消费税，如汽车税率为280%。到超市或商店购物，商品的价格一般不包括增值税，还要在价格的基础上加25%的增值税，服务交易也是如此。

（二）财政收入分配

丹麦政府将税收的40%用于社会福利，包括养老金、老弱公民补助、托幼服务、失业救济等；13%用于教育和科研，丹麦所有的普通学校都是免费的（大学归中央政府管理，中学由省政府管理，小学由市镇政府管理）；9%用于医疗保健；6%用于住房和环境保护；其余的32%用于政府其他各项行政开支，如行政管理、商业发展、交通、防务、援助发展中国家等。

2016 年，丹麦政府收入 10859.37 亿丹麦克朗，支出 10242.63 亿丹麦克朗。经常账户盈余 616.74 亿丹麦克朗，政府债务 186.04 亿丹麦克朗（见表 4-10）。

表 4-10　2016 年丹麦一般政府支出和收入

单位：亿丹麦克朗

	中央政府	社会保障基金	地方政府	一般政府
经常账户支出	7711.42	442.23	6875.58	10242.63
经常账户收入	7933.91	470.52	7241.55	10859.37
资金支出	493.03	26.97	318.70	809.50
资金收入	6.35	—	29.58	6.71
经常账户盈余(总储蓄)	222.49	28.29	365.97	616.74
总盈余(净借贷)	-264.20	1.31	76.85	-186.04

资料来源：*Denmark Statistical Yearbook 2017*，Statistics Denmark，June 2017，table 292。

二　金融业

（一）概述

金融业部门包括金融机构、抵押贷款机构、保险公司和养老基金等。从 20 世纪 60 年代到 80 年代末，这一部门迅速发展，就业人数从 1960 年的 3.4 万人增加到 1989 年的约 10.8 万人，平均每年增长 4%，远远高于国家总体就业的增长水平。第一次石油危机之前的高速经济增长促进了金融部门的迅速发展，而金融市场的自由化和应用于金融业的科技大规模发展为 80 年代就业人数迅速增长提供了契机。金融部门在总体就业中的比例也由 1960 年的 1.6% 上升到 1989 年的近 5%。此后金融部门的就业人数有下降趋势，2016 年金融部门就业人数减少至 7.9 万人，占总就业人数的 2.7%，产值为 1728 亿丹麦克朗，占 GDP 的 4.9%。

20 世纪 80 年代末，丹麦企业出现了明显的收购和兼并趋势，这就需要创建更大规模和更强健的金融机构，与兼并同时出现的合理化改革促使对金融机构的资产平衡和运作进行适度调整。到 90 年代末，国内金融机构数量减少 1/3，雇用人数减少 14%。虽然这样大大降低了总成本，但是从世界范围来看，丹麦银行业仍然是一个劳动密集型的行业。

顺应国际发展趋势，丹麦银行也开始了混业经营，并且以能够提供所有类型金融服务的所谓的金融超市为导向。因此在 20 世纪 90 年代初期，商业银行建立了自己的抵押贷款机构和养老基金。与此同时，现有的抵押贷款机构和保险部门也开始提供传统的银行业务，例如借款和贷款。金融国际化还意味着丹麦的金融企业在 20 世纪 80 年代已经在国外建立了自己的代表办事处、分支机构或子公司，同时在国内市场也面临越来越多的外国公司的竞争。

21 世纪以来，丹麦银行业稳健发展。2015 年丹麦政府曾表示有意加入欧洲银行业联盟，认为加入该联盟有利于提升丹麦的金融稳定性，促进丹麦银行业与欧洲其他国家银行业的合作。2019 年 12 月，丹麦工商业和金融事务部对丹麦加入欧洲银行业联盟进行评估，认为加入欧洲银行业联盟有助于对丹麦借贷机构进行监管。但是，受英国脱欧不确定性影响，以及新巴塞尔协议在欧盟如何实施尚无定论，丹麦仍未确定是否加入欧洲银行业联盟。

（二）货币制度

丹麦货币是丹麦克朗。根据宪法，丹麦王室享有在丹麦制造硬币特权。但是在 1975 年，王家铸币厂的管理权被移交给丹麦国家银行，从此丹麦国家银行负责向全国供应硬币。丹麦现在流通的硬币有 20 克朗、10 克朗、5 克朗、1 克朗、50 欧尔、25 欧尔、5 欧尔、2 欧尔、1 欧尔。100 欧尔折合 1 克朗。

大约 995 年斯汶王所使用的盆宁（penning，铜制硬币）是丹麦铸造出的第一枚硬币，并且到中世纪之前已经铸造出了上百万枚各种类型的硬币。1541 年，硬币被标示了不同的面值。1625 年，克朗在硬币中占有一席之地。1737 年，由政府银行发行的纸币开始被使用。在 1813 年所谓的政府银行破产之后，丹麦对货币制度进行了改革。1818 年国家银行成立，之后由它来发行纸币。1873 年，丹麦克朗和欧尔发生了变化，由银本位制转换成了金本位制，然而在 1931 年又被放弃。1920 年之后，几乎所有的丹麦硬币是由铜和镍的合金铸造的。因为国内出现了通货膨胀，所以丹麦硬币面值增加（1960 年推出 5 克朗，1979 年推出 10 克朗，1990 年推出 20 克朗），而小面额的硬币（1 欧尔、2 欧尔、5 欧尔、10 欧尔）已经逐渐消失。现在丹麦纸币面额为 50 克朗、100 克朗、200 克朗、500 克朗、1000 克朗。总而言之，丹麦的货币制度稳定，通货膨胀率不高。

在战后的很长时间内，在日常生活中现金是次要的，丹麦人将支票支付作为主要的支付方式。20 世纪 80 年代以后，支票支付方式逐渐被电子转移支付代替，包括信用卡支付。

丹麦虽然是欧洲联盟成员国，但是并未加入欧元区，因此仍然使用本国货币。丹麦克朗对外实施有限制的浮动汇率制度，2020 年丹麦克朗兑人民币汇率为 1 丹麦克朗 = 1.0423 元人民币。

（三）国家银行

丹麦金融的核心机构是丹麦国家银行，这一机构的目标和作用是 1936 年法律规定的。它并非国家拥有的银行，而是按照法律规定在丹麦货币和信贷方面对政府负责的自有和自治机构。

丹麦的官方黄金储备存于国家银行，但黄金早已不作为钞票发行的基础了。国家银行负责印制和发行钞票，也负责管理王家铸币厂的铸币发行。

法律规定丹麦国家银行的基本职能包括协助货币流通、扩张信贷和保证通货制度的安全，从而赋予国家银行制定货币政策的职权。国家银行通过对银行贴现率的变化可以控制丹麦银行的利率，也可以通过股票市场的公开对市场业务施加影响。国家银行还可以对商业银行、企业和私人的外汇交易实行一定程度的控制。国家银行也与国际货币基金组织等国际机构建立了联系。

管理国家银行的是理事会（主席由政府任命）、董事会及委员会，选入委员会的有各商业和工业部门的代理人。国家银行的最高监督权由王家专员行使。

2016 年，丹麦国家银行黄金储备为 170 亿丹麦克朗，外汇储备为 4560 亿丹麦克朗，在国际货币基金组织的特别提款权为 170 亿丹麦克朗。[①]

（四）商业银行

丹麦银行体系主要形成于 19 世纪后半叶。第一家真正的商业银行——菲英贴现银行建于 1846 年，其宗旨是使用净资本向商业及工业部门提供贷款。到 19 世纪 90 年代已经发展到 40 多家银行。

20 世纪 80 年代，丹麦一度拥有 70 多家独立的商业银行。从营业余额、账号数量、资金周转额等方面看，商业银行系统的核心是总部均设在哥本哈根的 3 家大银行：丹麦丹斯克银行（Den Danske Bank，前身是 1871 年建立的丹麦农民银行），哥本哈根商业银行（Copenhagen Handelsbank A/S，建于 1873 年）和哥本哈根私立银行（Privatbanken A/S，1857 年建立）。另外 2 家比较大的银行是与丹麦合作运动密切相关的丹麦银行（Danske Bank）以及 1967 年通过欧登塞、奥胡斯和奥尔堡等地多家大型地方银行合并形成的地方银行（Provincial Bank）。这 5 家银行占有丹麦商业银行营业资金余额的 2/3 和国内存放款的 2/3。

20 世纪 80 年代末期金融部门出现合并趋势，形成了两大商业银行：丹斯克银行和联合银行（Unibank）。到 1999 年底，丹麦境内共有 190 家商业与储蓄银行。其中最大的 3 家银行的资产总额约占丹麦商业与储蓄银行全部资产的 73.2%。尽管丹麦的银行进行了合并，但是仍然有大量的小银行存在，2015 年底，丹麦共有 80 家注册银行，其中 2 家最大的银行资产占银行全部资产的 70%。可见，丹麦的大银行通过合并变得更为集中，规模和市场占有率比以前更高。

所有丹麦商业银行都是丹麦银行家协会的成员，该协会负责制定共同政策，在处理与公众、政府和国际组织的关系时代表银行的利益。

（五）抵押信贷协会

在过去的 100 多年里，丹麦建立了一种独特的为不动产投资提供资助的金融体系。不动产包括住房、农用土地、工业企业、饭店、商业大厦以

---

① *Annual Report 2016*, Denmarks Nationalbank, March 7, 2016, pp. 23 - 29.

及行政大楼、学校、体育场等。这一体系建立在抵押信贷协会的基础之上，其活动有两方面内容。一方面，这种体系是为借款人所组织的，需要建立不动产的人可以从抵押信贷协会中获得资助。这些协会通常是由债务人组成，财产拥有者以其财产作为担保，即以不动产抵押来获得贷款，协会为借款人发放不同等级的贷款。另一方面，协会通过对外发放债券获得资金，由每组借款人共同承担责任，债券的期限不等，最长的为35年。许多人用储蓄来购买这类抵押信贷债券，这些债券也是商业银行和保险公司的传统投资领域。由于丹麦的抵押信贷债券非常可靠，在国际投资者中享有很高的信誉。

二战后，丹麦的抵押信贷协会从数十家，经过合并，到20世纪80年代形成3家全国性组织，即丹麦抵押信贷协会（Danish Mortgage Credit Association）、住房抵押基金（Housing Mortgage Fund）、新丹麦信贷协会（New Danish Credit Association）。这些抵押信贷机构雇用了3000多名职工，负责丹麦90%以上的财产筹资活动。

20世纪80年代中期，抵押贷款机构由于资产市场的缩水而蒙受了巨大损失。1986～1990年，房屋价格下降1/3，被迫出售的数量从每年的8000套增长到20000套以上。这种被迫出售数量居高不下的状况一直持续到1993年经济条件得到改善以后。利率的显著下降为业主从高利率的债券贷款转向低利率的贷款开辟了道路，法律的变化使得延长借贷期限成为可能，金融和抵押机构从1995年又开始赢利。丹麦抵押贷款长期维持较低的利率水平。2019年更是对购房贷款实行了负利率，8月，丹麦日德兰银行（Jyske Bank）宣布10年期房贷固定利率为 -0.5%。

（六）保险和养老基金

直到20世纪60年代末期，丹麦的保险业仍以公司众多为特征，除少数几家大公司以外，大多数都是仅限于某一地区、从事单一保险业务的小公司。但从70年代开始，由于丹麦加入欧洲经济共同体，保险公司必须遵守共同的法规，从而突破地区限制而加剧竞争，兼并集中的趋势迅速加强。到80年代中期，形成了几家大的保险公司，包括巴尔蒂卡联合集团

（Baltica）、哈夫尼亚公司（Hafnia）和托普保险公司（Top Insurance）。这些大公司既提供人寿保险也提供非人寿保险。

90 年代初期，保险部门受到竞争购买政策的影响而出现了部门内的一系列破产。因此，巴尔蒂卡和哈夫尼亚都出现了净资产流失。巴尔蒂卡的人寿保险部门与属于丹斯克银行集团的丹尼卡（Danica）合并，与此同时，巴尔蒂卡的一般保险部门与特里格福斯克瑞公司（Tryg Forsikring）合并组成了特里格 – 巴尔蒂卡公司。哈夫尼亚则被一家由英国太阳联盟保险公司（Sun Alliance）所拥有的丹麦科丹（Codan）保险公司接管。

除保险公司外，丹麦拥有 180 多家养老基金组织，一般的养老基金组织都与某一特殊领域中的职业（如护士、工程师等）组织有关。当然，也有几家大规模的、范围广泛的养老金系统，如丹麦劳动力市场补充养老金方案（Labour Market Supplementary Pension Scheme），丹麦所有雇主和雇员每月都向此系统定期缴款；以及雇员资本养老基金（Employees' Capital Pension Fund）等。

90 年代以来，养老基金系统进行变革，其中最重要的变革是强调这一系统的重点将逐渐从社会保障养老金转向劳动力市场养老金。然而，这一转变进行得非常缓慢，因为一个人从进入劳动力市场到领取养老金需要40 ~ 50 年的时间。劳动力市场养老金由商业机构和非商业机构进行管理。商业管理者是金融机构、人寿保险和养老基金，非商业管理者包括公司养老基金和联合养老基金。

保险公司和养老金的个人储蓄份额越来越高，资金非寿险与人寿和养老保险之间存在差异。同一家公司可能不提供不同类型的保险，但可能通过公司间所有权连接，特别是人寿和养老保险近年来业务量增长。由于劳动力市场养老金计划的发展和各种形式的税收与养老金缴款有关的特权，这一比例越来越高。个人储蓄由养老基金和人寿保险公司管理，从而成为金融市场的重要参与者。从表 4 – 11 可以看出，2016 年丹麦的人均养老金为 53.99 万丹麦克朗，在北欧国家中是最高的。相比其他北欧国家，丹麦的人均资产最高，为 104.79 万丹麦克朗。

表 4 - 11   2016 年四个北欧国家的人均国内金融资产

单位：万丹麦克朗

	丹麦	挪威	瑞典	芬兰
金融资产总额	104.79	66.82	97.77	39.65
养老金	53.99	21.96	37.07	8.07
债务总额	47.19	51.34	30.12	20.82
金融净资产	57.60	15.48	67.65	18.83

资料来源：*Denmark in Figures 2018*，Statistics Denmark，p. 27。

（七）工人银行

丹麦有一家独具特色的工人银行，这家银行是由丹麦总工会于 1919 年创办的，是世界上最早由工会创办的银行之一。这是一家股份有限公司，总资产为 120 亿丹麦克朗，储备资金为 9.6 亿丹麦克朗。它在全国有 55 家分行，雇用职工 1200 人，是丹麦国内较大的银行。总工会及其所属各行业工会是银行主要持股人，持有 90% 的股金。此外，还有 6000 名私人股东。工人银行的独特之处在于它除经营一般银行的业务，还有 3 项特殊的业务：①在金融、财经问题上为各工会提供咨询；②尽可能为工会会员提供长期贷款；③资助合作社运动和中小型企业。

（八）证券机构

丹麦金融市场的证券交易规模在世界居第 9 位。丹麦国内从事证券交易的专业金融机构有 46 个。这些金融机构在资金、技术和国际联系方面都有相当的实力，它们几乎包揽了丹麦全部的证券业务。

第八节　对外经济关系

一　对外贸易

丹麦工业所需的原材料和燃料主要靠进口，产品销售又主要依赖国际市场，所以对外贸易是丹麦的经济命脉，在经济发展中起着十分重要的作用。政府主张贸易立国和自由贸易，制定优惠政策鼓励产品出口。二战

后，特别是 20 世纪 50 年代中期以后，外贸发展很快。1960～1983 年，按不变价格计算，进口量和出口量分别增加了 3.2 倍和 4.1 倍。2009 年在全球金融危机的影响下，丹麦的进出口均出现下滑，但是 2011 年出口就恢复到危机前的水平，2013 年丹麦的进口恢复到危机前的水平。

丹麦对外贸易的商品结构变化较大，出口商品变化尤为显著，战后初期以出口农产品为主，目前以出口工业品为主。丹麦进口商品主要有石油、煤、化工产品、钢铁、机械、运输设备、服装、棉纺织品、纸和饲料等，出口产品主要有肉、鱼、乳制品、医药、化工、机械、仪表、电子产品、船舶、纺织品、服装和家具等。

丹麦对外贸易曾经在很长时间里处于逆差，战前和战后一直如此，直至 20 世纪 80 年代都没有大的变化。自 1987 年以来开始出现顺差，此后一直保持较大顺差。随着进出口贸易的增长，2008 年之后，丹麦持续保持较大的贸易盈余。2011 年和 2012 年，丹麦的贸易顺差降至 1000 亿丹麦克朗，2013 年贸易顺差开始发展，2015 年丹麦的贸易顺差达到 1263 亿丹麦克朗。

丹麦的服务贸易迅速发展。20 世纪 90 年代，丹麦的商品贸易和服务贸易同步发展，但是 90 年代之后，服务贸易在丹麦进出口贸易中的重要性增强。2015 年，丹麦的服务贸易比 1995 年增长了 5 倍，而同期商品贸易仅增长了 2 倍。2009 年受金融危机的影响，丹麦的商品贸易和服务贸易都出现下滑，但是 2010 年就开始回升，2015 年只有商品贸易的进口没有恢复到金融危机前的水平，主要原因是全球经济复苏乏力，世界范围内的市场需求仍然没有恢复。

丹麦同世界上 100 多个国家和地区有贸易往来，2015 年，丹麦的出口额为 6350 亿丹麦克朗，进口额为 5729 亿丹麦克朗。其中，对欧盟其他国家的出口额为 3825 亿丹麦克朗，约占总出口额的 60%；进口额为 3978 亿丹麦克朗，约占总进口额的 69%。丹麦的主要对外贸易伙伴是欧盟诸国。德国、瑞典、英国、挪威、美国是丹麦的五大贸易伙伴，与这五国的进出口贸易额占丹麦进出口贸易总额的 50% 以上。欧洲联盟国家占丹麦进出口贸易总额的 70% 左右。德国是丹麦最大的贸易伙伴国，2015 年，德国的进口额占丹麦总进口额的 20%，占总出口额的 17%，10 年前对应的比例分别为 21% 和 17%。最近几年，中国与丹麦的双边贸易迅速增长。2015 年，中国成为丹麦的第四大产品供应国，占丹麦进口额的 8%。同时，中国也是丹麦的第七大出口市场。

丹麦的 GDP 中 45% 是来自出口产品和服务，其中 31% 是货物贸易。货物贸易中 75% 是制造业产品，其中机械和设备占 27%，化学产品占 12%。主要单类产品为家具、医药（包括胰岛素等）、风力涡轮、计算机设备、光纤、便携式电话、助听器、扬声器。农产品出口额占出口总额的 25%，[①] 主要产品为猪肉、谷类、蔬菜、乳酪和罐装食品。主要的初级产品是鱼和皮毛，占出口总额的 5%。丹麦 80% 的出口产品出口到欧盟，欧盟的候选国为 5%。除欧盟外较大的出口地分别是挪威（6%）、美国（6%）、日本（4%）。服务出口额占 GDP 的 14%，主要为海陆运输、旅游、工程、建筑、设计咨询服务。丹麦的自然资源匮乏，因而差不多一半的进口产品是原材料和半成品。1/4 的进口产品是消费品，尤其是像小汽车这样的耐用消费品依赖进口。机械设备和其他资产性商品占进口总额的 14%，进口产品和服务分别占 GDP 的 28% 和 10%。2017 年丹麦的对外贸易顺差 1410 亿丹麦克朗。丹麦有 7.2% 的出口市场是金砖国家（巴西、俄罗斯、印度和中国）。1990 年丹麦服务贸易出口占货物和服务贸易出口的 28%，2017 年这一比例上升至 36%。2017 年有 45% 的服务出口贸易靠海运业。

二 对外援助

丹麦对发展中国家的经济援助，从 1978 年起就已经达到了联合国所建议的对外援助占 GDP 0.7% 的指标。主要受援国是比较贫穷落后的发展中国家，如加纳、莫桑比克、坦桑尼亚、肯尼亚、孟加拉国、印度、尼加拉瓜、埃及等。援助的重点是难民、医疗卫生和农村发展等。

丹麦对外双边援助是通过受援国政府与丹麦政府的直接合作进行

---

① *Facts and Figures*, *Denmark—A Food and Farming Country*, Denmark Agriculture & Food Council, September 2016, p. 7.

的, 主要用于医疗卫生和农村发展等工程与技术项目、救灾和食品。多边援助主要是通过联合国、欧洲联盟和世界银行实施。

三 对外投资和外国资本

丹麦工商企业在积极发展对外贸易的同时, 也积极扩大在国外的投资。20世纪80年代初期在国外投资只有10多亿丹麦克朗, 此后迅速增加。90年代以来, 丹麦对外直接投资呈波浪式发展趋势, 尤其进入1999年以来, 更是急剧上升。对外投资增长幅度较大的主要原因, 一是1997~1999年是丹麦经济发展较好的时期, 政府的"紧缩财政政策"在一定程度上限制了国内企业在本国的发展空间; 二是在当今世界并购风起、强强联合的大环境下, 丹麦公司也不甘落后, 采取公司股票换购的方式对外兼并扩张, 这也是自有资本对外投资大幅上升的主要原因。

丹麦对外投资的主要方式是直接投资, 涉及的领域包括农业、渔业、原材料开采、住房和建筑业、制造业、交通运输和电信、金融服务业等。其中金融服务业、交通运输和电信及制造业是其对外直接投资的主要领域。

丹麦对外直接投资主要面向欧洲联盟和北美洲国家, 亚洲、非洲、大洋洲及其他地区较少。战后, 在丹麦的外国资本也在不断地增加, 主要是来自美国、英国和瑞典。20世纪80年代前半期, 外国在丹麦的投资额基本保持在20亿丹麦克朗。80年代以后又有新的发展, 到1999年外国对丹麦直接投资520.9亿丹麦克朗 (约合74.63亿美元)。丹麦约有1/3的股份公司被外资控制, 主要由外资掌握的生产有大轿车、饼干、果胶、琼脂、肥皂、化妆品、冰糕和人造黄油。石油供应和炼油主要被英国、美国、挪威等石油公司垄断。目前, 瑞典在丹麦投资最多。

国际金融危机爆发以来, 丹麦的对外投资规模远远大于吸收外资的规模。2007年以来, 丹麦对外直接投资增加了4750亿丹麦克朗, 2015年达到1.12万亿丹麦克朗, 吸收外资仅570亿丹麦克朗。这主要是因为丹麦企业外包业务增加, 推动了丹麦对外投资的增长。丹麦对外投资的增长有助于丹麦企业的发展, 并为丹麦企业产品进入当地市场提供了便利条件。

2008～2018 年，丹麦对外投资增长较快，对外投资的增速明显超过外国对丹麦的直接投资。2018 年丹麦的对外投资和外国直接投资分别为12450 亿丹麦克朗和 6998 亿丹麦克朗。对外投资约为外来投资的 2 倍（见表 4－12）。丹麦对外投资的迅速增长与丹麦国际化生产有关，日益增多的丹麦企业将生产部门设在国外，进行国际化的生产和销售。

表 4－12　2008～2018 年丹麦的对外投资和外国资本

单位：亿丹麦克朗

	2008 年	2010 年	2011 年	2012 年	2013 年	2014 年	2015 年	2016 年	2017 年	2018 年
丹麦对外投资	7229	9157	10076	10383	10189	10247	11253	11969	12516	12450
外国直接投资	5319	5396	5638	5542	5082	5862	6282	7011	7263	6998

资料来源：丹麦国家银行。

为吸引跨国公司落户丹麦，丹麦政府出台了一项新税法，对总部设在丹麦的跨国公司母公司的海外子公司的利润汇入实行零税率。2017 年，丹麦外资企业营业额约占丹麦企业总营业额的 20%，雇用人数占所有私营企业总雇用人数的 16%。2017 年，丹麦前三大外资来源地为荷兰、英国和法国，投资主要集中在制造业、企业融资并购和商业服务等领域。2016 年，丹麦外交部推动 68 个外国企业对丹麦的投资项目，这些项目一共创造了 1615 个就业岗位，涉及清洁技术、信息通信、生命科学等领域。

四　中丹经济关系

丹麦政府于 1950 年 5 月 11 日同中国建交，1956 年 2 月 15 日两国将公使馆升格为大使馆。70 年代中期以来，两国关系迅速发展。丹麦女王、三届首相、议长和外长等政府高级官员多次访问中国。中国政府总理、副总理、外长和全国人大常委会副委员长等国家领导人多次访问丹麦。中丹于 1980 年建立经济贸易混合委员会，致力于促进双边经济贸易关系的发展，20 世纪 80 年代以来，两国贸易发展很快。1986 年两国贸易额由 50

年代的 300 万美元增加至 2.37 亿美元。中国海关统计，2000 年中丹进出口贸易总额为 13.34 亿美元，比上年增长 31.4%，与 1990 年的 2.63 亿美元相比，增长了约 4 倍。2015 年 5 月 11 日，在人民大会堂举行了中丹建交 65 周年活动，根据丹麦官方统计，丹麦与中国两国贸易额相比 50 年代增长了 3500 多倍。2014 年中丹双边贸易额超过 100 亿美元，中国成为丹麦在亚洲最大的贸易伙伴。尽管丹麦国土面积较小、人口较少，但是丹麦已经成为对华人均经贸和投资额最大的欧洲国家。截至 2017 年底，中国累计对丹麦投资 2.2 亿美元，主要企业包括中化石油天然气控股公司、鹏达航运集团、中国国际旅行社丹麦有限公司、华大基因、天顺风能、山东歌尔声学等。

中国向丹麦出口的商品主要有蔬菜、水果、罐头食品、糖及其制品、蜂蜜、肥料原料、饲料、工艺品、纺织纤维、药品和医用产品、办公设备、自动化数据处理设备、旅游用品、箱包、服装、鞋和五金矿产等；中国从丹麦进口的商品主要是船用设备、电子仪器、医疗器械、动力发电机和马达、照相和光学器材、食品加工设备、种畜、肉类制品、动物饲料、毛皮类、鱼、甲壳类、软体动物及其制品等。

在中国政府鼓励发展的交通、能源、环保、现代农业、生物制药、精密机电等领域，丹麦企业具有很大的优势。丹麦的一批世界知名的大公司，如马士基集团、诺和集团、丹佛斯集团、丹尼斯克公司等都已在中国建立了独资或合资企业，在华投资的领域正在扩大，涉及医药、奶制品、家具、食品添加剂、海产品加工、航运、物流、集装箱、供热设备、工业酶及环保等。中丹合资企业主要有中国国际海运集装箱股份有限公司、北京东直门国际公寓有限公司（东湖别墅）、北京首丹家具有限公司、苏州宏达制酶有限公司、丹佛斯（天津）有限公司、天津诺和诺德有限公司等。此外，越来越多的拥有专门技术和独特市场优势的丹麦中小企业也对拓展中国市场表现出浓厚的兴趣。丹麦的环保技术比较先进，2008～2014年，丹麦环保技术对中国的出口翻了一番。包括中国在内的金砖国家是丹麦环保技术出口增长最快的市场，但出口份额仍远低于欧盟市场平均水平。

丹麦政府十分重视两国财政合作，将其与贸易和投资并列为中丹经贸关系三大重点。中国利用丹麦政府贷款在风力发电、城市供水、污水处理、集中供热、医疗卫生等领域内兴建合作项目，其中绝大多数都取得了较好的社会效益和经济效益。就贷款金额而言，风力发电项目是最大的，其中包括吉林风电项目（1500 万美元）和内蒙古风电项目（5000 万美元）。就贷款项目密集程度而言，目前以污水处理为最，仅 1999～2000 年就有十多个。丹麦政府自 1999 年以来承诺向中国提供的 1.5 亿美元的混合贷款（一种出口信贷，由丹麦国际发展援助局向中方使用者提供 8～15 年的无息贷款）目前正在执行之中，约有 70% 的金额用于中西部地区的能源、环保、农产品加工及城市基础设施建设。

丹麦的科学技术应用在国际上享有盛誉，诸如风力发电、高效节能技术、半导体材料、电信器材、光通信、桥梁设计、高温超导线材、种猪及草种的良种培育、生物医药等方面在世界上均达到先进水平，中丹两国在上述领域开展了良好的合作，丹麦向中国提供长期无息贷款，提供技术咨询，培训技术人员等。例如在农业方面，丹麦向中国提供的先进技术包括生猪繁育和生猪生产的新途径、ASA 种鸡有限公司肉鸡的生产、花色奶牛的饲养与产奶技术、现代养猪场的自动通风及喂料系统、育种以及高质量草本植物种子的使用、奶制品工艺的发展等。

为推动和发展中丹两国的经济技术合作，双方签有一系列重要的双边协议及文件，包括中丹政府贸易协定和支付协定（1957 年）、中丹民航协定（1973 年）、中丹海运协定（1974 年）、中丹经济技术合作协定（1979 年）、中丹投资保护协定（1985 年）、中丹避免双重征税和防止偷漏税协定（1986 年）、中丹农业合作协定（1994 年）、中丹混合贷款计划（1994 年）、中丹环境合作协议（1996 年）、科技创新部合作备忘录（2008 年）、建筑节能合作谅解备忘录（2012 年）、建立中丹可再生能源伙伴关系谅解备忘录（2014 年）、环境和食品部关于中国从丹麦输入马的检疫和卫生要求议定书（2015 年）等。

第五章
军　　事

丹麦军队的正式名称为丹麦国防军，负责丹麦本土以及海外领地格陵兰、法罗群岛的国防事务。依照丹麦宪法，丹麦国王是丹麦武装力量最高统帅；依照丹麦国防法，丹麦国防大臣担任丹麦国防军与丹麦国民卫队的总指挥。国防部是最高军事指挥机构。丹麦实行义务兵与志愿兵相结合的兵役制。

第一节　概述

一　军事简史

丹麦对军队的管理和控制有着悠久的历史。随着历史的发展，丹麦的军事组织和机构也发生了几次变化。在 13 世纪，国王委派警察为指挥官，对军队和军事事务进行监督。国王是最高的领导者，他决定警察的任免，当时这个职位经常出现空缺。1536 年，丹麦决定由国王负责任命军队组织的监督员。然而，随着君主专制的确立，该体系于 1660年被废除。

虽然丹麦是君主专制的国家，但国王也不能自己决定军队管理的所有事务。1660 年，弗雷德里克三世建立了一所战争学院。这个机构是为了在和平和战争时期，管理与军队有关的实战和行政事务。早在 1655 年丹麦就建立了一个同样的机构——海军部，用于管理海军。在君主专制时期，战争学院进行了几次更名，第一次是在 1879 年更名为战争总理府，后来更名为后勤学院。海军部在君主专制时期的名称没有改变。直到废除了君主专制制度，丹麦的军事管理体制才发生了根本变化。君主专制制度废除之后，1848 年 3 月 21 日，弗雷德里克七世任命切尔宁（A. F. Tscherning）为第一位丹麦战争部长，4 月 6 日，任命查特曼（C. C. Zarthmann）为丹麦海军部长。

1848 年 3 月 25 日战争部取代后勤学院，1948 年 4 月 21 日海军部正式作为国家的一个部委机构。随着战争部的名称变化，政府官员具有专业素养和业务能力，军事大臣负责武装部队，部长负责各部的事务。在开始的时候，他们总是会从军衔对应到政府部门相应的行政级别。政府首脑有相应的军衔。

1905 年，战争部和海军部都归属一个共同的部门——国防部。除了少数例外，所有的国防大臣都是来自文职的政治家，而不是军人。有两个服务部门，以及军事首脑仍然由来自陆军和海军的军官担任。1950 年，丹麦对军事机构进行改革，将战争部与海军部合并为国防部，改革后不再沿用首席官员的军事职位，由一名文职常任秘书取代，也就是国防大臣。

二 军事政策与战略

丹麦对防务政策没有明确的定义，但是得到普遍认可的是，丹麦防务政策的目标是保护丹麦的利益。丹麦的防务政策框架是保障和平与安全、行使丹麦主权、支持丹麦的外交和安全政策。

丹麦政治共识是，"丹麦国防的主要目的是强制执行丹麦王国的主权，并确保国家的继续存在、完整和安全。对丹麦利益的威胁可能发生在世界任何地方，而且它们是不可预测和复杂的"。丹麦的武装力量致力于促进和平与安全，并具有三大目标，即阻止冲突与战争、坚持丹麦的主权和确保国家的存在和完整，以及在尊重人权的情况下促进世界和平发展。

丹麦的外交政策旨在促进丹麦的利益和价值，其目标是理解、影响和适应国际发展，在有利于人民的基础上维持与建设安全、自由和繁荣的丹麦。国防、安全、发展和贸易政策都是丹麦外交政策的一部分。

丹麦的国防政策取决于丹麦在西欧和北欧国家的地理位置。丹麦早在1993 年的议会法案中就确定了国防政策的目标和任务。1993 年法案的核心原则是防止冲突和战争，维护丹麦的主权并确保丹麦的持续存在和完整，并且在尊重人权的情况下促进世界和平发展。该法案确定了丹麦武装部队的两个主要任务领域，一是在联合国或欧洲安全理事会框架下预防冲突、维持和平、建立和平和人道主义，二是在北约框架下预防冲突、管理和防御危机。

2016 年，丹麦军费支出占 GDP 的比重为 1.17%（见表 5 - 1），共210.41 亿丹麦克朗。2017 年和 2018 年军费支出分别增至 217.21 亿丹麦克朗和 228.02 亿丹麦克朗。根据 2018 年 4 月通过的《2018 年丹麦财政法案》，2018 年丹麦用于防务的预算是 228 亿丹麦克朗。丹麦计划在2021~2023 年提高防务预算，2021 年、2022 年和 2023 年分别增加 19 亿丹麦克朗、28 亿丹麦克朗、48 亿丹麦克朗。

表 5 - 1　2009~2016 年丹麦军费支出占 GDP 的比重

单位:%

年份	2009	2010	2011	2012	2013	2014	2015	2016
占比	1.34	1.41	1.30	1.34	1.23	1.16	1.14	1.17

资料来源：*Danish Defence Expenditure 2017*，Danish Ministry Defence。

三　对外军事关系

自冷战结束以来，国际安全合作一直是丹麦外交和安全政策的重要组成部分。安全合作的主要领域分为三类。第一，与已部署丹麦士兵的国际行动有关的安全合作，例如阿富汗。第二，支持愿意合作的各国武装部队的民主发展，例如伊拉克和东非。第三，支持欧洲 - 大西洋安全架构的合作伙伴的安全合作，例如格鲁吉亚和乌克兰。

丹麦对国际军事领域的合作进行了重新定位。20 世纪 90 年代，丹麦的安全合作主要集中在中欧和东欧国家。近些年丹麦的国际安全合作主要关注世界其他地区的其他安全问题。丹麦对于符合外交和安全优先权的国家提供支持与合作，包括乌克兰、伊拉克和阿富汗等国家。在《2018～

2023 年丹麦国防规划》中，丹麦提出增加对国防部和平与稳定基金的财政支持，在有地区冲突的国家和地区进行重建工作。该基金将从当前的0.84 亿丹麦克朗，提高到 2023 年的 1.5 亿丹麦克朗。

第二次世界大战之后，丹麦于 1949 年加入北约，成为北约创始国之一，结束了其长达 200 年的中立国身份。丹麦也是联合国维持和平部队的主要支持者之一。除在北约常设第一反水雷任务集团（NATO SNMCMG1）执行任务的军人外，丹麦有 1400 名军人在执行国际任务。丹麦参与的规模最大的三次和平行动分别在阿富汗、科索沃和黎巴嫩。2003～2007 年，丹麦派出 450 名军人参与伊拉克战争。

2011 年，丹麦的驻外兵力有驻波黑 425 人、克罗地亚 1 人、格鲁吉亚 5 人、印巴边境 6 人、伊拉克/科威特 5 人、中东 10 人、科索沃 900 人。

第二节　军事制度

一　军事编制

宪法规定，国王为名义上的武装力量最高统帅，对军队无指挥权。最高国防决策机构为内阁，负责制定国防政策。国防部是军队最高行政机关，国防大臣对议会和首相负责，对武装力量实施行政领导。武装力量由陆军、海军、空军和国民卫队组成。三军统帅机构是国防司令部，由国防司令统一指挥三军，国防大臣为其授权代表。三军的最高决策机构是共同管理委员会，其成员包括国防司令、国防参谋长、陆军作战司令、陆军物资司令、海军物资司令、战术空军司令、空军物资司令。丹麦为北约创始成员国，战时主力归北约东北欧盟军联合次地区司令部指挥，届时国防司令将把指挥权移交给丹作战部队司令（兼任北约东北欧盟军联合次地区司令部司令），只负责本土防务和部队后勤及兵员保障。

丹麦的陆军、海军、空军为现役正规军队。2011 年丹麦陆军军队有10146 人，由丹麦国防司令部的陆军参谋部指挥。2011 年丹麦海军有3204 人，空军有 3476 人，联合服役有 8283 人，总共 25109 人。

二 兵役制度

丹麦实行义务兵与志愿兵相结合的兵役制。在丹麦,义务兵服役期一般为 4~12 个月,最长为 24 个月,服役期满后转入动员部队 18 个月或转入预备役部队 5 年,常备军由 9 个月服役期的义务兵组成。志愿兵服役期为 54~72 个月,一般是经过 9 个月义务兵训练,再至少服役 2 年,服役期满后转入动员部队或预备役部队。丹军官退役年龄均为 60 岁。

国家部门只征召男性义务兵,根据入伍时指派任务的不同而有不同的服役期。特定的从事医疗工作的服役时间是 4 个月,普通军队服役时间是 8~9 个月,但战斗单位是 10 个月,王室卫队和王家骑兵中队的服役时间是 12 个月。女性可以以志愿兵身份进入军事部门。

军官服役制度规定,各级军官晋升前在前一级军阶的最低任期为 27 个月,最高服役年龄为将军 60 岁、校官 48 岁、尉官 38 岁。

三 军衔制度

丹麦的军官分 3 等 10 级,将官分上将、中将、少将 3 级,校官分上校、中校、少校 3 级,尉官分上尉、中尉、少尉、准尉 4 级。

军士 5 级,包括一级军士长、二级军士长、上士、中士、下士。士兵 3 级,包括一等兵、二等兵、新兵。

第三节 国防体制

一 国防机构

1945 年 5 月从德国占领中解放出来后,丹麦从零开始重建各类国防部门。1950 年,美国开始对包括丹麦在内的很多欧洲国家实施军事援助计划,同年开始对欧洲政治和军事防卫进行重组。丹麦国防部门正是从此开始逐渐提高了力量水准,达到了北约通常要求的官方能力水准。而在冷战期间丹麦的军力与盟国要求相比处于较低水平。

20 世纪 90 年代，丹麦对国防法做了修订。1993 年的法案规定，丹麦接受联合国或者安理会的命令，防卫力量可以从事维和行动或者阻止冲突的行动。这些新职责成为丹麦国防义务和北约工作框架内的相关领域的补充，同时也要求丹麦加强对北约的防卫贡献。丹麦国防力量被授权在盟国内以足够的军力直接参与受到威胁的国家的危机管理，借以体现牢固的盟友关系。

依据丹麦宪法，丹麦国王为武装力量名义上的最高统帅，议会和内阁为国防最高决策机构。国防政策由各政党协商制定，列入"国防协定"。依据丹麦国防法，国防部是最高军事行政机关，对武装力量实施行政领导，有权批准军事预算。国防部下设国防司令部，由国防司令、国防参谋长和陆海空三军司令等组成。国防司令是三军统帅，向国防大臣负责。国防司令部协助国防司令完成各项任务，参谋长是国防司令的代表。国防司令部为最高军事指挥机构，下辖 3 个军种司令部和物资司令部。国防司令平时为武装部队最高指挥官，负责陆海空军的全面指挥，战时则只负责本土防务和部队后勤及兵员保障，而将军事指挥权移交丹麦作战部队司令兼北约盟军波罗的海通道司令部司令（丹麦为北约创始成员国，战时主力归北约波罗的海通道司令部指挥）。

丹麦的安全政策是保持丹麦的东南部边境地区的稳定，主要是通过同波罗的海三国和俄罗斯的双边合作来发挥作用。当然，丹麦的防卫力量仍然要在北欧合作和北约框架中承担责任，在这项合作中也包括芬兰和瑞典。丹麦的防务是北约组织北欧侧翼的一部分。丹麦加入北约组织的一个条件是和平时期允许在丹麦领土上储存核武器，但是不允许在丹麦驻扎盟军。一旦需要，可立即实施从其他北约国家派遣快速增援部队的计划。丹麦还定期同北约成员国，特别是同英国、美国和德国举行海陆联合军事演习。

2017 年，国防部有 18500 名雇员，年度军费支出 217 亿丹麦克朗。丹麦军队使用的武器装备主要是在 20 世纪 70 年代购置的，因此大量的武器装备已经过时，近几年进行了更新。

国防司令部是国防部的一个军事执行机构。国防司令部对国防部负责，并具有优先的、协调的执政权。丹麦武装部队的任务可分为国家和国际的任务。国家任务除了巡视国家领土和执行主权之外，还有诸多为民众提供的服务，用以支持丹麦的社会工作，例如搜救行动、环境工作等。另外，国防部还为其他公共部门提供支持，例如公安部门、紧急救助服务部门和税务部门等。国防部的国际任务主要包括三个主要领域，即武装冲突、维护稳定和国际警务。

国防司令部是武装力量最高指挥机构，负责丹麦三军的作战、训练和后勤保障。丹麦武装力量由陆、海、空三军和国民卫队组成，其中陆、海、空三军为现役正规军队。国防司令部和其他四个部门共同构成丹麦的国防系统，包括人力资源部、材料和装备部、建筑和设施部、财务部。国防司令部首长是丹麦国防指挥司令，并担任国防大臣首席军事顾问。国防司令部首长通过国防指挥部指挥陆军、海军和空军。国防指挥部包括一名行动人员、一名计划和协调人员、北极指挥部、特种作战司令部和三名现役军人，即陆军、海军和空军人员。

国防司令部的职能是：第一，防止冲突和战争；第二，维护丹麦的主权；第三，在尊重人权的前提下，促进世界和平发展。武装部队的任务是参与世界各地的国际行动，巡视和保护丹麦领土和领海，并支持社会进行一些重要任务。包括对丹麦航空和领海的巡视、环境监测、污染预防、渔业检查、搜救行动、对警务机构和应急管理机构的支持。国防司令部的核心价值观是诚信、透明、信任、独立和责任。[1]

二 治安

（一）警察

1. 警察体制

丹麦本土以及格陵兰、法罗群岛的警察共同构成一支国家力量，直接受雇于政府，其职责范围由丹麦议会负责制定。丹麦司法大臣是警方最高领导，通过国家警察局长、哥本哈根市警察局长和地区警察局长行使权

---

[1] 丹麦国防司令部网站，http：//www2. forsvaret. dk/ENG。

力。国家警察局长负责中央人事及财政管理，哥本哈根市警察局长和地区警察局长负责地区性警务和管理。

国家警察局长办公室下设7个部。一是战术支援部，其职权范围包括国际警察、打击经济犯罪、交通巡逻和打击违禁药品等；二是人事部，负责警官任命、晋升和调动；三是行政部，主管财务、审计、设备及其保养等事务；四是统计部，包括统计犯罪记录、交通状况的诸项数据和各种车辆的有关记录；五是联络部，负责信息咨询及文件保管；六是警校部，负责各级警官的培训；七是国家安全部，专门打击直接威胁国家安全和政府权力的犯罪行为。

丹麦警察由着装警察、便衣警察和职员组成。着装警察在警察中所占比例最高，约有8000人，通常负责技术支援、特别巡逻、警犬训练、巡查失踪人员等事务。便衣警察大约有2000人，他们隶属刑事调查局，编有刑侦队，负责侦破凶杀、诈骗、抢劫、吸毒等刑事案件。警察局职员则负责财会、档案管理、注册登记、颁发护照和驾驶执照等。

和多数欧洲国家不同，丹麦没有法定的用以规定警察机构、职责、任务以及工作方式的警察法，有关规定散见于其他立法中，基本规章收录在《丹麦司法管理法》中。例如，《丹麦司法管理法》第108条第1款明文规定：警察的职责是维护安全、安定和秩序，保障法律法令得以贯彻执行；采取必要措施防止犯罪，进行刑事侦查并对犯法者加以起诉。

总体来说，丹麦是一个比较安全的国家，社会治安良好。但是，也存在一定的违法犯罪行为。丹麦每年大约有40万起案件，其中大部分涉及交通违法，约有27.5万起案件。2016年，丹麦王国拥有11000名警官，其中有一半为女性。丹麦政府对警察队伍的建设十分重视，丹麦本土平均每510人中便有1名警察，在格陵兰和法罗群岛大约530人中有1名警察。丹麦每年用于警察队伍建设的投资达几十亿丹麦克朗，合10亿美元以上。

2. 治安区

丹麦分为54个治安区，另有格陵兰和法罗群岛两个独立的治安区，每个治安区设立一个警察局。丹麦有12个大的警区，用以保证治安区之间跨区性的协作。警区负责人由所辖治安区内的一位警察局长兼任。

在丹麦各警察局中，哥本哈根市警察局地位非同一般，它始建于 18 世纪，距今已有 300 多年的历史，是今日丹麦警察局的前身。从治安区来说，哥本哈根是面积最小的治安区之一，但所管辖的居民最多，有 50 万人之众。该区下辖 5 个分局，警察人数远远超过其他地区警察局。哥本哈根市警察局长的警衔高于其他地区警察局长，和国家警察局长享有同级警衔。

在有些治安区里还成立了基层警察分局，以确保特殊地区的治安，警察分局的规模不等，最大的拥有百员警官，小的则只有几个人。此外还有 145 个乡村巡逻点，由个别巡逻警察负责治安。警方还将地区性治安计划直接推行到那些警察与当地居民联系极为密切的社区中。

丹麦全国各地都建有地方联络委员会，警察是其中必不可少的成员。地方联络委员会所推行的"SSP"联络方案以简单易行和成功有效而著称，该方案中的第一个"S"指社会和健康服务（social health services），第二个"S"指学校和青年中心（schools and youth centres），"P"（police）即指警方。在该方案的实施过程中，警察扮演着至关重要的角色，他们针对不同年龄组积极举办防止犯罪及制服罪犯的各种讲座，开展对违禁药品的咨询教育，并在每一所学校切实地提供交通安全指导。这种三位一体的治安方案在保证丹麦社会的安宁稳定中发挥着重要作用。

3. 警察队伍

丹麦警察的招募条件非常严格，包括：年满 21 岁的丹麦公民；健康状况良好，并有强健的体能素质；优良的在校成绩记录；良好的经济状况；品貌端正；具备驾驶执照；等等。另外对那些年龄为 21 ~ 29 岁，男性身高 1.77 米以上，女性身高 1.65 米以上，接受过专业训练或有就职经历的应募者优先考虑。还有一项基本的条件就是无犯罪记录，这与对所有政府公务员的要求是一样的。

在丹麦，要想成为一名警官，一般需要经过三年的专业训练。例如在国家警察学院，要想成为一名警官，需要学习警察理论、道路交通法、刑法、体能训练、各种立法、急救、无线电通信、国外服务、鉴定毒品、保护证据、预防犯罪、文化社会学、管理、人权、心理学和教育理论。学习结束后可以成为预备警官，之后将作为正式警官成为长期的工作人员。

为了保证警察队伍的纯洁，严格铁的纪律，丹麦在全国各地所有警区专门设立了警察诉讼委员会。该委员会的设立及有关程序由司法管理法规定。警察诉讼委员会由警区所在的地方政府首脑、警察局长和两名从警员中选举出来的成员组成，根据警区的人口多少，还增补一至数名地方议会议员。委员会主席由地方政府首脑担任。

警察诉讼委员会负责处理诉讼警察案，有权决定对警察渎职及其他违法行为进行调查。在调查过程中，委员会还要增补一名由丹麦律师理事会指定的律师。除此之外，该委员会随时听取警察局长对本地区警务的汇报，讨论涉及警方及当地居民共同利益的问题，并有权建议警方在某个时期采取某种特别治安措施。

（二）紧急救援队

紧急救援队作为民兵力量和消防力量的结合体，形成了丹麦国防与治安序列的一部分。紧急救援队归属于内政部，其任务是对各种意外事故、自然灾害、战争等损及人身、财产和环境安全的突发事件实施紧急救援。设置国家地区紧急救援队是国家救援队的责任，该组织每年征召 1400 名入伍者，这些人在 6 个地区的救援中心执行他们的服务工作。国家救援队有一个 24 小时服务的紧急事件中心，该中心为当地的消防队处理火灾、石油或化学物品泄漏、洪水、铁路事故等事件提供支持。除此之外，紧急救援队是全国范围内机动的原子能监督力量的一部分，当邻国的原子能电站出现事故时，该组织可以提供持续的原子能系统监控。

紧急救援队与国外的相关组织进行广泛的合作，特别是同斯堪的纳维亚国家和在北约组织下的救援工作。1970 年以来，在丹麦政府的支持下或者通过丹麦红十字会、丹麦难民救助署和欧洲联盟的中介，紧急救援队越来越多地被派遣参与突发灾难的紧急国际救助服务。例如 1992 年土耳其东部发生地震后，丹麦的三个救援队被派往那里参与了搜寻和救助埋在倒塌建筑内牺牲者的工作。在国际救助工作方面，丹麦紧急救援队多次参与提供紧急运输和配送食品的工作。

第四节 武装力量

一 军事力量

丹麦武装力量由正规军和地方自卫队组成。正规军分陆、海、空三个军种，2011 年，丹麦国防军人数为 25109 人。

（一）陆军

2011 年丹麦陆军人数为 10146 人。他们由位于卡鲁普的陆军参谋部指挥。陆军由来自不同分支部门的 15 个团组成，这些团以连为单位进行训练。然后，这些连被分配到旅和军区进行编组，其中 3 个装甲旅组成日德兰半岛军区。第四装甲旅构成在西兰岛的东部司令部，在 1995 年被重组为丹麦快速反应旅（DIB），4500 名现役和预备役人员在此旅服役。丹麦快速反应旅也是北约快速反应部队的组成部分，这个旅的 1/3 人员将随时为联合国或安理会服务，这是根据 1994 年丹麦为联合国配置的服务数量而大致确定的。

丹麦陆军包括 2 个地区司令部，下辖 1 个分区和 7 个军区司令部，共有 4 个旅和 3 个旅级战斗集团。主要装备为 281 辆坦克、786 辆装甲车、8 部多重火箭发射系统、467 门大炮、12 架反坦克直升机和 13 架其他类型的直升机。

（二）海军

丹麦海军隶属位于奥胡斯的丹麦海军舰队司令部、格陵兰岛司令部、法罗群岛司令部和位于哥本哈根的负责统一后勤工作的海军物资司令部。主要的海军基地在科瑟和腓特烈港。

海军由按照统一任务编制到一起的舰队负责日常管理。这些舰队由包括潜艇、导弹艇、侦察舰、轻型巡洋舰和一些各类的小型舰艇组成。大部分的小型舰艇符合模块化构建的柔性标准 300 级别，依靠装备和对艇员的训练，这些小型舰艇可以用来做救生船、战斗艇或者扫雷艇。此外海军还拥有海岸机动导弹营。除了提供支持的任务，海军基地还负责管理航线和岸上训练，该项任务划分为3个海军军区。海军还拥有负责渔业捕捞巡查与保护格陵兰岛和法罗群岛的主权，在该水域巡逻的舰队有小型舰艇和装备有直升机的巡察舰。海军按期租借给北约一艘轻型巡洋舰来参与维和工作。海军的主要装备为3艘轻巡洋舰、4艘侦察艇、3艘潜艇、8艘小型舰艇、14艘多功能艇、6艘布雷扫雷艇、2个机动导弹营和8架直升机。

丹麦海军是丹麦国防军的海上武装力量，负责丹麦本土、格陵兰和法罗群岛附近海域的海上防御，执行海上监视、搜救、破冰、污染控制和其他国际任务。丹麦海军现没有装备潜艇，2011年总兵力为3600人，辖56艘各型主要作战舰艇。主力战舰包括2艘阿布沙隆级指挥支援舰、3艘伊万·休特菲尔德级护卫舰、3艘拉斯姆森极地远洋巡逻舰和6艘戴安娜级小型巡逻艇。丹麦海军现代化程度相当高，尤其是其大型作战舰艇都是冷战后服役的现代化战舰。海军司令为海军少将军衔，直接对丹麦国防军司令负责。

（三）空军

丹麦的空军力量主要由空军的现役军人、设在3个空军基地的3个空气翼、指挥控制设备和雷达空中管制机构、训练中心和远征空军人员组成。

2011年丹麦空军人数为3476人，由在卡鲁普的丹麦战术空军司令部和在瓦罗斯（Vaerlose）的空军物资司令部分别领导。负责飞行任务的单位有：驻扎在斯克吕斯楚普（Skrydstrup）和奥尔堡的F-16战斗机中队；驻扎在瓦罗斯的运输和救援中队，该中队装备有C-130大力神运输机与海湾G-Ⅲ和S-61直升机。雷达站的控制和报告团负责密切关注丹麦领空，可以迅速指挥战斗机进行防卫和拦击任务，在战时也可以根据丹麦空军战术司令部的命令使用拦截导弹。

（四）地方自卫队

一支6.2万人的志愿者组成的地方自卫队，在和平时期受地方自卫队司令部领导。该部队包括陆军自卫队4.9万人，以连级单位组织，在战时组成地方军队；支援海军的海军自卫队4400人，拥有40艘船只；支持空军救援工作和通过低空检测进行早期预警工作的空军自卫队5700人；联合服务部队8283人。丹麦的地方自卫队也是地方防御力量，实际上是持有武器的民兵，他们在家里存储武器，在一定的业余时间进行军事训练。

二 王家卫队

丹麦王家卫队是 1658 年 6 月 30 日根据腓特烈三世颁发的王家法令成立的。三个多世纪以来，王家卫队的名字虽几经修改，但任务始终未变：一是守卫王宫，保卫王室安全；二是作为丹麦国防力量的组成部分，随时准备为保卫丹麦而作战。

王家卫队的编制单位是团，下设 4 个战斗步兵营，其中一营担负王宫警卫任务。王家卫队由职业军人和义务兵组成，按照 17 世纪遗留下来的传统，这些士兵来自丹麦各地。入伍后，新兵立即投入战地训练，包括射击、爆破、布雷等，为了适应实战需要，他们还训练防原子战争、防化学武器以及战地救护等项目。战地训练期间将进行两次考核，第一次称为"雷克斯拉练"，在开训三个月后进行，检验士兵的体力、毅力和个人技能，通过考核者便可获得带有女王玛格丽特二世字样的王家肩章。训练结束前，还要进行一次综合性战地演习，称为"卫队拉练"，检验部队整体作战能力。通过这次考核后，才正式向士兵发放蓝色礼服，开始王家卫队专业训练。发放蓝色礼服是新兵们的大喜日子，按惯例，王家卫队将举行一次"蓝色晚餐"，以示欢迎和庆祝。

王家卫队每年都要培训约 1000 名新兵。现在，王家卫队不仅参与欧洲共同防御，而且还派出大量士兵参加联合国维和部队，派往海外执行维和任务。

王家卫队最引人注目的大概莫过于那身鲜艳、华丽的军服了。平日穿的蓝色礼服显得威武，庆典时穿的红色礼服透着俊逸，特别是黑色的熊皮帽子比人的两个脑袋还大，戴上它神气十足。

三 丹麦国际旅

根据 1993～1994 年丹麦国防协议，1994 年 7 月 1 日丹麦国际旅成立，这是丹麦军队史上的一块里程碑。丹麦国际旅是丹麦联合国维持和平部队的劲旅，营地位于哥本哈根市以南约 100 公里处的沃尔丁堡。

丹麦国际旅的编制是 4500 人，其中 20% 是常备兵，其他 80% 随时应召待命。丹麦国际旅主要由司令部、装甲营、装甲步兵营、炮兵营、防空导弹连等分队编成。加入丹麦国际旅的士兵首先要接受为期 8～12 个月的基本训练，然后接受约 5 周的合成训练、2 周的维和专门训练，最后派往海外执行维和任务。

丹麦国际旅有三大任务。第一，它是丹麦派往联合国执行维持和平行动的一支精锐部队，平时执行联合国和北约授权的维和任务。第二，它又是北约新成立的快速反应部队的一个组成部分，战时编入北约欧洲盟军司令部直属的快速反应军作战，因此必须能够部署到欧洲、中东和北美。第三，它还是丹麦陆军的一支新旅，随时准备实施国防作战行动。

国际旅士兵身穿迷彩服，头戴维和部队专用的蓝盔，足蹬黑色长筒靴，腰上佩着密密匝匝的子弹袋、步话机、水壶等用品，手持 G3 式冲锋枪。

丹麦国际旅的盾形纹章的中心是一面盾牌，上面覆盖一个白色十字，盾两侧环绕着两束月桂枝，盾后是一把悬垂的利剑，剑柄上端镶刻着王冠和女王玛格丽特二世的姓名缩写。纹章上以丹、英两种文字绣着丹麦国际旅的箴言：在自由中求和平。盾上的白十字呈花瓣般向外展开，这是自 1842 年以来所有海外服役的丹麦部队所佩戴的标志。两束月桂枝象征着胜利，在武装力量中则代表陆军。悬垂的利剑是自卫的表示，寓意在祖国陷于危难之时将拔鞘而出，同时它也象征着丹麦军队在历史上的赫赫功绩。

四　军事工业

丹麦不设专门的军事工业部门，军队所需的武器装备由国防部和陆、海、空三军采办部门采用招标方式直接向国内外有关厂商订购获得。近年来，国防经费占 GDP 的 1% 左右（2016 年为 1.17%），大部分经费由国防司令部支配，用于采购国防装备的费用仅占总费用的 10.79%。

　　丹麦的军事工业比较薄弱，生产能力有限，产品品种不多，门类不全，还未形成完整的体系。丹麦武装部队所需大部分重要装备需从国外进口。目前丹麦没有重武器工业，只有少数几个工厂能生产一些轻武器和弹药。在军事工业中，舰船工业和电子工业力量要强一些。在现有船厂中，具有建造舰艇经验的船厂有奥尔堡造船厂、腓特烈港造船厂、奥胡斯造船厂等，主要产品为护卫舰以下的各种中、小型舰艇，大体能满足本国海军的需要。电子工业在战后发展较快，建立了一批电子设备生产厂家，其中与国防产品关系比较密切的厂家有乔根·安德森工程公司、克里斯蒂安·罗夫辛公司、SP 无线电公司、特玛电子公司等，主要产品有无线电通信设备、指挥控制系统、密码设备、雷达和航空仪表等。

第六章

社　会

第一节　社会结构与社会关系

一　社会阶层及其特征

丹麦是世界上最富裕的国家之一，以高收入、高税收、高福利、高消费为特征，国内收入差距很小。在丹麦，一般社会常见的金字塔结构并不存在。80％的丹麦人是从技术工人到白领管理人员，组成了丹麦社会的中产阶级。这一庞大的中产阶级的存在是丹麦社会安定的重要因素之一。

在丹麦，国家对社会阶层的调查不是根据经济收入来区分，而是根据受教育程度和职业来划分，以此将人口分为五个社会层次。第一，学术界、大型农场主和雇用50名以上员工的企业主，约占人口的4％；第二，雇用4名以上员工的农场主、雇用6名以上员工的企业主，以及具有大专以上学历的企业主，约占7％；第三，雇用3名以下员工的农场主、小企业主和具有专业技能的人，约占21％；第四，技术工人、小的土地所有者和受过职业教育的工人，约占37％；第五，没有受过技能培训的工人，约占31％（2016年）。

丹麦的各个社会层次之间的收入差异并不大，各阶层之间流动的主要渠道之一是教育。随着教育程度的上升或下降，各个社会阶层之间具有一定的流动性。

在丹麦，不同职业和社会层次之间的歧视较少，清洁工并不比教授的社会地位更低，富人和高官也没有高高在上的优越感。丹麦的平等原则是体现在社会各个方面的。上下平等：丹麦女王是世界上君主国家中最平易近人的国王，丹麦政府的首相、内阁大臣们在生活中完全是普通民众。性别平等：男女工资和待遇平等。

根据丹麦政府2017年公布的社会指标，丹麦是世界上收入差距和贫困比例最小的国家之一；丹麦的就业率超过80%，远高于经济合作与发展组织国家66%的平均水平；丹麦的社会信任程度高，丹麦人对他人的信任度高达75%，居经济合作与发展组织国家首位，远高于经济合作与发展组织国家的平均值36%；丹麦是对工作和生活平衡最满意的国家。① 通过这些指标可以看出，丹麦实行的社会保障体系和其他社会政策，不仅使得丹麦的经济和社会发展稳定，社会公平程度较高，人们安居乐业，而且人们普遍对生活的满意度较高。

丹麦是福利制国家，对于失业的人给予津贴和再就业培训等，以帮助其重回劳动力市场。在成年人中，接受政府帮助的失业人数占比从1960年的6%上升到2017年的25%。接受政府帮助的失业人数上升，主要是因为对于阅读、写作、数学、计算机和压力管理能力的需求日益上升。少数族群的失业率略高一些，其中土耳其人的失业率最高。

丹麦社会阶层是扁平状的，中产阶级占大多数，处于顶层的人数和处于最底层的人数较少。底层人群的声音和诉求能够较快传达到顶层，例如当政府部门讨论公共事务的决策时，会场外围设有旁听席位和媒体席位，民众可以就有关自身利益的问题提前致信有关部门，也可以在议会辩论完后，在公众提问环节阐述自己的观点，这为民意的传达提供了较好的渠道，政府在决策时广泛听取意见也为决策的可行性提供了一定保障。

---

① *Society at a Glance 2016*, Organization for Economic Cooperation and Development（OECD），October 5，2016.

二 社会关系

丹麦的社会关系具有平等、和谐的特征。一方面,丹麦人之间的贫富差距小,大部分人是中等收入人群,处于阶层中间;阶层顶端的富人遵纪守法、安分守己地生活;阶层底端的穷人在社会保障下能够体面而无忧地生活。另一方面,与丹麦人的行为准则相关,丹麦人对于个性的展现比较谨慎,对于财富比较低调,不喜欢攀比。因此丹麦社会阶层的差距较小,富人没有很强的优越感,穷人也没有紧迫的危机感,社会中坚力量是占大多数的中产阶级,社会比较稳定,社会关系比较和谐。

平等在丹麦的社会里非常重要,这在一定程度上与著名的詹代法则(Jante Law)有关,詹代法则是阿克塞尔·桑德摩斯(Aksel Sandemose)在1933年的《难民迷影》小说中所制定的道德守则,即一个人不应在物质上或其他方面表现出优越感。在服装、珠宝和住房等能展现一个人的财富和社会地位方面,丹麦人表现得很低调。

詹代法则是丹麦人不成文的行为准则,也体现了斯堪的纳维亚地区人民的价值观。詹代法则共有十条。第一,不要以为你很特别;第二,不要以为你比"我们"(一个集体)温厚;第三,不要以为你比"我们"聪明;第四,不要想象自己比"我们"好;第五,不要以为你懂得比"我们"多;第六,不要以为你比"我们"更重要;第七,不要以为你很能干;第八,不要取笑"我们";第九,不要以为有人很在乎你;第十,不要以为你能教训"我们"什么。如果将詹代法则浓缩为一句话可以表达为:不要以为你很特别,不要以为你比"我们"优秀。至今,詹代法则在丹麦社会中仍然流行。

詹代法则的形成有其地理和社会因素,它强调了社会公平和团结,对经济和社会的发展起到过积极的作用,有助于提升丹麦的社会凝聚力,消除不平等和贫穷;但是它也存在一些消极因素,例如保守等。

第二节 社会保障与福利

丹麦福利制国家的理念来自丹麦的牧师和诗人格兰德维希

（N. F. S. Grundrig），即教育人民寻求精神解放，该理念亦被其他国家的人民所接受。他描述了理想中的社会——没有人拥有太多，也没有人一无所有。政府运用税收和福利制度使公民之间的收入差距缩小，即收入较高的人把收入所得的一部分分给那些收入较低的人。

一 社会福利政策的发展

丹麦以及其他北欧国家的社会保障制度非常完善，堪称福利国家的典范。在经济学界为公平和效率的问题争论不休之时，丹麦等北欧福利国家为世界提供了一个鱼与熊掌兼得的现实模式：有着资本主义的发达经济，而又没有其他资本主义国家常见的贫富分化；以生产资料私有制为社会基础，但又有远远高于其他国家的公共福利。就人民生活水平而言，丹麦不仅人均国民收入、人均寿命、国民健康状况等指标的排名位居国际前列，而且社会稳定、环境保护状况良好，可以说是一个令所有的普通民众都能够安居乐业的国度。丹麦作为北欧福利模式的典型，是世界上人民生活水平最高的国家之一。

19 世纪末期，欧洲的许多国家相继为公民的意外事故、疾病、老年和失业制定保险方案。欧洲国家大体可以分为四种福利模式：斯堪的纳维亚模式，每个公民享有平等的社会福利，这种福利模式也被称为北欧模式、社会民主模式或制度模式；英国的贝佛里奇模式，只对有重大需要的公民提供社会福利，也被称为盎格鲁－撒克逊模式、自由主义模式或者剩余模式；德国的俾斯麦模式，只对处于劳动力市场的公民提供社会福利，也被称为中欧模式、保守主义模式或成绩导向模式；辅助性模式，社会责任尽可能地在家庭之中或者接近家庭的机构层次加以解决，也被称为南欧模式或天主教模式。

概括地说，斯堪的纳维亚模式是指丹麦等北欧国家选择组织和资助社会安全体系、公共医疗服务和教育等公共福利的方式。在这些领域，斯堪的纳维亚国家明显区别于其他欧洲国家。斯堪的纳维亚模式的原则是使所有符合条件的公民受益。这一福利体系涵盖每一位公民，是全体公民通用的。利益是给予公民个人的，例如已婚妇女可以独立于她们的丈夫享有自己的权利。不过，在疾病和失业领域的福利经常是根据以前从事的职业来决定，有时也根据是不是工会成员和企业为其缴纳的社会保险费用来确定。社会福利的财政负担的最大份额是由国家承担，通过总税收来资助，而不是主要来自专款缴费。

与其他的欧洲国家相比较，丹麦等北欧国家的政府在更大程度上参与资助和组织公民的福利事业，大多数的社会福利工作是由国家或者地方政府承担，只有有限的工作是由公民个人、家庭、教堂或国家福利机构承担，公民能够享受更多的权益。同时，与福利模式相伴随的是具有广泛税基和高税收负担的税收体系，导致斯堪的纳维亚模式比其他模式有更多的财政转移支付和收入再分配。斯堪的纳维亚模式的另一个特征是非现金收益，公民可以享受政府提供的广泛的服务；这些服务往往都是免费或者补贴性质的，医疗服务和教育都是免费的。

第二次世界大战以来，斯堪的纳维亚模式的一个重要政治任务是试图保证所有居民的充分就业。不过，从 20 世纪 70 年代中期以来，丹麦就几乎不可能实现充分就业，但仍然是世界上就业参与度最高的国家，这在一定程度上是因为女性在就业中能够得到与男性几乎相等的机会。

斯堪的纳维亚模式是在有约束的资本主义市场经济中运行，收入分配不平等和财富与权力集中的程度相对较低。同时，丹麦等北欧国家的左右翼政党在福利国家发展问题上意见比较一致，不同的观点很少。因此，与世界上其他国家相比，斯堪的纳维亚国家建立的福利体系更加协调，也更加全面。

在政治上，斯堪的纳维亚国家实行议会民主制，政治制度和代表雇主、雇员利益的团体具有密切的联系。近年来，对于在低失业、高增长时期建立福利模式的可持续性出现了越来越多的争论。慷慨的福利制度使得公共财政负担日益增加，促使丹麦根据当前经济和社会变化进行了一些福利制度改革。

二　社会保障的内容

丹麦公民在相当广泛的范围内都能够得到社会保障资助，例如医疗、失业和老年人的护理；还可以增加额外援助方案，例如住房费用、有关儿童的消费支出。另外，还有日间护理组织、公共医疗卫生服务、家务女工等形式的大量高度发达的服务项目。

丹麦的社会保障体系由养老保险、残疾人保险、失业保险、疾病保险、工伤保险、生育保险、家庭津贴、社会救济等项目组成。可以说，从妇女怀孕、生产，到孩子的抚养、教育，再到孩子的就业直至年老死亡，每一个环节均有相应的保障项目或措施。从保障对象来看，只要是丹麦的永久居民，不分性别、年龄、种族和宗教信仰，也不论工作能力、贡献大小、家庭背景和社会地位，均能平等地享受社会保障。其社会保障网之精密，确实为许多国家所不及。丹麦的社会保障支出主要用于健康医疗、残疾人、老年人、遗属、家庭和儿童、失业、住房、其他保障支出、社会保障和行政管理。

除了公共制度安排以外，丹麦还有几百个非官方的教堂、慈善组织和危机中心等，近几年社会工作志愿者的数量也在逐渐增多。

社会和医疗服务的支出包括各种项目，例如医院、日托机构、护理和养老院以及养老金、失业金和住房补贴等形式的转移支付。几乎所有丹麦人或早或晚都会享受到社会服务。有孩子的家庭可以获得日托服务和儿童津贴等福利，患病后可享受住院和健康保险方面的福利。残疾人和康复者可享受残疾人津贴和家庭服务等。老年人通过养老金、疗养院、家庭护理等获得社会服务的主要部分。2016 年有近 190 万丹麦人享受到了公共福利，10 人中有 7 人获得了永久性福利，例如养老金、残疾人津贴和提前退休补贴；10 人中有 3 人领取临时性津贴，例如与生育有关的现金补贴和产假等。

（一）资金和管理

国家承担社会保障的立法和计划的最高责任，地方政府在几乎所有领域对公民的管理负责；除此以外就是国家管辖的医院，失业管理机构发放的每日现金补助，以及由保险公司和工伤代理机构负责的工伤赔偿金等。与欧盟的其他多数国家相比，丹麦的特征是很少的社会救济是依靠雇主缴纳的税款和被保险者的直接税款，获得资助的权利仅仅由以前的职业来决定。

丹麦 2/3 的社会总支出是由国家通过税收和关税提供的，所谓取之于民、用之于民。而欧盟的平均比例是 1/3（1998 年），这意味着丹麦是欧盟国家中税收负担最重的国家之一。丹麦等北欧国家的税率很高，个人工资的 1/3 左右要缴纳个人所得税。高税收不仅积累了大量的公用资金，以支持社会的高福利，同时制约了暴富阶层的形成，越富缴税越多，使贫富差距不致过大。在高税收制度下，广大纳税人极其关注政府如何使用自己的税款，且有非常强的"政府花的是大家的钱，理所当然地要为大家办事"的主人翁意识。

2016 年，丹麦的社会保障支出为 6256 亿丹麦克朗（见表 6 - 1），社会保障支出占 GDP 的近 1/3，近年来这一比例基本保持稳定。丹麦的社会保障支出占 GDP 的比重位列欧盟国家第二，法国是最高的，芬兰、比利时均超过 30%。占比最低的是罗马尼亚、拉脱维亚、立陶宛，为 14%～16%。

表 6 - 1　2014～2016 年丹麦社会保障支出及行政管理总额

单位：亿丹麦克朗

项目	2014 年	2015 年	2016 年
社会保障支出和行政管理总额	6500	6546	6522
行政管理总额	245	242	266
社会保障支出总额	6255	6304	6256
健康医疗	1250	1273	1294
残疾人	805	822	820
老年人	2332	2344	2333
遗属	437	414	348
家庭和儿童	702	704	715
失业	325	307	292
住房	138	142	143
其他保障支出	266	298	320

资料来源：*Denmark Statistical Yearbook 2017*，Statistics Denmark，June 2017，table 91，以及丹麦统计局网站数据。

在社会保障支出中占比最高的是与老人有关的支出，例如为老年人提供的养老金、家庭护理和家庭帮助等。随着人口老龄化加剧，丹麦领取养老金的人数呈上升趋势，2016 年为 111.9 万人。更多的丹麦人延迟退休年龄，领取较早退休补贴的人数呈下降趋势，2016年领取较早退休补贴的人为7万人。因此，丹麦的养老保险是社会保障支出中占比最高的，2016年丹麦用于老年人的福利支出为2333亿丹麦克朗，占社会保障支出的37.3%。社会保障的第二大项支出是用于健康医疗保障，2016年健康医疗支出为1294亿丹麦克朗，占社会保障支出的20.7%。

丹麦政府的收入主要来自税收，丹麦政府将40%的税收用于社会福利，包括养老金、老弱公民补助、托幼服务、失业救济等；13%的税收用于教育和科研，丹麦所有的普通学校都是免费的；9%用于医疗保健；6%用于住房和环境保护；其余32%用于政府其他行政开支，如行政管理、交通、防务等。

2016年丹麦领取公共福利的人数为189.2万人（见表6-2），比上年有所增长。其中，在领取短期补贴的人中，领取技能培训和提高补贴、就业补贴、产假和陪产假补贴、打零工补贴的人数增多，表明在政府促进就业的政策引导下，丹麦接受与再就业有关的补贴人数增加，丹麦失业的人更积极进行培训并再次进入劳动力市场，这有助于提高就业率，并促进经济增长。由于降低了失业福利和就业措施的成本，用于失业的社会支出减少了15亿丹麦克朗。相应的领取失业补助的人数下降，表明处于失业状态的人数逐渐减少，丹麦的劳动力市场在相关政策的推动下有所改善。丹麦近些年失业率持续下降，在欧盟国家中处于较低水平，远低于欧元区的平均水平，2017年和2018年欧元区的平均失业率分别为9.1%和8.4%。

表6-2 2014~2016年接受丹麦短期和长期公共福利的人数

单位：万人

项目	2014年	2015年	2016年
总人数	183.8	184.6	189.2
领短期补贴人数	50.4	50.1	49.5
失业补贴者	10.6	10.2	9.2
技能培训和提高者	3.8	3.8	3.9
就业补贴者	9.2	9.1	9.4

项目	2014 年	2015 年	2016 年
疾病补助者	5.7	5.6	5.4
产假和陪产假补贴者	4.5	4.6	4.8
现金补助者	9.4	9.4	9.1
康复者	0.2	0.2	0.1
失业且打零工补贴者	1.3	1.3	1.3
打零工补贴者	5.7	5.9	6.3
领长期补贴人数	133.4	134.5	139.7
养老金者	102.2	104.9	111.9
残疾补贴者	22.3	21.6	20.8
提前退休补贴者	8.9	8.0	7.0

资料来源：*Denmark in Figures 2018*，Statistics Denmark，p. 9。

（二）家庭福利政策

每个地方政府都设有一个专门机构，由社会工作者、护士、教育工作者组成，负责保证与家庭福利政策有关的措施的实施。

不论是作为雇员还是雇主，妇女都有权利休产假，时间是从孩子出生前 4 周至出生后 14 周。在这段时间内，孩子的父亲可以休 2 周的陪产假；另外还有 10 周的假期可以由孩子的父亲和母亲自行选择。2015 年，丹麦产妇平均享受 231 天产假，新生儿的父亲享受 25 天产假。在休假期间他们可以根据失业救济制度获得每日津贴，不过很多雇员根据他们同雇主的协议有权获得全额工资。产妇休假期间接受医生的定期检查，孩子在满周岁以前政府会派出健康访问者探望数次，并向母亲提供有关方面的建议。

按照惯例，丹麦所有不满 18 岁子女的家庭都可以获得家庭津贴（这与工资收入无关）和每个儿童的免税额，7 岁以下的儿童的免税税率相对更高；若单亲家庭或者家长是领取养老金的人，还可以领取额外的儿童津贴。丹麦为儿童提供的补助非常高。如果家长生病或者被监禁，子女又无法独立生活，这样的家庭就有权享受免费的家庭女工服务。除此以外，租房生活的家庭可以根据家庭收入和租房面积领取住房补贴。

政府设立的白天照顾儿童的机构包括托儿所（2 岁以下的儿童）、幼儿园（3～6岁）、放学后的娱乐中心（7～10岁）等。另外，还有地方政府的日托，儿童可以在私人家庭内得到照看；父母交的钱最多不超过费用的30%，甚至全部免费。只有受过专门训练并经政府批准的保育员才有权开办家庭托儿所，由地方政府任命和付酬。

1987年丹麦引入了学校照顾方案（school care scheme），之后在儿童照顾机构的孩子比例大幅度上升，这一比例从1985年的30%升至2014年的62%。97%的3～5岁儿童是在日托机构照料，有66%的0～2岁的幼儿被送到日托机构照顾。1985～2014年，照顾儿童的就业人数增长了51%，2014年为89900人。

父母假日是丹麦特色的一项家庭政策，主要目的是鼓励父母更多地与子女共享时光。凡家中有0～8岁儿童的父母每年均可享受13周以上的假期。单亲家庭的家长假期可以延长一倍。父母休假期间由地方政府给予工资补偿。

根据需要，地方政府有义务为有十几岁或更小子女的家庭提供实际的教育和资金帮助。丹麦社会援助法中明确规定，当少年儿童遇到困难或者对所处环境不满时，地方政府必须对其父母或监护人提供建议和帮助。出于对儿童保护的目的，如果由于某种原因，儿童不能够继续在自己的家里生活，地方政府不论是否得到儿童父母的允许，都可以将儿童带到家庭救助所或居民救助所居住；当儿童的健康或总体发展明显受到威胁时可以将儿童强行带走。

（三）失业和社会保障

2016年，丹麦有216.4万名就业者，失业人数为10.6万人。至少作为失业保险基金成员1年并在最近3年内至少工作过52周的雇员和个体经营者都有权领取失业救济金；新就业者有权在培训结束1个月后领取每日现金补助（全额救济金的82%）。领取失业救济金的时间最长为5年，前2年为每日现金补助，后3年为活动期间，在活动期间里失业者有权利和义务接受工作培训和教育。每日现金补助最多为以前收入最高值的90%，一般而言，每日现金补助为以前收入的65%左右。职业介绍所为失业者提供帮助，例如为他们制订行动计划，提供职业培训和继续培训等。没有参加保险的失业者能够凭借他们作为家庭经济来源人和家庭所有资金来源人的身份，根据社会援助法案领取现金补助。

20 世纪 90 年代的社会政策战略确定的优先目标是为失业者积极寻求工作，并要求失业者在一定程度上有义务接受这种安排作为继续提供救济的条件。1994 年劳动力市场改革提出了一些新的措施，包括带有补贴的工作（工作培训、启动津贴），休假机会（照顾子女、培训等），带有资金支持的培训机会等。

提前退休养老金和转移财政支付可以使年老的雇员离开劳动力市场，从而增加年轻人的就业机会。在工作期间的最后 25 年中缴纳了至少 20 年全额保险金的 60～66 岁老年人有权提前领取退休养老金，不论他们是否有工作。这种提前退休养老金的金额取决于他们以前的工作收入，并且规定的是失业津贴中的最高限额。相应的，50～59 岁的人可以以较低的比例获得转移津贴。1990 年，为了减少年轻的失业者，政府提出要保证年轻人能够有机会接受培训，以及为 25 岁以下的年轻人提供助学金。

丹麦失业的人可以领取四种类型的失业补助，包括特殊教育补助、劳动力市场津贴、现金补助和教育资助。总的失业人数是这四种类型失业人数的总和。2008 年 6 月为 6.67 万人，处于较低水平，金融危机的爆发使失业人数增加了大约 10 万人，2010 年 7 月失业人数激增到 16.68 万人。此后，失业人数略有下降。

（四）医疗保险

所有就业的人如果因为疾病或者受伤而收入减少，可以从病休的第一天开始领取病休津贴。

政府的医疗保险包括所有一般的和特殊的医疗保健费用、牙科医生和按摩医生等治疗和药品的部分费用。医院的治疗是免费的，可以提供治疗或者建议病人去专科医院治疗。病人在接受医生的诊断之后可以得到免费的家庭护理，因此病人可以在家里养病。地方政府对儿童和年轻人的牙科护理实行免费。

（五）老年人和残疾人保险

在公共部门就业的人的最高退休年龄是 70 岁。私人就业部门没有统一的退休年龄，但是通常都有地方确定的养老金管理条件和领取退休金年龄的规定。近年来，丹麦平均退休年龄一直在下降，目前67岁是法定退休年龄。也就是说，允许60～66岁的老人减少部分工作时间，由半退休渐渐过渡到完全退休。67岁及以上的人有权领取国家养老金，这项养老金由税收提供资助并独立于以前的工作收入。2015年，有130万丹麦人领取国家养老金（包括提前退休和正常退休的人），领取养老金的丹麦男性和女性分别为59万人和71万人，用于养老金的支出额为13亿丹麦克朗。另外，退休的雇员可以接受累进养老金，这是一项有关16～66岁雇员的强制保险方案，规定养老金取决于雇主（占2/3）和雇员（占1/3）的缴费。另外，还有许多契约养老金和辅助的私人养老金，这意味着许多雇员还有国家养老金以外的其他养老金收入。

18～67岁的人如果因为生理或心理伤害损失了至少50%的工作能力，可以申请早期养老金。需要长期护理的50～67岁的人有权利领取额外的（普通的）早期养老金。根据残疾程度，他们有资格领取普通的、中等的或者最高的早期养老金。

根据需要资助的情况，可以通过不同的方式对国家和早期养老金进行补充，例如个人补助、取暖补助和药品费用补助等方式。另外，接受国家或早期养老金的人，如果是合作社成员或生活在自己的家中但在出租房生活的人，有权接受租金补贴，这项补贴比住房津贴更为有利。

丹麦订立有专门的老年人住房法案，规定老年人住房由地方政府修造和管理。住房形式多种多样，包括养老院、小型疗养院、供给伙食并有佣工服务的公寓以及老年人收容院等。近年来，住在养老院的老年人人数比例显著下降，因为政府不再增设传统的养老院，新的目标是尽可能多的使老年人能够继续居住在自己的家里。随着发展，丹麦修建了更多的具有特殊设备和不同程度服务的老年人住宅。同时，越来越多的人接受免费家庭护理和老年人服务，更多的老年人更加长寿和生活在自己的家里。

另一个相似的目标是使残疾人能够尽可能地住在自己的家里，由地方政府给他们提供必要的帮助，帮助他们配备家庭必需品和提供额外的由于残疾而支付的费用；另外，地方政府有责任为他们提供康复训练、再培训和提供就业。那些长年不能生活在家中的残疾人能够从大的机构转移到小的有公用设备和服务的社团或者个人公寓。2016 年，丹麦有 20.2 万残疾人，享受不同程度的政府补贴。

2014 年，丹麦 80 岁以上的人约有 238600 人，其中固定接受家庭帮助的有 80200 人，包括 21400 名男性和 58800 名女性。接受固定家庭照顾的人数比例随着年龄的增长而迅速上升。例如 80～84 岁的人有 23% 需要家庭护理，85～89 岁的人为 38%，90 岁及以上的人为 56%。

三　当代社会保障制度的建立

19 世纪末之前，丹麦的社会政策措施实际上和贫困救济是同义词。主要的法律依据是 1708 年的《贫困救济法》，对穷人提供的救助主要包括为失去工作能力的人修建救济院，以及允许穷人在教区内乞讨。每个教区都有责任为教区内失去工作能力的穷人提供食物等基本的生活保障，有工作能力的穷人被派往济贫院等地进行义务劳动。1803 年出台了一项税收政策，税金用于支付教区对穷人救济的消费支出。1849 年宪法规定接受救济的人没有选举权，也不允许结婚。1856 年的一项法案规定设立贫困基金，这项基金完全依赖私人捐赠，例如来自教堂募捐箱。设立这项基金的目的是在穷人被迫向一般的济贫体系寻求救济之前提供帮助，以免使他们失去公民权利。

1891 年通过的对老年人的赡养法案和贫困救济修正法，确保了医疗保健、助产服务和葬礼等公共援助。老年人赡养法案的出台具有划时代的意义，60 岁及以上的老年人被视为应获得救济的穷人，即他们可以在获得救济的同时不被剥夺选举权，这是与以前的贫困救济活动的本质差异。另外，有关的资金不再由教区承担，而是由国家财政负担。

1892 年，通过了一项医疗保险社会法，基于私人的自愿保险原则，由捐款和国家津贴共同承担。而在此之前，医疗保险完全是由私人医疗保险公司提供的。

1898 年，一个有关意外事故的保险法案开始实施。1907 年国家开始设立失业补助基金。类似的，1921 年国家提出一项有关残疾救济金的强制法，保证残疾人能够在不损失公民权利的同时得到帮助。

1890～1930 年通过了许多独立的法案，这些法案经过 1933 年的社会改革法的修改得以合并和简化。人们普遍接受了对遭受意外事件的公民进行财政援助，不应该因此而限制他们的公民权利。然而，直到 1961 年颁布公共援助法，这种限制才被完全取消。

第二次世界大战之后，社会立法在福利国家得到发展。国家颁布了许多涉及特殊需要的法案，包括有关聋人的法律（1950 年）、盲人的法律（1956 年）以及智力缺陷者的法律（1959 年）等。1956 年，在一个包括劳动力市场中雇佣双方的协议的基础上制定了病假工资方案。1958 年，家庭女工的出现代替了以前女性在家中从事的工作。

一个新的有关国家养老金和残疾抚恤金的法案（1956 年）提出每个人都有权获得养老金，养老金不仅与他的资产和收入无关，而且独立于他以前的就业和收入。因此，年龄超过 69 岁的人都有权利获得最低档的国家养老金。1964 年，政府提出补充养老金，强制规定雇员的养老金数额取决于工作时期所缴纳的税款。

1973 年，政府提出一项强制医疗保险方案并代替了病休补助基金，方案的资金来源于总税收，同时改革日常现金补助，以确保弥补由于生病而减少的收入。

1976 年，社会援助法开始实施。这一法案确立了一个统一的框架，即地方政府的社会援助办公室必须解决有关问题。这一法案提出了判断的原则，即必须在对客户的情况进行全面评估后再提供援助。在此之后，对社会援助法案进行了大量的调整。最为重要的是 1987 年判断原则转变为权利原则，这意味着多数形式的援助将采取固定的评估等级。1998 年 7 月 1 日，丹麦议会通过了社会福利法，包括法律保护措施、社会服务和积极的社会政策。

1979 年，提出一项预期养老金方案，使得失业救济方案中的 60～66 岁的老人有可能在达到领取养老金年龄之前退出劳动力市场，设立这项补助是为了减少失业。

四　福利特征

丹麦的社会福利体系的原则，是为了保障所有居民在遇到失业、疾病或残疾等社会问题时，能够确保获得一定的基本权利。丹麦的社会福利体系涵盖多个部门，除了社会事务部之外，还包括以下重要部门。

就业部（The Ministry of Employment），负责实施关于失业者的政策措施，还负责实施与就业、工作条件、工作中的安全和健康、工伤、金融支持、人员津贴相关的框架和规则，以及活动安排、企业服务和积极就业措施。

健康和防疫部（The Ministry of Health and Prevention），负责组织和资助丹麦的健康护理体系的行政管理工作。

市政和区域部门也具有一定的职能，丹麦的社会福利体系是非常分散的，市政和区域部门负责执行和管理国家层面的相关的立法和规定。

丹麦社会福利体系的特征包括以下几点。

第一，普遍性。所有居民在需要时都有权利接受社会保障福利和社会服务，不论他们是否在劳动市场就业。

第二，资金来源于税收。社会保障福利和社会服务的资金主要来源于税收。

第三，积极的社会救助措施。社会保障措施必须是积极的，并且对自助者提供帮助，而不仅仅是消极的帮助和维持现状。

第四，提供家庭服务，为劳动力参与就业创造条件。改善对儿童、需要护理的老人、残疾人的服务，帮助这些家庭的劳动力减轻家庭负担，积极参与就业。

第五，自由选择。给予公民更多的选择，使他们能够有更多的机会改善自己的生活。

第六，权力下放。社会管理部门将权力下放到市政当局和地区。地方政府在实施社会保障时享有高度的自治权。

五　福利改革

丹麦公共部门数量非常多，因此税收负担（约占 GDP 的 50%）也较重。丹麦等斯堪的纳维亚国家都具有这一特征。斯堪的纳维亚模式对于传统效率与公平此消彼长的模式提出了挑战。丹麦等斯堪的纳维亚国家实现了高度的社会平等。

丹麦的公共支出多数来源于直接税，很少来自社会保障机构。而瑞典则相反，瑞典的公共支出来源于社会保障机构的比例大于直接税。另外，重要的是，大约 80% 的公共支出来源于直接税或者间接税，也就是人们的工资收入或消费时缴纳的税收，因此人们的收入是公共部门资金的主要来源。① 丹麦福利制度改革的一项主要措施是实行灵活保障，旨在打破劳动力市场的僵化局面，使更多的人进入劳动力市场，更加灵活地就业和更换工作，这样不仅能使更多的人参与经济活动，创造产出，而且能减少政府对失业者的福利支出，有效缓解财政压力，从而可以将公共支出的资金用于更加高效的领域，增强福利制度的有效性。

丹麦近些年进行福利改革，主要由丹麦福利委员会负责研究和出台方案，丹麦福利委员会主席托本·M. 安德森（Torben M. Andersen），也是丹麦经济理事会主席和奥胡斯大学经济学教授。政府实施的福利改革显示出丹麦侧重对核心福利的投资。丹麦财政部于 2015 年出台了第一个名为《紧缩方案——明确重点》的财政法案，旨在提振丹麦经济发展的信心和控制公共财政。在这个法案中，丹麦政府增加了对核心福利的资金支持，例如 2016 年为医疗健康增加投入 24 亿丹麦克朗，在健康、老年人护理和日间照料领域投入 10 亿丹麦克朗，并确保政府为弱势群体做出强有力的努力，以增强丹麦的核心福利。这些举措将使丹麦成为更加安全的国家。

2017 年丹麦财政法案的重点是加强丹麦的核心福利保证。主要举措包括以下几点。第一，癌症计划 Ⅳ——癌症患者计划。政府将在 2017～2020 年优先给癌症计划 Ⅳ 投资 15 亿丹麦克朗，主要在全国范围内满足患者的需要、确保更高和一致的品质与生存需要，以确保未来防治癌症的行动。第二，提高地区的医疗保健条件。丹麦的地区财政协定承诺 2017 年

---

① Torben M. Andersen, "Welfare State—The Scandinavian Model," *Economics Working Paper*, 2011.

投入 2 亿丹麦克朗，用于医疗保健事业的持续发展。地区对医疗保健的投资将达到历史高点，超过 70 亿丹麦克朗。所以，丹麦将可以按计划投建新的超级医院建设。第三，有关医疗保健的新举措。2017 年政府为实施公共卫生措施，优先投入 7000 万丹麦克朗。这些措施主要是用于保障患者的权利和支持卫生保健的专业化发展，总投资约 2.95 亿丹麦克朗，为期四年。第四，提高养老院的生活质量和参与质量。政府拨出 1.8 亿丹麦克朗的专项资金，从 2017 年开始每年用于改善国家养老院老人们的生活质量和自我决定的质量。包括大约 46000 名国家养老院的老人。第五，更好的日间照顾。政府想要发展丹麦的日间照顾，旨在提高每个儿童的健康和学习水平。相应的，政府将在四年内拨款 5.8 亿丹麦克朗。第六，增设新的特别津贴池。政府将创建一项总资金为 3 亿丹麦克朗的特殊津贴，用于资助有经济困难的市政府。[①]

第三节　国民生活

一　就业

近几年，丹麦的就业人数呈上升趋势。男性和女性的就业人数都有所增加，2014 年分别比上年增长了 8100 人和 13600 人，增长率分别为 0.6% 和 1.1%。女性的就业人数增长比男性更快。

2014 年丹麦就业人数最多的行业是服务业。最大的行业群体包括公共管理、教育和医疗健康业，这些行业有 86.5 万人就业，占总就业人数的 31.8%。排在第二位的是贸易和运输业，就业人数为 65.8 万人，占总就业人数的 24.2%。农业等第一产业的就业人数较少，仅有 7.4 万人，占总就业人数的 2.7%。

丹麦女性工作时间比男性短。2014 年，37.5% 的女性从事半职工作，

---

① 《福利、安全和责任——2017 预算方案》，*Velfærd，Tryghed og Ansvarlighed Finanslovforslaget 2017*，Danish Ministry of Finance，August 2016。

男性的这一比例仅为 23.2%。女性就业率（69.8%）低于男性就业率（75.8%），丹麦的女性就业率位居欧盟第二，仅次于瑞典（73.1%），男性就业率位居欧盟第五，欧盟男性就业率最高的是德国（78.1%）。

近几年，丹麦私人机构的就业人数增加，公共部门的就业人数下降。2014 年，丹麦在公司等机构工作的人数比上年增加 2.52 万人（占就业人数的 1.3%），而在政府部门工作的人数减少 0.35 万人（占就业人数的 0.4%）。私人机构主要包括私人公司、公共公司、私人非营利组织和国际组织。政府部门包括中央政府、地方政府、市政府。

丹麦的就业形势在欧盟国家中表现较好。丹麦就业率较高，为72.8%，位居欧盟第四（2014 年）。瑞典的就业率是欧盟国家中最高的，瑞典人（15~64 岁）的就业率达到 74.9%，高于欧盟 64.8% 的平均水平。丹麦的失业率较低，2014 年丹麦失业率为 6.8%，低于欧盟的平均失业率（10.4%）。欧盟国家中德国的失业率最低（5.1%），希腊（26.7%）和西班牙（24.6%）的失业率最高。欧洲青年（15~24 岁）失业问题比较严重，丹麦的青年失业率较低，仅为 12.6%，远低于欧盟的青年平均失业率（22.2%），西班牙和希腊的青年失业率最高，均超过 50%。

二 收入

丹麦的收入主要包括个人收入、可支配收入和家庭收入。个人收入是指税前收入、公共转移收入、私人养老金、财产收入和其他个人收入，可支配收入是指税后收入，家庭收入是指家庭内的个人收入总和。

在丹麦，有孩子的家庭收入最多。2014 年，有孩子的丹麦夫妇平均税前收入最高可达到 87.16 万丹麦克朗，而没有孩子的丹麦夫妇则仅为 59.18 万丹麦克朗。当然有孩子的夫妇年龄一般比没有孩子的夫妇大，例如政府给予孩子的补贴和税收优惠等，在一定程度上可以增加家庭收入。

2014 年，15 岁以上的人平均收入为 29.88 万丹麦克朗，男性和女性的平均收入分别为 33.32 万丹麦克朗和 26.54 万丹麦克朗。丹麦男性和女性个人收入的最高时期都在 40 岁。

丹麦的家庭可支配收入最高的地区是哥本哈根北部地区。2014 年，丹麦家庭平均可支配收入为 34.48 万丹麦克朗。哥本哈根家庭可支配收入最高的地区是鲁泽斯代自治市（Rudersdal）和根措夫特自治市（Gentofte），分别为 62.82 万丹麦克朗和 61.35 万丹麦克朗。最低的家庭可支配收入是 28.29 万丹麦克朗。

三 物价与消费

（一）物价

1974 年，丹麦的通货膨胀率达到高峰，约为 15%。1980 年，丹麦通货膨胀率约为 12%。20 世纪 90 年代以来，丹麦的通货膨胀率保持在较低水平，这主要是得益于丹麦实行的货币政策，以及关注欧元对丹麦汇率。2015 年，丹麦的通货膨胀率降至 1953 年以来的最低值，仅为 0.5%。

消费者价格指数显示了通货膨胀率的发展趋势。2015 年，丹麦的食品价格上涨了 1%，主要是因为咖啡、水果和蔬菜价格上涨；房价增长 0.1%；运输费用降低 0.7%，主要是因为汽油价格下跌。

2002～2006 年，丹麦食品价格增长速度低于房价和运输价格。2004 年丹麦的食品价格下降，但是随后的几年食品价格增长越来越快，这种上升趋势一直持续到 2008 年。2008 年丹麦食品价格比上年增加 7.6%。在食品价格稳定了两年之后，2011 年和 2012 年食品价格再次攀升，主要原因是咖啡价格上涨，以及黄油和食用油的税收上涨。2014 年，丹麦食品价格下降，主要是因为软饮料和蔬菜价格下降。

2001～2016 年丹麦物价水平有显著变化。在这期间，丹麦的电话费下降了 89%，移动电话价格下降是主要原因。另外，计算机和摄影器材的价格也大幅下跌，分别下降了 85% 和 78%。收音机和电视价格下跌 55%，玩具降价 42%。邮递费用增长 237%，教育费用增加 104%，污水收集费用增长 97%，海洋运输费用增长 96%。其他与住房有关的服务费用增长 94%。总体来说，这一时期丹麦的高科技商品价格下降最快，服务业商品价格上涨最快。

（二）消费

近年来，丹麦人的消费支出结构发生变化。丹麦人将更少的钱用于食品消费，更多的钱用于与住房有关的消费。丹麦人用于食品、饮料、烟草的消费支出从 1985 年的 22% 降至 2015 年的 15%。同期，丹麦人用于住房、采暖、电力的消费支出从 24% 升至 30%。用于服装、鞋类的消费支出从 1983 年的 5.2% 降至 2015 年的 4.2%，运输和通信费用从 16.7% 降至 13.7%。

丹麦人消费最多的饮品是啤酒和葡萄酒。2014 年，丹麦的啤酒和葡萄酒是销售最多的酒精饮品，约占丹麦酒精饮品销售额的 83%，人均酒精饮品消费量达到 8 升；烈性酒类销售约占 17%，人均酒精消费量 1.3 升。

2014 年，丹麦烟草消费税增加导致烟草销售同比下降 18%。

四　家庭

20 世纪丹麦家庭规模显著下降。1901 年，丹麦平均每个家庭有 4.3 人。家庭规模下降是由于有子女的家庭数量下降，特别是大家庭数量下降，1～2 人的小规模家庭数量上升。2015 年丹麦的平均家庭规模是 2.5 人。

1980～2015 年，丹麦的家庭结构发生了变化。伴侣关系的形式发生了变化，但是婚姻仍然是维系伴侣关系的主要纽带。75% 的丹麦人是因为结婚而生活在一起的。1980 年，30 岁以上的丹麦人结婚率为 66%，到了 2015 年这一比例降到了 29%。

20 世纪 60 年代以来，生活方式发生了变化：结婚人数急剧下降，离婚人数上升，同居人数上升。另外，结婚年龄推迟。1980～2015 年，丹麦男性第一次结婚的年龄从 27.5 岁推迟到 34.5 岁，女性第一次结婚的年龄从 24.8 岁推迟到 32 岁。2009 年，丹麦人平均结婚年龄略微下降，这是自 20 世纪 60 年代以来丹麦人的结婚年龄第一次停止推迟。

结婚年龄推迟并不意味着丹麦的伴侣不居住在一起。相反，在丹麦不结婚而居住在一起的伴侣越来越多。特别是在年轻人中这一现象更为突出。

在过去的 100 年内，丹麦人的婚姻关系出现了较大变化。20 世纪后半期，丹麦的离婚率显著提高，结婚的人更少。丹麦人离婚多发生在结婚后 3～8 年，半数的离婚是发生在结婚后的 10 年内。

丹麦妇女的就业率非常高，大多数家庭是双职工，因此儿童日托中心在丹麦社会中作用很大。近年来，在日托中心或私人的白天看护所的儿童数量持续增加。这与有幼小儿童的母亲参加工作的人数比例急剧上升有关，专门在家中照看孩子的家庭妇女数量很少。

家务的分工变得更加公平，特别是有幼小儿童的家庭，更多年轻的女性获得更高的学历并出去工作。但是家庭中仍然是女性承担更多的家务工作。如果父母都出去工作，父母和孩子之间接触的时间就更少，更加需要有人照顾孩子。

五　住 房

在世界范围内，与人口规模相比，丹麦拥有最大和最好的住房供给。一般没有孩子的单身人士住在公寓里，有孩子的夫妇住在单独的房子内。与其他许多国家相比，丹麦公共所有的房子很少，单独家庭的房子几乎都是私人拥有的，但是它们有时会被出租。2015 年，56.6% 的家庭居住在自己购买的住房，46.0% 的家庭租房。女性就业人数增加从而促使家庭收入上升，这是单独家庭的房子数量和生活在里面的人数比例增加的原因。

由于平均家庭规模扩大，住宅面积也随之增加。2015 年，丹麦家庭平均人数为 2.5 人，平均居住面积为 111.8 平方米。与 30 多年前相比，丹麦的家庭规模和居住面积都有所增加，1981 年丹麦家庭平均人数为 2.1 人，平均居住面积为 106.4 平方米。

丹麦的住宅标准在 20 世纪后半期有了显著改善。2015 年，每个丹麦人平均可使用的居住面积是 52.2 平方米。此外，住宅里的设施也得到很大改善。1970 年，几乎 1/3 的住房和公寓没有自己的盥洗室、浴室或中央暖气系统的任何一种（或者任何两种，或者三种都没有），现在这一比例大大降低。缺少设备的住房和公寓大多是单身的人居住，这反映了他们在很大程度上是靠领取补助金生活的人。

到目前为止，绝大多数现代住房采用中央暖气系统（石油、天然气）或者局域暖气系统供暖，只有很少数人仍用石油、石蜡油或者固体燃料炉取暖。

六　工时与休闲

丹麦人在工作和休闲的平衡上堪称世界之最。根据经济合作与发展组织的统计，丹麦人长时间工作的人数比例仅为2%，远远低于经济合作与发展组织国家13%的平均值。在一天当中，丹麦人大约2/3的时间是在吃饭、睡觉和沉浸在休闲活动中。这可能也是丹麦成为世界上最幸福的国度的原因之一。丹麦人如何能具有世界领先的经济实力和创造力，同时又有如此多的休闲时光呢？

丹麦人很敬业，乐于从事与自己兴趣和专业相近的工作。丹麦就业的专业化程度很高，这不仅体现在专业技能要求高的行业中，例如医生、大学教授等，也体现在低技能行业中。科研院校的秘书和助理往往具有硕士学历，并且经过秘书的专业训练，工作效率和专业程度很高。

丹麦人除了奋斗事业，还能很好地分配时间与家人一起享受休闲时光。他们在工作时间上有很大的灵活性，足以使工作与家庭保持平衡。丹麦统计局的数字显示，1/4的丹麦人使用灵活工作时间制度，自己掌控每日工作开始和结束的时间，每个人的工作时间表透明公开，并且自觉遵守，很少有人因无人监督而缩减工作时间。还有17%的全职工作者在家办公。灵活的工作时间和地点能够使日常生活更便捷，特别当有突发事件的时候，丹麦人的压力相对会小很多。

丹麦平均每人每年工作1522小时，只有2%的工作人员超过每周工作50小时的标准。经济合作与发展组织国家的平均水平为每人每年工作1776小时，9%的雇员每周工作超过50小时。丹麦人认为懂得工作和家庭存在适当界限很重要。丹麦人并不热衷追求奢华的物质生活，他们的幸福感更多在精神层面，比如对社会的奉献、对人道主义的追求等。

丹麦被多次评为全球最幸福的国家。丹麦人的幸福生活主要体现为：丹麦人生活条件和生活质量、社会信任度、生活自由度、政府廉洁度和慷慨程度等方面都比较好。丹麦作为一个高度民主国家，良好的治安使人与人之间充分信任，自由繁荣的社会环境及优越的工作条件，使人们的生活处于平衡状态。

七　贫富差距

丹麦的社会公平程度堪称世界典范，其社会公平指数位居世界前列。根据《2016 年欧盟社会公平指数报告》，在欧盟 28 国中，丹麦的社会公平指数位居第三，前两名是瑞典和芬兰。[①] 由于挪威和冰岛目前还不是欧盟成员国，没有参加评比。北欧国家整体的社会公平程度都比较高。

丹麦是世界上贫困率最低的国家之一。2013 年丹麦的贫困率是 5%，远低于经济合作与发展组织国家的平均水平（11.4%），在世界贫困率排名中位居第二。这主要得益于丹麦政府转移支付措施非常有效，尤其对于消除贫困起到了很好的作用。[②]

丹麦的贫富差距较小。根据经济合作与发展组织的统计，2014 年丹麦的基尼系数位居第三，为 0.254，仅次于冰岛（0.244）和挪威（0.252）。

在过去的 30 年中，多数的经济合作与发展组织国家的收入差距达到了最高值，最富裕的 10% 的人群收入是最贫穷的 10% 的人群收入的 9.6 倍。这一数字在 20 世纪 80 年代是 7 倍。与此相比，丹麦表现较好，丹麦最富裕的10% 的人群收入是最贫穷的 10% 的人群收入的 5.2 倍，是经济合作与发展组织国家中的最低值。这表明，丹麦的贫富差距在经济合作与发展组织国家中是最小的。[③]

八　移民和种族

2015 年大量叙利亚难民涌入欧洲国家，丹麦也面临着难民的问题。

---

①　Daniel Schraad-Tischler and Christof Schiller, *Social Justice in the EU—Index Report 2016*.

②　*Society at a Glance 2016*, Organization for Economic Cooperation and Development（OECD），October 5，2016.

③　*OECD Economic Survey Denmark 2016*, Organization for Economic Cooperation and Development（OECD），May 2016.

2015 年有 2.1 万人在丹麦寻求庇护，2014 年和 2013 年的庇护申请分别为
1.48 万个和 0.76 万个，丹麦恰好夹在移民和难民的两个最受欢迎的欧洲
目的地——德国和瑞典之间。难民的涌入引起了丹麦国内民众的担忧。
2015 年的议会大选，反对党就因为对移民持反对态度而胜选。2016 年 1
月，政府通过一项新的法律，授权当局没收入境难民携带的现金和贵重物
品，用于支付他们在寻求庇护期间的食宿费用。

　　丹麦的各种族之间是平等的。丹麦是世界上接受各种难民最多的国家
之一。尽管近年来由于恐怖主义袭击等原因，丹麦也遇到了一些问题，但
是在丹麦的社会中，种族歧视是受到所有人谴责和鄙视的。

第四节　社会管理

一　社会管理的模式

　　丹麦在社会管理中比较提倡民主的治理方式。民主在丹麦社会管理中
被较好的运用，政府管理具有很好的信誉和透明度，公众对政府和行政管
理的信任度很高。丹麦不仅实现较好的经济发展（例如丹麦人均收入名
列世界前茅），而且收入分配也相对平均，贫困率也很低。丹麦的福利国
家体系构建了社会保障网络，为民众提供了广泛的社会服务。然而，高福
利也给丹麦带来了高税收和高财政支出的负担。总体而言，丹麦的经济和
社会发展表明，经济运行良好的福利国家是可以实现的。

　　丹麦的地方政府在社会管理中有以下三个原则。第一，在管理公共事务
时必须尽可能贴近民众的需要；第二，地方政府的独立性原则，中央政府必
须尊重地方政府在法律框架内的政治独立性，而且地方政府可以在法定权限
内自由确定内部机构设置，制定工作方案等；第三，权责相结合原则，决策
权限和财政责任都归地方政府，地方政府享有承担相应的权力和责任。

　　丹麦地方政府承担了大部分与民众有直接关系的社会事务管理和公共
产品供给，秉持在处理公共事务时尽可能贴近民众需要的原则，由最了解
居民需要、贴近居民生活的机构负责提供服务。地方政府提供的社会服务

主要包括：第一，社会福利服务，如社会安全保障、社会救助、学校教育、医疗服务、儿童牙科服务、家庭健康服务、儿童保育、养老院服务等；第二，初等教育、公共图书馆和体育设施等；第三，地方性的基础设施和基础公共服务；第四，环境保护和公共交通网的建设和维护等。实际上，几乎所有社会公益事务都是由地方政府负责实施的。虽然退休金等社会公益事务由国家供给，但其仍由地方政府负责发放。地方政府处理公共服务事务效果不错，2007 年行政区划改革后，州政府的大部分职能转交给地方政府，合并后的州政府仅保留医疗保障等职能。

2007 年丹麦政府完成行政区划改革，改革是遵循有利于经济社会协调发展、有利于提升政府服务水平、有利于改善居民生活的原则进行的。地方政府合并采取由邻近地区政府自愿协商的方式，对于无法自愿达成合并协议的，由中央有关部门提出调整意见，报议会批准执行。丹麦的行政区划改革也采用了民主的方式。

丹麦的社会管理比较符合民众的需求，民众对政府的信任度较高，主要与丹麦政府的行政管理有关，丹麦行政管理具有以下几个特点。

第一，在中央政府的领导下，地方政府自治。中央政府负责制定指导性政策，地方政府具体执行。

第二，各级政府责任明确，权力和责任相对应。丹麦的三级政府的分工是：中央政府主要负责外交、国防、警察和法庭、高等教育、国家公路建设和远程通信、铁路、制定政策法规和长期规划、对欧盟的承诺及发展援助等事务；州政府负责养老、高中教育、医疗保健、公共牙医服务、区域公路和通信、环境监察、制定规划等事务；地方政府最重要的服务领域是社会管理、儿童保育、中小学教育、老年人服务等。丹麦的各级政府明确权力和责任，不仅为政府的职责和财权划清了界限，也为上级政府和民众对政府的监督创造了条件。

第三，政府事务公开透明，丹麦民众积极参与公共事务管理。丹麦政府的公共事务和财务情况公开透明，政府接受民众监督；为充分调动公众参与社会事务的积极性，除决定机密事项的会议外，议会会议向公众开放，向公众公布会议的时间、地点和议程，公众可以到现场参会，也可以

在网络上实时观看会议全程。丹麦政府的廉洁程度连续多年居世界榜首，
一定程度上与政府政务公开、接受民众监督有关。

二　农村社区管理

丹麦的农村管理水平较高，农民的社会组织发挥了较好的作用。丹麦
是世界上农民合作社最发达的国家，各级农业合作团体在农村社会管理中
发挥重要作用，目前丹麦有众多的协会网络和结构，通常被称为"丹麦
模式"。丹麦的农民组织分三个层次：国家级丹麦农民联合会、小农场主
协会、农民合作社。

丹麦的农民合作社基于农民自愿组织成立，遵循通用的判例法、习惯
法和各自的章程来运行，国家没有相应的立法约束。农民合作社的目标是
为农民创造最佳的经济环境，使农民的利益最大化。合作社通过对生产要
素的优化配置和产业组合，实现了分工、分业生产，把分散的家庭农场的
经营活动融入了一条龙的生产经营体系，从而最大限度地发挥整体效应和
规模效应。丹麦有110多个农业协会、多种类型的农业行业组织，对丹麦
农业的长期稳定发展起着不可替代的积极作用。农业协会和行业组织可以
提供很多政府难以提供的服务，在农业技术教育、文化体育活动等方面发
挥重要作用。

丹麦完备的城乡规划法律法规体系，为丹麦的农村社会管理提供了制
度保障。20世纪70年代丹麦开始进行规划制度改革，并加快了城乡规划
立法工作。丹麦正在实行的是1992年开始实施的《规划法》。这部法律
的立法目的是："保证所有的规划在土地利用和配置方面综合社会利益并
有利于保护自然环境，实现包括人居条件、野生动物和植物保护等社会各
方面的可持续发展。"

第五节　医疗卫生

一　医疗卫生发展历史

从18世纪中期开始，丹麦政府就已经把关注公民身体健康作为国家

的责任，将拥有身体健康的国民视为国家富强的前提条件。国家为穷人和其他不能在家中得到治疗的人开设了几家有 10～20 张床位的医院。国家委派地区医生对病人进行免费治疗，并确保食品卫生安全以及防治流行病。国家出资创办了妇产科医院和产科医生学校，目的是降低婴儿死亡率。另外，国家也为传染病和性病的治疗提供支持和资助。

1803 年，丹麦成立了王家卫生学院，其任务是发展和监管公共医疗卫生服务，丹麦全科医生的数量日益增加。19 世纪后半期丹麦的大多数城镇都开设了医院，成立了四所大型的国家级精神病院。

1850 年，丹麦各地成立了医疗卫生保险协会，不富裕的人可以通过每周缴纳保险金来保证他们的医疗费用。1892 年，医疗卫生保险协会得到法律认可，此后，这些保险协会可以得到国家补贴。地方医疗保险协会和医生之间的协议逐渐演化为国家层面并在全国范围内巩固下来。1973 年，医疗卫生保险协会的工作被国家委员会的条款所取代，并通过税收来资助。

19 世纪以后，国家医疗卫生方面最为引人注目的变化是婴儿死亡率的下降。这主要是通过改善饮水、食物卫生和生活条件而更为有效地防止了流行病的发生。19 世纪，疾病的防治直接和排污系统、自来水供应和食品检查等公共服务和设施相联系。20 世纪 30 年代以来，人们将更多的注意力转向个人。1937 年建立了婴儿的卫生访视员系统，1943 年开始给婴儿接种各种疫苗，1945 年开设产前护理医疗服务，1946 年建立儿童的医疗卫生检查制度和学校健康服务。

从 19 世纪中期开始，综合医院的数量一直稳定增长，但并没有开设专业的分科医院，这种状况持续到 20 世纪 30 年代。此后，在专科医院和私人医院病房数量增加的同时，综合医院的数量逐渐下降。20 世纪 50 年代以后，涌现出新的医护人员团体：物理医疗师、护士、实验室的技师、医疗秘书等。

在 20 世纪初期全面的医疗统计出现之前，丹麦人口的患病率没有得到很好的统计。从 17 世纪中期开始，也只有死亡率被记录在案。然而，尽管没有明确的数据，主要的流行病还是留下了印记，例如 14 世纪的黑死病、1711 年的瘟疫、1853 年的霍乱、1918 年的西班牙流感等。19 世纪之前，疟疾和天花一直很猖獗。更近的时期如 1952 年暴发了流脑。

各种疾病导致的死亡率并不是衡量人口健康状态的最好的方式，但是这种死亡率的趋势提供了重要的信息。从 1980 年开始，心血管病导致的死亡的人数下降，1993 年占所有死亡人数的 44%，其中冠心病导致的死亡人数约占所有死亡人数的 25%。癌症的死亡人数上升，占总死亡人数的 23%（1995 年），丹麦是欧洲女性乳腺癌的患病率最高的国家之一。与其他西欧国家相比，丹麦的自杀人数很多，而因工死亡或者交通事故死亡的人数很少。21 世纪以来丹麦人的三大死因是癌症、心脏病以及其他循环系统疾病，其中癌症的患病率位居世界前列。

丹麦是世界上医疗卫生状况最好的国家之一。尽管老年人占总人口数的比例在上升，导致需要治疗的人数上升，但是每千人中得病的人数在逐渐下降。从 20 世纪 80 年代至今，医院的病床数已经下降为大约 2 万张。丹麦对医疗系统的投入居世界前列。2016 年，丹麦的医疗支出达到人均 5205 美元，占 GDP 的 10.4%，在欧盟排第六位。

二 公共医疗服务体系

丹麦的医疗服务体系主要包括三个层面：国家、行政大区和地方政府。

卫生部负责制定提供健康和老年护理的总体框架。主要职能是立法，立法涵盖了卫生领域内各地区、市政当局和其他部门的工作。在医疗健康领域，国家的目标是改善医疗健康水平、保持一致性和地域间平等。

2007 年丹麦进行了行政区划改革，将全国划分为 5 个大的区域（京畿大区、西兰大区、南丹麦大区、中日德兰大区和北日德兰大区）。在大区层面，医疗服务由区域理事会进行管理，每个区域理事会有 41 个成员，每 4 年在区域选举中进行选举。大行政区的医疗管理负责医院护理，包括紧急护理、精神病学以及全科医生和私人执业专家提供的保健服务。各地区可将患者转诊到国外。在某些情况下，转诊须经丹麦卫生局批准。

98 个市政当局是由市议会管理的地方行政机关。理事会成员每 4 年选举一次。市政当局负责卫生和社会服务。本地保健和老年人护理服务包括疾病预防和健康促进、医院外的康复、家庭护理、学校保健服务、儿童牙科治疗、儿童护理、物理治疗、酒精和药物滥用治疗、家庭护理服务、疗养院和其他服务。此外，市政府共同资助区域康复服务和培训设施。

一般来说，所有的卫生和社会服务都是由一般税收资助的，得到中央政府批准，偿还和均等制度的制度支持。大约 84% 的卫生保健支出是公共资金（2015 年），其余的 16% 主要由病人共同付款。公共医疗支出占公共支出总额的 30%（207 亿欧元）。[①]

丹麦的公共医疗卫生服务的内容是法律确定的，是地方政府的责任，包括疾病的预防、诊断和治疗，还有医学研究和对公共医疗卫生服务人员进行培训。

个人的有关医疗救助的直接保险金主要包括支付自己的药品费用和牙科治疗费用，但是也有相当多的钱是用于购买中草药和用于其他的替代治疗方案。

国家的医疗委员会对公共医疗服务进行管理。哥本哈根和腓特烈斯贝的市政当局有义务通过公共医疗保险资助主要的卫生保健工作人员（全科医生、牙医和物理医疗师等），并提供药品津贴。

市镇政府对医疗卫生服务和医疗保险负有责任。城镇委员会的 70% 左右的支出用于医疗卫生服务，通过对预算的明确界定，国家对医院进行严格的管理。地方政府的责任包括提供家庭护理基金、卫生访视和儿童与青少年的牙科医疗。地方政府的责任还包括在家中为老年人和残疾人提供帮助，建立和运营疗养院以及其他类型的适合老年人居住的住宅。

2016 年，在基本的卫生保健部门有 3700 名全科医生、900 名专科医生和 3700 名牙医与公共医疗服务签订了合同。此外有 5000 多名护士、1100 名牙医和其他个体医生由地方政府的公共医疗制度进行管理。基本的公共医疗卫生服务的一个特征是约有 98% 的人选择有自己的医生，每个丹麦人平均每年去看自己的医生 6 次。

丹麦的公共医院服务总共雇用了 9000 名医生、26000 名护士和 16000 名其他工作人员。丹麦每年有 110 万人次接受住院治疗，以及 430 万人次接受门诊治疗。

---

① *Healthcare in Denmark—An Overview*, Ministry of Health in Denmark, 2017.

2016 年，丹麦医疗支出的 84% 来自政府的预算基金，约占税收收入的 8%。丹麦除了公共医疗保险外，还有私人健康保险。根据经济合作与发展组织的报告，2016 年丹麦私人医疗支出为人均 831 美元，占 GDP 的 1.7%。

三 医疗卫生状况

人均寿命是衡量一个国家或地区人口的医疗健康水平的主要指标之一。丹麦人的寿命比较长，而且随着医疗水平和生活水平的提高，人均寿命逐渐延长。2005~2016 年，丹麦的男性和女性的人均寿命分别延长了 2.9 年和 2.3 年，丹麦人的平均寿命从 77.9 岁延长到 80.8 岁。2016 年丹麦女性和男性的平均寿命分别为 82.8 岁和 78.8 岁。

丹麦政府对社会保障制度进行改革，加大了对医疗的投入，特别是将老年人的医疗健康确定为丹麦的核心福利，加大了政府的资助力度。因为老年人容易患病，需要得到更多的医疗服务和看护，收入比工作时期降低，在一定程度上是社会的弱势群体，而且随着丹麦老龄化的加剧，老年人的数量呈现上升趋势。所以，在 2016 年财政法案中，政府推出一项新的国家行动计划，对老年人医疗进行优先投资，每年给予 4020 万丹麦克朗的资助。

2015 年，丹麦的医疗保健支出占 GDP 的 15.6%（见表 6-3），比上年增加 5 个百分点。最近几年，丹麦对医疗的公共投入逐年增加。2014 年，丹麦公共医院的全职雇员中，每 365 个公民有 1 名医生，每 157 个公民有 1 名护士。

表 6-3 2015 年丹麦的公共支出占 GDP 比重

单位：%

项目	占 GDP 比重	项目	占 GDP 比重
社会保障支出	43.8	休闲、文化和宗教	3.2
医疗保健	15.6	国防支出	2.1
公共服务	12.9	公共秩序和安全	1.8
教育	12.8	环境保护	0.8
财务	6.5	居住和公共设施	0.4

资料来源：*Healthcare in Denmark—An Overview*，Ministry of Health in Denmark，2017，p. 52。

第六节 环境保护

丹麦是世界上环境保护情况最好的国家之一，环保工作一直走在世界前列。丹麦负责环境保护的部门是丹麦环境和食品部，主要负责环保、农业和食品生产领域的行政和研究工作。丹麦环境和食品部于 2015 年由丹麦环境部与丹麦食品、农业部和渔业部组合而成。

一 环境保护的问题

丹麦是世界上公认的经济发达、资源利用率高、环境保护情况好的国家之一，丹麦在环境保护方面走在世界前列。但是，在经济发展过程中也曾遇到过环境污染问题。

第二次世界大战以后，丹麦经济快速增长，石油和煤炭等主要能源完全靠进口。20 世纪 70 年代石油危机的爆发，使得丹麦的石油进口大幅度减少、煤的进口迅速增加。在大量使用能源过程中，环境污染问题日益突出。丹麦政府面对能源短缺和环境污染问题，尊重反对发展核工业的民意，转向开发新能源，同时注重节能。针对空气、土壤等污染问题，从 20 世纪 90 年代开始，丹麦政府相继出台保护环境的法规，大力治理污染物，使硫化物、氮氧化物和氨的排放在 10 年内快速下降。此后这些主要污染物一直被控制在较低的水平。从行业方面来看，丹麦环境保护部门主要负责能源工业、制造和建筑业、交通业、农业及非工业方面的污染治理工作。其中能源的改造对污染控制贡献最大。总体来看，丹麦环境保护的做法包括四个方面，即完善法规、发展绿色技术、有效执法和公众参与。

以空气污染为例，丹麦目前具有比较优质的空气质量。根据世界卫生组织 2014 年 5 月公布的数据，全世界大多数城市的室外空气质量不仅达不到安全标准，而且污染状况不断加剧。世界卫生组织发布"城市空气质量数据库"，根据空气中细颗粒物 $PM_{2.5}$ 和 PM_{10} 的年平均值对世界国家进行了排名，丹麦的 $PM_{2.5}$ 年平均值为 16 ug/m³，PM_{10} 的年平均值为

13 ug/m³（位居第六），冰岛在两项排名中都位居第一。

二　环境保护的主要内容

丹麦环境和食品部下设环境政策司、国际司和合作事务司，有2500 名工作人员。环境和食品部主要负责环境保护和环境规划方面的行政和研究工作，国家层面的行政工作由环境和食品部负责，地区层面的许多行政执法工作由地方市政管理部门负责。

在环境保护政策方面，丹麦政府从八个领域综合制定环境保护策略，即种植业、渔业、工业、建筑业、交通业、能源、服务和家庭。这八个领域对丹麦环境有不同程度的影响，其不仅是污染的主要来源方面，也是解决环境问题的重点。丹麦政府组织一切有关部门，通过对话和合作的方式开展环保工作。同时，采取辅助措施，如帮助工商界掌握环保管理、产品开发、废弃物管理相关的方法和工具。

丹麦的环境立法对于减少空气污染物排放，改善空气质量起到重要作用。例如，丹麦在农业中对牲畜有机肥的使用加以控制，也就是限制农民在种植农作物时使用粪肥，粪肥的喷洒也被取缔。冬季 65% 的土地必须种植绿色作物，以避免氮的挥发。这些措施遏制了氮的蒸发，大幅度降低了大气中氮的排放。为了保护人们免受铅的危害，丹麦于 1984 年立法，废除汽油中铅的应用，丹麦的立法比欧盟的立法早了 16 年，这项立法大大降低了空气中铅的排放量和浓度。

丹麦是最先设立环境保护部的国家之一。丹麦环保局隶属于环境保护部，负责执行《环境保护法》等法律和条例，相关法规包括《化学物质与产品法》、《废弃物处理法》以及《海洋环境法》。丹麦环境保护的四大领域是水、空气和噪声、土地和固体废弃物、化学品和农药，各领域分别有具体的法规。

第一，水。丹麦为地下水保护制定了一套完整的制度，以有效保护地下水资源。丹麦禁用 200 多种农药，新型农药须经过严格审批才能投入市场。1987 年丹麦开始实施水资源环境保护计划，城市和工业区的废水必须进行彻底处理。目前丹麦的饮用水一般是不经处理直达用户家庭的地下水。

第二，空气和噪声。环保局根据欧盟指令规定了空气中的二氧化硫、悬浮物和二氧化氮的限量。丹麦对燃料的含硫量、发电厂排放二氧化硫和一氧化氮、交通工具排放一氧化氮等，都有明确限制，并和工业界对有机化合物的排放达成协议。《工业空气污染控制指南》对 250 种物质的排放规定了限制数量。丹麦的空气质量是比较好的，噪声污染也较少。

第三，土地和固体废弃物。土地污染可由工业排放、化学物质泄漏、石油泄漏或私人油缸的渗流造成。空气污染所带来的降水或其他不当的环保措施，如普通垃圾堆积、建筑工程用的矿渣以及淤泥施肥和农用堆肥等，也可能造成土地污染。土地污染委员会确定了四个工作重点：预防未来土地污染、预防土地污染的扩散、监察土地污染，以及快速有效地迁徙污染区。丹麦对废弃物处理优先考虑回收利用，其次是焚烧产能，最后是填埋处理。《废弃物 21 计划》是一项全面的废弃物管理计划，以减少废弃物的产生量并加强回收利用。丹麦对废弃物管理以变废为宝为主，64%回收利用，24% 焚烧，12%填埋。

第四，化学品和农药。丹麦出版了一份不良化学物质的清单，包括100 多种需要减少使用量的化学物质。例如，玩具和化妆品等都必须说明其对儿童或成人的安全程度。为了防止农药的有害效应，环保局致力于取消生产最危险的农药并限制其在任何地区使用。在丹麦，农药的销售和使用都必须经过国家认可。1986 年，丹麦开始宣传减少使用农药。1998 年确定逐步取消在公共场合使用农药，并禁止使用部分对健康和环境危害严重的农药。

第七章

文 化

第一节　教育

　　丹麦能在战后几十年中由一个不甚发达的农业国变为一个科技水平高的工业国，重要原因之一就是大力发展普及性教育，建立了一个完整、协调、灵活的教育制度。丹麦教育的基本特点是：教育普及，机会均等，每个人都可以免费接受教育；初级教育不设强制性考试；特别重视职业教育和成人职业训练；以教育为本振兴农业。

　　丹麦的教育由国家、省市政府和私人团体负责。小学和初中教育由市镇政府管理，高中和高等学校预备班由省政府管理，各类师范院校主要由独立的私人机构负责，大学和其他高等教育机构主要由国家管理。民众高等学校（成人教育）和农业学校等一般由私人机构兴办。国家向省市政府和各类私立学校发放补助金，并承担所有学校的全部或者大部分行政费用。中小学的学科设置、课时表、考试等需经教育部批准。

　　按照丹麦的传统，在授予文凭的教育之外，经常将成人班和国民教育等方式的非考试教学作为教育体制的补充。

一　教育简史

　　丹麦的义务教育是家长有义务确保孩子接受教育，但并不强制一定进入学校学习。这是丹麦历史上家长、国家和教堂三者之间斗争的结果。

1536 年改革之后，教学主要成为教堂的任务，并且与家庭教育和教区教育密切相关。在城市由学校教育学生如何阅读和写作，在农村由牧师或教堂的教士每周一次或两次对学生进行指导。

18 世纪以来，国家对儿童的教育状况更加关注。1708 年，《贫困救济法》要求在农村设立学校，18 世纪 20 年代丹麦王室建立了 240 所学校，1736 年通过教会的批准制定法律，规定在农村教区为儿童建立学校，这表明国家和教堂注重将儿童培养成为敬畏上帝的有文化的基督徒。

丹麦于 1814 年确立了关于 6～7 岁儿童接受 7 年义务教育的原则，是世界上实施义务教育最早的国家之一。义务教育促使小学的普遍创立，小学的资金来源于当地教区的所有居民（1856 年以后国家给予补贴），小学由以教区牧师为首的学校委员会进行管理。1958 年之前，农村和城市的小学和初中遵循不同的管理原则，农村的学校班级较少，小学生隔一天上一次课。

18 世纪末开始，在城市里设立了男生和女生分开的私立学校，家庭教师也不再罕见。19 世纪中期之后，在农村出现了私立的"免费"学校，是由家长们集资建立的。1899 年之后，免费学校开始接受国家的补助。义务教育和办学自由的原则也促使各种学校的建立，如天主教学校、德意志少数民族学校、移民者学校等。

1903 年进行的学校改革旨在对高等程度的学校进行教育民主化建设，引入了 4 年制的中学，然后或者接受 1 年的中等教育课程或者接受 3 年的中等学校的教育。从 20 世纪 50 年代开始，教育机构开始增多，部分原因是社会对技术进步的需求。在随后的几十年中，建立了更多的教育机构，包括中心学校、大学。从 20 世纪 60 年代的政治观念来看，教育的发展已经被视为对未来的一种投资。

1933 年之前，小学是受教会监管的，而且直到 1975 年以前小学的责任都是培养基督教的人生观念。1975 年之后，小学就只与综合教育和民主观念相关了。第二次世界大战以后，国家出台一系列措施，逐渐建立了统一的学校，这些措施包括 1958 年取消中学，1972 年将义务教育时间从 7 年延长至 9 年，1975 年取消 1 年的中学课程，以及 1980 年通过特殊的教育需求使儿童的教育统一。

丹麦从 20 世纪 50 年代起就开始推行政府教育资助制度了。资助方式包括拨款与贷款两种，凡年满 18 岁的丹麦公民，在校参加考试并基本达到课程要求均可获得政府资助。其中拨款计划建立在机会均等的原则上，每个符合条件的学生均可得到拨款补助，不需偿还。贷款则需要学生申请，并于学习结束后一年开始偿还，15 年内必须还清。无论是拨款资助还是贷款资助都与学生的经济条件相联系，学生年满 19 岁以前一般根据父母的收入而定，如果学生个人年收入超过 4 万丹麦克朗便不再给予资助。

在教育拨款与贷款资助计划的实施下，丹麦实行免费教育，所有的学生均可靠补助金维持生活，顺利完成学业。政府拨款的数目为每个学生每月 2000～3300 丹麦克朗，贷款的数目每个学生每月大约为 1500 丹麦克朗。所以，丹麦的父母绝不会为没有经济能力支持子女上学而发愁。

二 基础教育

基础教育由地方政府的中小学或者私立小学提供，私立小学与政府的小学形式相同，并被称为"免费的私立小学"。现行的有关小学的法律（1993 年）规定学校必须"使学生熟悉丹麦文化，理解其他文化以及人与自然的相互作用"。地方政府为小学提供教学资金。私立学校必须提供与政府设立的小学相当的教学。学生可以自由选择政府的或者私立的学校就读，但是 90% 以上的丹麦儿童会进入地方政府的中小学学习。

政府的中小学由 1 年的托儿所、9 年的基础小学和 1 年的十年级组成。托儿所和十年级不属于义务教育范畴，但是几乎所有的儿童都会进入托儿所，并有一半的学生在九年级毕业后升入十年级。政府的中小学是十年一贯制的综合学校，课程由初等教育法设定，而不同学科的课程目标由教育部根据法律制定。升级不需要考试，但在九年级或十年级期末，学生可自愿选择参加考试，得到毕业成绩单。即使毕业考试也是非强制性的，学生有权与家长和老师协商后决定是否参加。

中小学的基本课程包括丹麦语、初等数学、历史、地理、生物、音乐、体育、艺术和宗教。六年级开始设自然科学和外语（英语），准备进入高中学习的学生可以在九年级选读第二外语（德语）和高等数学。除了各种基本课程以外，还必须进行各种专题教育，包括交通安全教育、健康教育、性教育、职业指导、禁用的兴奋剂和其他药物知识、新的信息技术等。

地方政府对中小学负有最终的责任，包括人员任命、资金结构和课程设置。近年来由于进一步将行政管理权从教育部下放到地方政府，再从地方政府下放到学校，同时不断加强学生和家长管理学校的影响，学校的自治特性变得越发突出。每个学校都有一个管理委员会，委员会中的大多数人是学生家长代表，通常由选举出的 5~7 名学生家长、2 名教师、2 名学生和校长组成。委员会决定学校活动的原则，起草课程方案和制定适合学生的教学方法。校长对学校的教育和管理负责，教师对教学的方法和内容有很大程度的自由。

中小学实行班主任制，班主任一般由语文老师担任，从一年级跟班到毕业，这样可以在长达 10 年左右的时间里了解每个学生的能力和性格，建立良好的师生关系。班主任必须有良好的专业背景和素质，深为家长了解和信赖。学校最大限度地鼓励学校与家庭间的联系，每周都要定期召开班级讨论会，学生、家长与教师自由和公开地讨论各种事务，以真正实现学校与家庭的共同管理。学校规定每个班级的学生不得超过 28 人，目前丹麦学生与教师的比是 10∶3。丹麦各地共有 18 所设有师范教育专业的学校，向中小学输送训练有素的师资力量。

2015 年，丹麦私立中小学的学生人数约占学生总数的 13%。国家和地方政府负责私立中小学费用的 75%~80%，家长承担 20% 左右的费用，每月约 600 丹麦克朗。丹麦私立学校并非贵族学校，私立学校的学生在升学及其他方面均没有优惠权利。

政府设立的中小学的高年级学生也可以选择去继续学校学习，继续学校是适合于 14~18 岁学生的私立寄宿学校。政府中小学的高年级学生也可以进入地方政府兴办的继续学校学习，主要是接受强调实践和社会目标的普通培训。

三 后义务阶段教育

后义务阶段教育（Post-compulsory Education）可以是综合的也可以是职业的高等中学教育，学生年龄一般是 16～19 岁。

综合的高中教育可以是在高中读 3 年，或者参加一个 2 年或 3 年的继续教育课程，最后通过高中结业考试；或者参加 2 年的课程，最后通过高等预科考试。这些学校都不提供职业资格，但是学生具有继续培训的资格。

高中的基本课程包括现代语和古典语、数学、自然科学、社会科学、艺术和音乐等。1987 年的学校改革将高中三年级采用文理分科，目的是让学生升入大学或者参加高级预备考试。

后义务教育也包括 2～3 年的相当于高中程度的职业培训，通常包括 1 年的职业培训或者完全的学徒期，结业时进行高等商业考试和高等技术考试，这些考试证书适用于劳动力市场和继续教育。

职业教育和培训学校的学习年限为 3～4 年。1956 年，商业学校和技术学校由夜校改为日校。1991 年实行的新课程取代了 1978 年开设的旧的基础职业培训课程和传统的学徒期，新的教学结构包括 100 门课程和 200 个专业，如贸易、农业、商业和文书培训等。1993 年引入了一种新型的为期 2 年的职业基础培训，这是针对个人的青年培训。

丹麦为了提高职业教育和培训系统的发展，基于学徒制模式开发了系列课程。2016 年丹麦颁布《关于促进教师和培训师的在 VET 质量方面成功经验》，进一步推动职业教育的发展。2014～2020 年，丹麦为职业教育和培训（VET）系统改革投入约 1.2 亿欧元，预计到 2025 年有 30% 的青年进入 VET 系统。

四 高等教育

丹麦高等教育制度给学生以多样化的选择，各院校提供不同程度的各种课程，这些院校可以分为大学、大学中心和其他学院。丹麦的高等院校也采用免费制度，并有奖学金、助学金和学生贷款。

接受高等教育的资格是必须通过中学毕业考试、大学入学考试或高等商业考试及高等技术考试等，入学的名额有一定限制。丹麦每年约有 4 万人接受高等教育。

高等教育被分为短期、中期和长期课程，分别为少于 3 年、3～4 年和超过 4 年。

短期的高等教育课程包括培训实验室技术人员、市场经济管理人员和计算机专家等。入学要求是接受过高中程度的教育或职业培训。

中期的高等教育课程提供可以获得文学学士或理学学士程度的课程，包括培养记者、教师、图书馆员和护士等专业。绝大多数提供短期和中期的高等教育课程的院校都是在 20 世纪建立的。

长期的高等教育课程包括可以获得相当于文学硕士或理学硕士程度的课程，包括艺术、社会研究、自然科学、医学、食品科学、科学技术、神学、企业经济学等领域，在大学以及其他高等教育机构进行学习。作为获得硕士学位的课程的补充，需要再经过 3 年的研究培训以获得一个学术学位，从 1992 年开始，这一学术学位正式成为博士学位。硕士学位的课程许多是传统课程，其中最古老的可追溯到 1629 年的神学课程，以及 1736 年的法律课程和 1788 年的医学课程。

为了保证高等教育政策的协调执行，教育部下设五个顾问委员会：人文学科国家顾问委员会、健康教育国家顾问委员会、自然科学国家顾问委员会、技术国家顾问委员会和社会科学国家顾问委员会。每个委员会均有 10 名由教育大臣任命的委员。丹麦高等教育由国家财政负担，但各院校有权通过提供特殊课程的教学来创收。

丹麦著名的综合性大学有如下几所。哥本哈根大学是北欧最早的高等学府，创建于 1479 年，2020 年有学生 37500 人，每年毕业 5000 名学生，是一所设有社会科学、艺术、神学、医学、数学、物理、地质、动物学等多种学科的综合性大学；丹麦技术大学，1829 年建校；奥胡斯大学，1928 年建校；欧登塞大学，1964 年建校，该校专门成立了"安徒生研究中心"。

　　此外还有工学院、医药学院、牙医学院、建筑学院、兽医学院等百余所高等院校，其中著名的高等学府有位于哥本哈根的丹麦理工大学、丹麦工程学院、王家音乐学院，位于奥胡斯的牙医学院、音乐学院、社会学院、旅游学院、建筑学院、技术学院，位于欧登塞的商学院、艺术和音乐学院等。

表 7 - 1　丹麦学制一览

年龄	教育性质	教育水平		
28	高等教育	短期高等教育		攻读博士学位
27				
26				
25				长期高等教育 （硕士学位）
24				
23			中期高等教育 （学士学位）	
22				
21				
20				
19	后义务 阶段教育	高中、职业学校		
18				
17				
16				
15	义务教育	初中		
14				
13				
12		小学		
11				
10				
9	义务教育	小学		
8				
7				
6		幼儿园		

资料来源：*Denmark*，Royal Danish Ministry of Foreign Affairs，2002，p. 174。

五 师范教育

幼儿园的教师由教育学院培养。中小学教师由师范学院培养。高中教师由大学培养，大学生在完成本科课程后，需要经过 6 个月的教育理论学习和实践训练才能担任高中教师。

从 1791 年开始，教师在师范学院接受教育，最初的师范学院是由国家管理的，从 1860 年开始出现了私立师范学院。在职教师的培训主要是由王家丹麦学院负责，该学院也提供硕士学位课程。

六 成人教育

职业教育和成人职业训练是丹麦教育的一个重要组成部分，占有举足轻重的地位，它源源不断地为丹麦的现代化建设提供高质量的劳动人才。每年大约有 150 万人参加职业培训或成人综合教育课程学习，国家通过成人教育资助和成人教育基金等不同的资助方式对成人教育给予资金支持。

职业教育在丹麦有着悠久的历史，可以一直追溯到中世纪，当时的手工艺行会已对学徒的训练制定了非常严格的规定。19 世纪末，工业革命的浪潮席卷丹麦，合格的劳动力短缺的问题随之而来，培养大量适应工业革命需要的熟练工人成为迫在眉睫的问题。为此，丹麦议会把职业教育提上了议事日程。从那时起，这一领域的立法便一直努力适应社会和技术两方面发展的需要。传统上的职业教育是由成人教育协会、夜校和大学补习班组成的非正规成人教育课程。1925 年成立了第一个成人教育协会"工人教育协会"（AOF）。后来又成立了一些其他的成人教育协会，包括 FOF（国民教育协会）和 LOF（自由教育协会）。

私立的民众高等学校（Folk High Schools）一度是成人教育的主要场所，这种学校接受政府的补助，但是教学不受政府的干预。第二次世界大战前几年，约有 1/3 的市镇居民在这类学校学习。民众高等学校是一种免费寄宿学校，它为成人提供综合的教学课程。这些学校入学和结业都不用考试，也不发结业证书，由学校和学习者自己评定各科的理论成绩和实践成绩。其中有些学校具有积极的思想和开拓意识，并且已经对地方文化和

学生职业生涯产生了深刻的影响。第一所民众高等学校建立于 1844 年。民众高等学校的学制长短不一，学习内容主要有丹麦语和文学、历史、社会事务、外交事务、外国语、心理学和音乐欣赏等。

20 世纪 60 年代以来，随着丹麦工业的迅速发展，学徒训练人数大大下降。为了与新的更具吸引力的中等学校竞争，职业教育不得不从体制上进行改革，成人教育由此得到较大的发展。由政府兴办的劳动力市场课程旨在提高劳动力的就业能力，在劳动力市场课程中心和职业学校进行授课，有工作的人和失业者都能参加学习。1972 年，半工半读方案、基础职业培训和教育的试验开始在商业和技术学校推行。1977 年，这一试验被基础职业培训教育方案取代，强调理论与车间训练相结合。这一体制是今日职业教育的基础，进入 90 年代后进一步走向成熟与完善。成人教育已经不仅是对半熟练工人进行再培训，对于熟练工人的再培训制度也建立起来。在工会的倡议下，成人职业培训广泛而迅速地展开，因为只有建立一种对熟练工人进行短期培训的制度才能保证适应发展迅猛的科技革命。

1989 年，丹麦制定了一项关于综合成人教育的立法，法规确定了普通成人教育的有关事宜。在国家培训中心为成人提供课程和考试，其宗旨是作为基础教育的补充，为成人获得职业资格和进入高等教育机构学习提供服务。

从 1992 年开始，成人的职业课程使成人能够参加专门的教育课程，教育理念也从早期的职业经验培训转化为获得与青年人的职业院校相同的专业资格。由职业学校、大学教育机构等组建开放式的教育机构，在职工作人员和失业者都可以接受这些机构提供的全日制和非全日制课程。近年来，丹麦对职业教育和成人培训制度进行了综合性改革，给学校以高度自主权，使其能更快地根据科技发展的需求加以调整。丹麦议会为职业培训设立了遍及全国的网络系统，使职业教育建立在教育部和劳动力市场的紧密合作之中，职业教育因此能够直接为劳动力市场输送新生力量。

职业教育的基石就是技术学校的理论知识与企业中的实际培训相结合。职业教育的学制一般为 3～4 年，其中约 1/3 的时间是在企业中实践。在校上课期间，学生也要经常参加劳动。学生接受基础职业教育后有机会

接受进一步的技术或商业教育。高等商业考核课程或高等技术考核课程考试合格者，有资格进入高等学府深造。

丹麦的成人培训和职业教育一样，也以劳动力市场的需求为目标。30 年来，成人职业培训大约完成了 1800 项不同的教育计划，其中 600 项是针对半熟练工人的，1200 项是对熟练工人进行再培训。这些计划涉及范围十分广泛，而且具有现代化水准。丹麦的就业者已经完全意识到连续不断地提高自我能力的重要性，他们对参与成人职业培训表现出极大的兴趣。目前，每年参加职业培训者已占丹麦劳动力的 5%，在某些部门达到 15%～20%。

成人职业培训主要有三项内容，即半熟练工人培训、熟练工人再培训和职业介绍课程。课程的中心是短期独立操作，合格者领取结业证书，既可以证明自己的职业能力，也可以寻找新的就业机会。所以成人教育可以使社会、企业、个人三方面都得利。

第二节　科学研究

一　概述

丹麦的科学研究事业是 500 多年前由公共的和私人的组织自发地发展起来的，目前拥有三个支柱：大学和其他高等教育学院、公共研究机构、私人企业的研究部门。政府的主要职责是协调各部门的研究与开发活动。有关科技发展政策方面的工作，主要是科学政策和计划委员会以及一些有关领域的研究协会去具体处理。工业企业部门的研究与发展工作，完全由企业本身提供资金，政府只限于一些间接的措施，如政府财政补助的安排等。大学系统的研究与开发工作比较独立，经费几乎全部由政府预算提供。发展科技领域的国际合作，是丹麦科技政策的重要组成部分，政府十分注重从政策上提高科技合作的灵活性和弹性。

丹麦的科技研究体制可以分为决策、管理、执行三个层次。

决策层主要是议会和政府。议会是丹麦最主要的科技决策机构，议会下设研究委员会，其任务是为议会讨论科技政策和有关研究与发展问题做准备。研究委员会中的科学联系小组由 7 名议员、科学政策和计划会议主席以及 6 个研究协会主席组成。该小组负责安排议员与科学家之间的各种会议，共同讨论与科学和社会发展有关的重大问题，以便向议会提出议案和建议。丹麦有关科学技术的重大决策都是由议会做出，但是，政府在影响议会决策方面也发挥着很大作用。在政府部门中，作用最大的是教育部，其次是工业部。

管理层主要是中央政府各部，其中教育部与工业部在科技政策的实施和科技管理中发挥的作用最大。教育部对大多数政府研究机构以及负责科技规划和管理的中央机构进行协调。教育部下设研究管理局，是中央政府部门管理科学研究事务的行政机构，也管理参加国际研究与发展合作事宜，如负责协调管理丹麦参加的欧共体研究与实验计划，以及经济合作与发展组织的科技活动。工业部下设工业贸易局，负责技术创新、技术进步和管理工作，制定和协调政府在支持发展科学技术政策方面的任务。能源管理委员会管理有关能源的研究与开发工作，协助工业部制定能源研究与发展计划。事实上，政府各部均负责支持与其相关的科学研究。

执行层包括大学、研究机构和国家实验室等。全国重要的科研机构有：丹麦王家科学院，1742 年成立，是丹麦历史最悠久的自然科学研究机构；技术科学院，成立于 1937 年，是丹麦的应用科学与技术研究的主要机构；尼尔斯·玻尔研究所，以著名核物理学家尼尔斯·玻尔的名字命名，在核物理基础研究方面做出过重大贡献；国家血清研究所等。高等学校也是一支重要的研究与开发力量，如哥本哈根大学、丹麦技术学院等。一些大型工业企业也具有较强的研究与开发能力。丹麦与技术有关的研究开发活动主要由制造业部门承担，由于中小企业众多，因此，国家工业研究政策的目标是通过服务网、发展计划和联合提供研究资金等手段，为中小企业开发和普及技术。

20 世纪 80 年代以来，丹麦政府的科学技术政策的目标是使国家的研究与发展计划达到最佳，使基础研究与应用研究保持平衡，使有限的资源相对集中地投入一些与社会经济发展需要密切相关的重要科技领域，并保证有一个健全的科技体系去吸收全世界的最新科技成果。为此，丹麦政府采取了诸多措施,鼓励政府和工业界共同资助、共同管理工业研究开发项目,协调对丹麦贸易和工业特别重要的科技领域的开发计划,支持基础研究和技术开发等。

2018 年,丹麦的科研支出占 GDP 的 3%,其中企业占 1.9%,公共部门占 1.1%。2018 年根据行业划分不同企业的创新性,可以看出丹麦的信息和通信企业的创新性最高,为 63%;其次是金融保险和商业企业,为 56%;再次是制造业企业,为 55%。丹麦的研发强度在欧盟国家中比较领先,科研投入高于多数欧盟国家。

二 大学研究机构

哥本哈根大学于 1497 年成立,其目的并不是要建立一个研究院,这所大学旨在按照中世纪时期大学的传统进行授课。只是在 18 世纪启蒙运动时期以后,在 1788 年的大学改革之中,大学的独立和综合研究的地位才得到确立。19 世纪以来,科学研究得到了其他高等教育机构的补充,如丹麦科技大学(建于 1829 年)、医药学院(建于 1857 年)、王家兽医和农业大学(建于 1858 年)。20 世纪建立了 4 所大学(奥胡斯大学、欧登塞大学、罗斯基勒大学、奥尔堡大学)和 3 个经济学与企业管理学院(哥本哈根、奥胡斯和南日德兰)。最后,丹麦王家教育学院发展成为一所高等教育研究院。丹麦的大学和大学性的研究院都可以被称为大学。2019 年我国教育部承认的丹麦大学有 18 所,包括根本哈根大学、奥胡斯大学等。2018 年丹麦有 2433 名学生申请博士学位,申请人数最多的 3 个学科是医学(764 人)、技术科学(658 人)和自然科学(392 人)。2018 年丹麦获得博士学位的学生有 2083 人,其中获得博士学位最多的 3 个学科是医学(679 人)、技术科学(513 人)和自然科学(355 人)。

大学的一个共同特征是通过政府的年度预算可以得到基本的研究基金,基金的使用由大学的管理部门来决定。还可以通过其他的渠道增加资金,用于资助特殊的研究方案、研究协议以及与丹麦或者外国伙伴的研究合作。

大学对丹麦的基础研究负有责任，而其他大多数国家则是选择让学术机构或类似的国家研究机构承担基础研究的责任。大学研究的最重要的场所是大学中的研究院，以及大学任命的研究人员可以自由选择他们自己的研究项目。此外，高等教育机构和独立的研究机构之间一直保持着紧密的联系。

三 公共研究机构

在大学以外有许多旨在对具体项目进行深入研究的研究机构。重点是应用研究，包括向政府提供建议。这种类型的研究院也具有很长时间的传统，值得一提的是，1580～1597 年，腓特烈二世为天文学家蒂乔·布拉厄（Tycho Brahe）提供了大量的资金支持。从 19 世纪末以后，尤其是1945 年以后，政府研究院将研究作为主要任务，他们在主要的研究领域都设立了研究院，增设了 17 个以研究为目的的档案馆、图书馆和博物馆。政府研究机构选择研究项目的方式不同于大学，其特征是由政府部门或者政府的顾问团根据需要设计和管理。

政府资助的研究也包括全国 100 多家医院的研究项目。这些基本支出主要是由国家负责的，此外，国家大学医院和一些其他的预算也提供一些资助。

公共研究体系是由不同的国家部门进行管理的。教育部提供的补助所占比例最大，约占总额的 40%，大学的基本补助都来自这里。1993 年，国家研究部成立，主要负责协调丹麦的研究工作，但是研究补助和研究院仍然由传统的相关部门支持。国家研究部的核心是国家研究理事会（State Research Councils）和研究政策理事会（Council for Research Policy）。研究理事会的任务是就研究发展和支持丹麦研究向政府提供建议，该理事会根据议会立法成立于 1972 年，其前身是 1946 年成立的技术和科技研究理事会。与此同时成立了研究计划理事会（1988 年之后改称研究政策理事会），就最为重要的研究政策问题向政府部门提供建议。1991 年，丹麦基础研究基金会成立，它具有 20 亿丹麦克朗的启动资金，用于资助具有国际水平的成绩卓著的丹麦研究项目。

公共资助的研究体系的目的之一是与私人企业合作推进技术的发展。由丹麦技术研究所、信息技术中心和技术科学研究院下属的一系列研究机构形成了技术服务体系，为丹麦企业获得新技术知识提供服务。

　　四　企业研究机构

　　丹麦企业用于研究和开发的资金比例低于欧洲的平均水平，原因是丹麦大型企业的数目较少。将研究运用于企业的先驱是嘉士伯啤酒公司的创始者雅各布森。他从青年时期开始就喜欢科学，1875年他建立了自己的酿酒厂，1876年设立了嘉士伯基金会，该基金会后来成为丹麦科学研究的重要资金来源。嘉士伯基金会的执行委员会是由丹麦王家科学和文学学院的成员任命的。

　　20世纪90年代以来，丹麦的工业部门在医药业、电子和测量仪器业进行了大量的研究。研究部门与丹麦的国内外大学紧密联系，并呈现出这样一种趋势，即丹麦企业喜欢设立自己的实验室，例如医药企业诺和诺德集团。

　　丹麦是一个知识型社会，国家虽小却拥有大量闻名世界的创新成果，这在一定程度上与政府的支持有关。丹麦政府创新意识较强，持续出台政策为企业实现技术创新提供保障。在丹麦，国家通过提供研发基金资助企业来降低研发风险，还通过减免研发税收来扶植企业展开研发活动。21世纪以来，一系列政策的出台大大提高了丹麦企业的创新力，创新已经成为丹麦的主流思想。

　　丹麦的私人和公共研究都是以国际合作为基础的。特别重要的是丹麦参与到欧盟的诸多研究计划之中，目的是提高欧洲企业的技术水平。在欧盟的尤里卡合作计划中，各种项目的目标都是促进提高企业的竞争力。

　　五　重要的研究领域

　　丹麦在天文学、生物学、环境学、气象学、解剖学、免疫学、光速计算、电磁、血清研究和核物理研究等领域处于世界领先地位。

丹麦的科学研究有着悠久的传统，在大约 12 世纪以后开始出现有记载的科学活动，如有关医学草药的书籍。1274 年，欧洲著名的数学家、天文计算仪器的设计者彼泽·内特加尔（Peder Nattergal）在罗斯基勒进行系统的天文观测，他也是被广泛使用的 1292～1368 年日历的作者。在中世纪后期，丹麦出现了大量医学和天文学教科书，以及最早的斯堪的纳维亚国家地图。16 世纪，天文学家蒂乔·布拉厄通过装备完善的天文台准确地观测到天文现象，创建了现代天文学。

17 世纪丹麦国家博物馆成立，它拥有大量的自然历史和考古学收藏以及王室的珍宝馆。哥本哈根大学因为在哥本哈根的圆塔上修建了新的天文台、大学图书馆以及"解剖实验室和博物馆"而更加出名。卡斯帕·巴托兰（Caspar Bartholin）由于出版了解剖学教科书而闻名欧洲，他的儿子托马斯·巴托兰（Thomas Bartholin）是第一位研究人类淋巴系统的解剖学家并在国内出版了第一份科学杂志。尼尔斯·斯滕森（Niels Stensen）是历史地质学、古生物学和结晶学的创始人。

为了促进专业学科的发展，1732 年丹麦大学规定禁止教授转变学科，宣告博学者的时代已经成为历史。10 年之后，欧洲著名的历史学家汉斯·格拉姆（Hans Gram）成立了丹麦王家科学和文学院（the Royal Danish Academy of Sciences and Letters），开展了有关自然历史和国家文化的研究工作，收集了大量的文字并被用于随后出版的丹麦字典中。同期，有关丹麦历史、地理、地质测量以及斯堪的纳维亚动物群落的科学著作相继问世。

18 世纪以后，丹麦科学家在许多领域做出了具有世界意义的贡献。例如在语言学方面，丹麦语言学者拉斯穆斯·克里斯蒂安·拉斯克（Rasmus Kristian Rask，1787～1832）创立了比较语言学。在考古学和史前史领域，1836 年丹麦学者克里斯蒂安·于恩森·汤姆森（Christian Jürgensen Thomsen）提出了石器时代、青铜时代和铁器时代的分期，奠定了史前考古学研究的基础，这一分期方法至今仍然通用。

1820 年，汉斯·克里斯蒂安·奥斯特（Hans Christian Ørsted）通过发现电流的磁效应开创了电磁学，为物理学的研究指明了新的方向。今天使用的各种各样的电话、收音机、电视机和电信设备都是源于他在电磁学方面的研究。为了纪念奥斯特在电磁学上的贡献，1934 年召开的国际标准计量会议通过用"奥斯特"命名 CGS 单位制中的磁场强度单位的决议。

在天文学领域，亨利希·路易·达尔斯（Heinrich Louis d'Arrest）是对星云进行观测的先驱者，埃纳尔·赫兹斯普伦（Ejnar Hertzsprung）是天文物理学的先驱之一。

在生物学和医学领域，丹麦病理学家汉斯·克里斯蒂安·格拉姆（Hans Christian Gram）在 1884 年介绍了细菌学中脱色后再进行复染的技术，这种差别染色法后来被称为革兰染色法。

进入 20 世纪，丹麦有众多的科学家因为做出重大贡献而世界闻名，先后有 13 人获得诺贝尔奖。其中最为著名的是当代核物理学的鼻祖尼尔斯·玻尔教授，他和儿子奥格·玻尔都是诺贝尔奖获得者。目前，丹麦的物理学仍然是一个很强的领域。此外，丹麦的海洋生物学在 20 世纪也取得了引人注目的成绩。丹麦的政府研究体系和大学研究体系都非常重视并进行了大量的农业研究，健康研究在国际研究合作中也占据了重要地位。

随着教育机构和专业机构的日益增多，丹麦拓展出更多的研究领域，科研水平实现飞速发展。为了深化丹麦在某些重点领域的研究，20 世纪80 年代和 90 年代，丹麦制订了许多特殊的研究计划，主要是在材料技术、生物工艺学、食品工艺、能源和环境研究等领域。这些研究的目的是开发新的领域，以增强丹麦企业的相对竞争力和在国际科学研究中占据重要地位。

丹麦的科研能力位居世界前列，在绿色科技、生物科技、制药科学、电信、通信技术和设计领域拥有先进产业和研究。例如，丹麦在开发和使用再生能源如生物燃料、风能、潮汐能和太阳能领域处于领先地位。丹麦计划 2050 年时达到全面无石化，丹麦堪称世界清洁能源领域的引领者。另外，丹麦还是生物技术的领跑者，丹麦的生物技术集群具有广泛的国际合作和先进科研成果，特别是在生物工程、酶、中枢神经损伤和癌症领域的研究。丹麦药谷是欧洲第三大商业药品开发基地，与各大学、医院和企业均有密切合作。

六　诺贝尔奖获得者

丹麦的科学研究在许多领域处于世界领先地位，在自然科学领域共有9人先后获得诺贝尔奖。

尼尔斯·吕贝里·芬森（Niels Ryberg Finsen，1860～1904）　医学家，1903年由于在光学治疗方面的研究贡献（利用光辐射治疗狼疮）获诺贝尔生理学或医学奖，是第一个获得诺贝尔奖的丹麦人。

芬森1860年12月15日生于丹麦法罗群岛首府托尔斯港。1890年获哥本哈根大学医学院医学博士学位，同年在母校的外科专门学校任解剖学实验助教。1892年开始潜心研究光线对有机体的影响，提出光谱中不同性质的光线的作用时间和强度不同，对有机体的影响也各不相同。1893年发表了关于红光治疗天花的论文，他推荐让病人待在红光室内的措施在当时拯救了无数人的生命。他试用化学性的紫端光线医治狼疮。1896年，他发表了论文《聚集的化学性光线在医学中的应用》，轰动欧洲。治愈的病人十分感谢这位用光线治病的神医，于1896年为他在哥本哈根建立了芬森光学治疗研究所。1899年，他出版专著《光线治疗》，系统总结了多年来的研究成果；同年受封为丹麦王国的勋爵，获得了银十字勋章和金质勋章。由于芬森在利用光辐射治疗狼疮及其他皮肤病方面所做出的卓越贡献，1903年他获得了诺贝尔生理学或医学奖。他把奖金中5万丹麦克朗捐赠给光学治疗研究所，另外5万丹麦克朗捐赠给一家心脏和肝脏疾病疗养院。他于1904年9月24日在哥本哈根去世。芬森的主要著作包括《光学光线和天花》（1894）、《光线作为刺激物》（1895）、《论集中化学光辐射在医学上的应用》（1896）。

奥古斯特·克劳（August Krogh，1874～1949）　动物生理学家，1920年由于在发现肌体内微血管调节血液循环的呼吸系统生理学原理方面的贡献获诺贝尔生理学或医学奖。

克劳1874年11月15日生于丹麦格兰纳。1899年获哥本哈根大学动物学硕士学位，1903年获哥本哈根大学博士学位。1908年被聘为哥本哈根大学动物学专业协会动物学副教授，同年他提出了气体交换机理中的

"弥散论"，开创了毛细血管生理学研究的新方向，此后深入研究了体液和神经因素对毛细血管运动机理的调节。1920 年，瑞典国王亲自为克劳颁发了诺贝尔生理学或医学奖金。1934 年，克劳辞去哥本哈根大学的教职，专心研究动物生理学方面的问题。1916 年成为丹麦王家科学会成员，1937 年成为英国王家学会会员，并荣获伦敦王家医学院的奖章。1949 年 9 月 13 日逝世于哥本哈根。克劳的主要著作包括《毛细血管的解剖学和生理学》（1922）、《水生动物的渗透压调节》（1937）、《呼吸机制的比较生理学》（1940）。

尼尔斯·亨里克·戴维·玻尔（Niels Henrik David Bohr，1885 ~ 1962） 物理学家，哥本哈根学派创始人，1922 年由于关于原子结构和原子辐射的研究获诺贝尔物理学奖。

玻尔 1885 年 10 月 7 日生于哥本哈根，1903 年入哥本哈根大学数学和自然科学系，主修物理学。1907 年以有关水的表面张力的论文获得丹麦王家科学院的金质奖章，1909 年获哥本哈根大学科学硕士学位，1911 年获哥本哈根大学哲学博士学位后开始研究金属中电子运动的理论，1912 年在母校任讲师。1913 年以《论原子构造和分子构造》为题先后分三大部分发表了长篇论文，为 20 世纪原子物理学发展开辟了道路。他在自己的理论中采用了当时已有的量子概念，提出了几条基本的"公设"和至今仍很重要的原子定态、量子跃迁等概念，有力地冲击了经典理论，推动了量子力学的形成。玻尔逐步发展并于 1918 年阐述了被称为对应原理的理论，该理论成为从当时的经典理论通向量子理论的桥梁。玻尔利用对应原理，对各种元素的光谱和 X 射线谱、光谱线的塞曼效应和斯塔克效应、原子中电子的分组和元素周期表、分子的形成等都做出了合理的理论诠释，由于这些辉煌的成绩，玻尔获得了 1922 年的诺贝尔物理学奖。1921 年，在玻尔的倡议下成立了哥本哈根大学理论物理学研究所，玻尔领导这一研究所达 40 年之久，培养了大量杰出的物理学家。在量子力学的兴起时期，这个研究所曾经成为全世界最重要、最活跃的学术中心，至今仍有很高的国际地位。

作为哥本哈根学派的"精神领袖"，玻尔在 1927 年首次提出了他的"互补性"观点，并逐步发展了他的"互补哲学"。按照玻尔的看法，追究事物的既互斥又互补的两个方面中哪一个更"根本"是毫无意义的，只有而且必须把所有的方面连同有关的条件全都考虑在内，才能得到对事物的完备描述。玻尔认为他的互补原理是一条无限广阔的哲学原理，认为互补性是因果性的合理推广，尤其是在晚年，他用这种观点论述了物理科学、生物科学、社会科学和哲学中的无数问题，对西方学术界产生了相当重要的影响。玻尔在 1947 年接受丹麦政府授勋时，他在亲自设计的族徽中心图案中采用了中国古代的"太极图"来形象地表示他的互补思想。

玻尔一生爱好和平，崇尚民主，反对侵略和独裁。1933 年希特勒在德国上台以后，玻尔曾经亲赴德国安排受迫害的知识分子出逃，在丹麦组织了专门的机构来协助和营救这些人，在学术文化的发展史上起了不可低估的作用。1943 年玻尔逃亡到美国，曾参加研制原子弹并做出了重要贡献，但他的动机完全是为了反击纳粹，而且他从一开始就意识到了核军备竞赛的危险。1945 年第二次世界大战结束以后，他毅然和所有核武器的制造断绝了关系，并于 1950 年发表了《致联合国的公开信》，大力呼吁和平。同时他致力于推动核能的和平利用，倡议并领导了欧洲核子中心和北欧原子物理学研究所。在他的倡导下，1955 年在日内瓦召开了第一次原子能和平利用国际会议，玻尔于 1957 年获得美国首届和平利用原子能奖。

玻尔多次连任丹麦王家科学院主席，于 1962 年 11 月 16 日在哥本哈根逝世。

约翰尼斯·菲比格（Johannes Fibiger，1867~1928） 病理学家，1926 年由于发现了致癌寄生虫而获诺贝尔生理学或医学奖。

菲比格 1867 年 4 月 23 日出生于丹麦西尔克堡。早年在柏林大学学医，后转到哥本哈根大学医学院，1890 年获得医学博士学位。1895 年到哥本哈根大学医学院任教，1900 年被任命为病理解剖学教授、病理解剖研究院院长。1902 年，他从蟑螂身上找到了一种被称作"肿瘤蝶旋体"的寄生物来源，说明癌是由虫的代谢产物的机械和化学刺激所引起的慢性病变。1913 年他首先做成使老鼠致癌的实验，发现了致癌寄生虫，揭示了癌症的病理，从而赢得了国际声誉。为了表彰他在癌症研究上做出的贡献，1926年菲比格被授予诺贝尔生理学或医学奖。同年他被任命为哥本哈根大学校长，并为他建立了癌症研究所，这是世界上第一个研究癌症的中心。1928年1月30日菲比格逝世于哥本哈根。

亨里克·达姆（Hennrik Dam，1895～1976）　生物化学和营养学家，1943年由于关于维生素K的发现和研究获诺贝尔生理学或医学奖。

达姆1895年2月21日生于丹麦哥本哈根。1920年毕业于哥本哈根工艺学院化学系，同年受聘于哥本哈根农业和兽医学校，任化学教员。1923年任哥本哈根大学医学院生理实验室讲师，1929年晋升为副教授。1934年获哥本哈根大学生物化学博士学位。1941年哥本哈根工艺学院任命他为生物化学教授。从1928年开始开展"小鸡胆固醇代谢"的研究工作，对某些维生素缺乏症的病因和病理进行了探讨，在从事与凝血有关的维生素，即维生素K的制备、纯化和鉴定工作中，在1939年从绿色植物中提炼出了维生素K，这个发现很快给临床医学带来了福音，很多以前缺乏维生素K引起的疾病不再为不治之症，从而引起了国际学术界的重视。同年，美国科学家多伊西合成了维生素K并确定了其结构。1943年达姆和多伊西共同获得了诺贝尔生理学或医学奖。1947年达姆被选为丹麦科学院院士，1948年被任命为丹麦王家文理科学院院士，1954年被推选为国际营养科学联合会主席。1976年4月在哥本哈根逝世。

奥格·玻尔（Aage Bohr，1922～2009）　物理学家，尼尔斯·玻尔的第四子，1975年由于发展原子核结构理论获诺贝尔物理学奖。

玻尔1922年6月19日生于哥本哈根，早年入哥本哈根大学，因战争中断学习，1954年才获该校哲学博士学位。1944～1945年随父亲在美国参加曼哈顿计划，1946年回丹麦。玻尔主要研究原子核物理学，在1949～1950年访美时和L.J.雷恩沃特共同提出并发展了核的集体运动模型。回国以后，玻尔又和B.R.莫特森一起进行了研究，陆续提出了一些新的概念。从1953年开始，他在丹麦和美国的刊物上发表了一系列这方面的论文。这种核模型旨在把以前已有的液滴模型和核壳层模型结合起来，认为原子核可以不具备球对称性，这样就有可能解释实验上观测到的核多极矩之类的性质。由于发现了原子核中集体运动和个体粒子运动之间的联系并在此基础上发展了核结构理论，奥格·玻尔、B. R. 莫特森和 L. J. 雷恩沃特共同获得了 1975 年诺贝尔物理学奖。1963 年起玻尔任哥本哈根大学理论物理学研究所（1964 年改名尼尔斯·玻尔研究所）所长。他曾经于 1962 年和 1973 年到中国访问。

本·罗伊·莫特森（Ben Roy Mottelson, 1926 ~ ） 物理学家，1975 年由于原子核内部结构方面的研究获诺贝尔物理学奖。

莫特森 1926 年 7 月 9 日生于美国伊利诺伊州芝加哥市。就读于普渡大学，1947 年获理学学士学位，后在哈佛大学研究生院从事核物理问题的研究，1950 年获得哲学博士学位后在丹麦哥本哈根理论物理研究所从事研究工作。1951 年起他与奥格·玻尔合作研究原子核结构理论，发现了原子核集体运动的规律和核子之间的联系，并在此基础上创立了"原子核集体运动模型"理论，极大地推动了原子核物理学的发展。1957 年以后莫特森成为北欧原子物理研究所的教授，1959 年夏天在美国加利福尼亚大学任客座教授。他与奥格·玻尔从 20 世纪 60 年代初期开始到 70 年代中期，合著《原子核结构》一书。这部巨著成为当今世界关于核结构理论的权威著述，全书分两卷，第一卷主要论述与单粒子运动相关的核性质，第二卷讨论了与集体运动相关的核动力学问题。由于原子核内部结构方面的研究工作，他与奥格·玻尔和雷恩沃特分享了 1975 年度的诺贝尔物理学奖。1971 年莫特森成为丹麦公民。

尼尔斯·杰尼（Niels Kaj Jerne, 1911 ~ 1994） 免疫学家，1984 年由于控制发展免疫系特性和单克隆抗体产生的原则获诺贝尔生理学或医学奖。

杰尼 1911 年出生于英国伦敦，1914 年随父母移居荷兰。1928 年，他从鹿特丹大学毕业，获学士学位；1928 年入莱顿大学攻读物理学；1938 年入哥本哈根大学攻读医学，1947 年获得哥本哈根大学医学博士学位。1943 ~ 1956 年在丹麦国家免疫血清研究所生物标准局从事研究工作，1951 年成为该研究所副教授。1956 年进入世界卫生组织工作，1960 ~ 1962 年担任日内瓦大学生物物理学教授。1962 ~ 1966 年担任匹兹堡大学微生物学教授。1966 ~ 1971 年担任法兰克福歌德大学实验疗法教授。

1967 年成为丹麦王家科学院荣誉院士。1971 ～ 1980 年创建并领导了巴塞尔免疫学研究所。1978 年成为美国哲学学会会员，1980 年成为英国王家学会会员。杰尼被尊称为现代免疫学之父，他提出的三个学说——抗体形成的"天然"选择学说、有关抗体多样性发生的学说和免疫系统的网络学说，为现代免疫学的建立奠定了基础。他对免疫系统特性理论的研究开创了现代的细胞免疫学，因而荣获 1984 年诺贝尔生理学或医学奖。杰尼的主要著作包括《亲和力的研究》（1951）、《抗体形成的自然选择理论》（1955）、《免疫学思考》（1960）、《抗体形成的自然选择理论：最近 10 年》（1966）、《关于免疫系统的网络学说》（1974）。

延斯·克里斯蒂安·斯科（Jens Christian Skou，1918 ～ 2018）　化学家，1997 年由于发现了一种离子运转酶 Na^+，K^+ – ATPase 获诺贝尔化学奖。

斯科生于 1918 年。1954 年获得丹麦奥胡斯大学医学博士学位，1963 年在该校任生理学教授。1957 年首次在神经细胞上寻找分解 ATP 的酶，而且证明了这个分解 ATP 的酶与钠离子、钾离子进出细胞的功能有着密切关系。斯科最早描述了离子泵的基本机制，即驱使离子通过细胞膜定向转运的酶，这是一种维持细胞中钠离子和钾离子平衡的酶。由于这种关于生命的能量研究上的突破，斯科与美国的保罗·波耶尔、英国的约翰·沃克共同获得 1997 年诺贝尔化学奖。

丹麦还有诺贝尔文学奖获得者。

亨瑞克·彭托皮丹（Henrik Pontoppidan，1857 ～ 1943）　丹麦小说家，由于"他对当前丹麦生活的忠实描绘"，1917 年他与耶勒鲁普共同获得诺贝尔文学奖。彭托皮丹出生于丹麦腓特烈西亚的牧师家庭。他是布兰代斯所倡导的现实主义文学的代表人物，创作了大量小说和剧本，对当代丹麦文学有一定的影响。早期作品有小说集《剪掉的翅膀》（1881）、《农村景象》（1883）。彭托皮丹的文学成就表现在小说创作上，主要作品有短篇小说《云翳》（1890），长篇小说《乐土》三部曲（1891 ～ 1895）、《幸运的彼尔》（1898 ～ 1904）、《守夜》（1894）、《死者的王国》（1912 ～ 1916）和《人的乐园》（1927）等。其中代表作《乐土》是作家"才华充分展露的一部杰作"。彭托皮丹重视研究社会问题，他的作品大多以农村为背景，真实生动地展现出丹麦的生活图景，以及丹麦人民的情感世界。作品风格清新、活泼，赋予小说一种独特的感人力量。他是丹麦现实主义文学的代表作家。

卡尔·耶勒鲁普（Karl Adolph Gjellerup，1857～1919） 丹麦诗人、小说家。由于"在崇高理想鼓舞下写出了丰富多彩的作品"，1917 年他与彭托皮丹分享了诺贝尔文学奖。耶勒鲁普早年在哥本哈根读神学。1892 年起定居德国德累斯顿。早期作品有诗集《红山楂》、小说《日耳曼人的学生》，反映作者与基督教的决裂。20 世纪初受印度佛教哲学影响，宣传出世思想，写有长篇小说《朝圣者卡马尼塔》。晚年重新皈依基督教，著有《神的女友》。最初耶勒鲁普是布兰代斯提倡的现实主义的追随者，主要作品包括诗集《红山楂》（1881）和小说《日耳曼人的学生》（1882）。后来他反对自然主义的文学和道德观，作品包括《古典一月》和《跋涉之年》中。他仿效席勒创作了大型悲剧《布伦黑尔》（1884）。另外，他还有短篇小说《罗穆卢斯》和《吉-杜》。他的著名作品有小说《敏娜》（1889）、《磨坊》（1896）和《朝圣者卡马尼塔》（1906）。耶勒鲁普晚年居住在德累斯顿，致力于东方和印度哲学的研究。

七 国际交流与合作

丹麦在发展国际科技合作中，十分重视从政策上提高科技合作的灵活性和弹性，以有助于扩大合作研究的对象和领域。

丹麦政府对于国际科技合作一直高度重视，规定对于丹麦参与的国际科技合作项目，在列项时必须给予优先考虑。当前，丹麦的国际科技合作主要还是局限在欧洲，与欧洲大多数研究机构有着合作关系，例如欧洲空间局（ESA）、欧洲核子研究组织（CERN）、欧洲分子生物学实验室、欧洲天文学研究组织等。丹麦与北欧的合作历史悠久，重点在长期性的合作方面，如基础研究领域的合作。丹麦对于欧洲的尤里卡计划的技术合作也持积极的态度。丹麦参加国际和地区的科技合作的管理机构，主要是研究管理局，政府的一些部门以及其他有关机构也参与其中，如能源部、教育部、农业部等。

丹麦非常重视创新的发展理念，其创新能力和科技发展水平居世界领先地位。2019 年世界知识产权组织公布全球创新指数（GII），丹麦位居第七，是世界上最具创新性的国家之一。丹麦通过资助国际科技合作提高创新能力，2019 年丹麦创新基金会国际合作投入 1.5 亿丹麦克朗，用于 5 项国际合作计划的申请，包括地平线 2020 框架计划、尤里卡计划、欧洲之星、北欧研究以及基金会的双边科技合作计划，国际科技合作主要侧重新技术机会、绿色增长和精准医疗。

八 图书馆

丹麦有专供研究的图书馆和向公众免费开放的公共图书馆。

（一）专供研究的图书馆

丹麦王家图书馆，由弗雷德里克三世创建于 1648 年。1697 年，它成为一个用于存放丹麦已出版图书副本的图书保管处。1793 年，它开始向公众开放。丹麦王家图书馆收藏了大量的手稿、音乐资料、地图和图片，也是研究亚洲人、犹太人和希伯来人的重要中心。该图书馆是丹麦国内拥有最多外国文献收藏的图书馆。1989 年，王家图书馆与哥本哈根大学图书馆合并，共有图书 440 万册。王家图书馆在阿迈厄和菲奥尔斯塔德的两处馆舍每周开放 27 小时，斯劳兹赫尔姆的两个阅览室每周分别开放 64 小时和 37 小时，各种专藏中心（地图与版画、音乐与戏剧、东方语言与犹太语及善本手稿）分别开放 35 小时，王家图书馆每周共开放 295 小时。

哥本哈根大学图书馆建立于 1482 年，它的最古老的收藏于 1728 年不幸毁于一场大火。1938 年它被划分为艺术部和科学部，科学部被命名为丹麦国家科学和医学图书馆，拥有 140 万册书，是除植物学以外的所有这些学科的最主要的图书馆。植物学的权威图书馆是哥本哈根大学的中央植物学图书馆，成立于 1752 年，共藏书 13 万册。位于奥胡斯的国家大学图书馆成立于 1902 年，是图书馆之间互借服务的中央代理机构，并收藏了国家媒体档案（the National Media Archives），1935 年成为奥胡斯大学的图书馆，共收藏 200 万册书。在丹麦其他的图书馆中，位于欧登塞的图书馆成立于 1965 年，藏书 90 万册，是综合性最强的图书馆，拥有数量众多的古旧收藏品。这些图书馆属于主要的教学机构，同时各种专业图书馆也是在其学科领域内的主要图书馆，例如王家丹麦美术学院图书馆（成立于 1754 年，藏书 14 万册）、丹麦兽医和农业图书馆（成立于 1773 年，藏书 45 万册）、国家教育图书馆（成立于 1887 年，藏书 85 万册）、哥本哈根商业学院图书馆（成立于 1922 年，藏书 25 万册）、丹麦科技知识中心图书馆（成立于 1942 年，藏书 73 万册）。

（二）公共图书馆

丹麦公共图书馆的成立时间可以追溯到 18 世纪。根据 1920 年的法律，国家为地方政府和社团管理公共图书馆提供有关补助。1984 年，国家专项津贴被取消，现在由地方政府为公共图书馆筹备资金和安排活动。当今的公共图书馆是重要的社会和文化实体，在许多地方政府中是最重要的部门。

丹麦有 5000 多座大大小小的图书馆。丹麦的人均拥有公共图书馆数量位居世界前列，几乎每一个城市每一个社区都有图书馆。丹麦的公共图书馆总藏书量达 3200 万册以上，年平均借出图书近 1 亿册，算上新出生的婴儿平均每人借阅近 20 册。

第三节　文学艺术

一　文学

远在文字诞生之前，在斯堪的纳维亚就流传着关于创世纪、上帝和人类、诸神的末日和天堂的故事，从考古发掘的金属盘和苞状饰片上的图案可以得知神话早在公元前 5 世纪就得到了普遍的传诵，这是北欧国家所共有的文学素材。1190 ~ 1210 年，丹麦历史学家萨克索·格拉马蒂库斯（Saxo Grammaticus）对这些古老的故事进行了文字记录，后来的文学作品多次重述和解释这些神话故事，成为丹麦和北欧文化的共同根源。

丹麦文学的渊源可以上溯到 1500 年前。17 世纪在丹麦境内出土了公元 400 年前后的两个黄金号角，上面所刻的北欧古文字——鲁纳文——都以 H 开头、以共鸣元音结尾，说明当时已出现了诗歌的雏形。最长的鲁纳文碑文见于 983~987 年丹麦国王"青齿王"哈拉尔德为其父亲立的墓碑，有些碑文具有诗的韵律。从狭义方面看，古代北欧文字的题刻不属于真正的文学，但确实是丹麦最古老的文字资料。

9 世纪，基督教传入丹麦，但丹麦的民间创作一直同富于异教色彩的冰岛传说保持着密切的联系。到了 13 世纪，由于逐步受到罗马传来的各种思潮的影响，同时也吸收了一些新的时代思潮，丹麦文学在形式上和内容上越来越接近欧洲的共同传统，这个时期的文学作品，如编年史和传说多具有基督教和神学性质。在中世纪，教士和骑士对丹麦文学分别做出了贡献，前者代表拉丁文化，后者代表以民谣为主体的丹麦文化。

中世纪时期是手稿撰写的重要时期。天主教僧侣是文化的媒介，借用拉丁语以及博学的高级教士在欧洲的研究形成了一种国际文化。在这一大背景下，丹麦的第一部伟大著作诞生了，即身为教士的萨克索写作的丹麦历史图书《丹麦人的业绩》，这本书描述了丹麦在历届国王领导下从最早的传奇历史到这本书的写作时期取得的成就。该书是用银器时代后期的拉丁文写作的。它不仅是一部重要的历史文献，也是丹麦文学和欧洲文化的源泉。

同一时期还有另一部不朽的著作，是当时的丹麦阿布萨隆主教的侄子安诺斯·苏内森（Anders Sunesen）撰写的长诗《六日》。这本书写作于 1200 年前后，也是具有国际水平的文学巨著，它是对创世纪进行神学解释的具有教诲意义的六步格诗。它是一部深刻的学术著作，是中世纪时期天主教对世界看法的描述，反映了早期经院哲学对斯堪的纳维亚的影响。萨克索为这本书写了序言。《六日》在 1892 年第一次出版，1985 年被翻译成丹麦语。

与拉丁语文学并驾齐驱的是丹麦的本土文学，歌谣是其主要的文学形式。现在仅有很少的中世纪时期的歌谣片段流传下来，但是到文艺复兴时期之前它们已经被记录到贵族的诗歌集中。这些歌谣究竟有多古老已经成为具有广泛分歧的问题，但是大多数歌谣被认为产生于 14 世纪中期至 15 世纪末期。类似神话故事和小说的歌谣构成了歌谣的主体并流传到今天，具有很高的文学价值。这些歌谣大多颂扬历史英雄人物的功绩，民谣叙事与抒情相结合，内容丰富，语言通俗易懂。现在流传下来的各种民谣有 600 多首，最著名的一首是关于尼尔斯·埃卜森被日耳曼人杀害的故事（这首民谣在第二次世界大战中被广泛传诵，以抗议纳粹德国对丹麦的占领）。在国际上，丹麦以拥有最古老的歌谣印刷版本而自豪，这些印刷版本最初以口头方式流传，后来以书面形式保留下来。当歌谣被浪漫主义者重新发现时，对整个 19 世纪的诗歌语言都产生了巨大的影响，并激发诗人们创作了大量类似的作品，从此以后歌谣成为丹麦文学的一个重要特征。同时期相继出现的许多地方法律（日德兰法律、西兰岛法律等）成为当时语言的典范，它们也是丹麦文化史的重要来源。

文艺复兴时期印刷图书（16 世纪以后）有了突破。1482 年印刷术传入丹麦，最早的印刷品是教会出版的拉丁文图书，丹麦文图书只有一部，即 1495 年出版的《韵文编年史》。由于文艺复兴与路德教会改革发生在同一时期，这一时期主要是圣经翻译和赞美诗的写作。1535 年《摩西五戒》的丹麦文译本问世，译者是丹麦的宗教改革家汉斯·托默森（Hans Thomesen）。他是 16 世纪丹麦文学的代表人物，有丹麦的路德之称，主要著作是《谎言与真理》。他的另一部作品《丹麦圣歌之书》中的诗歌也是宗教改革时期的，这些圣歌一直为教会和学校所采用，成为新教赞美诗的标准版本。16 世纪丹麦的宗教改革促使人们广泛使用本国语言，汉斯·克里斯滕森·斯腾（Hans Christensen Sthen）成为丹麦的第一个诗人，他的代表作是《财富的车轮》，具有简单音调的赞美诗受到了歌谣的影响，直到今天仍然在丹麦诗歌中占据重要地位。17 世纪丹麦文学的主要成就是圣歌，代表作家是神学家和圣歌诗人托马斯·金果（Thomas Kingo），1699 年出版的新圣歌集中有 85 首是他的作品，他的诗至今仍被传诵并保留在新版的圣歌集中。

18 世纪丹麦文学发生了重要的转变，在欧洲文艺复兴和宗教改革的影响下，启蒙思潮在丹麦兴起。卢兹维·霍尔贝尔（Ludvig Holberg）是丹麦启蒙文学运动的先驱，他是小说家、诗人、评论家和喜剧作家。他还是一位语言大师，对丹麦语言的发展做出了贡献。同时代的重要作家还有圣歌诗人汉斯·布罗松（Hans Brorson），主要著作是圣歌集《信仰的珍奇之宝》，他的赞美诗将人作为中心，追求简单的风格和强烈的感情，与前几个世纪的正统诗歌形成对比。18 世纪中叶出现了抒情诗人约翰内斯·埃瓦尔德（Johannes Ewald，1743~1781），他创作了许多著名的抒情诗、即兴诗、话剧、歌剧、传说故事和自传。作为诗人，他将语言提升到崇高的地位。

19 世纪上半叶，丹麦文学的主要流派是浪漫主义，对诗歌的崇拜作为生活的一种动力与宗教的信仰混合在一起。但是，纯粹的浪漫主义形式只是一个短暂的插曲，歌德的人道主义、基督教和浪漫主义共同构成了这一时期的主要特征，这一时期由于包括丰富的艺术形式而被称为黄金时代。诗人亚当·欧伦施莱厄是浪漫主义时代最重要的代表人物，他深受德国浪漫主义的影响，其诗作《黄金号角》标志着丹麦浪漫主义文学的开端。世界著名的童话家安徒生是这个时期丹麦文学的杰出代表。在童话创作中，他冲破了专制主义时期的阻碍，立足于现实生活，运用浪漫主义的手法，表达了人类对美好未来的向往，体现了现实主义倾向和民主主义精神。安徒生的童话是丹麦对世界文学的最重要的贡献。与安徒生同时代的另一个伟大的作家是索伦·克尔凯郭尔（Soren Kierkegaard，1813~1855），他是一位神学家和哲学家，写下了大量有关宗教和人类精神活动方面的著作，在世界哲学思想史上产生了巨大的影响，他的许多观点至今仍然是哲学界研究的课题。在基督教理想主义和现实主义的共同影响下，他强调生活的规则和个人生活中对真理的追求。同时期的剧作家和批评家约翰·卢兹维·海贝尔（Johan Ludvig Heiberg）是浪漫主义转向日常生活和更丰富的心理学主题的主要人物，他的剧作讽刺了资产阶级的道德观念，使丹麦的喜剧获得了新生。他创办的期刊《哥本哈根邮报》以及后来的《临时报》对当时丹麦文坛影响颇大。

1849 年专制政权崩溃之后，一种新的文学和新的意识形态即现实主义开始形成。19 世纪 70 年代是丹麦现实主义文学取得突破的年代，作家围绕社会和经济问题进行创作，其核心人物是评论家格奥尔·布兰德斯（Georg Brandes，1842~1927）。他认为欧洲的革命促进了文学发展，但是丹麦文学没有跟上欧洲形势的发展而拘泥于旧浪漫主义，出现了脱离实际的倾向，局限性越来越大。他提倡现实主义的创作方法，主张文学应从实际生活中来，应研究现实生活，文学创作要把问题提出来进行讨论。1871 年，他在哥本哈根大学所做的《十九世纪文学主流》的报告标志着现实主义和现代文学在丹麦的突破。受到布兰德斯影响的主要作家和作品有延斯·彼得·雅各布森（Jens Peter Jacobsen）的《尼尔斯·吕纳》，以及自然主义和印象主义作家赫尔曼·邦（Herman Bang）的《绝望的后代》等。自然主义作家卡尔·盖勒鲁普和亨瑞克·彭托皮丹，都是名重一时的人物，前者的早期作品就具有欧洲自然主义色彩，主要著作是小说《日耳曼人的弟子》、《敏娜》和《磨坊》。后者的主要作品是深刻剖析当时社会的小说，如《天国》、《幸福的彼尔》和《死人的王国》等。这些作品在丹麦和世界文学史上都有一定影响，他们两人在 1917 年共同获得诺贝尔文学奖。

20 世纪上半叶，丹麦最著名的小说家是马丁·安诺生·尼克索（Martin Andersen Nexø）。他的早期作品属于现实主义的乡土文学，后期的代表作是著名的长篇小说三部曲《征服者贝莱》、《蒂特，人类的女儿》和《红色的莫尔顿》，它们真实地反映了丹麦无产阶级运动的发展过程。约翰内斯·威廉·延森是当时另一位重要作家，他创作的思想基础是达尔文主义和信仰技术进步，最著名的小说六部曲《漫长的旅行》以神话的形式，描绘了人类的发展。他的 9 卷本《北欧神话》发展了一种介于随笔与小说之间的文学体裁，1944 年获得诺贝尔文学奖。卡伦·布里克森是 20 世纪丹麦最著名的女作家，她的许多作品都是先在美国出版然后在丹麦出版，因此具有广泛的国际影响，其代表作是《七个哥特人的故事》和《走出非洲》。

第二次世界大战后，丹麦文坛展现了新的面貌。重要作家马丁·阿尔弗雷兹·汉森（Martin A. Hansen）创作了大量的小说、随笔等，主要作品有历史小说《幸福的克里斯托弗》和《蚯蚓与公牛》。这个时期出现的一批青年诗人和作家，主张以社会现实主义的创作方法围绕社会存在的问题进行创作，在一定程度上反映了战后文学的倾向。20世纪50年代以来，丹麦文坛出现了一些新作家和新作品，主要揭露和批判社会阴暗面，切中时弊，通俗易懂。这一代作家中比较著名的有克劳斯·里夫比约（Klaus Rifbjerg），主要作品是诗歌，他的开创性和生机勃勃的现实主义情怀以及丰富的语言能力使他成为一个改革者，他也创作了不少小说、剧作、电影剧本和评论，是一名多产的作家。

20世纪80年代和90年代的读者开始满足于有关私人的日常生活的文学作品。新一代作家米凯尔·斯特伦格（Michael Strunge）、布·格伦·延森（Bo Green Jensen）等人的现代主义思想不仅受到摇滚音乐和现代的个人意识的影响，而且是自由地回溯到浪漫主义和象征主义的形式。许多抒情诗人再次转向赞美诗，同时代的人都专注于宇宙和自然，形成了对赞美诗重新感兴趣的背景。此外，近年来出现了一种逼真的叙述艺术，如基尔斯滕·特鲁普（Kirsten Thorup）的有关女性经历的散文作品，在意义深远的现实主义和哲学性的内心世界之间找到了平衡。

21世纪丹麦的文学比较多元化，没有哪个"主义"占主导地位，文学作品主要包括现实主义文学和奇幻文学两大类。21世纪丹麦的文学作品选题出现了一些变化，例如随着丹麦妇女的主要问题得到解决，以妇女在社会中的地位为主题的文学作品逐渐减少，主要是因为作家和读者对这一主题的关注度下降。

二 戏剧与电影

（一）戏剧

丹麦最早的戏剧活动是中世纪天主教会的圣经故事演出，多由教会神职人员或神学院学生在礼拜仪式中进行。最初演出的圣经故事使用拉丁语，12世纪后出现用丹麦语演出的宗教神秘剧或道德剧。现存最早的戏剧剧本是描写使徒事迹的《多罗西亚喜剧》（1531）。

文艺复兴时期，世俗戏剧逐渐取代宗教戏剧，形式有闹剧、音乐剧、喜剧等，主要演出场地也由教堂移入宫廷。16世纪后半期，在欧洲流浪演出的职业艺人开始来到丹麦巡回演出，大多是德国人和丹麦人。那时的君主希望借助戏剧来宣扬自身的伟大，尤其是克里斯钦四世时期更是采用丰富多彩的形式。世俗戏剧广泛吸收丹麦民间歌舞的因素，发展出一种称作"歌唱剧"的独特戏剧形式，大多反映新兴市民阶层生活，在巴洛克时期盛极一时，成为丹麦戏剧的传统之一。

18 世纪初，丹麦戏剧兴盛起来。1722 年，哥本哈根建立了第一座丹麦剧院，改变了法国、德国、意大利剧团垄断丹麦剧坛的局面，这是丹麦文化发展史上的重大事件。对丹麦戏剧做出重大贡献的是具有"丹麦莫里哀"之称的卢兹维·霍尔贝尔（Ludvig Holberg），他是丹麦启蒙文学运动的先驱，是小说家、诗人、评论家和喜剧作家。他广泛吸收意大利即兴喜剧和莫里哀的喜剧手法，创作了一批以丹麦生活为背景的喜剧，代表作是《政治工匠》（*Political Tinker*，1723）。他积极支持丹麦剧院的创建工作，并把自己的作品无偿地奉献给这个剧院。他的喜剧取材于市民和农民的生活，以通俗的语言，对社会的种种弊病进行尖锐的讽刺，对农民和受压迫者深表同情，展现了丰富的现实主义的生活画面，这些作品迄今仍受到北欧人民的喜爱。

18 世纪中叶，丹麦戏剧一度衰落，1775 年丹麦王家剧院的建立标志着丹麦剧场艺术的新发展。18 世纪后期出现的杰出的剧作家是约翰内斯·埃瓦尔德，他受莎士比亚的影响，创作了以丹麦历史人物为题材的悲剧《巴尔德之死》（1773）和具有强烈浪漫主义色彩的《渔民》（1779），为 19 世纪初丹麦浪漫主义戏剧打下了基础。丹麦的国歌就选自他的歌剧《渔民》，在这部歌剧中他不仅把穷渔夫写成了感情丰富的主人公，而且在不丧失甜美的田园色彩的同时把歌剧体的喜剧提高到一种严肃的风格。另一个重要剧作家是受法国古典主义影响的讽刺诗人和幽默作家约翰·赫尔曼·韦塞尔（Johan Herman Wessel），他的主要作品是喜剧《无裤袜的爱情》。

19 世纪浪漫主义剧作家提出"更新民族喜剧"的口号，把剧作内容从反映市民生活转为描绘丹麦的自然、历史和乡土风情。浪漫主义剧作家亚当·欧伦施莱厄侧重写丹麦历史事件，歌颂丹麦民族英雄，作品有《厄尔·哈康》（*Earl Hakon*，1808）等。这时期产生了一批喜剧作家，以约翰·卢兹维·海贝尔为代表，作为黑格尔主义者的追随者，海贝尔重新建立起古典主义的戏剧，作品有《四月的愚人们》（*The April Fools*，1826）和《小精灵之墩》（*Elverhøi*，1828）等。

进入 20 世纪以后，丹麦戏剧出现新的倾向。一些作家既对资本主义现实不满，又充满失望和颓废情绪，表现出知识分子的精神危机，他们的作品多具表现主义或象征主义特色，经常在舞台上表现梦境、幻觉和潜意识。有代表性的作家有卡伊·蒙克（Kaj Munk，1898～1944）和基尔·阿伯尔（Kjeld Abell，1901～1961）。其中阿伯尔创作的讽刺剧《失去的旋律》（*The Melody That Got Lost*）于 1935 年上演并获得很大成功，打破了根深蒂固的自然主义传统。

战后不久，一大批现代国际剧目在丹麦上演，如 20 世纪 50 年代的法国荒诞主义和英国社会现实主义，包括萨特、加缪、米勒和布莱希特的作品。到了 60 年代，时事讽刺喜剧重新得到发展，如埃里克·克努松（Erik Knudsen）的《自由——最好的黄金》、克劳斯·里夫比约（Klaus Rifbjerg）的盛行于大学校园的时事讽刺剧《叉上的猪》、莱夫·潘杜罗（Leif Panduro）的《地下室的吃人者》（1962）和恩斯特·布鲁恩·奥尔森（Ernst Bruun Olsen）的《青少年之爱》等。

由于技术上的进步，先是电台戏剧，然后是电视戏剧，也进入了丹麦人的生活。1928 年，丹麦电台播放了第一个电台剧。20 世纪 60 年代丹麦戏剧的一个重大发展是电视剧的兴起，它对传统和实验性的舞台剧产生了强烈冲击。1963 年，潘杜罗的《中间的一天》作为电视剧播放，1968 年的《再见，托马斯》获得了极大的成功。电视剧经历了从附属于剧院到独立的过程，1970～1985 年是一个高峰期，电视里上演了一些新的戏剧，但同时也上演了一些根据安徒生、卡伦·布里克森和海贝尔作品改编的剧目。

丹麦国际儿童戏剧节是世界三大儿童戏剧节之一，始于 1971 年，每年在丹麦不同的地方举行。2015 年丹麦国际儿童戏剧节在小城腓特烈松举行，宗旨是艺术可以让童年更美好，让年轻人不再孤独。儿童戏剧节对观众进行了精准的年龄划分，剧目分别适合婴幼儿、儿童、少年和成人不同年龄段的观众观看。2015 年丹麦国际儿童戏剧节有 100 多个剧团、200 个戏剧、600 多场演出、4 万多人次观众观看，戏票免费。戏剧节期间的星期一到星期四，演出分散在各个中、小学的体育馆里，给在校学生看，星期五到星期日剧目再集中重演一次。丹麦的儿童戏剧是有思想的艺术品，而不是以娱乐或教化为主要追求的商品。

（二）电影

丹麦是世界上电影事业发展最早的国家之一。丹麦第一次电影演出在 1896 年 6 月哥本哈根市政广场上的全景电影院内，上演了一些外国电影。第一个制作电影的丹麦人是摄影师彼得·埃尔费尔特（Peter Elfelt），1896～1912 年，他制作了约 200 部关于丹麦生活的电影纪录片，第一部是《和格陵兰狗一起旅行》（*Travel with Greenlandic Dogs*）。他还制作了第一部故事片《死刑》（*The Execution*，1903）。

1906 年，欧勒·奥尔森（Ole Olsen）在哥本哈根建立了第一家电影厂——北欧电影公司（Nordisk Films Kompagni），该公司主要是拍摄根据文学作品改编的影片。1910 年，丹麦电影厂发展到 10 家，所拍摄的影片主要是喜剧片和情节片。这时期的丹麦电影对其他国家的电影艺术的发展产生了影响。丹麦女演员阿斯塔·尼尔森（Asta Nielsen）由于主演影片《深渊》（*The Abyss*，1910）而成为欧洲第一位伟大的女电影明星。1914 年，由卡尔·西奥多·德莱尔（Carl Theodor Dreyer）编剧和导演的倡导和平主义的影片《放下你的武器》（*Lay Down your Arms*）制作完成，德莱尔是丹麦电影史上富有创意天才的著名导演。

第一次世界大战期间，丹麦摄制了一些宣扬和平主义的反战影片。但是战争使丹麦的影片出口锐减，有影响的导演和演员纷纷迁居国外，美国逐渐成为世界领先的电影制作国。一战后丹麦只剩下几家电影公司。1919 年，卡尔·德莱尔在北欧电影厂执导了情节剧《总统》（*The President*，1919），随后制作了《撒旦的书页》（*Leaves from Satan's Book*，1921），影片表现了对暴力的憎恶，呼吁人道主义精神。

20 世纪 30 年代有声电影出现后，电影成为丹麦人重要的娱乐方式。电影票并不贵，电影院的数量和票房收入稳步增长。最时髦的电影来自美国，而丹麦电影因质量不佳受到批评。

在第二次世界大战中被德军占领的岁月里，丹麦生产出了一些描写家庭生活的电影。当电影院上映丹麦电影时，到电影院看电影就象征着对德军的占领表示反抗。1943 年，导演卡尔·德莱尔摄制了丹麦当时最好的一部故事片《愤怒的日子》（*The Day of Wrath*），故事取材于发生在 17 世纪的一桩"女妖案"的传说，讲的是沉闷的制度对性与爱的压抑，这部影片可以被看作对德军占领期的一种嘲讽。

战后，丹麦电影工作者努力通过电影艺术反映丹麦的抵抗运动。如导演约翰·雅各布森（Johan Jacobsen）的《看不见的军队》（*The Invisible Army*，1945）和导演博迪尔·伊普森（Bodil Ipsen）的《红草地》（*The Red Meadows*，1945），影片的素材是摄影师们在被占领期间秘密拍摄下来的。

1945~1960 年，丹麦电影的特色之一是对传统体裁的更新。1950 年，ASA 电影公司初次上演了根据莫滕·科尔克（Morten Korch）的小说《红马》改编的电影，该片是深受丹麦民众喜爱的情节剧，成为效益最好的影片之一。1948 年，丹麦开始颁布电影奖，即由电影评论家协会每年 1 月颁发博迪尔（Bodil）奖。

20 世纪 60 年代，法国电影界的新浪潮运动扩展到欧洲其他国家。丹麦电影界涌现出一批新导演和编剧，他们竭力以新的艺术手法拍摄反映尖锐的社会问题的影片，这批年轻人的作品被称为"丹麦新浪潮"。新浪潮运动中最重要的两位导演是帕勒·施密特（Palle Schmidt）和亨宁·卡尔森（Henning Carlsen）。施密特因其现实主义心理片《周末》（*Weekend*，1962）和《曾有一场战争》（*Ther Was Once a War*，1966）而赢得了声誉。卡尔森首先拍摄了揭露南非当局种族隔离政策的罪恶的影片《困境》（*Dilemma*，1962），之后他根据克努特·哈姆逊（Knut Hamsun）的小说制作的电影《饥饿》（*Hunger*，1966）取得了国际性突破。

导演埃里克·巴林（Erik Balling）于 1954 年被任命为北欧电影厂的领导人之一，这使他能够更新丹麦流行影片的风格。他最大的成就是关于奥尔森团伙（Olsen Gang）的系列影片，在 1968 ～ 1981 年拍摄了 13 部电影。这些结构优良的影片讲述了三个丹麦小混混如何先被大公司和外国犯罪集团欺骗，最终又运用自己的智慧赢得了强大的权力。这一系列影片是丹麦最成功的影片之一，并且享誉全球。

20 世纪 70 年代的丹麦电影大半是商业性影片。但是，很多新一代导演对社会问题颇感兴趣，对表现手法的创新也很热心。小说改编的电影和现实主义电影有了国际性突破，表现为连续两部丹麦影片荣获最佳奥斯卡外语片奖：1987 年由加布里埃尔·阿克塞尔（Gabriel Axel）导演、根据卡伦·布里克森的《巴比特的筵席》（Babette's Feast）改编的同名影片，于 1988 年获奖；1987 年由比勒·奥古斯特（Bille August）导演、根据马丁·安诺生·尼克索的小说改编的《征服者贝莱》（Pelle the Conqueror），于 1989 年获奖。奥斯卡奖使丹麦电影在世界影坛名声大振。此后，《征服者贝莱》几乎荣获了世界上所有的电影大奖，包括丹麦的"罗伯特"与"博迪尔"奖、瑞典的金袋奖、法国的戛纳奖与金棕榈奖、美国的金球奖及其他一系列电影节的奖，给丹麦电影业带来了数百万丹麦克朗的收入。为了庆祝丹麦影片荣获奥斯卡奖，1989 年丹麦议会通过一项电影立法，决定把政府每年给电影业的拨款从 9100 万丹麦克朗增加到 1.06 亿丹麦克朗；同时决定，每个电影制片人拍新片时只要筹集到一半资金，即可自动从丹麦电影学院获得另一半资金。

1981 年丹麦有 16 家电影公司和一些独立制片人摄制影片，1982 年生产影片 15 部，丹麦有影院 400 家。从 1990 年开始是丹麦电影的国际化突破时期。带有明显时代特征的丹麦电影文化在多个领域取得了国内和国际的成功。1995 年丹麦发起一场名为"道格玛 95"的电影运动，也被称为"道格玛 95 共同体"，由丹麦导演拉斯·冯·提尔（Lars von Trier）和托马斯·温特伯格（Thomas Vinterberg）等人发起。这个共同体的目标是在电影摄制中灌输朴素的观念，强调电影构成的纯粹性并聚焦于真实的故事和演员的表演本身。1996 年，托马斯·温特伯格拍摄的第一个道格玛作品《家庭晚宴》获得成功。之后丹麦政府对电影逐渐增加资金支持，丹麦本土电影的票房也开始逐渐上升。

21 世纪丹麦电影在国际上获得多项奖项，2009 年丹麦电影《原创人生》获得上海电影节金爵奖的最佳影片奖，2010 年丹麦电影《更好的世界》获得 2010 年奥斯卡最佳外语片奖。根据丹麦统计局的数据，2017 年丹麦电影院共售出 1190 万张电影票，比 2016 年减少了 100 万张，其中丹麦本土电影总共卖出 250 万张票。2017 年丹麦最受欢迎的电影是《星球大战：最后的绝地武士》，卖出 47 万张电影票。

三 音乐与舞蹈

（一）音乐

在丹麦曾发现公元前 800 年青铜器时代的 S 曲形的大型铜管乐器卢尔。人们对基督教传入丹麦之前的音乐生活所知甚少，现有的了解来自北欧吟唱诗人的诗歌和传奇。这一时期仅存的丹麦世俗歌曲的文字证据是一首用鲁纳文所写的歌词《昨晚我做了一个梦》和一首以四行式为基础的曲谱。现存最早的丹麦音乐史料是中世纪后期（1300 年前后）的一种民间歌谣，它是建立在宗教调式上的单声部民间声乐作品，有多段歌词，每一段有叠歌，在内容上几乎涉及社会生活的各个方面，诸如民间传说、英雄事迹、爱情故事以及颂扬帝王贵族等。这一时期丹麦教堂音乐也有所发展，大型教堂设置了风琴和唱诗班，丹麦现存的最早合唱资料是 1450 年的一份手稿，是教堂礼拜仪式中的赞美诗。

中世纪时期的丹麦音乐主要在教会、宫廷和贵族阶层中发展。丹麦国王花费大量金钱用于欣赏音乐。宫廷乐队最早出现在 1448 年克里斯钦一世的加冕仪式上，最早的宫廷歌唱团（Kantori）创立于 1519 年。现存资料中有两套 16 世纪中期手写的宫廷音乐图书，主要是丹麦、芬兰、意大利、法国和德国作曲家的作品。宫廷乐在克里斯钦四世时期达到了一个短暂的高潮，他花费大量财力培养国内的音乐人才并吸引国外的音乐家来到丹麦。当时著名的宫廷音乐家莫恩斯·彼泽森（Mogens Pedersen，1580~1623）创作了一部无伴奏重唱歌曲集和许多弥撒曲、赞美诗、经文歌等宗教音乐作品。

除宫廷音乐之外还有教会音乐。16 世纪中期路德教用于教会的圣歌很快兴盛起来，1569 年，第一本权威性的圣歌集《汤姆森的圣歌》在丹麦出版，曲谱印刷非常精美。

16世纪以来，丹麦的民歌中出现了一种新型的抒情歌曲。这种歌曲的内容往往和社会风俗有关，如爱情歌曲、历史歌曲、宗教歌曲、宣传道德的歌曲以及有关大自然的歌曲等。丹麦的民间器乐主要掌握在民间流浪艺人手中。他们在各种喜庆典礼上进行演出，用弓弦乐器、笛子和鼓为舞蹈伴奏，当时在丹麦民间流行的舞蹈主要有三拍子的波尔斯卡、小步舞、马祖卡和波尔卡等。17世纪丹麦的巴洛克音乐取得较大发展，当时的一些作曲家、管风琴演奏家在哥本哈根举行每周一次的管风琴音乐会，这是丹麦最早的公开音乐会活动。

18世纪丹麦的宗教音乐受到世俗音乐的影响，逐渐越出教堂的礼拜仪式，在庆祝诞辰、举行婚丧典礼等活动中都可以听到宗教音乐。用风琴为赞美诗歌唱伴奏逐渐普及，赞美诗也倾向于节奏舒缓、正式的合唱。哥本哈根出现了由音乐协会支持和赞助的音乐聚会和公开音乐会，业余爱好者们可以展示他们的才艺并得到专业人士如王家乐团音乐家的指导。与此同时，丹麦的歌剧艺术逐渐活跃，当时主要是法国和意大利音乐家在丹麦从事戏剧音乐活动。从1770年起，王家管弦乐团成为位于哥本哈根的丹麦剧院的固定乐团。

19世纪是丹麦音乐获得全面发展的重要时期，在浪漫曲、康塔塔、交响曲、室内乐、歌剧以及轻音乐等方面都产生了一些有影响的作曲家和作品。在声乐方面占重要地位的作曲家是来自德国的移民 C. E. F. 魏泽（C. E. F. Weyse，1774~1842），在丹麦音乐史上被誉为丹麦浪漫曲的创始人。魏泽的浪漫曲歌词多选自同时期丹麦诗人之作，音乐比较含蓄、优雅、柔和，体现了丹麦的民族气质。魏泽同时也是一位宗教音乐家，写过大型的宗教康塔塔和歌剧作品。另一位德国移民作曲家弗里德里希·库劳（Friedrich Kuhlau，1786~1832）在1810年来到哥本哈根定居，他原来是钢琴家，后来成为著名的戏剧作曲家。他为节日剧《小精灵山》（*The Elfin Mound*）写了配乐，其中一首曲子就是丹麦国歌《克里斯钦王挺立桅杆旁》。在交响音乐方面，代表人物是尼尔斯·W. 加德（Niels W. Gade，1817~1890）。他的管弦乐序曲《奥西恩的回声》（*Echoes of*

Ossian，1840）和《C 小调第一交响曲》（1842）使他享有国际声誉，后者以鲜明的民族风格而为人们所称道，是丹麦音乐中最早的浪漫主义作品。加德与同时期的另一位交响音乐作曲家 J. P. E. 哈特曼（J. P. E. Hartmann，1805～1900）于 1867 年帮助建立了丹麦王家音乐学院。加德任院长并从事教学，组建了交响乐团和合唱队，主持过音乐家协会和王家剧院。加德的主要作品有 8 部交响曲、1 部小提琴协奏曲、1 部钢琴奏鸣曲以及一些乐队序曲、室内乐、康塔塔、歌曲和钢琴小品。哈特曼创作了歌剧《小柯尔斯顿》（Little Kirsten，1846）以及几部民族主题的芭蕾舞剧和戏剧音乐。

20 世纪丹麦音乐的发展趋于复杂，各种流派的音乐对丹麦音乐都产生过影响。在第二次世界大战前，丹麦最著名的作曲家是卡尔·尼尔森（Carl Nielsen，1865～1931）。尼尔森自幼随父亲学习小提琴和小号，1879 年在家乡欧登塞参加军乐队任小号手，1884 年入哥本哈根音乐学院主修小提琴，兼学音乐理论和钢琴。此后赴德国、法国、意大利等国学习并从事创作。1908～1914 年任哥本哈根王家剧院指挥。1915 年在哥本哈根音乐学院教学，1931 年任院长，1931 年 10 月 3 日卒于哥本哈根。尼尔森写过 6 部交响曲、2 部歌剧和其他许多器乐作品。尼尔森的音乐作品以鲜明的民族特色著称，对 20 世纪丹麦乃至斯堪的纳维亚国家的音乐产生了很大影响，被誉为丹麦音乐史上最伟大的作曲家。他的交响乐在世界许多地方演出，并在著名的指挥家伯恩斯坦的保留曲目中居首要地位。

第二次世界大战结束后，丹麦不少作曲家逐渐脱离了北欧传统，较明显地受到现代先锋派的影响。爵士乐最初随美国留声机唱片传入丹麦，第一个丹麦爵士乐团是在 1923 年成立的，在 1940～1945 年德国占领期内，丹麦爵士乐经历了一个黄金时期。1960 年之后，丹麦的爵士乐在国内取得了更牢固的地位，而且在国际上也有相当声誉。知名的管弦乐团如丹麦广播乐团和新丛林管弦乐队在丹麦及国际爵士乐史上都占有重要地位。

20 世纪 50 年代丹麦的青年音乐带有明显的美国化娱乐业特点，这在整个西欧都很普遍。50 年代末期有模仿英国"影子"乐队而成立的乐队，如摇滚幽灵乐队。60 年代的英式韵律和布鲁斯风格赋予乐队更多的灵感。1967 年，西伯利亚草原之狼乐队发行了专辑 "LP Hip"，标志着真正的丹麦打击乐有了突破，歌词使用丹麦文，音乐明显受民间摇滚乐的影响。70 年代的摇滚乐取代 60 年代的打击乐，歌词多是批判社会的，从而形成一种政治摇滚乐。音质好且制作精良的流行乐是 80 年代摇滚乐的特点，通过对 80 年代生活方式的诠释而取得成功。90 年代的专业摇滚乐直接受美国摇滚乐和流行乐曲的影响，歌曲通常用英文歌词。

2016 年哥本哈根的罗斯基勒建成了摇滚乐博物馆。丹麦有两所著名的音乐学院，分别是丹麦王家音乐学院和奥胡斯王家音乐学院。丹麦王家音乐学院于 1825 年创立，1867 年重建，是丹麦最大、历史最悠久的音乐学院，2017 年在世界大学表演艺术专业排名中位列第 29。奥胡斯王家音乐学院于 1927 年建立，是欧洲最大的音乐学院之一。

目前丹麦有 2 个歌剧院，即建于 1750 年的王家歌剧院和建于 1947 年的日德兰歌剧院；7 个专业交响乐团，其中最著名的是建于 1448 年的王家管弦乐团，经常与世界著名的交响乐团联合演出；100 多个音乐节，其中罗斯基勒音乐节以丹麦最盛大的摇滚乐节而闻名于世；还有 1 个全国范围的音乐院校网培养儿童和青年。

（二）舞蹈

以法国宫廷为先导，舞蹈在 17 世纪的欧洲国家成为时尚。丹麦的第一次宫廷芭蕾舞演出是在 1634 年的王室婚礼上。18 世纪，剧院舞蹈逐渐兴盛起来，并且脱离戏剧成为独立的演出形式。1748 年哥本哈根的丹麦剧院开始上演芭蕾舞蹈，主要的舞蹈演员是法国人、意大利人和德国人。

1771 年，丹麦成立了王家剧院芭蕾舞蹈学校，并以学员为主建立了丹麦王家芭蕾舞团（Royal Danish Ballet），这是世界上最古老的芭蕾舞团之一。1775 年，意大利的芭蕾舞大师温森佐·加莱奥蒂（Vincenzo Galeotti）来到哥本哈根担任丹麦王家芭蕾舞团的艺术指导，他根据伏尔泰及莎士比亚的戏剧以及斯堪的纳维亚历史编排的芭蕾舞剧在当时颇受欢迎。他于 1786 年创作的《爱神丘比特的幻想与芭蕾舞大师》至今仍然在舞台上演出，这在国际芭蕾舞史上是绝无仅有的。

19 世纪最重要的芭蕾大师是奥古斯特·布农维尔（August Bournonville），他在 1830～1877 年一直担任王家芭蕾舞团的艺术指导，创造了丹麦芭蕾舞的全盛时期。布农维尔的创作植根于丹麦民族以及北欧地区的文化土壤之中，并吸收了欧洲浪漫主义的精髓，融入了北欧戏剧中的哑剧表演和舞台设计等因素，结合古典浪漫芭蕾和民间舞蹈，创造了一种流畅而轻巧的风格，形成了风格典雅、技巧精湛的丹麦学派。他先后创作了 50 部优秀的浪漫派芭蕾舞，由此获得世界声誉，至今还有一些剧目以原有的形式在舞台上演出，如《仙女》《那不勒斯》《花节》等。布农维尔退休后，丹麦王家芭蕾舞团的创作和演出一度低落。

20 世纪 30～50 年代，在哈罗德·兰德尔（Harald Lander）的领导下，丹麦芭蕾舞团又重新兴盛起来。芭蕾舞为丹麦普通民众所喜爱，并在德国占领时期成为民族精神的象征。兰德尔于 1948 年编排的《练习曲》（Etudes）轰动世界，为他赢得了国际声誉。

1966 年，弗莱明·弗林特（Flemming Flindt）任王家芭蕾舞团艺术指导，开创了丹麦芭蕾舞的新时代。他重新排练了一系列包括布农维尔剧目在内的世界著名古典剧目，把全新的现代风格带入舞蹈中，并开始创作现代题材的芭蕾舞剧。1971 年创作的《死亡大胜利》获得巨大成功，在国际芭蕾舞界引起轰动。

目前，丹麦王家芭蕾舞团拥有近百名演员，既能演出古典芭蕾，又能演出现代芭蕾。丹麦王家芭蕾舞团于 1988 年 5 月创立了安徒生芭蕾奖，奖给世界上最优秀的芭蕾舞表演者，被誉为芭蕾舞奥斯卡奖，每年的授奖仪式在哥本哈根盛大的国际芭蕾舞节上进行。

丹麦的芭蕾舞蹈艺术世界闻名，王家芭蕾舞团经常在世界各地进行巡回演出。2000 年 5 月，丹麦王家芭蕾舞团到中国参加"2000 相约北京"大型庆祝活动，为中国观众演出布农维尔的《巨人错婚记》。这是一部典型的浪漫主义时期的芭蕾作品，由丹麦女王玛格丽特二世亲自设计服装、背景，显示了这家世界上唯一由王家直接资助的芭蕾舞团的雄厚实力。

2014 年 5 月，丹麦驻华大使裴德胜（Friis Arne Petersen）携手丹麦女歌手玛蒂娜（Medina，本名 Andrea Fuentealba Valbak）和丹麦王家芭蕾舞团与中国小朋友进行文化交流，来自舞蹈学校的小朋友表演了丹麦芭蕾舞和现代舞，丹麦王家芭蕾舞团也更为中国人所熟知。

四　美术

丹麦最早的美术和手工艺品的历史可以追溯到中石器时代（公元前9300～前6800年），特征是在骨头、鹿角、琥珀垂饰上雕刻几何图案，偶尔可以发现一些动物和人物图形。大的琥珀碎片被用于制作动物图案，例如鸟、野猪等。在新石器时代，陶器成为表现艺术形式的最主要的材料，复杂而密集的装饰图案覆盖在整个陶器表面。在青铜器时代初期（大约公元前1700年），青铜器上有完整的波浪纹和螺旋形装饰图案，开始有了三维的动物和人物图案。在罗马铁器时代（大约公元前500年），陶器的发展达到了顶峰，出现了精美的、壁很薄的豪华陶瓷品，日德兰半岛的陶器以刻有深深的波浪形图案而著称。在德意志铁器时代（公元400年之后），出现了一些杰出作品，例如带有斯堪的纳维亚风格的动物图案的刀鞘顶端和苞状币，以及装饰有丰富图案的黄金号角等，此时的动物图案不仅解剖结构准确，而且线条优美。

丹麦中世纪的基督教美术较欧洲大陆为晚，11世纪以后，罗马式和哥特式艺术逐渐传入丹麦，与原有的文化形态融合，形成这一地区独具风格的基督教美术。从约1100年开始，丹麦的罗马式艺术特征日益明显，从壁画、石刻和木雕上都能够得到证实。西兰岛的众多教堂中有大量艺术价值很高的壁画，这些壁画所使用的颜料多数都是极其昂贵的，从很远的地方进口而来，画中的人物呈现出一种安静的、高贵的姿态。教堂建筑最初为木结构，12世纪开始采用石灰石、花岗石材修建，圣水器、带装饰的门框、教堂墙壁上的浮雕都装饰有一些动物的图形，其中狮子及其他猛兽最为常见。现存的东日德兰维堡主教堂是其中的代表。

12世纪末期，德国哥特式艺术的影响波及丹麦，出现了砖结构的修道院，许多教堂将木制的平屋顶改建为砖石的圆形拱顶。但这类建筑大部分坍塌毁损，保存完好的仅有赫尔辛格修道院。哥特式壁画中的人物不再配有彩色的背景，而是直接以白色的石灰做背景，用星星、鲜花和其他装饰物填充人物之间的空白区域。哥特式雕塑带有明显的德国痕迹，安放在罗斯基勒主教堂内的玛格丽特皇后陵墓中的雕塑突出地反映出这一风格特点。大约从 1400 年开始，出现了木版画壁画、雕刻或绘画的木制祭坛饰品和有耶稣受难像的十字架，祭坛饰品被制作成带有雕刻的装饰物和镶板的橱柜，更具有传统和地方特色。大多数教堂内都绘有湿壁画和少量的木板祭坛画，绘画艺术水平较高的是罗斯基勒主教堂的天顶画《三王朝拜》（1450）。15 世纪时，雕刻祭坛成为教堂内主要的艺术品，艺术品位最高的是欧登塞主教堂、石勒苏益格主教堂的祭坛雕塑。

16 世纪，文艺复兴的风格和意识形态在丹麦得以建立，新观念的传播是通过来自荷兰和德意志的艺术家移民或者绘画图书。17 世纪初期之后，城市经济逐渐发达，大规模的公共和民用建筑开始出现，在国王克里斯钦四世时期，荷兰文艺复兴建筑样式流行于丹麦，哥本哈根城堡和赫尔辛格的克隆堡宫是这一时期的代表建筑。绘画仍然是外国艺术家的领域，主要是来自荷兰的艺术家作为宫廷画家为王宫绘制大型壁画和王室肖像画。到 18 世纪初期，意大利巴洛克风格对丹麦建筑产生影响，哥本哈根歌剧院及腓特烈斯贝宫具有明显的巴洛克风格特征。

1738 年，克里斯钦六世建立了第一所丹麦美术学院，任命了几位外国艺术家作为教师，受德国艺术家的影响，新古典主义流派开始在丹麦流行。1754 年，哥本哈根王家美术学院成立，大量有成就的美术家云集学院。学院的学生可以通过竞争获得奖金和奖章，主要的金奖获得者可以去法国和意大利学习，许多人留学归来后成为丹麦本土著名的艺术家。如丹麦新古典主义雕塑家贝特尔·托瓦尔森（Bertel Thorvaldsen，1770～1844）于 1796 年获王家美术学院奖学金，并于翌年赴罗马学习。受希腊罗马艺术的熏陶，托瓦尔森逐渐成为享誉欧洲的雕塑家。1812 年，他受罗马皇帝邀请，制作纪念性浮雕饰带《亚历山大攻陷巴比伦》，浮雕全长 35 米，以盛大的场面和生动的人物形象著称。晚期作品成就最高的是肖像和纪念碑雕塑，其中著名的有立于华沙的哥白尼像（1823）、剑桥三一学院的拜伦像（1829）、斯图加特的席勒像（1835）等。托瓦尔森于 1838 年返回哥本哈根，丹麦政府授予他王家美术学院教授职衔，并为他筹建托瓦尔森博物馆。该馆于 1848 年正式建成开放，馆内陈列着他的数百件绘画和雕塑作品，其中雕塑作品大部分是原作。

同期还有一群被称作"黄金时代画家"的丹麦画家，其中首推 C. W. 埃克斯贝尔（C. W. Eckersberg，1783～1853）。他被誉为"丹麦油画之父"，其作品几乎涉及了所有类型的美术领域：历史画、肖像画、风景画和海景画。埃克斯贝尔在丹麦王家美术学院担任教授，培养了一大批杰出的艺术家，其中最有才华的是克里斯滕·科布克（Christen Købke，1810～1848），他在短暂的艺术生涯里使丹麦艺术发展达到了顶峰。科布克为家人和朋友作的肖像画真实地描绘了他们的日常生活，在构图和色彩调配上展现出了丰富的想象力。他经常选择哥本哈根附近的风景作画，他在为腓特烈斯贝宫所创作的绘画中，创作了许多细致入微的图画。其代表作品是《晨曦中的奥斯特堡》（*View of Osterbro in the Light of Morning*）。

19 世纪以后，丹麦相继出现了浪漫主义、现实主义、印象主义以及超现实主义美术。19 世纪中期，古典主义传统逐渐被民族浪漫主义取代。绘画方面主要是以 P. C. 斯科夫高（P. C. Skovgaard）为代表的风景画；雕塑方面，比森（Bissen）融合古典主义和民族浪漫主义的特征，为丹麦战士在腓特烈西亚建造了著名的战争纪念碑（1850～1858）；建筑上的浪漫主义代表作是丹麦国家图书馆。

19 世纪 80 年代是现实主义和自然主义发展的时期，以斯卡恩（Skagen）的画家群体为代表。他们将现实主义的人物绘画、对渔民等普通人日常生活和海景的描绘以及自然主义对户外光线、色彩和空气的研究结合在一起。代表作品有安娜·安克（Anna Ancher）的《厨房中的女孩》（*The Girl in the Kitchen*，1886），P. S. 克勒耶（P. S. Krøyer）的《斯卡恩的夏夜》（*Summer Evening Near Skagen*）。"牛画家"西奥多·菲利普森（Theodor Philipsen）在最初的自然主义者艺术中具有特殊的地位，他的画作《鹿园的秋天》（*Autumn in the Deer Park*，1886）是一部划时代作品。

19世纪末法国印象主义的影响传到丹麦，以菲英岛的艺术家群体为代表的印象派绘画占据了比较重要的地位。印象主义雕塑家凯·尼尔森（Kai Nielsen）的作品反对学院派的传统，开启了丹麦现代雕塑的新纪元，其代表作品是1921年的青铜雕塑《奥胡斯女孩》（*The Arhus Girl*）。

20世纪30年代，超现实主义传入丹麦。罗伯特·雅各布森（Robert Jacobsen）等人将超现实主义的风格引入雕刻艺术，特别是小型雕像将抽象概念和人体各部位的形状结合起来。战后雅各布森迁居巴黎，开始制作钢铁雕塑，他突破传统手法，不用榔头和凿子，而是用金属切割机和焊枪雕刻，艺术风格独具特色。雅各布森可以被称为战后最重要的国际闻名的丹麦雕刻家。

20世纪最著名的丹麦画家是阿斯格·约恩（Asger Jorn，1914～1973），他以生动的色彩描绘神话动物的抽象绘画赢得了国际赞誉，其代表作品有《红草地，绿男孩》（*Red Meadows，Green Boys*，1968）。1987年在慕尼黑举办了大型约恩作品回顾展。

具有深远影响意义的是1961年建立的丹麦美术实验学校，这所学校是对美术学院以技巧和图像为基础的教学的一种反叛。这所新学校没有固定的教学大纲，传播的观念主要是来自概念艺术（conceptual art）、过程艺术（process art）和美国流行艺术，同时提出将艺术作为表达社会责任的一种方式。这所学校学生的共同之处不仅在于他们在艺术和技巧方面拥有才能，而且在于他们对周围的社会具有批判意识，从这所学校毕业的比约恩·努德高（Bjørn Nørgaard）和佩尔·柯克比（Per Kirkeby）成为20世纪八九十年代有国际影响力的丹麦美术家。

丹麦国家美术馆是丹麦最大的艺术博物馆，该美术馆位于哥本哈根市中心，收藏了7个世纪以来各国知名艺术品，有30多万件古今艺术珍品，藏品以丹麦和西方国家的绘画及雕塑作品为主。

第四节 体育

一 大众体育

丹麦民族不仅是一个热爱体育运动的民族，而且将体育活动提升为一种形体文化，其目标是健康、锻炼、有趣、社团归属感或者个人能力的发展。因此，丹麦人大多会参加体育俱乐部，而不会在任意一个场地随意运动。体育俱乐部也不仅仅以锻炼身体为目的，而是一种把人们组织起来的团体，加入其中意味着参加社会交往。

1861 年以后，丹麦的形体文化在俱乐部或者社团组织中进行，体育活动协会构成了大众体育活动的重要组成部分，这有助于在 1900 年前后建立丹麦的民主政治。在农民的自由主义运动中，在形体文化和国家政治之间建立了最强有力的联系，体育被认为是个人身体和精神解放的方式。工人运动和城市的中产阶级也赞赏民主的学校教育和体育活动的社会与文化价值。

从 20 世纪 70 年代开始，参加慢跑、健美、冲浪以及其他体育活动的人的数量都显著增加，协会仍然采取有组织的形式进行活动。1998 年，几乎 1/3 的丹麦人是体育活动协会的成员，大约有 20 万的丹麦成年人在体育活动协会中担任自愿的、无报酬的公职。

丹麦《青年和成年教育法》规定了协会活动的资金支持。从 1968 年的《第一闲暇时间法》开始，地方政府对体育活动的补贴就显著增加，2001 年约为 25 亿丹麦克朗。此外，体育馆和游泳馆开始发展起来，从此乡村的教堂不再是唯一的标志性建筑。

20 世纪初期，健身是农村居民喜爱的体育活动，同一时期来自英国的球类运动和竞技性活动在城市站稳了脚跟。第二次世界大战以后，随着农村人口移居到城市工业行业的速度加快，城乡差别逐渐消失。20 世纪 60 年代以后，大量的儿童和中年人参加体育活动，女性参加体育活动的人数也迅速增加。

虽然传统的运动形式仍然占据中心地位，如羽毛球、足球和手球等，但是大量新的体育活动也涌现出来，例如来自美国的健美和有氧活动，来自亚洲的瑜伽和武术等。人们对自然和环境的兴趣可以在业余活动中得到体现，这些业余活动包括慢跑、高尔夫、冲浪等，而像保龄球等适合家庭和老年人的活动则对维持积极的生活状态有益。

丹麦的群众性体育活动十分广泛，每天都有成千上万的人自觉参加锻炼。每年举行的大型马拉松比赛，有 15 万～20 万人参加。每年夏季还举行沿风景区 60 公里的自行车马拉松赛，届时哥本哈根北部的街道熙熙攘攘，热闹非凡。

二　专业体育

在丹麦，足球对于全国观众来说是一项国家的运动，国家足球队经常吸引丹麦人坐在电视机屏幕前观看。令全国最为兴奋的是丹麦国家足球队于 1992 年在欧洲杯中以 2∶0 战胜德国队荣获金牌。足球是丹麦人最喜欢的运动项目，1889 年丹麦就成立了足球协会。丹麦的帕肯球场（Parken Stadium）是全国最大的足球场，拥有 38009 个座位。

丹麦的乡村为帆船、游泳、独木舟、皮艇、划船、自行车等运动提供了极好的条件，丹麦在这些运动中居于国际领先地位。赛艇运动员保尔·埃尔瓦斯托姆（Paul Elvastrom）在 1996 年被评选为丹麦的世纪杰出运动员，他是迄今为止世界上唯一的连续 4 届（1948～1960）奥林匹克运动会的金牌获得者。

手球在某种程度上可以看作丹麦人的发明，女子队在 1994 年的欧洲比赛、1996 年和 2000 年的奥林匹克运动会以及 1997 年的世界锦标赛中获得金牌，取得了引人注目的国际成绩。丹麦的羽毛球选手在国际上始终都是佼佼者。最近几年，丹麦的赛车、跆拳道和高尔夫球运动员也在国际比赛中取得了优异的成绩。

在丹麦，作为娱乐行业一个分支的体育运动的重要性与日俱增，这导致大量的资金投资在那些参与者、训练者、发起者、大众传媒以及体育器械上。为了提高丹麦具有优势的运动项目水平和保障优秀运动员的社会地位，1984 年议会决定建立促进丹麦精英运动机构（Institution for the Promotion of Danish Elite Sports），日常称为丹麦队（Team Denmark）。丹麦队为精选的运动员提供资助，为他们提供与训练、比赛相关的费用，为他们的训练提供医学和生理学方面的建议，并为他们长期的工作和教育生涯做规划。

丹麦是世界上具有包括多种残疾人运动的专门组织的少数国家之一。从 1971 年开始，丹麦残疾人运动协会一直致力于在有身体残疾的人和精神障碍的人中促进体育锻炼及推广竞技性运动。尽管协会的 2 万多名成员仅占全部残疾人的很小一部分，但是从国际角度看丹麦在这方面始终处于较高水平，特别是在游泳、骑马、田径、射击等方面，丹麦是居于领先地位的国家之一。

丹麦举办了众多体育比赛。2004～2014 年，丹麦主办了超过 250 项国际性体育赛事。在丹麦参与申办的体育赛事中，有 80% 最终落户丹麦。丹麦首都哥本哈根在全球体育城市指数排名中居第 18 位。丹麦体育赛事组织在主办体育赛事中发挥了重要作用，它得到了丹麦政府、丹麦奥林匹克委员会和丹麦各个体育项目联盟的支持。丹麦人热爱运动，丹麦有 3/4 的年轻人和一半的成年人有规律地参加体育运动。2015 年丹麦有 200 万人是体育俱乐部的成员，国内有超过 1.4 万个俱乐部。

三 体育设施

北欧国家普遍重视健身运动，丹麦拥有欧洲乃至世界上人均体育馆数最多的纪录。丹麦拥有约 1550 个体育馆、约 300 个游泳馆、约 5300 个足球场、约 2000 个网球场和近 2500 个健身房，连最小的村庄也至少有一片足球场、一个健身馆或体育馆。丹麦政府将全民健身运动称为"让体育为每一个人服务"，丹麦体育联盟及国家奥委会提倡全民参与体育运动，号召全民无论水平、年龄和性别积极参与健身。丹麦以会员身份参加体育运动的有 200 万人，约占总人口的 40%，约有 75% 的青少年在业余时间定期参加体育锻炼。

丹麦场馆运营的资金基本上由政府拨款、公司赞助，或者由体育社团自筹资金。丹麦政府用于体育方面的拨款和社会公共资金每年有 3.7 亿丹麦克朗，其中市县级政府拨款 2.7 亿丹麦克朗用于地方体育工作（1.8 亿丹麦克朗用于体育设施建设，0.9 亿丹麦克朗用于地方体育俱乐部的活动和设施建设）。一部分资金来自区级政府、足球彩票和体育博彩的收益，丹麦文化体育设施基金会每年拨款资助文化体育设施建设。另外，丹麦体育联盟和国家奥委会每年从足球彩票以及其他体育博彩性活动中获得 2.25 亿丹麦克朗收益，除支付自身费用外其余都用于各种体育目的。

丹麦没有刻意将体育运动截然分为竞技体育运动和全民健身运动两个部分。一切体育工作均以促进全民参与体育运动为出发点，目的是要让所有人成为体育中的一员。各类体育设施多数由区县级政府负责建设，规模不大，但群众参与度较高。群众基础广泛是各项体育设施得以运转、体育运动得以开展的有力保障。

四　体育组织

丹麦全国有超过 1.4 万个运动协会，丹麦人经常参加多个不同的运动协会。丹麦的运动俱乐部首先出现在小乡村，并在长达一个世纪内发挥着非常重要的作用，20 世纪上半叶大城市才开始出现运动俱乐部。丹麦国内最高级别的体育社团是联合体育理事会，由丹麦体育联盟与国家奥委会、丹麦健身运动协会（DGI）和丹麦公司体育联合会（DFIF）3 个全国性体育社团共同组成。

丹麦体育联盟和国家奥委会成立于 1896 年，负责全国性单项体育联合会的管理、综合性体育事务，以及奥林匹克运动的相关事务。丹麦健身运动协会主要负责区级及以下范围的体育工作，主要是面向民众推行全民健身运动。丹麦公司体育联合会管理公司内部的俱乐部，目标是利用工作场所、家庭和社区激发公司职员体育锻炼的兴趣，让公司职员积极参与健身活动。

第五节　新闻出版

一　报刊与通讯社

自 1482 年起丹麦就已经有活页的报纸。第一份真正的报纸于 1634 年问世，那是一份周刊，由王室授权出版。像大多数当时的丹麦报纸一样，直到 1750 年以前它主要是德国报纸的复制版。1848 年以前，国家通过特权、检查和各种限制控制传媒出版，包括禁止在期刊和报纸上进行讨论等。

随着 1849 年立法规定了出版自由和 1851 年的出版法中更为具体的规定，所有报刊都经历了一段迅速增长期。这段增长期也是由于 1814 年实行 7 年义务教育制度之后人民的阅读能力提高、人口和购买力的增长以及工作时间的减少。

1848 年后的政治问题和政党冲突使得报纸主要服务于政党政治。当时虽然主要的四个政党都在全国各地发行报刊，但是大多数的报刊与保守党有关。此后在 1865～1985 年，自由党获得了各省 50 多家地区报刊的支持。1872 年之后，社会民主报刊随之而来，社会民主党（1872～1959）拥有大约 20 家相关报刊。1905 年，哥本哈根的《政治报》有 20 多家报刊追随，成为社会自由党的党报。

在此期间，地方新闻渐渐出现在省级报刊上。随着政治和社会问题的讨论，报刊的发行量以及广告收入也随之增加，机械化的印刷技巧也提高了。与日报同时存在的还有大量期刊：《政治周刊》、《当代辩论周刊》、综合性的文化期刊和讽刺性期刊。某些配图的周刊有非常高的发行量，如《家庭期刊》等。此外，科技刊物也逐渐增多。

1905 年，《政治报》对报纸内容和版面设计进行了改革，被称为"媒体改革"。这家报纸按照美国报纸的模式，侧重点从政党政治、观点和文化辩论转向涵盖当地新闻、金融和社会事件、专题报道和读者服务各方面，政党政治的内容减少了。一战期间，哥本哈根几乎所有的报纸都经历了这种变化。

　　大约从 1930 年开始，丹麦的众多报刊经历了向各地区最有活力的报纸集中的过程，许多报刊社尽管有政党和机构的辅助金的支持，还是不可避免地衰落下去，直至倒闭。这个过程一直持续到 1970 年。到 1980 年之前还比较兴旺的地方小报也逐渐失去了根基。众多报社的关闭体现为独立编辑的日报数量从 1945 年的 123 家减少到 2001 年的 29 家，其中 7 家报纸在全国范围销售，其他的区域报纸为当地提供新闻和广告服务。

　　在 7 家全国性的报纸中，《政治报》（Politiken，1884 年创刊）和《贝林时报》（Berlingske Tidende，1749 年创刊）一直主导着丹麦的媒体，这是在公平竞争和新闻自由的情况下实现的。《政治报》是比较激进的全面性的报纸，善于专题报道、新闻事件和自由文化。而《贝林时报》比较保守，主要是经济、政治和文化报道及大量广告。

　　20 世纪 90 年代以后，报纸的读者所占人口比例下降，绝大多数人更喜欢看电视，尤其是年轻人根本不读报。主要是受过良好教育的成年人通过报纸来了解世界、国家和社会。周刊杂志的发行量也停滞不前，但女性刊物和家庭刊物仍然销量很大。此外，专业性杂志也很有市场，例如专业的电脑刊物和大众科普杂志以及免费的家居刊物等。

　　21 世纪以来，丹麦的报纸发行量有所下降，由此报纸广告费也受到了影响。但是丹麦免费报纸发行量比较高，2005 年免费报纸占市场份额的 35%。免费报纸主要是放在超市门口供人随意领取，由于免费报纸发行量较大，丹麦报纸发行量在世界排名靠前。

　　丹麦通讯社（Ritzaus Bureau）是丹麦唯一的全国性通讯社。1866 年创立，是斯堪的纳维亚国家建立最早的通讯社。1947 年丹麦各日报联合起来从创办人手中取得所有权，从此便一直集体拥有丹麦这家最大的通讯社。记者联合会总部设在哥本哈根市中心，总部设有国际通讯中心，负责为外国记者提供方便，在这里外国记者可以得到来自丹麦外交部新闻文化司的消息。丹麦通讯社的经济收入完全依赖向其消息订户收取订费，现在大约拥有 150 家订户，其 1/3 为丹麦各家日报，1/3 为广播电台、电视台和杂志，1/3 为公司企业和组织机构。

丹麦新闻工作者联合会是目前唯一的全国性新闻工作者组织，拥有约 6000 名来自报刊社、广播电视台、出版社等各种大众传播媒介的会员。它起着一种独立的工会组织的作用，其主要任务是与雇主方面谈判和签订工资及工作条件协定，以及维护其会员在各个方面的权益。它还设有失业基金和罢工基金，以便向失业的会员和参加罢工的会员提供财政支持。该联合会的资金来源主要依赖向会员收取会费。

丹麦宪法规定公民享有言论及出版自由，新闻媒介独立于政府，报纸、电台和电视台有权决定宣传什么和为谁宣传，但它们通常奉行的一致原则是全面、客观和公正。丹麦的报纸、广播和电视有责任监督政府、议会和法院的行为，被称为"国家第四力量"。

二 广播与电视

根据 1907 年的一项法令，包括无线电在内的电信控制作为国有垄断。最早的丹麦无线电广播始于 1922 年，由《政治报》的广播部试验性运行，以广大的公众为目标，广播内容主要是音乐，从 1923 年开始有每周新闻报道。1925 年由政府出面将若干试验运行的无线电广播组成国家无线电系统，1926 年被国家电台取代。随着无线电广播新闻的出现，报纸对新闻的垄断被打破。1959 年国家电台重新命名为丹麦电台（DR）。电台的节目主要是有关文化和提供信息的所谓公共服务，新闻广播是简要的。广播时间渐渐从每天 2 ~ 3 个小时增加到 1939 年的 14 个小时，当时80% 的人都拥有一台收音机。

第二次世界大战期间，无线电广播受到德军的检查，但丹麦语节目在1940 ~ 1945 年由 BBC 和瑞典电台广播。1951 年开始，丹麦电台增加了一个新的频道，第 2 套广播节目负责广播古典音乐和背景介绍。1963 年开始的第 3 套广播节目播放流行音乐和轻松的娱乐节目。

丹麦首次电视传播是在 1932 年由《政治报》组织的，1936 ~ 1939 年可以收到 BBC 的节目。电视技术于 1947 年公开。1951 年有了常规电视节目，因为被看成只是带图像的收音机，电视传播从一开始时便遵守 1959

年的无线电法令并自然被国家垄断。邮局和电信局提供电视网络服务，电视播放时间从 20 世纪 50 年代的每天 1 小时渐渐增加到 90 年代初每天 10 多个小时。

同无线电的情况一样，节目最初由丹麦电台自己制作，主要是新闻传播。20 世纪 60 年代以后，更多的节目侧重于电影和连续剧，以及外国的电视台节目。彩色信号始于 1968 年，立体声始于 1990 年。随着关于多用途有线网络的法令在 1985 年颁布，国外频道包括卫星频道可以通过有线电视来接收，这使电话公司对于电视广播变得非常重要。

丹麦电台对全国的电视垄断在 1988 年随着丹麦电视 2 台和 8 家区域性电视台的开播而被打破。丹麦电视 2 台位于欧登塞市，主要由广告商提供资金，经营的基础是委托节目，节目来自独立制作人。

经过多年发展，丹麦电视业格局呈现出从"一家独大"到"两家竞争"再到"四足鼎立"的局面。21 世纪以来，丹麦四个主要广播公司基本处于竞争平衡状态。2009 年，丹麦国家电视台（TV2）的收视份额为 39.3%，丹麦广播电视台（DR）为 28.9%（DR1 占 24.6%，DR2 占 4.3%），四大广播电视公司之外的其他电视台仅为 16.4%。丹麦的公共电视台收视份额占市场总份额一半以上，这在欧洲国家是非常少见的。

三　图书出版

20 世纪 60 年代以来，丹麦每年出版图书的品种稳步上升。全国拥有大型出版社 75 家，全部是私营出版社，它们的年度营业总额占全国出版业的 85%。主要的大型出版社有蒙斯加尔国际出版公司、新北欧出版社、技术出版公司、斯克里普特尔出版公司。

图书的发行渠道主要有以下三种。第一，由出版商到读者。出版商通过邮购、上门推销、图书俱乐部等直接销售方式获得的营业额，约占全国图书营业总额的 27%。第二，由出版商到书商。出版商批发给书商的营业额，约占全国图书营业总额的 66%。第三，由出版商到书亭商。出版商批发给书亭商的营业额，约占全国图书营业总额的 7%。

丹麦拥有 1000 多家出版商，出版社主要集中在哥本哈根。丹麦有

500 多家书店，GAD、USCK 及 BOG OG LDE 等几个公司控制着全国 76% 的市场，目前丹麦正试图打破这种企业对图书行业的垄断。150 多年以来，丹麦通过行业协议的形式实行图书定价制，也就是每本图书都有定价，书商必须按定价出售图书，只有出版商可以变更定价。2005 年 6 月，丹麦通过了图书市场完全自由化决议，目前丹麦正试图取消图书定价制。书商将图书销售给学校、图书馆时，可根据规定给予一定折扣。

政府对图书、期刊等均征收与一般商品一样的 22% 的增值税，对进口图书征收 22% 的进口税，对进口音像制品征收 3%～5.4% 的进口税。

丹麦非常重视对知识产权的保护，1961 年丹麦颁布版权法，《丹麦著作权法》是当今世界上最先进的著作权法之一。丹麦是《伯尔尼公约》成员国，1962 年加入《世界版权公约》。丹麦采用国际标准书号，语区号为 87。

丹麦拥有全国性行业组织——丹麦出版商协会（Forlæggerforeningen, Danish Publishers Association），其他相关协会包括丹麦书商协会（Den Danske Boghandlerforeningen, Danish Booksellers Association）、丹麦报纸出版商协会（Danske Dagblades Forening, Danish Newspaper Publishers' Association）、丹麦专业媒体协会（Danske Specialmedier, Association of the Danish Specialized Press）、丹麦复制权集体管理组织（COPYDAN）等。

四 互联网

国际电信联盟（ITU）公布，2014 年丹麦的互联网普及率位居世界之首。2018 年丹麦的电脑普及率为 98.5%，电子商务交易额为 420 亿美元，增速为 13.5%。丹麦互联网的快速发展，一定程度上是丹麦互联网市场竞争激烈，导致全国服务覆盖率不断提高。丹麦的两个最大的互联网服务商是 TDC 和 Tele 2。丹麦互联网服务商提供的互联网服务，通常包括互联网连接、电话线和可能的有线电视，作为一揽子服务。丹麦所有的报纸都有实时更新的网络在线版，各大报也都创办了电子版。最受欢迎的网站属于各大传媒公司。

第八章

外 交

第一节 外交简史

丹麦王国代表丹麦本土、格陵兰、法罗群岛与其他国家和国际机构建立外交关系，从事外交活动。丹麦具有欧洲、北极和北大西洋主权国家的身份，外交政策也以此为基础来制定。丹麦长期以来与其他国家保持着良好的关系。丹麦一直参与协调西方国家对波罗的海国家（爱沙尼亚、拉脱维亚和立陶宛）的援助。丹麦也是国际维和行动的坚定支持者。丹麦强烈支持美国在阿富汗的行动，并为国际安全援助部队提供金钱和物质上的支持。这些举措是丹麦"积极外交政策"的一部分。丹麦不再采用传统的外国统一外交政策，而是采取积极的外交政策，积极捍卫人权、民主等价值观。近年来，格陵兰和法罗群岛在外交政策问题上得到支持，例如捕鱼、捕鲸和地缘政治问题。

第二次世界大战后，丹麦结束了其长达两百年的中立政策。1949年，丹麦加入北约，成为北约的创始成员国。1982～1988年，丹麦和美国就安全政策发生了几次严重的对抗。冷战结束后，丹麦对传统上以北约、欧共体、北欧合作和联合国为支柱的外交政策进行了调整，突出以欧盟为重点，并增加了"共同安全、民主和人权、经济和社会发展及环境"等内容。丹麦重视欧盟建设，坚持依托北约，加强欧洲安全合作，积极拓展以北欧合作为基础的环波罗的海合作，重视联合国的地位和作用，积极参与联合国维和行动。丹麦同150多个国家建立了外交关系。

在欧盟内，丹麦对欧盟的政策持谨慎的态度，有"不情愿"的欧洲人的称号。1973 年，丹麦加入欧洲共同体。1992 年 6 月，丹麦拒绝批准《马斯特里赫特条约》。同年 12 月，欧洲共同体的其他成员国对丹麦做出了妥协，在共同防御、共同货币、欧盟公民身份以及部分司法合作等领域，丹麦可以享有豁免权。1998 年 5 月，丹麦举行全民公决，投票表决通过了《阿姆斯特丹条约》。目前丹麦仍然不是欧元区成员国，2000 年丹麦曾就此问题举行全民公决，表示拒绝加入欧元区，未来一段时间内丹麦也没有加入欧元区的意愿。2012 年，丹麦担任欧盟轮值主席国。2017 年11 月至 2018 年 5 月，丹麦担任欧洲理事会部长委员会（Committee of Ministers of the Council of Europe）主席。

丹麦在历史上有过几次国际争端。第一，汉斯岛问题。汉斯岛是位于格陵兰和加拿大北极岛屿之间的一个岛屿，丹麦对格陵兰的外交事务负责，所以加拿大与丹麦在这一地区存在尚未解决的边界问题。2005 年 7月这一争端再次爆发，因为加拿大的一位部长到访了有争议的岛屿。第二，北极地区问题。丹麦正试图证明北极在地理上与格陵兰有关。如果这样的证据确立，丹麦将要求北极地区的权益。第三，丹麦与波兰的海上边界问题。丹麦和波兰尚未就两国海上边界的位置达成一致。丹麦支持两国之间的现有边界，而波兰希望获得波罗的海更大的区域。波兰的依据是波兰的海岸线比丹麦的博恩霍尔姆岛的海岸线更长。

第二次世界大战之后，欧洲经济一体化进程对丹麦的外交政策和国际关系产生了重大的影响。丹麦是欧洲联盟、北欧理事会、联合国、经济合作与发展组织、国际货币基金组织和北大西洋公约组织等国际组织的成员国。2005 年 1 月，丹麦第四次成为联合国安全理事会非常任理事国，任期两年。2012 年 1～6 月，丹麦担任欧盟轮值主席国。2017 年 7 月，丹麦主持经济合作与发展组织的年度部长级会议。

一　外交政策

丹麦外交政策的主要目的是通过确立最大可能的经济福利和促进丹麦

的价值标准来保障丹麦的国家安全。丹麦的国际关系主要包括三个范畴：由联合国内部合作、与第三世界国家的联系和经济全球化所形成的全球关系，在欧洲联盟内部发展的欧洲关系，与北欧国家和波罗的海国家形成的地区关系。

在冷战期间，丹麦意图建立一种平衡的外交政策，即通过北大西洋公约组织与美国的关系，作为欧盟的成员国，同时也是联合国的积极参与国，还参与援助发展中国家的国际合作。当时丹麦外交政策的四个支柱是联合国、北大西洋公约组织、欧共体和北欧合作。

冷战结束后，丹麦对传统上在以上四者之间保持平衡的外交政策进行了调整，突出以欧盟为重点，并增加了"共同安全、民主和人权、经济和社会发展及环境"等内容。目前丹麦的外交政策是重视欧盟建设，依托北约加强欧洲安全合作，积极拓展以北欧合作为基础的环波罗的海合作，重视联合国的地位和作用，积极参与联合国维和行动。

欧洲联盟在丹麦的外交政策中占据最重要的地位。丹麦于1973年加入欧洲共同体，目前虽然是欧洲联盟成员国，但是并未加入欧元区，仍然使用本国货币——丹麦克朗。冷战结束和德国统一加速了欧洲一体化的发展，丹麦的领土安全受到的威胁也随之消失，德国成了丹麦最重要的外交伙伴。丹麦位于波罗的海国家和波兰附近，又与斯堪的纳维亚国家为邻，这一地理位置使得丹麦在近年来积极支持波罗的海国家和波兰加入欧盟与北约。但是，出于欧洲一体化进一步深化会危及丹麦现存的福利制度等原因，丹麦对某些欧盟的一体化措施采取保留态度。例如在加入欧洲货币联盟的问题上，丹麦获得了例外选择权，将丹麦何时采纳欧元的决策权保持在丹麦公民手中，即在未来的适当时候由丹麦国内的全民公决做出决策。

丹麦与瑞典、挪威、芬兰和冰岛于1952年组成北欧理事会，5个国家的部长和议员定期就共同关心的问题进行磋商。由于相同的社会体制、共同的文化历史遗产、相近的地理位置和语言系统，北欧国家形成了良好的合作关系，这些国家的工会、商业组织、合作社组织、技术协会之间都有相应的合作机构。1954年以来，北欧国家的公民可以自由地在任何北欧国家居住和工作，享有同这个国家的国民一样的社会福利。目前其他北欧国家仍然是丹麦的重要合作者，这在北欧理事会的工作中表现最为明显。丹麦与其他北欧国家建立了广泛的文化利益共同体、北欧护照联盟和自由的内部劳动力市场，这些措施加强了丹麦与其他北欧国家之间的联系。丹麦面临的最大挑战是如何将这个共同体与欧洲的政策相结合。瑞典和芬兰加入欧盟之后，丹麦不再是欧盟中唯一的北欧国家。

自 1949 年春北大西洋公约组织成立以来，丹麦一直是该组织的成员国。丹麦希望北约成为维护欧洲政治安全的中心机构，美国继续积极参与北大西洋公约组织对丹麦有很重要的意义，但是丹麦对于北约的迅速东扩也表现得非常谨慎。另外，丹麦还是欧洲安全与合作组织（OSCE）的成员国。丹麦认为当前欧洲大规模军事威胁的可能性减小，但局部冲突凸显，影响欧洲安全的因素主要来自对民主、人权等共同价值观念的威胁及有组织犯罪、难民潮和环境污染等。丹麦主张提升欧洲在预防和控制危机方面的能力以及反恐领域的合作，支持建立欧盟快速反应部队，但同时强调不能以削弱北约在欧洲的作用和存在为代价。

丹麦是 1945 年在旧金山签署《联合国宪章》的 50 个国家之一，参与了多次联合国的维护和平行动。丹麦努力使联合国成为援助第三世界国家的主力军，联合国在有关人权、环境、社会发展、共同安全与民主等方面的工作都得到了丹麦的全力支持。1995 年以来，丹麦努力推进联合国进行改革，促进联合国采取更为积极的多边主义政策。丹麦主张修改《联合国宪章》，扩大安理会，采取措施防止滥用否决权，增强安理会的决策能力和赋予联合国更大权力，使之在维护世界和平、平衡南北关系、维护人权、建立世界新秩序中发挥强有力的作用。对目前联合国经费不足、管理不善表示不满，希望各成员国履行职责，承担应尽义务。丹麦主张有关制止人道主义灾难的决议即使未经安理会通过也可付诸实施，大力推动组建联合国快速反应部队，积极参与联合国维和行动。

二　对重大国际问题的态度

冷战结束后，丹麦政府认为国际形势已发生根本性变化，虽然总体趋向缓和，但是也出现了更多的不可预测的因素，如民族与宗教问题、环保问题以及人权问题、经济衰退、贫困、恐怖主义等不利于国际局势稳定的问题。世界政治形势在一定程度上向着多极化的方向发展。丹麦主张世界新秩序应建立在尊重人权、正确对待民主和法制等一系列价值观的基础上，呼吁国际社会及国际组织加强对话与协调合作，共同迎接新形势下的各种挑战。

丹麦将人权和民主问题视为其外交政策的基石之一，奉行将保护人权和少数民族权利置于国家主权之上，主张所有国家和地区认同和遵守国际公认的人权标准。支持"人权高于主权"，主张捍卫和推行西方价值观念，认为在特殊情况下，可以出于政治和人道等原因对某些国家进行"人道主义干涉"。

丹麦谴责各种形式的恐怖主义，重视建立全球反恐联盟，支持反恐斗争。丹麦认为贫穷落后是滋生恐怖主义的温床，强调重视发展有助于从根本上消除恐怖主义。美国的"9·11"事件后，丹麦出台反恐法案，支持并参与美国和北约打击恐怖主义的军事行动及联合国的维和行动。

丹麦积极参与对阿富汗援助及战后重建工作，积极推动阿富汗政府实行民主和法制建设，先后向阿富汗提供人道主义援助及重建援助近3亿丹麦克朗。丹麦通过北约向阿富汗派有4架战斗机和147名士兵。2003年以来，丹麦由于强制遣返阿富汗在丹麦难民并将援助与难民遣返问题挂钩，受到阿富汗政府和联合国难民署的批评。

对于中东的巴以冲突，丹麦政府奉行"中立、平衡"的政策，敦促巴勒斯坦和以色列建立互信，在联合国的框架内寻求和平。

在伊拉克问题方面，丹麦支持美国采取军事行动，曾经派遣护卫舰、潜艇各1艘以及150多名士兵参战。伊拉克战争后，丹麦派遣410名士兵参与伊拉克的战后维和工作，并提供3.5亿丹麦克朗用于伊拉克重建工作。

关于南北问题，丹麦一直非常重视同发展中国家的关系。认为贫富差距的扩大是影响世界和平与稳定的重要因素。但冷战结束以后，丹麦将提供发展援助同受援国的民主、人权状况挂钩，规定受援国除实行民主、尊重人权外，还必须符合联合国规定的贫困标准，而且不能拥有或设法拥有核武器。

关于禁止核武器试验问题，丹麦一贯支持建立北欧无核区，强烈呼吁防止核扩散并最终消除核武器。在朝鲜核问题方面，要求朝鲜放弃发展核武器，呼吁美国和朝鲜通过对话改善关系，恢复朝鲜半岛和平进程。丹麦高度评价中国主持六方会谈，认为中国在朝鲜核问题上起着很大作用。丹麦每年向朝鲜提供大约 1500 万丹麦克朗的人道主义援助。在伊朗核问题方面，丹麦一直关注伊朗核问题的发展，认为伊朗应该与国际原子能机构合作，接受监督和检查。丹麦主张国际社会就此问题加强磋商与合作，尽快以和平方式妥善解决问题，避免伊朗核问题危及世界和平，成为新的动乱因素。

第二节 与欧盟的关系

丹麦是欧盟成员国，但不是欧元区成员国。在外交政策上，丹麦奉行以欧盟政策为主体的政策。丹麦在欧盟内部的角色具有特殊性，这主要是丹麦公民对 1992 年《马斯特里赫特条约》进行投票，否决了这一条约，因此丹麦在欧盟内具有一定的特殊性，表现为丹麦在欧盟内的一些关键领域没有参加欧洲一体化的合作。例如，丹麦不参加欧洲货币联盟、不参加欧盟的统一国防合作、不参加司法和内政领域的合作、不承认丹麦公民的欧盟公民身份等。丹麦虽然暂时未加入欧洲货币联盟，但对此持积极态度。在欧盟内，丹麦也履行过重要的职责，例如 2012 年丹麦第七次担任欧盟的轮值主席国，为期半年。

一 丹麦与欧洲一体化

1973 年 1 月 1 日，欧洲共同体第一次扩大，丹麦同爱尔兰、英国一起加入欧共体。1972 年，丹麦就是否加入欧共体举行了全民公投，最终以 63.4% 赞成、36.6% 反对加入欧共体。丹麦加入欧共体后，由于市场稳定，农业获得了很大发展，丹麦的农产品出口总值从 1972 年的 124 亿丹麦克朗增加到 1988 年的 464 亿丹麦克朗，约增长 2.74 倍。

对于丹麦与欧洲一体化的重大决策，丹麦一般采用全民公投的方式进行表决，充分尊重民意。由于丹麦国内对欧洲一体化的争论比较激烈，公投的结果也波澜起伏。通过对丹麦和欧洲一体化的重大事件回顾，可以看出一个贯穿始终的根本性问题，就是丹麦对欧共体的需要和维护自身主权这对矛盾的冲突和发展。丹麦既需要欧共体，又担心过度让渡主权和失去民族性，本国的事务会为大国所左右。因此，丹麦对于欧洲一体化持保留态度，不希望欧洲一体化步伐迈得过大过快。

当丹麦公民第一次公投表决是否加入欧共体时，由于对欧共体的迫切需要，并且丹麦与欧共体主要是经济上的联合，丹麦公民多数表示支持加入欧共体。而签署《马斯特里赫特条约》，意味着欧洲一体化将发生一次质的飞跃，它的实施必然要求包括丹麦在内的成员国在外交和金融货币等领域交出相当一部分主权，让渡国家主权的问题异常突出，丹麦最终拒绝了《马斯特里赫特条约》，选择保留自己的货币等国家主权。因此，丹麦是欧盟成员国，但不是欧元区成员国。

丹麦虽然面积不大，却是一个非常独立的国家，这一点已经反映在它与欧盟的有时不和的关系中。最引人注目的例子是，丹麦在 1992 年的公民投票中投票否决了《马斯特里赫特条约》，被视为放慢向统一欧洲迈进的投票，该条约随后在谈判后的第二年得到批准。

丹麦是加入欧盟较早的国家，与欧盟经济融合较深，但是丹麦又保持了经济独立性。丹麦没有加入欧元区，仅实行欧元汇率联系机制，金融保持独立。在欧盟的难民问题方面，丹麦接收了部分难民，但是 2018 年丹麦停止接受欧盟的难民配额，而是努力促进在丹麦的难民更好地融入社会。

欧洲一体化促进了欧洲国家的经济增长，丹麦也从欧洲一体化中受益良多。根据德国一家基金会的调查，丹麦是欧盟国家中受益最多的国家之一。1994～2014 年，丹麦平均每人每年从欧洲一体化受益500 欧元。南欧国家受益情况不理想，葡萄牙受益最低，每人每年仅受益 20 欧元。

二 与北欧国家的关系

丹麦非常重视同北欧国家间的传统合作，自瑞典和芬兰加入欧盟后，三国一直保持着在欧盟理事会前的北欧首脑会晤机制。不过近年来丹麦为避免在欧盟内部形成集团，逐渐淡化了同其他北欧国家在欧盟事务上的协调与合作。丹麦认为在欧盟事务中，北欧三国应首先维护各自的利益，然后可在男女平等、就业、环保等立场基本一致的领域内寻求合作。丹麦主张北欧合作更多地向环波罗的海国家开放，并力图在其中发挥主导作用。

由于具有相似的历史和文化，丹麦与其他北欧国家具有密切联系，北欧国家之间也一直是重要的合作伙伴。丹麦面临的挑战是如何将欧盟的政策与北欧地区的发展结合起来。在瑞典和芬兰加入欧盟之后，丹麦不再是欧盟内唯一的北欧国家，但是挪威和冰岛仍然不是欧盟成员国。

丹麦与瑞典是邻国，连接丹麦和瑞典大陆的厄勒海峡大桥为两国的交通提供了便利。2000 年 5 月，丹麦与瑞典建成了连接两国的厄勒海峡大桥，这是世界上承重量最大的斜拉索桥。厄勒海峡大桥跨度 16 公里，连接丹麦首都哥本哈根和瑞典第三大城市马尔默。由于这座跨海大桥，丹麦东部地区和瑞典南部地区成为北欧及波罗的海地区国际性都市群最密集、经济最活跃、文化交流最频繁的地区。

第三节　与美国和北约的关系

一 与美国的关系

丹麦和美国的外交关系可以追溯到 1783 年，当时丹麦与美国签署了一项商业条约。1792 年，丹麦承认美国的独立。1801 年 10 月，两国建立了外交关系。自 1801 年以来，两国外交关系从未中断。

第一次世界大战期间，丹麦保持中立，但在贸易方面遭受重大损失。

1916 年，丹麦将西印度群岛出售给美国，两国签署了《丹麦西印度群岛条约》，交易于 1917 年 1 月完成。1917 年 3 月美国控制了这些岛屿，并将其更名为美属维尔京群岛。

1941 年 4 月，美国与丹麦合作，在格陵兰建立了临时保护国。丹麦放弃了长期奉行的中立政策，并于 1949 年加入北约，成为创始成员国。1995 年 12 月，丹麦派出军队参加联合国的维持和平部队，部署到波斯尼亚和黑塞哥维那的丹麦部队被分配到美国的部门，由美国直接指挥。

丹麦在欧盟、经济合作与发展组织和世界贸易组织中积极的自由贸易政策在很大程度上符合美国的利益。美国是丹麦最大的非欧洲贸易伙伴，约占丹麦商品贸易的 5%。丹麦在欧洲环境和农业问题中具有重要作用，并且在波罗的海入口处具有战略位置，使得丹麦成为美国与北欧和波罗的海地区交往的中心。

美国很看重格陵兰的战略位置，多次希望从丹麦购买格陵兰，但都被拒绝。在美国从俄国购买阿拉斯加之前不久，美国国务卿威廉·H. 苏厄德（William H. Seward）试图从丹麦购买格陵兰和冰岛，但是没有成功。第二次世界大战后，美国在格陵兰发展了地缘政治利益，并于 1946 年计划以 1 亿美元的价格从丹麦购买格陵兰，但丹麦拒绝出售。丹麦自治领土格陵兰的美国空军基地、图勒空军基地和预警雷达是西方防御体系中的重要纽带。2004 年 8 月，丹麦和格陵兰自治政府批准了预警雷达的更新，以更新其在美国弹道导弹防御系统中的作用。同时，美丹签署了协议，以加强美国和格陵兰之间的经济、技术和环境合作。2020 年 6 月，美国在格陵兰努克的领事馆重新开放，这个领事馆曾于 1953 年关闭。2019 年 8 月，美国总统唐纳德·特朗普应丹麦女王邀请访问丹麦，但是在出访前提到有意购买格陵兰，被丹麦首相梅特·弗雷泽里克森拒绝，特朗普因此推迟访问丹麦。随后丹麦首相表示虽然美国总统推迟访问丹麦，但美国仍然是丹麦最密切的盟友之一。

丹麦和美国之间的高层互访频繁。1967 年，玛格丽特公主和亨里克亲王访问美国。1997 年和 2007 年，美国总统比尔·克林顿（Bill Clinton）访问丹麦。美国总统乔治·W. 布什（George W. Bush）于 2005 年 7 月对哥本哈根进行正式访问，丹麦首相安德斯·福格·拉斯穆森（Anders Fogh Rasmussen）于 2006 年 6 月在戴维营会见了布什。2009 年 10 月，美国总统巴拉克·奥巴马（Barack Obama）携夫人米歇尔·奥巴马（Michelle Obama）前往丹麦，支持芝加哥申办 2016 年夏季奥运会。2009 年 12 月，奥巴马再次访问丹麦，参加了 2009 年联合国气候变化会议。2009 年 3 月，丹麦外交大臣莱恩·埃斯佩森在加沙捐助者会议上与美国国务卿希拉里·克林顿会晤，在 2010 年 4 月的北约会议上双方在爱沙尼亚会晤。2009 年 3 月，丹麦王储弗雷德里克和玛丽公主访问美国中西部地区。2011 年 3 月，奥巴马在白宫会见了丹麦总理拉斯穆森，讨论了反恐、"阿拉伯之春"和环境问题。2017 年 3 月 30 日，拉斯穆森访问美国，与特朗普总统会晤。双方讨论的重点是双边关系状况以及反恐、经济机会和北约。

虽然丹麦和美国的外交关系有时会受到偶然事件的影响，但是两国仍然是坚定的盟友。两国都是北极理事会、经济合作与发展组织、北约和联合国的成员国。丹麦和美国秉持相似的外交理念，保持着紧密的外交关系。

二 与北约的关系

1949 年，丹麦成为北约的创始成员国。丹麦重视同北约的合作，认为北约是欧洲防务的基石，在维护欧洲安全和稳定方面发挥着不可替代的重要作用，美军留驻欧洲有助于保持欧洲的战略平衡。丹麦支持北约新战略，表示北约的关注焦点应是欧洲—大西洋两岸的安全与稳定，但可以在特殊情况下在其领土以外采取军事行动，并可在联合国授权问题上持灵活态度。丹麦对北约是否应充当世界警察持谨慎的态度。

丹麦一直致力于将北约作为欧洲政治安全的中心机构，丹麦也非常重视美国对北约事务的积极参与。在安全政策方面，丹麦与美国保持紧密联系，与美国的外交立场和政策保持一致。在国际事务上，丹麦是美国的忠实盟友。

第四节 与俄罗斯的关系

由于地缘位置接近，丹俄两国于 15 世纪就建立了联系。丹麦和俄罗斯都与波罗的海接壤，丹麦控制船只在波罗的海的进出，对于俄罗斯的贸易和海军具有重要影响。因此，丹麦和俄罗斯的关系受地缘政治影响较大。

一 与俄罗斯关系的历史

15 世纪以来，两国就开始往来。1493 年，丹麦与俄国签订了互助协定，两国开始了友好的双边关系，该协定于 1506 年和 1517 年续签。1562 年 8 月 7 日，丹麦国王腓特烈二世和俄国沙皇伊凡四世签订《莫扎斯克条约》，两国继续保持友好的双边关系。

18 世纪，在几次战争中丹麦和俄国有结盟也有纷争。18 世纪 60 年代，彼得三世计划与丹麦开战以收复失地，但在开战前被妻子凯瑟琳二世推翻，凯瑟琳女皇改变了俄国的立场，于 1765 年与丹麦结盟。1773 年，丹麦与俄国签署《萨尔瓦约塞洛条约》。丹麦和俄国在条约的框架下，以交换土地为条件建立同盟，把两国的外交政策紧密联系在一起，并直接导致丹麦在随后的几十年中卷入了一系列战争。1788 年瑞典进攻俄国时，丹麦履行了对俄国的条约义务，对瑞典宣战。在大不列颠和普鲁士的外交干预下，挪威军队短暂入侵瑞典并赢得了克维斯特鲁姆大桥战役的胜利。在重重压力下，丹麦在俄国与瑞典的冲突中宣布中立，从而结束了这场战争。

19 世纪，丹麦和俄国在法国战争期间结成盟友。在法国独立战争时期，丹麦和俄国结成联盟，共同抵抗英国海军的战时政策，这导致英国海军在 1801 年袭击了丹麦的哥本哈根。在随后的拿破仑战争中，俄国和丹麦成为支持拿破仑的大陆国家，这导致英国海军再次于 1807 年攻打哥本哈根。这次袭击拉开了英俄战争（1807～1812）的序幕，并将丹麦拉进了拿破仑战争中。在 1808～1809 年的达诺 - 瑞典战争中，丹麦和俄国都支持法国。然而，拿破仑于 1812 年入侵俄国，促使俄国走向对立，而丹麦仍然支持法国。当法国最终战败时，丹麦在 1814 年签署《基尔条约》，被迫将对挪威的控制权割让给瑞典，这加速了丹麦在欧洲的衰落。

苏联成立后，丹麦承认苏联，两国于 1924 年建立了外交关系。尽管丹麦政府在两次世界大战中都力求保持中立，但 1940 年丹麦被纳粹德国占领，并于 1941 年加入了《反共产国际协定》（尽管它坚持在与苏联的任何冲突中保持中立）。丹麦也从未承认苏联对波罗的海共和国的吞并是合法的。第二次世界大战结束后，丹麦于 1949 年成为北约的创始成员国，其外交政策继续倾向于中立，而不是与苏联对抗。

二　与俄罗斯关系的近况

近年来，丹麦和俄罗斯是紧密的贸易伙伴，主要在波罗的海沿岸进行贸易。法罗群岛是丹麦的海外领土，可以与俄罗斯进行自由贸易协定谈判，法罗群岛的商品通过丹麦到达俄罗斯，俄罗斯的渔民也喜欢到访法罗群岛的首府托尔斯港。2008 年 5 月 27 日，俄罗斯和丹麦签署了签证协议，该协议有助于促进两国科学家、商人和学生之间的交流。

丹麦认为俄罗斯局势走向对欧洲安全和稳定至关重要，加强同俄罗斯合作是建立欧洲安全新格局的基础。丹麦主张与俄罗斯建立建设性的、长期的合作关系，保持俄罗斯政治和经济改革势头，使俄罗斯尽快融入欧洲。2010 年 4 月，丹麦首相拉斯穆森与俄罗斯总统梅德韦杰夫进行会谈，会后双方发表了关于两国建立"现代化伙伴关系"的联合声明。丹麦在与美国保持紧密盟友关系的同时，也关注与俄罗斯的外交关系。丹麦与大国之间的外交关系，体现了丹麦的外交政策目标，即维护丹麦的国家利益。

俄罗斯非常关注丹麦在北约中的行动。2014 年 8 月，在乌克兰危机和俄罗斯与北约之间关系日益紧张的情况下，丹麦政府表示将为其一艘或多艘护卫舰配备雷达，支持北约的导弹防御系统。这一举措导致丹麦和俄罗斯的双边关系处于紧张态势。2015 年 3 月，俄罗斯表示反对丹麦加入北约的反导弹防御系统（MD）。俄罗斯驻丹麦大使米哈伊尔·瓦宁表示，如果丹麦加入将会成为俄罗斯的威胁，丹麦战舰将成为"俄罗斯导弹的目标"。鉴于俄罗斯的强硬态度，丹麦民众要求政府谨慎决策，防止丹麦成为各方利益博弈的牺牲品。

俄罗斯在哥本哈根设有大使馆，在图尔斯港（法罗群岛）设有领事馆。丹麦在莫斯科设有大使馆，在圣彼得堡设有总领事馆，在加里宁格勒设有名誉领事馆。

第五节　与发展中国家的关系

丹麦重视同发展中国家的关系，认为贫富差距的扩大是影响世界和平与稳定的重要因素。丹麦一直是将 GDP 的 1% 左右贡献于国际援助的少数国家之一，按照人口比例，丹麦是向发展中国家提供援助最多的国家。丹麦几乎一半的对外援助都是通过国际组织支出的。对波罗的海和其他东欧国家的援助是丹麦对外援助政策的重要组成部分。在双边合作方面，丹麦主要是支持第三世界国家中最为贫穷的 15 个国家，关注的重点是消灭贫穷、促进贸易和工业的发展并建立良好的管理。丹麦也非常重视第三世界国家经济的发展、环境保护、尊重人权和妇女在发展中的地位等问题。丹麦对外援助的国家中一半以上是非洲国家。丹麦政府尤其重视某些特殊领域的投资，如教育与健康、基础设施建设、支持私营企业发展以及通过关注贫困地区的经济增长以促进可持续发展。

丹麦采取措施帮助发展中国家发展绿色经济。2012 年丹麦设立气候基金，帮助发展中国家发展低碳经济、实现绿色转型，以应对气候挑战。基金的资金主要用于在发展中国家应用丹麦公司的产品和技术，投资建设风电场、太阳能发电站、生物发电厂，改造设施以提高能源利用效率等。2013 年资金规模有 7 亿丹麦克朗（约 1.2 亿美元），其中 1.5 亿丹麦克朗（约 2500 万美元）来自丹麦政府，其余来自私人投资。

2013 年 2 月，丹麦针对发展中国家推出了一项奖学金计划，该计划致力于实现"建设发展中国家更强大学"的目标，属于丹麦高等教育综合国际化战略的一部分，并由丹麦教育部与外交事务处、丹麦高校校长联盟共同实施。该奖学金计划赞助重点国家指定大学的学生到丹麦学习。此项计划主要资助 20 多个重点国家，包括中美洲的尼加拉瓜和玻利维亚，非洲的布基纳法索、埃塞俄比亚、加纳、肯尼亚、马里、莫桑比克、尼日尔、南非、坦桑尼亚、津巴布韦和乌干达，亚洲的孟加拉国、尼泊尔、阿富汗和巴基斯坦以及中东的伊拉克、黎巴嫩、埃及、约旦、摩洛哥和也门。这个项目致力于解决丹麦与发展中国家间学生交流人数过少的问题，为想到丹麦学习的发展中国家的学生提供了良好的机会。

第六节 与中国的关系

一 与中国关系的历史回顾

中丹关系的历史源远流长。1674 年，丹麦东印度公司的商船"福尔图那"（Fortuna）号离开哥本哈根港驶向中国，船长携带着丹麦国王克里斯钦五世给中国康熙皇帝的一封信，表达了两国间通过开展船运和通商而建立友好关系的愿望。"福尔图那"号于 1676 年抵达中国的福州，开始了两国间的经贸交往。

从 1732 年开始，得到克里斯钦六世授权的丹麦亚洲公司几乎垄断了丹麦与亚洲的贸易，并在中国广州设立了丹麦商行。在到 1830 年前的 100 年，丹麦亚洲公司先后派出一百余艘船只到远东，尤其是与中国的贸易往来十分活跃。

1820 年，丹麦在广州设立了领事馆。此后，先后在香港、上海、福州、烟台、汕头等地派驻领事。1863 年 7 月 13 日，丹麦和清政府在天津签订了中丹友好通商通航条约，开列了可以对丹麦船只开放的口岸。到 1869 年，丹麦在中国沿海 13 个通商口岸以及长江沿岸的城市和台湾设立了领事馆。不过，当时丹麦的许多领事是由英国或德国商人兼任的。

此后，丹麦商人积极开展对华贸易。1870 年，丹麦大北电报公司的"雷盾"号护卫舰从香港驶抵长江三角洲，把海底电缆敷设到上海，在南京路建立了总部，并使用数码体系将中国汉字转化为电码通过电缆发送，为中国进入电信时代铺平了道路。1897 年成立的宝隆洋行主要从事远东贸易，1900 年在上海开设了办事处，促使丹麦许多商人到中国经商。

1911 年，丹麦议会通过了在北京建立公使馆的议案。1912 年，丹麦在北京的哈德门附近建立了公使馆，1924 年迁入东交民巷 6 号。

1928 年，丹麦与中国的国民党政府签订了《丹麦王国与中华民国友好通商条约》，丹麦不再要求在中国的治外法权，在上海的丹麦领事法庭的作用终止。条约还规定，两国将尽快为缔结建立在双方商务关系中绝对平等及不歧视的原则和相互尊重主权完整原则上的通商暨通航条约进行协商。这样，不平等的 1863 年中丹条约被在基本平等基础上的新条约代替。

第二次世界大战期间，丹麦迫于德国的压力承认了南京的伪政权和伪满洲国，并派驻了公使。1945 年 5 月德国战败，丹麦政府立即恢复了和重庆的中国政府的正式关系，并于 1946 年与中国签订了《废除在华治外法权暨调整相关事宜条约》，双方同意互派领事官员。

二 与中华人民共和国的关系

（一）政治关系

1950 年 1 月 9 日，丹麦外交大臣致电中国总理，表示丹麦政府已经决定承认中华人民共和国。同年 5 月 11 日，丹麦与中国建立外交关系，互派公使，是继瑞典之后第二个同中国建交的西方国家。1950 年 6 月 24 日，毛泽东主席在北京接受了由丹麦派驻中华人民共和国的首任公使阿烈克斯·穆克（Alex Morch）递交的国书；中国派驻丹麦的首任公使是耿飚。1956 年 2 月 15 日，在中国政府的建议下，两国将公使馆升格为大使馆，并互派大使。20 世纪 50 年代，丹麦一直支持恢复中国在联合国的合法席位。

20 世纪 50 年代，在中国的大部分外国公司有的被国有化了，有的被要求离开中国。然而有些公司也被要求留下一部分人以保证产权和专门知识的转让，丹麦大北电报公司就是其中之一，这家公司和宝隆洋行都直到 1962 年才最终关闭在中国的办事处。

20 世纪 60 年代，中国与西方国家的联系基本中断。除设立在北京的丹麦大使馆中还有几个外交官外，丹麦与中国的关系在 1962～1972 年降至低点。1972 年 3 月，丹麦在中国举办了工业博览会，此后丹麦与中国的关系逐渐恢复。1974 年 6 月 5 日丹麦宪法日，丹麦位于北京三里屯的新大使馆正式落成使用；10 月，丹麦首相哈尔特林应中国政府邀请访问中国，会见了 80 岁高龄的毛泽东主席，与周恩来总理进行了工作会晤，这是丹麦政府首脑首次正式访华。

1978 年以来，丹麦与中国的关系进一步发展。1979 年 9 月，丹麦女王玛格丽特二世和亨里克亲王访问中国，开西方国家君主访华之先河。陪同女王陛下访问的是一个由政府高官与商界人士组成的大型代表团。在访问期间，丹麦外交大臣与中国对外贸易部长签署了双边经济技术合作协议；同时中国举行了众多的丹麦文化活动，如安徒生作品展览和丹麦王家芭蕾舞团演出等。

20 世纪 80 年代以来，两国关系稳步发展。丹麦三届首相、议长和外长等政府高级官员多次访问中国，中国政府总理、副总理、外长、政协主席和全国人大常委会副委员长等国家领导人也多次访问丹麦。双方政府签署了一系列经济、科学、教育、文化等合作协议。

中丹关系也经历了曲折发展。1989 年以后，丹麦参与了西方国家的对华制裁。20 世纪 90 年代中期，丹麦在世界人权大会上首先提出反华提案。受这些不和谐因素的影响，90 年代中丹关系的发展有所减缓。1998 年以后，两国关系逐步得到恢复和发展。但是，2009 年丹麦首相和外交大臣会见达赖使得双边关系再次受损。之后，随着丹麦对达赖态度的转变，中丹关系逐渐好转，例如，2015 年 2 月丹麦领导人拒绝接见达赖。另外，在承认中国完全市场经济地位方面，丹麦也给予了支持。

2016 年 3 月，习近平主席在华盛顿会见丹麦首相，中丹双方表示要打造中丹全面战略伙伴关系的"进取年"，中丹关系迈上新台阶。

（二）经济关系

丹麦和中国建立经济合作关系较早。1953～1958 年，丹麦对华出口额维持在 100 万～200 万丹麦克朗。1957 年 12 月，中国与丹麦签订了中丹贸易双边协议，推动了双边贸易新的增长。1960～1971 年，丹麦对中国的出口额为年均 1900 万丹麦克朗，中国对丹麦的出口额为年均 9500 万丹麦克朗。

近年来，中丹双边贸易增长较快。目前，中丹双边贸易额为 1100 亿元人民币，丹麦对中国的出口额大概是 600 亿元人民币，年均增长率达到近 20%。我国连续多年成为丹麦在亚洲最大贸易伙伴和海外第二大投资国。中国对丹麦的出口商品主要包括机电产品、服装、纺织品等，中国从丹麦进口商品主要包括农产品、医药品、精密仪器、发电及制冷设备等。

（三）文化、科技、教育、军事关系

2000 年 5 月 11 日中丹建交 50 周年之际，丹麦首相拉斯穆森偕夫人于 5 月 7～14 日正式访华，随行的是粮食、农业、渔业大臣以及一个庞大的经济贸易代表团，与江泽民主席和朱镕基总理分别会见和会谈，在北京、上海、武汉、青岛举行了各类经贸洽谈会，此行明显密切了中丹关系。2000 年初丹麦举办了一系列有关中国的文化活动，中国成为哥本哈根著名的蒂沃利公园的主题。同时，在"丹麦日"的主题下，中国也举办了有关丹麦的商务活动和文化方面的演出和展览。

近年来，中丹在文化领域的交往趋向活跃，两国文艺团体互访频繁。上海木偶剧团、武汉京剧团、河南杂技团、广东杂技团、西藏歌舞团等先后赴丹演出，丹麦王家芭蕾舞团、特里多努斯合唱团也曾来华访问。此外，两国还多次举办电影周、艺术展等文化活动。1997 年，丹麦女王授予新中文版《安徒生全集》译者林桦丹麦骑士勋章和 1997 年度安徒生奖。1999 年 5 月，中丹签署《1999～2002 年中丹文化、科学、教育合作计划》。2000 年，丹麦在中国举办了安徒生和布里克森作品及生平展、丹麦设计艺术展等巡展活动。

2002 年，中国作家林桦在丹获卡伦·布里克森文学奖。2002 年起，"春节品牌"活动成为中国对丹重要文化外宣品牌，每年中国均派高水平艺术表演团体赴丹演出，引起丹社会广泛关注和积极参与。2003 年，两国签署了《中丹文化交流与合作意向书》；中国艺术团体参加了哥本哈根"亚洲形象"文化节和奥胡斯艺术节，在丹多个城市举办陶艺、剪纸、现代艺术、电影及摄影等多项展览。2004 年，安徒生 200 周年诞辰纪念活动在北京拉开序幕。丹麦二王妃亚历山德拉率丹国家女子合唱团访华演出。2005 年，北京地希爱安徒生文化交流咨询中心有限公司成立。2006 年，中国故宫博物院与丹麦王室展览基金会联合举办"中国之梦"文物展。中国的春节及配套文艺活动在丹麦社会产生良好反响。2007 年，由中国驻丹麦使馆、丹麦"环绕之声"音乐节组委会和丹麦国家交响乐团联合主办的"中国主题音乐会"在丹麦国家广播音乐厅成功举办。2008 年北京奥运会期间，丹麦王家芭蕾舞团、童声合唱团来华演出；4 月，中国流失丹麦的 156 件文物安全运抵北京，历时两年的中国流失丹麦文物追索工作圆满结束；8～10 月，文化部恭王府管理中心与丹麦腓特烈堡国家历史博物馆共同举办"中国·丹麦 1600～2000"展览。2009 年，丹文化学会在北京建立分支机构。2010 年，丹麦小美人鱼铜像首次走出国门参展上海世博会，"野天鹅——安徒生童话幕后的故事"丹麦女王玛格丽特二世艺术作品展在京举办，北京当代芭蕾舞团赴丹参加哥本哈根夏季舞蹈节。2012 年，"北京恭王府—丹麦腓特烈堡之行"展览在丹成功举办。2013 年 12 月，中丹签署互设文化中心协议。2014 年 6 月，哥本哈根中国文化中心正式揭牌。2015 年 4～9 月，"秦始皇——中国陕西兵马俑"展览在丹举办。2016 年 6 月，丹麦王家芭蕾舞团再次来华演出。

1974 年起中丹开始互派留学生。目前，浙江大学、复旦大学、大连理工大学、哈尔滨工业大学、合肥工业大学和广西医科大学等高校与哥本哈根大学、丹麦技术大学、奥胡斯大学、奥尔堡大学及哥本哈根经济学院等建有校际交流关系。2008 年 10 月，北京外国语大学开设丹麦语课程。2008 年、2009 年、2012 年，哥本哈根孔子学院、奥尔堡大学创新孔子学院和丹麦王家音乐学院孔子学院分别正式启动。

1987 年，两国签订《中丹科学技术合作议定书》和《中丹关于建筑科学技术以及经济合作谅解备忘录》。此后，两国每年举行一次科技混委会会议。2000 年，两国签订《关于修改中丹海运协定的谅解备忘录》。2007 年 5 月，"中丹可再生能源和能源效率研讨会"在哥本哈根举行。2010 年 4 月，中国科学院研究生院与丹科技创新部和大学联盟董事会等签署协议，合作建设中丹科教中心。2016 年 4 月，中丹第 19 次科技创新合作联委会在丹举行。2016 年 12 月，首届中国丹麦地方政府合作论坛在北京举办。2017 年 9 月，由中国科学院大学与丹麦哥本哈根大学等 8 所丹麦大学联合创建的中国 – 丹麦科研教育中心正式启用。

两国建交以来，中丹两国军队保持正常联系。1950 年 10 月，中国在丹麦设立武官处。1993 年中国应邀参加了在丹麦举行的国际军体理事会军事五项锦标赛。1998 年，丹麦派代表团参加了在北京举行的国际军体理事会军事五项锦标赛。2000 年，中央军委副主席、国务委员兼国防部长迟浩田上将访问丹麦。2002 年，丹麦国防大臣延斯比访华。2004 年，中央军委副主席、国务委员兼国防部长曹刚川访问丹麦。2005 年，丹麦国防司令赫尔旭上将访华。2006 年，中央军委委员、总参谋长梁光烈访问丹麦。2014 年，丹麦国防大臣瓦门访华。2015 年 6 月，副总参谋长王冠中访问丹麦，丹麦国防司令巴特兰姆上将访华；9 月，中国海军第 20 批护航编队访问丹麦，并与丹麦海军开展联合演习。2017 年 9 月，中国海军第 26 批护航编队访问丹麦。

2017 年 5 月 2～5 日，丹麦首相拉斯穆森访问中国，这是丹麦政府首脑 2008 年以来对中国进行的首次正式访问，有助于中国和丹麦的双边关系提升到新的高度。2008 年，中国和丹麦建立全面战略伙伴关系，丹麦成为唯一与中国建立全面战略伙伴关系的北欧国家，大大促进了中国和丹麦的双边关系发展。

丹麦对中国主导的"一带一路"倡议、亚洲基础设施投资银行等都给予了支持，并且双方在这些项目中逐步展开合作。在丹麦首相拉斯穆森的倡议下，丹麦政府将 2017 年确定为"中国 – 丹麦旅游年"。2017 年 2 月 24 日，两国政府签署了《关于 2017"中国 – 丹麦旅游年"相互支持举办活动的合作谅解备忘录》，标志着为期一年的"中国 – 丹麦旅游年"正式开始，其间两国旅游行业的相关部门举办一系列活动，为两国旅游业和相关企业的发展提供契机。

2017 年 5 月 3 日，李克强总理同丹麦首相拉斯穆森举行会谈，李克强总理强调深化中丹全面战略伙伴关系推动中国 – 欧盟、中国 – 北欧国家关系与合作取得新发展。会谈后，两国政府发表《中丹联合工作方案

（2017—2020）》。李克强和拉斯穆森共同见证了中丹人文交流、食品药品、检验检疫、动物保护等领域多份双边合作文件的签署。两国的经贸合作和人文交流得到进一步加强。

三 中国与丹麦合作的机遇

中国和丹麦双方在经济、社会和文化发展等领域可以优势互补，双方具有广阔的合作基础和前景。中国和丹麦可能的合作机遇包括以下方面。

第一，能源和环保领域可进行深入合作。丹麦有先进的绿色能源技术，双方在可再生能源领域已建立起良好的合作关系。丹麦是全球可再生能源理念和技术最先进的国家，中国是全球可再生能源发展最快和应用规模最大的国家。2012年中国国家可再生能源中心成立，与丹麦国家能源署合作，开展中国2050年可再生能源高比例发展的研究。丹麦被誉为"风能之王"，丹麦企业占全球风能市场份额的1/3。风能产业出口额占出口总额的7.2%，居行业首位。可见，为了保护环境所采取的措施可以成为新的经济增长点。目前，中丹在能源领域合作进展显著，双方政府在能源和环境领域签署了数个合作谅解备忘录。2014年丹麦首相访华时，双方讨论的核心就是能源效率和新能源。今后，双方在这一领域仍有深入合作的空间。

第二，丹麦寒地经济发展经验。丹麦地处北欧寒带，寒地经济发展较好，国家主席习近平提出"冰天雪地也是金山银山"，倡导通过发展寒地经济促进东北地区发展，而丹麦可以为东北经济振兴提供经验，中丹双方具有一定的合作基础。另外，丹麦的寒地运动比较发达，可以为我国2022年举办冬奥会提供经验，例如冬季项目培训、场馆建设等。

自治区：格陵兰和法罗群岛

丹麦王国拥有两个自治区：格陵兰和法罗群岛。格陵兰于 1979 年获得自治区地位，法罗群岛于 1948 年取得自治权。格陵兰和法罗群岛都是丹麦王国领土的组成部分。这两个地区都有处理自己内部事务的议会，但是外交和国防政策则由丹麦中央政府制定。格陵兰和法罗群岛在丹麦议会各有 2 个席位，丹麦王室在这两个地区各派一名专员作为丹麦官方的最高代表。

第一节　格陵兰

一　概况

格陵兰（Greenland）的总面积为 217 万平方公里，[①] 是世界上最大的岛。格陵兰岛内陆的冰雪覆盖面积达 180 万平方公里，是世界上第二大冰冠，有些地方的冰层厚达 3500 米。只有沿海地带为无冰区，设有村镇和居民点。

格陵兰岛南北长约 2670 公里，东西宽 1000 多公里。岛的最北端是莫里斯·杰塞普角（Cape Morris Jesup），位于北纬 83°39′，是世界上最北端的陆地，距离北极大约有 730 公里。岛的最南端的费尔韦尔角（Cape Farewell）位于北纬 59°46′，与挪威首都奥斯陆和芬兰首都赫尔辛基位于

[①] *Denmark Statistical Yearbook 2017*, Statistics Denmark, June 2017, table 425.

同一纬度。

格陵兰是丹麦王国领土的一部分，在 1979 年通过全民公决开始实行自治。丹麦议会制定了正式的法律确定丹麦议会中包括 2 名来自格陵兰的议员，而在格陵兰则由格陵兰的上议院处理所有的法律事务。但是这一原则不适用于国家的外交事务、格陵兰矿产的开采和使用权、警察和司法制度等，王室委派的专员是丹麦在这一地区的最高代表。

格陵兰的大部分人口出生在这个岛上。非本土出生的人大多数来自丹麦本土，但是 20 世纪 80 年代末期以后丹麦人的比例出现下降。

1960 年，大约有 42% 的人口在农村居住。从那时起有很多人进入城市，1994 年只剩下 19% 的人仍住在农村。1950 年，格陵兰有 25% 的人生活在城市，25 年之后这一比例上升到了 75%。格陵兰有超过 2/3 的人住在迪斯卡湾（Disco Bay）的西海岸地区和中心地区。格陵兰的首府努克人口约为 1.6 万人（2013 年），是格陵兰最大的城市。

渔业在格陵兰的经济中扮演着重要的角色，格陵兰有 5000 多人从事渔业和其他相关行业。政府部门提供了 8000 多个职业岗位，是格陵兰最大的雇主。

2016 年，丹麦政府给格陵兰的财政拨款为 41.92 亿丹麦克朗。[①]

二 历史

公元前 4500 年，最后一次的冰川期遗留下来的巨大冰冠碎片覆盖了北极圈以内的加拿大领土，并阻碍了通往格陵兰的道路。大约公元前 2500 年才有北美洲的猎人通过海洋的冰面到达了格陵兰的最北端。在几百年的时间里，格陵兰岛上没有被冰雪覆盖的地方逐渐成了北极狩猎部落的家，这个部落就是古代因纽特人。此后，温暖的气候逐渐融化了冰雪，人口开始出现增长。北极猎人追随着游荡的麝牛和驯鹿过着流浪的生活，他们的工具是由阿拉斯加和格陵兰之间的石头和骨头制成的，显示出文化同质的特征。

---

① *Denmark Statistical Yearbook 2017*，Statistics Denmark，June 2017，table 294.

公元前 500 年前后出现了古代因纽特人文化，属于加拿大多希特文化（Canadian Dorset Culture）。在加拿大的东部地区和格陵兰沿岸地区发现过多希特文化的标记。多希特文化在公元前 500～1200 年独立地发展。人们适应了对海豹和北美驯鹿的狩猎生活，在这一时期发现了大量的手工品和雕刻品。

10 世纪末期，气候开始转暖，这一变化影响了所有北半球的生物。加拿大群岛附近的大量的冰块融化消失，须鲸迁移到其他地区寻找食物。因纽特捕鲸人从北部的阿拉斯加划动着巨大的兽皮船向东航行，在 12 世纪时到达了格陵兰。同一时期，多希特文化从这些地区逐渐消失。

在海盗时期，人们从北欧开始向西部的北大西洋迁移。985 年，挪威人开始拓殖格陵兰，以农业和猎捕海豹为基础，经济依赖与欧洲的联系。此时有挪威人与因纽特人进行正式贸易的记载，海象的象牙和独角鲸的长牙具有很高的价值，特别是可以用来向教堂支付什一税。1124 年，天主教堂为格陵兰任命了第一个主教。1261 年，挪威人群落成为挪威王国的一部分。

在后来的几个世纪中，格陵兰人的生活条件逐渐恶化，主要是因为对有限资源的过度开采和气候的显著变化。1397 年，当丹麦、挪威和瑞典三国统一时，挪威人在北大西洋的领地、包括格陵兰归丹麦所属。

欧洲人对冰岛和纽芬兰岛周围的渔场很感兴趣，在这些地区海域的船只增多，英国人占主导地位。与亚洲贸易竞争的加剧，导致了他们想知道是否能够驾船通过从北部绕过美洲到达最远的市场。16 世纪 70 年代和 80 年代，有两个英国人在加拿大和格陵兰之间的海面上航行，试图找到西北的通路，他们成为最先与因纽特人接触的英国人。此时，丹麦国王宣称对大西洋最北端地区拥有历史的主权，称为挪威海，并增加了在这一地区的活动，最终在 1605 年重新控制格陵兰。然而，荷兰继续控制着捕鲸行业，并在 17 世纪末开始在西格陵兰的海岸捕鲸。

1721 年，丹麦牧师来到格陵兰劝说挪威人皈依。为了支持传教工作而建立了一个贸易站，在荷兰和因纽特人之间开展贸易活动。此后，沿着格陵兰的西海岸建立了多个贸易站。1774 年，所有的商业职责被移交给丹麦王家格陵兰贸易局。1782 年，任命了管理贸易的巡视员。

19 世纪初期，创建大学提高了格陵兰的文化和政治生活水平，格陵兰人的语言通过教育、传教活动和新文学的创作被保留下来。

20 世纪初期，格陵兰建立了省委员会替代早期的政治机构，格陵兰贸易组织接管了王家格陵兰贸易局。1917 年，美国公开承认丹麦拥有对格陵兰的主权。1931 年，挪威占领了东格陵兰的部分地区，并宣称丹麦不具有对无人居住地区的主权。1933 年，海牙国际法院最终宣判丹麦拥有对整个格陵兰的主权。

1940 年，在德国人占领丹麦的时期，丹麦与格陵兰的联系被中断。丹麦驻美国大使与美国政府签订了一项协议，美国承认丹麦对格陵兰的主权并同意在战争期间提供物资供应和保护。1941 年美国军队在格陵兰的西部和东部建立了基地，为大西洋护卫队提供空中保护。冰晶石产品和美国驻军在岛上的消费为格陵兰带来了收入。第二次世界大战结束之后，丹麦继续执行源自与美国合作和作为北约创始成员国的外交政策。1941 年的基地条约被 1951 年的格陵兰保护条约取代。美国被允许建立大型的图勒（Thule）空军基地，并保持在西格陵兰和东格陵兰的基地。今天只有图勒空军基地仍然在美国的控制之下，其他的机场已经归格陵兰政府管理。

战后，格陵兰政府希望向世界开放，出版了 1950 年白皮书。这份报告主张格陵兰的行政部门由上议院代替，并且加强王家格陵兰贸易局的垄断权。1952 年上议院批准了新宪法提案，这一提案指出格陵兰是丹麦完整领土的一部分。1953 年丹麦在有关宪法的全民公决中批准了这个提案，两个格陵兰代表在丹麦议会中分配了席位。

从 1967 年开始，由民主选举产生的上议院选择自己的格陵兰主席。1975 年，地方政府改革使得市政委员会在地方事务中增加了权力和控制格陵兰自己的税收收入。

1973 年丹麦加入欧共体，尽管格陵兰内部多数人认为不应该加入，但是不得不遵守丹麦全民公决的结果。格陵兰政府于 1973 年要求修改与丹麦之间的关系，于 1975 年成立委员会起草规章。1978 年，丹麦议会通过了格陵兰地区自治法，于 1979 年生效。通过选举产生了 21 人（后来发

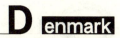
展为 27 人）的议会和由 6 名成员组成的自治政府。1985 年，格陵兰有了自己的旗帜。

由于与丹麦在渔业政策上发生矛盾，格陵兰在 1982 年通过全民公决之后同意脱离欧共体。1985 年 2 月 1 日格陵兰通过谈判退出欧共体，同时达成协议，欧共体每年向格陵兰捐赠大笔款项以换取欧洲国家在格陵兰水域的捕鱼权。

格陵兰的经济是以丹麦的补助资金、地方的工业收入和税收收入为基础的，所有这些都由格陵兰政府进行管理。在地区自治的最初的 15 年内，除了外交、安全防卫和货币政策以外，所有政治领域的职责都从丹麦转移给了格陵兰。格陵兰政府试图通过创建地方教育和文化机构来减少对丹麦专家的需求。20 世纪 90 年代，格陵兰政府支出占从丹麦接受的补助资金的 50% 以上，其余的大部分用来购买丹麦的商品和支付丹麦驻格陵兰专家的工资。

2008 年 11 月，格陵兰就自治举行全民公决，获得 3/4 民众的支持。格陵兰于 2009 年 6 月 21 日正式实行自治。格陵兰自治后，政府接管天然气资源管理权、司法和警察权，这些权力之前由丹麦王国拥有。格陵兰拥有部分外交事务权，但丹麦王国在格陵兰的防务和外交事务上拥有最终决定权。格陵兰的官方语言为格陵兰语和丹麦语。

三　气候和地形

格陵兰地域广阔，除了位于格陵兰南部的很少的几个河谷地区可以免遭严寒侵袭以外，内陆的冰雪使整个地区都处于极低气温，即使在夏季平均气温也不超过 −10℃。中部地区的最冷月平均气温为 −40℃，有些地方的绝对温度为 −70℃，是世界上除南极洲以外最大的冰带和极寒地带。格陵兰的平均气温，最冷的 1 月南部平均气温为 −6℃，北部为 −35℃，最热的 7 月南部平均气温为 7℃，北部为 3.6℃。

格陵兰东海岸的气候深受极地气流的影响，在冬季形成厚达几米的冰层。在夏季，北极地区厚重的冰块向南漂浮到格陵兰沿海和费尔韦尔角的南端。这些冰块对船只航行造成了很大的困难。

西海岸的迪斯卡湾及其以北的沿岸水域在冬季都覆盖着冰层。但是，在夏季这些海岸都适于沿岸贸易船只的航行。

格陵兰的整个地形都受到现存冰层作用的影响，这些冰层被切割成陡峭的悬崖和长长的圆形冰谷。无数大大小小的岛屿构成了格陵兰群岛。这里还有很多的海湾，许多海湾是被冰块切割形成的。复杂多样的气候也明显反映在了植物上。西南格陵兰的植物生长得非常茂密，在被保护的地区发展成为灌木丛和森林。但是岛屿上一般缺少树木，只长有稀少的植物。越靠近格陵兰的东部和北部，植物的种类就越少，由于缺少雨水，格陵兰北部的大片地区覆盖着光秃秃的岩石。

格陵兰的地形包括三个部分。中央和西格陵兰的核心部分有20亿～30亿年的历史；北部和南部的地域是受侵蚀尚少的基岩，也有10亿多年的历史；东北部的褶曲山脉拥有不到2.5亿年的历史。格陵兰有着大量的矿物资源，但是艰苦的环境和有限的路径限制了大规模的商业开采。

迄今为止，仅有很少的矿物资源在格陵兰被开采出来。这些被开采的资源中包括世界上仅有的冰晶石，以及煤、大理石、锌、铅和银。某些矿物资源可能会在未来给格陵兰带来经济利益，包括在格陵兰东海岸发现的石油，以及金刚石、金、铌、钽铁、铀和铁矿石等资源。

四　人　口

2017年格陵兰拥有5.586万人，人口密度为每平方公里0.1人。[①] 其中有4.8万多人出生在格陵兰，主要是1000多年前从北美迁徙过来的因纽特人的后代；其余的居民是生活在格陵兰的欧洲人，主要是来自丹麦。从20世纪80年代末以来，格陵兰人口以12‰的自然增长率稳定增长。

20世纪70年代末期之前，有大量的人离开偏远地区进入城市，但此后城市和农村的人口分布就没有再发生变化。约有4.5万格陵兰人居住在城市。除首府努克外，格陵兰还有6座拥有3500人以上的城市，总共有3.1万多人。其余的格陵兰人生活在130多个村庄和牧羊农场。

---

① *Denmark Statistical Yearbook 2017*, Statistics Denmark, June 2017, table 400.

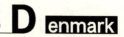

2017 年格陵兰的生育率为 2.0%。男性平均寿命为 70 岁，女性平均寿命为 74 岁。[1] 2016 年，格陵兰移入居民人数为 2406 人，移出居民人数为 2115 人，净移入 291 人。[2]

格陵兰的中西部地区是人口最密集的地区，主要是这里的海岸终年可以通航，从而使得渔业能够繁荣发展。

在丹麦议会的 179 名议员中，格陵兰拥有 2 名议员，代表格陵兰在丹麦议会行使权力。

五　产业结构

2016 年格陵兰出口额为 32.66 亿丹麦克朗，进口额为 34.69 亿丹麦克朗，贸易赤字 2.03 亿丹麦克朗。[3] 2015 年格陵兰地区生产总值为 149 亿丹麦克朗。[4]

格陵兰的产业结构包括少数几家大型国有渔业企业，以及大量的制革厂、批发和零售企业、运输部门和销售部门。大约有 2000 家中小型企业，其中包括大约 600 家渔业企业，350 家建筑企业，300 家贸易企业，300 家包括旅馆、饭店和银行在内的服务行业企业。为了维持稳定和安全，公共部门保有对重要的战略性企业的控制权。

（一）渔业

格陵兰的渔船队包括 300 多艘渔船和 40 多艘捕虾拖网渔船，拖网渔船以城市的大型港口为依托，在农村有一些小渔船。在渔业行业就业的人数正在下降，这主要是因为捕鱼行业效率的提高和鳕鱼数量的下降。

格陵兰周围的水域是世界上海产品产量最高的海域之一，这里有 200 多种鱼、甲壳类和贝类海产品。格陵兰人几乎完全是以海洋的慷慨馈赠为生。

虾是最主要的出口产品，占出口额的 80% 左右，每年捕获约 7 万吨

---

[1] *Denmark Statistical Yearbook 2017*, Statistics Denmark, June 2017, table 491.

[2] *Denmark Statistical Yearbook 2017*, Statistics Denmark, June 2017, table 15.

[3] *Denmark Statistical Yearbook 2017*, Statistics Denmark, June 2017, table 325.

[4] *Denmark Statistical Yearbook 2017*, Statistics Denmark, June 2017, table 492.

虾，为格陵兰创汇 10 亿丹麦克朗。鳕鱼以前在格陵兰经济中占据最重要的地位，但近年来鳕鱼捕捞量下降为每年 5000 吨左右。大比目鱼已经逐渐在渔业中占据最重要的地位，每年的捕捞量达到 2 万吨。挪威黑线鳕、鲶鱼、鲑鱼和嘉鱼等也占有重要地位。

（二）海豹捕捞业

在格陵兰的北部和东部，海豹捕捞在人们的生活中起着重要作用。在很多农村，随着鳕鱼工厂数量的下降，居民将捕捞海豹作为重要的副业。格陵兰周围海域有 5 类海豹，最为常见的是环斑海豹。格陵兰人每年都选择捕捞 8 万只环斑海豹和 8 万只其他类型的海豹。另外也捕捞大量的海象和少量的鲸。相当大数量的海产品只是在当地的肉类市场上销售。海豹皮在格陵兰的皮革厂进行商业加工。

（三）鱼类加工业

政府全权所有的王家格陵兰有限公司几乎控制了在格陵兰的所有鱼类加工行业。这个公司掌管着 11 家大工厂和 16 家位于农村的小工厂，还有在丹麦的 2 家大工厂和少数几家小工厂，以及在德国的一个相当大的工厂。它还拥有 6 艘渔船，其中大多数是捕虾拖网渔船。公司的主要产品是销往北欧市场的去壳对虾和冰冻小虾，最大的对虾出口到日本市场，该公司是世界上最大的冷水对虾零售商。

（四）狩猎业和农业

西格陵兰北部的驯鹿是猎人的最主要的猎物。驯鹿通常是由专业猎人捕杀，但是也有相当数量的驯鹿是供非专业的捕猎者有选择地捕获的。格陵兰的东北部允许捕猎麝牛。北极熊是一种海洋类哺乳动物，每年都有将近 100 只北极熊被射杀，熊皮的售价非常昂贵，是东格陵兰猎人的一项重要收入来源。格陵兰的松鸡、雪兔和北极狐也是狩猎的对象。在海岸边生存的大量鸟类也是捕获的对象，如各种类型的海鸥和鸭子是鸭绒的重要来源。

南格陵兰主要用土地来饲养羊群，这里总共有 60 个左右的农场。牧羊农场的产品几乎都只在格陵兰本地销售，尽管格陵兰不以农业为主，牧羊农场仍然是一个生命力很强的行业。它的一个主要成功原因

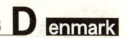

是确保不依赖进口饲料，农场拥有大量的土地，在夏季收割并储存冬天的草料。格陵兰没有私人所属的土地，因此政府负责改善养羊农民使用的土地状况。

（五）服务业、商业

格陵兰拥有大量的律师、会计和其他从事咨询的公司，这些公司为航运公司和大型的私人企业提供服务。格陵兰的批发和零售贸易业是由格陵兰贸易公司进行管理的，这是一家在城市和农村都设有商店的国家所有公司，占了格陵兰销售份额的一半。其他的销售是由一些私人企业进行的。而渔夫和捕海豹的猎人是在地方市场直接向消费者销售他们的产品。

（六）公共部门

格陵兰有8000多名公务员在公共服务和管理部门工作，主要是在社会服务、教育、电信等领域。自治政府雇用了300名公务员，主要是在司法体系和公安部门。18个城市的地方管理部门、教育部门和社会服务部门（包括老年人之家、幼儿园、托儿所和青少年娱乐中心）雇用了大约2600名公务员。格陵兰拥有健全的社会保障体系。

（七）交通和通信业

船运在格陵兰是最重要的基础交通。健全的货运体系连接了格陵兰和丹麦之间的交通，格陵兰与冰岛、加拿大等其他国家的交通也在日益完善。格陵兰的内陆交通大多数是依靠航空运输，地方运输是依靠直升机。

格陵兰电信公司建于1925年，沿岸的无线电联络为整个格陵兰提供电信服务。格陵兰的外部通信主要是与丹麦进行，1961年格陵兰与丹麦之间铺设了电缆线路，1980年以后被卫星通信所取代。

格陵兰广播电台使用丹麦语和格陵兰语两种语言播音。从1982年开始，格陵兰通过自己的电视台制作和播放电视节目。

（八）对外贸易

格陵兰的国际贸易的特征是广泛的进口和非常有限的出口。格陵兰的贸易严重依赖丹麦，进口所有的生活必需品和生产活动所需要的商品。

六 教育

格陵兰人拥有自己的语言，和北部加拿大、阿拉斯加以及西伯利亚地区的因纽特人的语言相近。格陵兰文字已经存在了 200 多年。不过，目前在格陵兰的学校教学、行政管理和商业中广泛使用丹麦语，年轻人中会讲英语的也越来越多。

政府努力确保格陵兰人不必为了接受教育而不得不离开格陵兰。格陵兰建立了 14 个地方职业学校，为建筑、金属和铁矿行业、商业和办公室工作、食品行业和渔业等行业提供培训。高等教育包括一个教育学院、一个社会教育学院、几个商业学院和一个小型的大学。

七 文化艺术

传说和神话中对自然、人类、动物的解释反映了因纽特人的世界，他们认为万事万物都具有生命。因纽特人的艺术显示出其形式和功能的紧密相连，人工制品是日常生活的一部分也是宗教生活的一部分。例如女性在面部画图腾，既是装饰也是宗教信仰。

被放逐到格陵兰的丹麦人逐渐对因纽特人的文化产生兴趣，其结果是 19 世纪中期开始出现制图、绘画和形象艺术，并且以叙述性风格描绘了传说、神话、自然和日常生活。马赛厄斯·斯托尔克（Mathias Storch）的未来派小说《格陵兰人的梦想》（*A Greenlander's Dream*，1915）是第一部以因纽特人/格陵兰人的特性为核心的文学作品，反映了人与自然的关系。

20 世纪，许多格陵兰人在艺术学院接受教育，1972 年努克的艺术学院成立。不过，只有很少的格陵兰人能够依靠艺术来维持生活。

音乐和舞蹈也是重要的文化活动。原始的用鼓伴奏的歌舞是萨满教（Shaman）的巫术活动的一个组成部分，鼓舞是真正的本土舞蹈。在夏季的节日中可以看到鼓舞，这是一种古老传统的复兴。

格陵兰壮观而独特的自然景观吸引着世界各地越来越多的游客。自治政府正在增加旅游业投资以开拓新的旅游景点，开发夏季滑雪等

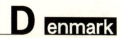

新项目。格陵兰美丽辽阔的土地、白夜、狗拉雪橇和奔腾的激流令旅游者不胜向往。

第二节　法罗群岛

一　概况

法罗群岛（The Faroe Islands）远离欧洲大陆和其他岛屿，位于挪威、冰岛和苏格兰之间的大西洋中，被称为"漂浮在大西洋中的群岛"。离该岛最近的居民区是设得兰群岛，距离法罗群岛最南端 162 海里（约 300 公里）。法罗群岛距冰岛 450 公里，距挪威 675 公里，距丹麦本土 1320 公里。

法罗群岛由 18 个被狭长的海峡隔离开的岛屿组成，总面积为 1396 平方公里。[1] 位于北纬 62°，西经 7°。群岛中最大的两个岛是首府托尔斯港（Tórshavn）所在地斯特勒姆岛（Streymoy，373 平方公里）和厄斯特岛（Eysturoy，286 平方公里）。群岛海岸线总长 1117 公里。

法罗群岛的对外贸易呈上升趋势，2016 年出口 33.12 亿丹麦克朗，进口 13.51 亿丹麦克朗，净出口 19.61 亿丹麦克朗。[2] 2016 年丹麦政府给法罗群岛的财政拨款为 7.88 亿丹麦克朗。[3]

法罗群岛是丹麦王国的一部分，1948 年开始实行自治。法罗群岛划分为 7 个省 50 个市镇。首府托尔斯港是最大的城市，是地方议会和自治政府的所在地。地方自治不包括防务事务和外交政策，但是不论丹麦外交部是否参与，法罗群岛政府都可以就捕鱼权与其他国家进行谈判。法罗群岛不是欧共体的成员，但是同欧共体的自由贸易协议使之可以享受鱼类产品进入欧共体国家的免税或者优惠税率。

渔业和鱼类加工业是法罗群岛的主要产业，而且几乎所有其他的产业

---

① *Denmark Statistical Yearbook 2017*, Statistics Denmark, June 2017, table 425.

② *Denmark Statistical Yearbook 2017*, Statistics Denmark, June 2017, table 325.

③ *Denmark Statistical Yearbook 2017*, Statistics Denmark, June 2017, table 294.

都与渔业相关。造船厂和渔具生产是第二大主要产业。农业已经处于边缘的经济地位，主要的农产品是羊羔和奶。

二　历史

7 世纪，法罗群岛才为世人所知。9 世纪初期，北欧海盗在驱赶了早期的爱尔兰僧侣殖民者之后在法罗群岛定居。11 世纪初，法罗群岛成为挪威的封地并传入基督教之后，作为自由国家得以幸存。

1380 年，丹麦和挪威统一，法罗群岛归丹麦所属。1814 年丹麦和挪威分离时，法罗群岛继续是丹麦王国的一部分。1816 年法罗群岛成为丹麦的一个郡，1821 年任命了法罗群岛的各类官员。1849 年丹麦宪法也适用于法罗群岛，在议会中有法罗群岛的代表。1852 年法罗群岛建立了人民议会，但是仅具有咨询功能，管理实权掌握在丹麦政府派来的监察官手中。

1856 年法罗群岛用自由贸易取代了 1709 年开始的王室垄断贸易，这使法罗群岛的发展迈出了重要一步，在相当短的时间内，法罗群岛从一个农业社会转变成现代渔业社会，并向世界开放。这一发展带来的文化冲击使得法罗群岛产生了民族主义运动，在 20 世纪初期兴起了争取独立的运动，要求扩大自治范围。

1906 年，丹麦议会中的法罗群岛议员在使法罗群岛实行更高程度的地方自治方面赢得了丹麦政府的支持。然而，法罗群岛政府由于担心加强地方自治会导致更高的税收而没有接受这一提议。

在第二次世界大战期间，英国于 1941～1945 年占领法罗群岛，法罗群岛与丹麦的所有联系中断，只能实行自治。战后，法罗群岛通过与丹麦政府的谈判，制定了 1948 年自治法。自治法承认法罗群岛作为丹麦王国的一个自治政府，拥有自己的国旗并将法罗语作为主要语言。地方自治是由自治议会和地方政府进行管理。自治议会通过民主选举产生，由 32 名议员组成，每 4 年选举一次。自治政府行使地方行政权，由 6 名成员组成，主席负责行政管理和对外捕鱼权谈判，其余 5 名成员负责渔业、教育、经济和特别事务、交通、文化和宗教、卫生和社会事务。法罗群岛通

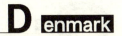

过民主选举在丹麦议会中派驻 2 名代表。尽管外交政策是由丹麦政府掌管的事务，但是法罗群岛没有同丹麦一起在 1973 年加入欧共体。

三　地形和气候

法罗群岛是新第三纪时期由火山爆发的熔岩形成的玄武岩层，长长的水平的玄武岩被薄层的火山灰分割成层。后来在冰河期经过多次冰川的侵蚀作用，玄武岩发生了很大变化。现在的法罗群岛由于地质结构的变迁，形成许多悬崖、峻峰、深谷、盆地和海湾。许多山都呈锥形，高耸入云，实际上，最高的山海拔也只不过 882 米，是位于厄斯特岛北部的斯莱塔拉山（Slaettaratindur）。

海洋中的两大洋流控制了法罗群岛周围水域。海湾流是处于海洋表面的水流，冬天它将温暖的水带向北方，将寒冷的冰水留在群岛周围。冷水流在海底从挪威海域流向南方。这两种独立的水流在特定地域内汇合，产生大量的营养盐。

法罗群岛虽地处高纬度，但由于北大西洋暖流（或称墨西哥湾暖流）的影响，气候温和，属于典型的海洋性气候。一年四季温差很小，冬天温暖，夏天凉爽。2017 年平均气温，最冷的 1 月是 3.4℃，最热的 7 月是10.3℃。[①] 空气湿润，降水量大，年平均降水量达到 1430 毫米，但是由于各地方的地形不同而有很大差异。法罗群岛位于通往欧洲大陆的大西洋凹地，经常会有强风。20 世纪 90 年代法罗群岛经历了几次飓风，风速超过 30 米/秒，有时甚至达到两倍于飓风的威力。高纬度造成一种特殊现象，即夏季白昼特别长，最长可达 20 小时；与此相反，冬夜非常漫长。

四　自然资源

法罗群岛由于经常出现暴风雨和强风，树木无法生长，因此没有森林，植物几乎全都是草、石楠属植物和灌木，在泥炭地上生长着地衣类植

---

① *Denmark Statistical Yearbook 2017*，Statistics Denmark，June 2017，table 425.

物。岛上虽然动物稀少，但在悬崖峭壁上栖息着大量的海鸟，拾鸟蛋出售是许多人重要的收入来源。

法罗群岛矿物资源匮乏，只有少量褐煤。由于有优越的地理条件，群岛周围有丰富的渔业资源。法罗群岛周围水域有 20 多种有捕捞价值的鱼类，其中鳕鱼、黑线鳕和黑鳕是最主要的可食用鱼群，其他的鱼群包括大银胡瓜鱼、挪威大头鱼、格陵兰大比目鱼和大西洋大比目鱼。最主要的远洋海鱼包括蓝色鳕鱼、鳞鱼和鲑鱼，以及具有重要经济价值的鲱鱼。

五　人　口

19 世纪以前，法罗群岛的人口在 4000 人左右。此后，人口出现了迅速增长，这主要是因为社会不再只依赖一种自然资源——土地，而开始依赖其他资源——海洋。这种资源的转变导致出现新的生产方式、基础设施变化、新的居住方式和新的文化特征。1989 年末，法罗群岛达到人口顶峰，为 47838 人。1989～1990 年法罗群岛出现经济危机，失业率高涨，从而出现大量人口外迁。在这一时期之后的 5 年内，法罗群岛向外移民 4700 人，占总人口的 10%。由于大多数的移民是年轻人，这对法罗群岛的人口结构造成了严重影响。从 1996 年开始这一趋势得到了稳定，人口流失停止并转变为人口净流入。2017 年法罗群岛人口为 4.988 万人，人口密度为每平方公里 35.8 人。[1] 2016 年法罗群岛移入居民人数为 946 人，移出居民人数 1222 人，净移出人口 276 人。[2]

2017 年法罗群岛的生育率为 2.6%。在丹麦，法罗群岛的人均寿命是最高的，男性平均寿命为 78 岁，女性平均寿命为 85 岁。[3]

在丹麦议会的 179 名议员中，法罗群岛拥有 2 名议员，代表法罗群岛在丹麦议会行使权力。

---

[1]　*Denmark Statistical Yearbook 2017*, Statistics Denmark, June 2017, table 400.

[2]　*Denmark Statistical Yearbook 2017*, Statistics Denmark, June 2017, table 15.

[3]　*Denmark Statistical Yearbook 2017*, Statistics Denmark, June 2017, p. 491.

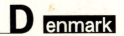

六　基础设施

过去，法罗群岛居民都是乘坐敞篷船穿越海峡，在岛上则是步行或骑马到达各个村落。

在20世纪前半期，大多数的航运交通路线是由私人公司运营的。第二次世界大战之后，船只的标准逐渐提高，政府修建了许多码头，使得船只可以在所有的沼泽地带行驶。20世纪60年代扩展公路网络时，也增加了对穿越海峡的渡船、水坝和桥梁的需求。1965年法罗群岛出现第一艘车辆渡船。到20世纪70年代中期，政府所有的渡船公司控制了所有的线路并提高它们的标准。现在专用渡轮承担主要岛屿之间所有线路的运输。

20世纪20年代和30年代，政府修建了200多公里公路，覆盖了主要岛屿的路段。20世纪50年代中期，法罗群岛的公路网络开始得到改进和扩展。到90年代初期，所有岛屿上的城镇都被公路连接起来，大的岛屿之间有桥梁或者水坝连接。从20世纪80年代开始，直升机航线用于连接那些没有与公路网络相连的小岛屿和村庄，由公共机构管理协调。现在，法罗群岛所有的村庄都已经被完善的公共交通体系连在一起。

直到20世纪60年代初，往来法罗群岛的所有的外国乘客和商品都是通过海路运输。现在，大多数的旅客都是乘坐飞机，并且全年都有几个日常的航班，这些航班主要是飞往哥本哈根。夏季，在法罗群岛与丹麦、挪威、苏格兰、冰岛之间也有海路航线。

七　产业结构

2015年法罗群岛的地区生产总值与格陵兰相当，为149亿丹麦克朗。[①] 法罗群岛的经济高度依赖渔业的发展，捕鱼期和鱼类产品的价格都会对法罗群岛的整体经济产生较大影响。

多年以来，法罗群岛经济一直以农业为主。1845年有68%的人口从事农业生产，包括养羊业和种植业，而今天这一数字仅为1%。19世纪

---

① *Denmark Statistical Yearbook 2017*，Statistics Denmark，June 2017，table 492.

70 年代，随着英国制造的双桅船的使用和发展，法罗群岛开始转向发展渔业，渔业逐渐占据主要地位，1911 年从事渔业生产的劳动力为 54%。此后，渔业就业人数出现下降，现在只有 10% 的人是以此为生。尽管如此，这一行业仍然是法罗群岛经济社会的重要基础，出口产品基本是来自这一行业。最近 20 多年来发展最迅速的部门是服务和贸易行业。从农业转向第三产业显著地影响了该地区发展。

今天的渔业和 150 年之前的渔业截然不同，那时法罗人使用小型的敞篷船在附近的海岸捕鱼。采用这种捕鱼方式，对于农民来讲是用于补充收入。这种生产方式一直持续到 19 世纪末期较大型渔船开始使用。1940 年英国军队占领法罗群岛以后，又发展了鱼类的腌渍等加工业。

目前法罗群岛的经济活动是以捕鱼、鱼类加工和鱼产品出口为基础的。捕鱼和鱼类加工业产值占地区生产总值的 1/3，鱼产品出口额占全岛出口额的 95%。现在渔业生产已经用现代化汽船代替了旧时不安全的无篷小船，作业范围扩大到冰岛、格陵兰和纽芬兰等海域。主要鱼产品是鳕鱼，其他还有青鱼、军曹鱼和虾，也捕获鲸。法罗人能够生产种类繁多的鱼产品，但是最主要的出口产品仍然是半成品，如腌制咸鱼、鱼肉片、晒干鳕鱼、鱼油和鲸肉等。

除了渔业本身以外，还有大量与捕鱼有关的贸易和产业，包括生产拖网、渔网、钓鱼线、绳索和钢索等。最高级的产品是自动鱼钩，已经出口到俄罗斯等国。造船厂是法罗群岛的唯一的重工业，生产的大多数是捕鱼船，但是也生产货船和其他船只，并且许多船是由外国船主定购的。

由于夏季气温低，法罗群岛不利于农业生产。岛上可耕地很少，只有3000 公顷，占全岛面积的 3%。主要种植青草（占 90%），其余大部分种植马铃薯，很小的面积种植大麦和新鲜蔬菜。岛上有丰富的草场，畜牧业比较发达，主要是养羊业，以及喂养一些家禽。

最近 30 多年以来，服务业获得了较大发展，商业、银行业等也都采取了现代化的服务方式。例如银行部门，20 世纪 60 年代中期由法罗银行和储蓄银行建立的电子公司作为中央记账公司，现在已经成为联机系统的

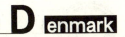

数据库，它覆盖了各个部门，同时还代表政府向个人收税。法罗群岛的服务业是经济的主要支柱，2017 年服务业产值占地区生产总值的 52.64%。

八 对外贸易

法罗群岛出口的几乎全部是鱼或鱼产品，也包括一些多功能渔具、羊毛等产品。

鱼产品出口包括腌鱼、冻鱼片和加工产品，还包括虾、扇贝、龙虾、鲑鱼、鱼粉、鱼油和供其他国家喂貂的鱼废料等。这些产品一般是在欧洲市场上出售，重要出口国是英国、德国、美国和北欧国家。

法罗群岛是世界三文鱼的主要出口来源地之一。2016 年法罗群岛出口总额为 11.84 亿美元，进口总额为 9.78 亿美元，其中出口商品主要是鱼和鱼产品，占总出口的 97%。2017 年，法罗群岛的出口国主要为俄罗斯（占 26.4%）、英国（14.1%）、德国（8.4%）、中国（7.9%）、西班牙（6.8%）、丹麦（6.2%）、美国（4.7%）、波兰（4.4%）和挪威（4.1%），进口国主要为丹麦（33%）、中国（10.7%）、德国（7.6%）、波兰（6.8%）、挪威（6.7%）、爱尔兰（5%）和智利（4.3%）。

法罗群岛与中国有贸易往来，中国主要从法罗群岛进口商品，对法罗群岛出口较少。2019 年 1~10 月，中国与法罗群岛的进出口贸易总额为 12982.4 万美元，同比增长 20.6%；其中中国对法罗群岛出口商品 391.5 万美元，同比增长 91.4%，中国从法罗群岛进口商品 12590.9 万美元，同比增长 19.2%。中国从法罗群岛进口的商品主要是三文鱼，进口量已经超过挪威，法罗群岛成为中国最大的三文鱼进口来源地。

九 文化艺术

在中世纪，古法罗语是海岛居民的书面语言。16 世纪中期以后，丹麦语成为教堂、法院和一般文化中的正式语言。而法罗语仍然是地方居民的日常用语，而且成为传统民歌和民间故事的传播载体。当地的古代文学作品，数百年来以民谣体的形式通过口述的方式流传下来。

19 世纪以后，法罗群岛的文化以丹麦语为主导：教堂的赞美诗和丹麦的抒情诗用法罗人的音乐唱出，这些音乐被记录下来并启发了很多现在的作曲家、歌唱家和唱诗班。非宗教的文化总是以法罗语为主，法罗人凭借口语传承了歌谣、传说、神话故事、谜语和箴言。1822 年用法罗语出版的第一本书《法罗诗歌大成》收集了大量的传统歌谣。1909 年法罗群岛出现了第一部小说，20 年代出现了第一批自然诗人。

1948 年法罗群岛实行自治以后，法罗语被确定为官方语言。现在，法罗语是法罗群岛所有学校、教堂、报纸、广播和电视使用的语言。法罗群岛有 10 种左右报纸，包括政府、主要政党的报纸，以及独立的渔业报。法罗广播电台建于 1956 年，目前每年的广播时间在 3800 小时左右。从1978 年开始，私营的电视协会开始播出根据丹麦电视台转录的节目。1984 年建立了公共电视公司——法罗电视台，播出的节目中一部分是来自丹麦、英国和意大利的通信卫星，一部分是自制的节目。

从古至今，法罗群岛涌现出许多杰出的诗人、小说家、语言学家和民俗学家。风景优美的法罗群岛造就了众多的艺术家，尤其是画家。法罗人的音乐丰富多彩，法罗群岛拥有一个包括 100 名成员的作曲家协会，从事民间音乐、轻音乐和古典音乐的创作。法罗群岛还拥有许多法罗传统舞蹈社团。法罗群岛的居民为自己岛上丰富的传统文化遗产而自豪，许多古老传统一直被很好地保留下来，如独一无二的捕豚节和别具一格的链舞等。

法罗群岛虽然人口不多，但是有相当发达的文化教育事业。法罗群岛的教育由研究、教育和文化部负责，具有完备的教育体系。法罗群岛有一所大学，2008 年 8 月 1 日法罗群岛教育学院、法罗群岛护理学院和法罗群岛学院（法罗群岛语言和文学学院、科学技术学院和历史与社会科学学院）合并为法罗群岛大学（University of the Faroe Islands），有 20 多个学科，包括语言文学、历史、地球科学、海洋学、生物学、软件工程、社会科学、法学、护理学和教育学等。法罗群岛大学也可以授予博士学位。法罗群岛大学由政府资助，经费来自法罗群岛的政府预算。2019 年法罗群岛大学有约 1200 名学生，大学的官方语言为法罗语，是世界上唯一用法罗语授课的大学。该大学与周边国家在研究和教学方面密切合作，并参与了越来越多国际合作与交流活动。

大事纪年

公元前 1 万年	日德兰半岛开始有人类居住，以狩猎为生。
公元前 4200 年	开始新石器时代，耕耘农作。
公元前 400 年	开始青铜时代。
787～1066 年	维京时代。
950 年	"青齿王"哈拉尔德成为国王。
985 年	丹麦形成统一王国。
1386 年	汉萨战争。
1397 年	挪威、瑞典和丹麦建立卡尔马联盟，丹麦女王玛格丽特一世为盟主。
1495 年	丹麦出版第一本书。
1523 年	瑞典脱离联盟独立，卡尔马联盟解体。
1534～1536 年	伯爵战争。
1550 年	第一本丹麦文《圣经》问世。
1563～1570 年	丹麦与瑞典的北方七年战争。
1611～1613 年	丹麦与瑞典的卡尔马战争。
1657～1658 年	第一次卡尔·古斯塔夫战争，丹麦割让斯科纳诸省给瑞典。
1658～1660 年	第二次卡尔·古斯塔夫战争。
1660 年	确立世袭君主制。
1665 年	颁布《王位继承法》。
1675～1679 年	丹麦和瑞典争夺斯科纳战争。

1683 年	颁布丹麦法。
1700～1721 年	丹麦参加北方战争。
1784～1788 年	农业改革。
1807～1814 年	丹麦和英国战争。
1813 年	丹麦宣布国家破产。
1814 年	丹麦和瑞典签订《基尔合约》，丹麦割让挪威给瑞典。
1818 年	国家银行成立。
1844 年	第一所"民众中学"成立。
1848～1850 年	第一次石勒苏益格战争。
1848 年	民主革命狂风吹翻了专制制度。
1849 年	颁布第一部宪法，建立君主立宪政体。
1864 年	第二次石勒苏益格战争。
1866 年	第一次修改宪法。
1882 年	第一家牛奶及乳制品合作社成立。
1891 年	颁布《国家养老保险法》。
1899 年	工会组织与雇主达成《九月协议》。
1901 年	实行内阁责任制，自由党上台执政。
1915 年	第二次修改宪法。
1920 年	北石勒苏益格归属丹麦，第三次修改宪法。
1922 年	经济危机，丹麦最大银行倒闭。
1924～1926 年	社会民主党政府首次执政。
1940～1945 年	丹麦被德国占领，政府采取绥靖政策。
1944 年	冰岛脱离丹麦独立。
1945 年	丹麦解放，成为联合国创始成员国之一。
1947 年	丹麦接受马歇尔计划。
1948 年	丹麦加入欧洲经济合作组织。
1949 年	丹麦加入北大西洋公约组织和欧洲委员会。
1950 年	丹麦与中国建立外交关系。
1953 年	第四次修改宪法，实行君主立宪制、一院制，女性可

以继承王位。

1960 年	丹麦加入经济自由贸易区，开始建立福利国家。
1972 年	丹麦女王玛格丽特二世登基。
1973 年	丹麦加入欧洲经济共同体。
1979 年	格陵兰实行内部治理。
1993 年	丹麦成为欧洲联盟成员。
2001 年	自由党 – 保守党政府上台。
2006 年	丹麦禁止在公共场所吸烟。
2007 年	受金融危机影响丹麦经济陷入衰退。
2014 年	丹麦女王玛格丽特二世时隔 35 年再次访华。
2015 年	丹麦加入亚洲基础设施投资银行。
2016 年	丹麦第三次被评为全球最幸福国家。
2017 年	中国 – 丹麦旅游年。
2018 年	哥本哈根获评交通最安全最清洁的欧洲城市。
2019 年	丹麦举行议会选举。
2020 年 9 月 29 日	中国外交部副部长秦刚应约会见丹麦新任驻华大使马磊。
2021 年 1 月 22 日	中国国务委员兼外长王毅应约同丹麦外交大臣科弗德通电话。

参考文献

一　中文文献

〔挪威〕阿克塞尔·索姆编《北欧地理》，上海外国语学院柯英群小组译，上海译文出版社，1986。

《不列颠百科全书》（国际中文版），中国大百科全书出版社，1999。

《丹麦农业·国内国际现状概述》，丹麦农业理事会，1998。

《丹麦商务专刊1999》，丹麦王国驻华大使馆。

董彩霞：《丹麦如何控制空气污染》，《世界环境》2016年第2期。

孟淑贤主编《各国概况·北欧》，世界知识出版社，1997。

〔丹麦〕摩根斯·考斯特：《丹麦经济生活概览》，张蕴岭等译，经济科学出版社，1989。

〔丹麦〕帕利·劳林：《丹麦王国史》，华中师范学院《丹麦王国史》翻译组译，湖北人民出版社，1973。

〔丹麦〕乔治·苏里森、王鹤：《欧洲统一市场与丹麦的反应》，《西欧研究》1988年第6期。

《世界经济年鉴（2004/2005）》，中国社会科学出版社。

《世界知识年鉴（2004/2005）》，世界知识出版社。

孙晓华、朱玉彪等编《北欧各国》，北京语言文化大学出版社，1998。

王祖茂：《当代各国政治体制·北欧诸国》，兰州大学出版社，1998。

杨叙：《丹麦》，世界知识出版社，1999。

《中国大百科全书》（世界地理、外国历史、民族、教育等卷），中国大百科全书出版社。

二　英文文献

Christopher Bo Bramsen：*Peace and Friendship Denmark's Official Relations with China 1674－2000*，NIAS Publishing，2000.

Danish Business Booklet 2005，Danish Trade Council.

Danish Defence Expenditure 2017，Danish Ministry Defence.

Denmark，Danish Tourist Board，Copenhagen，1997.

Denmark in Figures 2018，Statistics Denmark.

Denmark，The Royal Danish Ministry of Foreign Affairs，printed in Denmark 2002.

Denmark Statistical Yearbook 2017，Statistics Denmark.

Doing Business 2017，World Bank，14th Edition.

European Economic Forecast Spring 2015，European Commission.

European Economic Forecast Spring 2017，European Commission.

European Economic Forecast Spring 2018，European Commission.

Facts and Figures，*Denmark—A Food and Farming Country*，Denmark Agriculture & Food Council，September 2016.

Healthcare in Denmark—An Overview，Ministry of Health in Denmark，2017.

Klaus Schwab，ed. ，*The Global Competitiveness Report 2012－2013*，World Economic Forum，2012.

Klaus Schwab，ed. ，*The Global Competitiveness Report 2013－2014*，World Economic Forum，2013.

Klaus Schwab，ed. ，*The Global Competitiveness Report 2016－2017*，World Economic Forum，2016.

Torben M. Andersen，ed. ，*Macroeconomic Perspectives on the Danish Economy*，Macmillan Press Ltd. ，1999.

Nordic Countries in Global Value Chains, Statistics Denmark, Jan. 2017.

Nordic Regions in Profile, Nordic Council of Ministers, Copenhagen, 1997.

Nordic Statistical Yearbook 1999, Nordic Council of Ministers, Copenhagen, 1999.

OECD Economic Survey Denmark 2016, Organization for Economic Co-operation and Development (OECD), May 2016.

The LEGO Group-Annual Report 2016, LEGO Group.

The LEGO Group Annual Report 2017, LEGO Group.

Torben M. Andersen, Jan Bentzen, Svend E. Hougaard Jensen, Valdemar Smith, Niels Westergaard-Nielsen, *The Danish Economy in a Global Context*, Djøf Publishing, 2017.

Torben M. Andersen, "Welfare State—the Scandinavian Model," *Economic Working Paper*, 2011.

三 主要网站

中华人民共和国驻丹麦王国大使馆：http：//www. chinaembassy. dk

中华人民共和国驻丹麦王国大使馆经济商务参赞处：http：//dk. mofcom. gov. cn

欧盟统计局：http：//ec. europa. eu/eurostat/

欧洲中央银行：http：//www. ecb. europa. eu/home/html/index. en. html

欧盟：http：//europa. eu/european-union/index_ en

丹麦国家统计局：http：//www. dst. dk/en/

丹麦就业部：http：//uk. bm. dk/

丹麦儿童与教育部：http：//www. uvm. dk/

丹麦财政部：https：//uk. fm. dk/

丹麦议会：http：//www. thedanishparliament. dk/

丹麦移民局：https：//www. nyidanmark. dk/da-dk

丹麦王室官网：http：//kongehuset. dk/en

丹麦环境保护部：http：//en. mfvm. dk/

丹麦外交部：http：//um. dk/en

丹麦文化部：http：//english. kum. dk/

丹麦国防部：http：//www. fmn. dk/eng/Pages/frontpage. aspx

丹麦国防部司令部：http：//www2. forsvaret. dk/ENG

丹麦宗教事务部：http：//www. km. dk/

丹麦 Skejby 教堂：http：//sogn. dk/skejby/

丹麦司法部：http：//www. justitsministeriet. dk/generelt/english

丹麦交通运输部：https：//www. trm. dk/en

丹麦环境和食品部：http：//en. mfvm. dk/the-ministry/

丹麦农业和食品委员会：http：//www. agricultureandfood. dk/

丹麦国家银行：https：//www. nationalbanken. dk/en/Pages/Default. aspx

哥本哈根大学：https：//www. ku. dk/english/

奥胡斯大学：http：//international. au. dk/

丹中友好大学：http：//sdc. university/

索　引

A

阿美琳堡宫　33，39，42
奥格·玻尔　264，268，269
奥古斯特·布农维尔　288

D

丹麦抵押信贷协会　190
丹麦王家芭蕾舞团　287～289，318～320

F

菲登斯堡宫　34
腓特烈斯贝宫　33，34，290，291

G

哥本哈根大学　43，80，82，85，148，
　149，254，259，260，263，265～269，
　272，277，320，321

国家大学医院　261
国家研究理事会　261

H

汉斯·克里斯蒂安·安徒生　82
后义务阶段教育　253，255

J

基督教人民党　79，80，111
健康和防疫部　229

R

日德兰银行　190

S

社会主义人民党　97，111，112

X

新丹麦信贷协会 190

Y

研究政策理事会 261

Z

住房抵押基金 190

新版《列国志》总书目

<table>
<tr><td>

亚洲

阿富汗
阿拉伯联合酋长国
阿曼
阿塞拜疆
巴基斯坦
巴勒斯坦
巴林
不丹
朝鲜
东帝汶
菲律宾
格鲁吉亚
哈萨克斯坦
韩国
吉尔吉斯斯坦
柬埔寨
卡塔尔
科威特
老挝
黎巴嫩
马尔代夫

</td><td>

马来西亚
蒙古国
孟加拉国
缅甸
尼泊尔
日本
沙特阿拉伯
斯里兰卡
塔吉克斯坦
泰国
土耳其
土库曼斯坦
文莱
乌兹别克斯坦
新加坡
叙利亚
亚美尼亚
也门
伊拉克
伊朗
以色列
印度
印度尼西亚
约旦
越南

</td></tr>
</table>

非洲

阿尔及利亚
埃及
埃塞俄比亚
安哥拉
贝宁
博茨瓦纳
布基纳法索
布隆迪
赤道几内亚
多哥
厄立特里亚
佛得角
冈比亚
刚果共和国
刚果民主共和国
吉布提
几内亚
几内亚比绍
加纳
加蓬
津巴布韦
喀麦隆
科摩罗
科特迪瓦
肯尼亚
莱索托
利比里亚
利比亚
卢旺达

马达加斯加
马拉维
马里
毛里求斯
毛里塔尼亚
摩洛哥
莫桑比克
纳米比亚
南非
南苏丹
尼日尔
尼日利亚
塞拉利昂
塞内加尔
塞舌尔
圣多美和普林西比
斯威士兰
苏丹
索马里
坦桑尼亚
突尼斯
乌干达
赞比亚
乍得
中非

欧洲

阿尔巴尼亚
爱尔兰
爱沙尼亚
安道尔

奥地利

白俄罗斯

保加利亚

北马其顿

比利时

冰岛

波兰

波斯尼亚和黑塞哥维那

丹麦

德国

俄罗斯

法国

梵蒂冈

芬兰

荷兰

黑山

捷克

克罗地亚

拉脱维亚

立陶宛

列支敦士登

卢森堡

罗马尼亚

马耳他

摩尔多瓦

摩纳哥

挪威

葡萄牙

瑞典

瑞士

塞尔维亚

塞浦路斯

圣马力诺

斯洛伐克

斯洛文尼亚

乌克兰

西班牙

希腊

匈牙利

意大利

英国

美洲

阿根廷

安提瓜和巴布达

巴巴多斯

巴哈马

巴拉圭

巴拿马

巴西

秘鲁

玻利维亚

伯利兹

多米尼加

多米尼克

厄瓜多尔

哥伦比亚

哥斯达黎加

格林纳达

古巴

圭亚那

海地

洪都拉斯

加拿大

美国

墨西哥

尼加拉瓜

萨尔瓦多

圣基茨和尼维斯

圣卢西亚

圣文森特和格林纳丁斯

苏里南

特立尼达和多巴哥

危地马拉

委内瑞拉

乌拉圭

牙买加

智利

大洋洲

澳大利亚

巴布亚新几内亚

斐济

基里巴斯

库克群岛

马绍尔群岛

密克罗尼西亚

瑙鲁

纽埃

帕劳

萨摩亚

所罗门群岛

汤加

图瓦卢

瓦努阿图

新西兰

国别区域与全球治理数据平台

www.crggcn.com

"国别区域与全球治理数据平台"（Countries, Regions and Global Governance, CRGG）是社会科学文献出版社重点打造的学术型数字产品，对接国别区域这一重点新兴学科，围绕国别研究、区域研究、国际组织、全球智库等领域，全方位整合基础信息、一手资料、科研成果，文献量达30余万篇。该产品已建设成为国别区域与全球治理数据资源与研究成果整合发布平台，可提供包括资源获取、科研技术服务、成果发布与传播等在内的多层次、全方位的学术服务。

从国别区域和全球治理研究角度出发，"国别区域与全球治理数据平台"下设国别研究数据库、区域研究数据库、国际组织数据库、全球智库数据库、学术专题数据库和学术资讯数据库6大数据库。在资源类型方面，除专题图书、智库报告和学术论文外，平台还包括数据图表、档案文件和学术资讯。在文献检索方面，平台支持全文检索、高级检索，并可按照相关度和出版时间进行排序。

"国别区域与全球治理数据平台"应用广泛。针对高校及国别区域科研机构，平台可提供专业的知识服务，通过丰富的研究参考资料和学术服务推动国别区域研究的学科建设与发展，提升智库学术科研及政策建言能力；针对政府及外事机构，平台可提供政资参考，为相关国际事务决策提供理论依据与资讯支持，切实服务国家对外战略。

数据库体验卡服务指南

※100元数据库体验卡，可在"国别区域与全球治理数据平台"充值和使用

充值卡使用说明：

第1步 刮开附赠充值卡的涂层；

第2步 登录国别区域与全球治理数据平台（www.crggcn.com），注册账号；

第3步 登录并进入"会员中心"→"在线充值"→"充值卡充值"，充值成功后即可使用。

声明

最终解释权归社会科学文献出版社所有

客服QQ：671079496

客服邮箱：crgg@ssap.cn

欢迎登录社会科学文献出版社官网（www.ssap.com.cn）和国别区域与全球治理数据平台（www.crggcn.com）了解更多信息

图书在版编目（CIP）数据

丹麦/秦爱华，王鹤编著. --2版. --北京：社
会科学文献出版社，2021.11
（列国志：新版）
ISBN 978 - 7 - 5201 - 8795 - 4

Ⅰ.①丹… Ⅱ.①秦… ②王… Ⅲ.①丹麦 - 概况
Ⅳ.①K953.4

中国版本图书馆 CIP 数据核字（2021）第 156637 号

·列国志（新版）·
丹麦（Denmark）

编　著/秦爱华　王　鹤

出 版 人/王利民
组稿编辑/张晓莉
责任编辑/叶　娟
文稿编辑/徐　花
责任印制/王京美

出　　　版/社会科学文献出版社·国别区域分社（010）59367078
　　　　　　地址：北京市北三环中路甲29号院华龙大厦　邮编：100029
　　　　　　网址：www. ssap. com. cn
发　　　行/市场营销中心（010）59367081　59367083
印　　　装/三河市尚艺印装有限公司

规　　　格/开本：787mm×1092mm　1/16
　　　　　　印 张：24.5　插 页：1　字 数：365 千字
版　　　次/2021 年 11 月第 2 版　2021 年 11 月第 1 次印刷
书　　　号/ISBN 978 - 7 - 5201 - 8795 - 4
定　　　价/89.00 元